长江养老·全球养老金管理前沿译丛

养老基金效率、投资与风险承担

Pension Fund Economics and Finance
Efficiency, Investments and Risk-Taking

［荷］雅各布·A.拜克（Jacob A. Bikker） 编

沈国华 译

上海财经大学出版社

图书在版编目(CIP)数据

养老基金效率、投资与风险承担/(荷)雅各布·A. 拜克(Jacob A. Bikker)编;沈国华译. —上海:上海财经大学出版社,2023.5
(长江养老·全球养老金管理前沿译丛)
书名原文:Pension Fund Economics and Finance:Efficiency, Investments and Risk-Taking
ISBN 978-7-5642-4003-5/F·4003

Ⅰ.①养… Ⅱ.①雅… ②沈… Ⅲ.①养老保险基金-研究 Ⅳ.①F830.45

中国版本图书馆 CIP 数据核字(2022)第 137296 号

□ 责任编辑　徐　超
□ 封面设计　张克瑶

养老基金效率、投资与风险承担

雅各布·A. 拜克(Jacob A. Bikker)　编
沈国华　译

上海财经大学出版社出版发行
(上海市中山北一路369号　邮编200083)
网　　址:http://www.sufep.com
电子邮箱:webmaster@sufep.com
全国新华书店经销
上海华教印务有限公司印刷装订
2023年5月第1版　2023年5月第1次印刷

710mm×1000mm　1/16　19.25 印张(插页:2)　325 千字
定价:88.00 元

图字:09-2022-0932 号
Pension Fund Economics and Finance
Efficiency, *Investments and Risk-Taking*
Jacob A. Bikker
ISBN：9780367877750

© 2018 selection and editorial matter，Jacob A. Bikker；individual chapters，the contributors

All rights reserved. Authorised translation from the English language edition published by **Routledge，a member of the Taylor & Francis Group**. 本书原版由 Taylor & Francis 出版集团旗下 Routledge 出版公司出版，并经其授权翻译出版。

Shanghai University of Finance & Economics Press is authorized to publish and distribute exclusively the Chinese (Simplified Characters) language edition. This edition is authorized for sale throughout Mainland of China. No part of the publication may be reproduced or distributed by any means，or stored in a database or retrieval system，without the prior written permission of the publisher. 本书中文简体翻译版授权由上海财经大学出版社独家出版并限在中国大陆地区销售。未经出版者书面许可，不得以任何方式复制或发行本书的任何部分。

Copies of this book sold without a Taylor & Francis sticker on the cover are unauthorized and illegal. 本书封面贴有 Taylor & Francis 公司防伪标签，无标签者不得销售。

2023 年中文版专有出版权属上海财经大学出版社
版权所有　翻版必究

总序一

国势之强由于人,人材之成出于学。上海财经大学一直立足于中国崛起和民族复兴的时代主题,立德树人、探索真理,促进知识创造和知识传播。上海财经大学出版社是上海财经大学主办的综合性财经专业出版社,此次与长江养老合作,共同推出"长江养老·全球养老金管理前沿译丛",旨在把海外养老金管理的先进经验和我国具体实际相结合,形成具有实践意义的养老金融发展目标和路径。

推动我国养老金融的高质量、可持续发展,应进行全面的结构性思考。目前,我国坚持应对人口老龄化和促进经济社会发展相结合,坚持满足老年人需求和解决人口老龄化问题相结合。随着我国人口结构的变化,可以从老龄化本身寻求社会经济发展新动能,养老金融的高质量发展将有效助力社会经济的转型发展:一方面,养老金融通过长期可持续的复利回报积累养老财富,促进银发经济发展;另一方面,养老金融为养老产业提供资金支持,养老产业战略布局与供给侧结构性改革密切相关。

我国养老保障体系顶层设计持续完善,推动养老金融的改革创新。党的二十大报告立足全面建设社会主义现代化强国,提出要健全覆盖全民、统筹城乡、公平统一、安全规范、可持续的多层次社会保障体系。养老保障是多层次社会保障体系的重要组成部分,个人养老金制度的正式落地实施,体现出党中央国务院推进积极应对人口老龄化国家战略的决心。未来,金融市场将涌现出更多符合国际发展趋势和中国国情的养老金融产品,以账户制改革为方向的制度创新,以金融机构为主导的投资方式创新,以及以智能投顾为代表的服务创新将持续进行。

同时,我们也注意到,世界百年未有之大变局加速演进,我国发展进入战略机遇和风险挑战并存、不确定因素增多的时期,我国的养老金融的发展也面临诸多挑战,需要政府、产业界、学术界等社会各界的积极探索,需要学术界和实践界的密切配合,需要多学科领域的通力合作。此次系列丛书的出版是一次有益的尝试,长江养老和上海财大出版社精心挑选了涵盖金融科技、基金受托、风险管理和养老金经济与财务研究的四本著作,提出实践中的改革与完善养老金管理的对策,探索养老金融高质量发展之路,这些探索也必将引领我们创造一个社会更加繁荣、人民更加富足的银色经济新时代。

未来,上海财经大学将与各方携手,聚焦社会前沿、科技前沿、经济发展前沿,在战略思路上进行创新,以科研力量服务国家战略,为我国经济社会的高质量发展贡献力量。

上海财经大学校长

刘元春

总序二

作为国民收入再分配的一种手段,全球养老金制度至今已有130多年的历史,是经济制度的重要组成部分,其规模和保障深度、范围与一个国家的经济发展水平息息相关。美国、英国、日本、荷兰等经济水平较高的国家,养老金体系制度建设相对完善,发展较为成熟。

1994年,世界银行首次提出三支柱理论,我国也逐步建立起了多层次、多支柱的养老保险体系。《中国养老金发展报告2021》数据显示,我国各类养老金规模达到13万亿元人民币,与我国GDP规模的比率为11.36%,为我国养老金管理行业提供了广阔的发展空间。另一方面,人口老龄化、人均寿命延长、医疗卫生支出剧增等,凸显了养老金的可持续性压力大、长期投资不足的问题。为此,国家各部委发布一系列推动个人养老金发展的指导意见和实施办法,进一步加强养老保障体系建设,规范个人养老金投资管理,为养老金管理提供了更有利的环境。

借鉴海外养老金管理的优秀经验,能帮助我们更好地探寻中国养老金融机构发展的新思路和新方向。此次,中国太保旗下长江养老携手上海财经大学出版社,共同推出"长江养老·全球养老金管理前沿译丛",聚焦养老金管理的受托、投资、金融科技和风险管理等关键领域,研究海外养老金运作的专业管理经验,以期为我们进一步提升养老金运作效率提供参考。

受人之托、代人理财是养老金管理的本质。《卓越投资:养老基金、捐赠基金和慈善基金会受托人实用指南》一书,全景展示了世界各大养老基金受托人的实践经验和教训。

正如巴菲特所言,"今天的投资者不是从昨天的增长中获利的",养老金投资同样需要忠于现实、投资未来,在国家发展的大趋势中找到值得坚守的长期价值，形成具有养老特色的投资哲学和逻辑体系。《养老基金效率、投资与风险承担》一书正是从这一角度出发，从安全和收益的角度思考如何提升养老金管理的效率。

养老金融以科技创新赋能。《金融科技：养老保障体系的革新力量》一书指出金融科技对养老规划、储蓄、投资产生了颠覆性的影响。在中国，金融科技在养老金管理的运用已迈入积厚成势的新阶段，随着以账户制为核心的个人养老金制度落地，如何解决养老金融服务"最后一公里"的问题，探索具有规模效应的服务模式，金融科技给出了答案。

养老金融更以风险管理立身。《风险管理：全球新监管格局下的养老保障》一书描述了2008年全球金融危机对保险公司及养老金计划产生的不利影响，评估了金融危机如何潜移默化地改变保险公司、养老金计划的风险管理方式，也给了我们更多应对和分散风险的启迪。

知之愈明，行之愈笃。随着积极应对人口老龄化上升为国家战略，养老保障体系的顶层设计日益完善。中国太保始终坚持对行业健康稳定发展规律的尊重，坚持以客户需求为导向，提供全方位、全覆盖、全周期的健康养老产品和服务，以提升人民群众的获得感、幸福感和安全感。展望未来，中国太保旗下长江养老将借鉴国内外优秀的养老金管理经验，坚持长期投资、价值投资、责任投资，努力为广大养老金受益人提供最好的权益。

中国太平洋保险（集团）股份有限公司总裁

序　言

荷兰是公认的世界上养老金制度最健全的国家之一，在美世全球养老金指数排行榜中[①]，荷兰长期位列最佳等级的 A 类。A 类表示该经济体具备一流且健全的养老金体系，待遇良好且具有可持续性。

荷兰是典型的三支柱养老金体系。第一支柱的公共养老金（简称 AOW）根据 1957 年《一般养老金法案》建立，采取现收现付制，来源包括税收收入、抵扣因素、财政补贴和其他收入。截至 2020 年底，AOW 的资产仅为 10.18 亿欧元。

第二支柱职业养老金发端于 19 世纪末，采取强制模式，因此覆盖人数众多。截至 2020 年底，荷兰职业养老金总参与人数[②]合计 1 911.8 万人。其中，活跃参与者和养老金领取者合计 944.0 万人，占荷兰总人口的 54.1%，占荷兰实际劳动人口及退休年龄人口之和的 73.9%。截至 2020 年底，职业养老金累计规模为 19 277 亿欧元，占荷兰当年 GDP 的 241.4%。

第三支柱个人养老金的建立晚于第一和第二支柱，主要针对雇主没有提供第二支柱职业养老金或者没有固定工作以及自雇人员进行养老金补充。主要是政府给予税收优惠，个人自愿参加，覆盖面和规模都要小得多。

总体而言，第二支柱职业养老金是荷兰养老金体系的主体，同时巨大资产规模通过市场化投资运作，促进职业养老金不断积累壮大，也为参与者提供较高的保障水平。2020 年，荷兰第二支柱人均每月支付 791.4 欧元；同期第一支柱人均每月支付 977.7 欧元。这本书主要以荷兰养老基金及其投资运营实践

---

①　美世全球养老金指数发布已经有十余年历史，使用充分性、可持续性和完整性三个分类指数的加权平均值对每个国家的养老金体系进行打分，覆盖 50 多个底层指标，评估全球 43 个国家和地区的退休养老机制，调查对象覆盖世界三分之二的人口。

②　参与者分为活跃参与者、前参与者（此前参加、现在不缴费，后续有养老金领取权限的人）、养老金领取者。

为研究对象,并由荷兰多所大学和研究机构的养老金专家撰写,是作者们长期思考的研究成果和智慧结晶。

本书重点是研究养老金投资运营中的若干议题。养老金投资运营可以从不同角度考虑。从参与者个人角度,积累制的二三支柱养老金,其缴费的养老功能,是劳动性收入在时间上的转移——从工作期转移到退休期。而投资活动及其收益,则是将这种劳动性收入扩充为财产性收入的过程。财产性收入相较于劳动性收入,不受劳动者年龄和劳动能力影响,所以即便退出劳动力市场,没有劳动收入,仍然能够通过养老金投资活动产生的收益提供老年收入。从国家的角度来看,建立完全积累制的职业养老金并投资运营,其实是将传统现收现付制的负债驱动模式,向完全积累制的资产驱动模式转变;也是为适应人口老龄化挑战,将现收现付制的人口红利向完全积累制的资本红利转变的过程。从这个意义上讲,养老金投资运营,具有内在合理性,也具有重大现实意义。而这本书主要聚焦的三个问题,都很切中养老金投资运营的要害。

第一,养老金管理效率。主要包括两个问题:投资低效和管理成本。投资收益具有复利效应,因此,年化收益率较小的差别也会导致长期巨大的收益差别。本书指出,管理成本每年增加1%,如果是完全积累缴费确定(DC)模式养老金,在全生命周期视角下,将导致参与者养老金待遇降低27%。从我国来看,不论是年金还是基本养老金或全国社保基金,都属于大型机构投资者,具有较强的议价能力。但是在第三支柱个人养老金中,参与者作为个体,仅能被动接受机构对产品的定价,可能会存在管理成本过高的问题。在这方面,监管部门已经注意到此问题,比如,证监会发布的《个人养老金投资公开募集证券投资基金业务管理暂行规定(征求意见稿)》明确指出,个人养老金的可投基金将设置专门份额,不收取销售服务费,对管理费和托管费实施费率优惠等,在产品设计上体现"养老"属性。预计相关部门也将引导其他养老金融产品降低成本,并向投资者让利。

第二,养老金投资行为与风险承担。该问题包括两方面,一是养老金在高风险高回报和低风险低回报资产的配置结构,前者一般指的是权益资产,后者一般指的是债券资产。在这方面,我国第二支柱的年金基金投资就存在风险承担不足的困境。由于年金基金由企业统一运作,在不同年龄职工中,临近退休职工风险承受能力最弱,但是对年金投资收益最为关注,一定程度决定了整个年金组合的风险收益特征,即要求尽可能低波动,甚至实现年度正收益。在此情况下,年金组合只能少配置权益资产,结果是长期收益获取不足,这也是企业年金基金长期收益率低于全国社保基金的重要原因。**截至 2021 年底,两者成立以来的年化收益率分别为 7.17% 和 8.3%**。因此,如何进一步优化年金资产配置结构,通过增加高风险高回报的权益资产占比,进一步提升年金长期收益率,是需要行业进一步探索的现实课题。二是养老金基金配置是否遵循生命周期假说:年轻参与者是否配置高风险权益资产较多,以追求较高回报?临近退休者是否降低权益资产配置?这个问题,从国外过往实践来看,答案在一定程度上是否定的。既存在年轻人风险资产配置不足的情况,也存在临近退休者风险暴露过多的问题。从我国来看,这个问题可能出现在参与者具有完全选择权的第三支柱个人养老金中。关于这个问题的解决,我理解一方面需要参与各方进行持续不断的养老金融教育,让投资者更加理性;另一方面,需要大力发展诸如养老目标基金这种自带资产配置功能的养老金融产品,并考虑将类似产品设为投资默认选项,可能也是一个方向。

第三,养老金的监管与风险防范。这主要是针对待遇确定(DB)模式职业养老金,由于其采取负债驱动的投资模式,诸如预期寿命增加或者投资回报降低等因素都会给养老金可持续带来挑战和冲击。从我国来看,虽然不存在 DB 模式的职业养老金,但是长寿风险、投资回报率降低等因素,对于现收现付模式的基本养老金存在类似不利影响。比如,2000 年我国人均预期寿命 71.4 岁,2020 年达到了 77.93 岁,增加了 6 年左右,预计到 2035 年将达到 80 岁以上。尽管第一支柱具有财政兜底的特性,但是仍然有必要对此加以重点研究,对其影响的规模、力度等进行精确估计,才能更好地实现基本养老金可持续发展。同时,基本养老金已经市场化投资运营 5 年,并获得了较好的回报,但是随着我国经济从高速增长向高质量发展过渡,以及经济体量不断扩大,经济增速将逐步下降。长期来看,各类资产回报率也会下降,导致养老金长期收益率中枢下移,那么投资对基金增值效应将减小,这需要未雨绸缪,妥善应对。

综上,这本书关注的三个主题,都是养老金投资运营的共性问题,对中国养老金资产管理实践具有重要借鉴意义。长江养老长期致力于促进我国养老金融事业发展,在养老金资产管理方面具有丰富实践经验,在我国养老金第三支柱刚落地,三支柱养老金体系正式确立的历史时刻,他们组织翻译的这本书,兼具理论价值与实践意义,体现了长江养老的专业造诣和社会情怀!

作为长期从事养老金融研究,也关注我国养老金行业发展的学者,我很高兴看到这本书的面世！也希望有更多行业机构和业界专家，共同参与到我国养老金融研究和实践中来，共同促进我国养老金融事业发展！

是为序！

中国养老金融50人论坛秘书长
中国人民大学教授
董克用

撰稿人简介

雅各布·A. 拜克（Jacob A. Bikker）是荷兰乌得勒支大学（Utrecht University）乌得勒支经济学院银行与金融监管专业的教授、阿姆斯特丹荷兰中央银行（De Nederlandsche Bank）监管政策部高级研究员。他的主要研究兴趣是银行、保险和养老金领域的竞争和效率。他发表了大量有关养老金和金融其他领域的文章，包括发表在《经济与统计评论》（*Review of Economics and Statistics*）、《银行与金融杂志》（*Journal of Banking and Finance*）、《风险与保险杂志》（*Journal of Risk and Insurance*）和《国际货币与金融杂志》（*Journal of International Money and Finance*）等期刊上的论文。

德克·W. G. A. 布罗德斯（Dirk W. G. A. Broeders）是荷兰马斯特里赫特大学（Maastricht University）商业与经济学院养老金金融与监管专业的教授、荷兰中央银行监管政策部的高级战略顾问。他曾是国际养老金监督官组织（International Organization of Pension Supervisors, IOPS）的常务理事。他发表过大量关于养老金金融的文章，包括发表在《银行与金融杂志》、《风险与保险杂志》、《国际货币与金融杂志》和《保险：数学与经济学》（*Insurance：Mathematics and Economics*）等刊物上的论文。

陈安（音译，An Chen）是荷兰乌尔姆大学（University of Ulm）保险经济学教授，网吧（Netspar）驻站研究员。她的研究兴趣主要是奇异衍生品与保险合同定价、职业养老保险制度以及保险公司与养老基金的最优资产配置。

简·德德勒（Jan de Dreu）从 1981 年开始在马德里西班牙对外银行

(BBVA)企业与投资银行部从事债务咨询工作。他为欧美大企业提供信用评级、资本结构和流动性等方面的咨询服务。此前,他曾在苏格兰皇家银行(Royal Bank Of Scotland,RBS)伦敦信贷风险部、阿姆斯特丹荷兰银行(ABN AMRO)和荷兰中央银行监管政策部任职。他在荷兰乌得勒支大学获得了经济学博士学位,发表过多篇有关金融机构治理的论文。

扬科·霍尔特(Janko Gorter)是荷兰审慎监管机构荷兰中央银行的监管战略主管。他的学术背景是经济学,2005年在格罗宁根大学(Groningen University)获得学士学位,2013年获得博士学位。他曾在《应用经济学》、《斯堪的纳维亚经济学杂志》(*Scandinavian Journal of Economics*)和《风险与保险杂志》(*Journal of Risk and Insurance*)等刊物上发表过文章。

大卫·A. 霍兰德(David A. Hollanders)从1978年开始拥有计量经济学、经济学与历史学硕士学位以及经济学博士学位。他在阿姆斯特丹大学(University of Amsterdam)欧洲研究系讲授政治经济学课程。他的主要研究兴趣是欧元危机政治经济学研究和养老金领域的金融化问题。

泰斯·克纳普(Thijs Knaap)2004年在荷兰格罗宁根大学获得了哲学博士学位,在加盟荷兰经济政策分析局(CPB Netherlands Bureau for Economic Policy Analysis)之前曾在荷兰的几所大学任教。他在本书发表研究成果的同时还参加了荷兰经济政策分析局"网吧"网站的研究项目"养老金改革的宏观经济学分析"(macroeconomics of pension reform)。他目前是管理着多只荷兰养老基金投资业务的APG资产管理公司派驻于中国香港的高级策略师。

爱德华·H. M. 庞茨(Eduard H. M. Ponds)在荷兰蒂尔堡大学(Tilburg University)获得了养老金经济学的教职,现在还受雇于养老金服务提供商APG公司,目前参与个人养老金与选择架构(individual pensions and choice architecture)的研究。他的专长是养老基金设计、养老计划(重新)设计、风险管理、精算问题、风险代际分摊、传统的以价值为基础的资产负债管理、价值评估和行为经济学。他发明了一种被称为"政策阶梯"(policy ladder)的可用来编制养老基金条件指数的工具以及在集体养老金计划设计和筹资发生变化时用于确定代际再分配的以价值为基础的代际核算方法。

沃德·E. 朗普（Ward E. Romp）从1976年开始就在阿姆斯特丹大学阿姆斯特丹经济学院任副教授，现在是"网吧"网站的研究员。沃德拥有格罗宁根大学的博士学位，曾在一家养老金服务公司担任政策咨询师。他目前的研究主要集中在养老基金政策和监管的宏观经济效应问题上。他曾在《公共经济学杂志》(Journal of Public Economics)、《欧洲经济评论》(European Economic Review)和《经济动态与控制杂志》(Journal of Economic Dynamics and Control)等刊物上发表过关于老龄化、养老金和风险分担的文章。

比吉特·施诺伦伯格（Birgit Schnorrenberg）是波恩大学（University of Bonn）的在读博士研究生。她的主要研究领域包括保险合同定价以及保险公司和养老基金的最优资产配置。

劳拉·施皮尔迪克（Laura Spierdijk）是荷兰格罗宁根大学计量经济学教授。她的主要研究方向是银行、保险和金融业的应用计量经济学。她曾主要在《经济与统计评论》、《计量经济学杂志》(Journal of Econometrics)、《银行与金融杂志》、《健康经济学杂志》(Journal of Health Economics)和《国际货币与金融杂志》等刊物上发表过文章，而且还有一些文章即将在其中的一些刊物上发表。

翁诺·W. 斯蒂恩贝克（Onno W. Steenbeek）从1967年开始就在APG资产管理公司战略投资咨询部门担任董事总经理。这个部门负责APG公司的资产负债管理和战略资产配置咨询服务以及投资和养老金研究。他还担任荷兰鹿特丹伊拉斯谟经济学院（Erasmus School of Economics）养老基金风险管理的教职。除了讲授各种金融课程外，他还从事学术研究，并且出版专著和发表论文。他每两年都要在伊拉斯谟经济学院组织一次养老金政策研讨会。

费德里科·托拉基（Federico Torracchi）是一名宏观经济学家，目前在世界银行任职。2016年，他在牛津大学（University of Oxford）获得了经济学博士学位，他在博士论文中研究了银行贷款对发达经济体劳动力市场的影响。他的研究兴趣包括新凯恩斯主义劳动力市场模型、金融中介模型、货币政策和宏观预测。

扎胡穆·奥马尔（Zaghum Umar）是巴基斯坦拉合尔管理科学大学（Lahore University of Management Sciences）苏莱曼·达乌德商学院（Suleman Dawood School of Business）金融学助理教授。奥马尔是巴基斯坦高等教育委员会的专家组成员，得到官方认可的博士生导师。他在荷兰格罗宁根大学获得了博士学位。他曾在《国际货币与金融杂志》、《经济与商业杂志》和《投资策略杂志》等刊物上发表过文章。他的研究兴趣包括实证金融、投资组合选择、另类投资和风险管理。

目 录

第一章 导论/001
1.1 养老基金的效率/001
1.2 投资行为与风险承担/002
1.3 风险承担与监管/004
1.4 目的说明/005
参考文献/005

第一编 养老基金的效率

第二章 养老基金是否有最优规模?
——基于管理和投资成本的规模经济分析/009
2.1 引言/009
2.2 文献回顾/012
2.3 荷兰的养老保险制度/014
2.4 荷兰养老基金的主要特点/015
2.5 运营成本模型的函数形式/022
2.6 管理成本的实证结果/026
2.7 投资成本模型的实证结果/034
2.8 结束语/043
参考文献/045

第三章　养老基金的规模、复杂程度和服务质量对其管理成本的影响
　　——澳大利亚、加拿大、荷兰和美国国际比较/048
　　3.1　引言/048
　　3.2　现有文献综述/050
　　3.3　不同国家的养老金计划制度安排/052
　　3.4　数据集说明/055
　　3.5　实证分析/064
　　3.6　结束语/076
　　参考文献/077
　　　附录3.1　具体管理活动的成本/080
　　　附录3.2　所用变量的定义/082
　　　附录3.3　四国养老基金详情介绍/085

第四章　养老基金和寿险公司的养老保险成本差别/087
　　4.1　引言/087
　　4.2　寿险公司与养老基金/088
　　4.3　寿险公司与养老基金之间的成本差别/090
　　4.4　结束语/096
　　参考文献/097
　　　附录4.1/098

第二编　　投资行为与风险承担

第五章　新兴市场债券是否适合用来构建养老基金的投资组合/101
　　5.1　引言/101
　　5.2　方法/104
　　5.3　数据/107
　　5.4　实证结果/111
　　5.5　结束语/132
　　参考文献/133

第六章　股票价格的均值回归
——对长期投资者的影响/135

6.1　引言/135

6.2　股价均值回归的定义/137

6.3　现有文献综述/139

6.4　多期收益的特性/144

6.5　均值回归和均值—方差有效的投资组合/147

6.6　结束语/155

参考文献/156

第七章　养老基金的投资政策、风险承担、人口老龄化与生命周期假说/159

7.1　引言/159

7.2　生命周期储蓄与投资/161

7.3　荷兰养老基金的特点/163

7.4　实证结果/166

7.5　稳健性检验/176

7.6　结束语/178

参考文献/179

附录7.1　用替代模型进行的估计/181

附录7.2　检验会员人口统计变量影响的替代模型设置/183

第八章　投资者成熟度与风险承担程度/185

8.1　引言/185

8.2　数据说明/190

8.3　投资者成熟程度/192

8.4　投资者成熟度与冒险（风险承担）程度/205

8.5　用2007~2010年的数据进行的升级版稳健性检验/210

8.6　结束语/212

参考文献/213

第九章　机构投资者承担的投资风险/216

9.1　引言/216
9.2　相关假设/219
9.3　方法和数据/224
9.4　实证结果/230
9.5　结束语/235
参考文献/237

第三编　风险承担与监管

第十章　衡量和解释待遇确定型养老基金的隐性风险分担/241

10.1　引言/241
10.2　数据与趋势/243
10.3　再现养老基金的行为表现/249
10.4　估计养老基金的养老金保障政策反应/252
10.5　结束语/264
参考文献/265
附录10.1　估计方程/267

第十一章　养老金保障机制的效用等价性/268

11.1　引言/268
11.2　模型设置/270
11.3　养老金保障机制描述/274
11.4　公平契约分析/277
11.5　公平盈余分享率的数值推导/280
11.6　基于效用的比较/283
11.7　结束语/286
参考文献/287

第一章 导 论

雅各布·A. 拜克(Jacob A. Bikker)

养老基金的效率和投资回报对靠养老金生活的退休人员的福祉至关重要。养老基金管理着巨额资金,是全球机构投资的主要资金来源。养老保险制度对国民经济产生重大的影响,特别是在那些养老基金资产价值超过国民生产总值的国家。然而,目前有关养老基金经济和财务研究的文献数量相当有限,部分原因是很难获得有关单只养老基金的数据。本书用聚焦于以下三个重要领域的相关研究为养老基金的经济和财务研究做一些贡献。

1.1 养老基金的效率

我们关注的第一个领域是养老基金的效率。养老基金管理和投资低效会对其会员的最终养老金待遇产生巨大的影响,尤其是在养老金待遇对于会员来说要累积终生的情况下。养老基金资产的年运营成本每增加1%,可能就意味着会员的最终养老金待遇累计减少27%,或者相当于养老金成本增加37%以上(见Bateman et al.,2001;Bikker and de Dreu,2009)。规模经济会对养老基金的管理和投资成本产生重大的影响,而养老基金的管理和投资成本则随着时间的推移而不断上涨,原因主要是各单只养老基金促成规模经济的信息技术成本在某种程度上保持不变。规模经济也意味着养老基金有可能存在最优规模,本书的第二章考察了养老基金最优规模的问题。这一章对养老基金不同的管理和投资成本函数进行了估计,其中有包含各种关于基本平均成本函数形状的假设的函数,特别是U形函数和单调递减函数。养老基金成本与规模之间的关系要比相关文献常用的关系更加灵活,因此,似乎有必要对养老基金的规模经济及其由不同的养老基金规模造成的差别进行富有意义的估计。本书的第二章采用荷兰养老基金的独特数据研究发现,荷兰养老基金未得到利用的管理和投资活动规模经济确实很大,并且形成了一种凹性成本函数,即对于小型养老基金来说,成本巨大并且为正,但随着养老基金规模的扩大而递减。我们从荷兰养老基金1992~2000年的数据中观察到了一个大约有4万会员的明确最优的养老基金规模(表明平均成本函数呈U形);随后几年,荷兰养老基金的最优规模扩大到了超过荷兰最大养老基金规模的水平,从而表明平均成本单调递减,但单位成本函数的形状随时间而变。

本书的第三章探讨了养老金计划的复杂性和提高服务水平如何也会导致管理成本上涨。在不同国家,养老基金的会员人均管理成本似乎大相径庭。第三章采用90只养老基金的独特数据考察了养老基金的规模、养老金计划复杂程度和养老基金服务质量对养老基金管理成本的影响,并对澳大利亚、加拿大、荷兰和美国养老基金的管理成本进行了比较。除加拿大的养老基金外,其他三个国家的养老基金都存在大量的未得到利用的规模经济。提高养老基金的服务质量和养老金计划的复杂程度,有可能显著提高养老基金的管理成本。不同类型的养老基金也存在很大的管理成本差异,最多能相差100%。

与人寿保险公司提供保险金的管理成本相比,养老基金提供养老金保障的管理成本与一种不同类型的效率有关。并不是所有的雇主都能获得养老基金提供的养老金保障,大多数自我雇佣者根本无法参加养老基金。此外,企业也可以选择不同类型的机构来为其员工提供养老金保障。本书第四章对养老保险成本进行了比较,首先讨论了养老基金和寿险公司养老保险计划之间的差别,其次对不同类型的养老保险机构的长期运营成本和利润进行了比较,并且把寿险产品分为个人和团体与投资组合挂钩以及有欧元担保保险金的四种产品。通过这样的比较和分类,我们就可以更加详细地了解人寿保险公司的养老保险成本。最后,第四章考察了规模经济对成本比较的影响。

1.2 投资行为与风险承担

本书的第二个研究领域是投资行为与风险承担(冒险)程度。显然,投资回报是提高养老金待遇或获得高水平的养老金待遇的关键。但投资回报与投资风险高度相关。衡量风险承担水平的一个核心指标是投资在以下资产上的配置：(1)预期回报较高的风险资产，如上市公司股票、私募股票和房地产；(2)预期回报较低、相对比较安全的资产，如债券。本书讨论了与这种回报和风险权衡有关的各个方面。

第五章讨论了投资资产包括新兴市场股票、债券和票据在内的养老基金投资经理的多时期资产配置这个在金融文献中广为人知的问题。第五章考察两种类型的投资者：只投资新兴市场资产（回报用当地货币计算）的本国投资者和同时投资美国和新兴市场资产（回报用美元计算）的国际投资者。结果表明，新兴市场一年期及更长期限的债券可以为进行国内和国际投资、风险偏好不同的养老基金提供具有吸引力的短期和长期投资机会。

第六章讨论了股价均值回归对像养老基金这样的长期投资者会产生怎样的影响，先是对股价均值回归过程进行了一般定义，并且解释了股价均值回归如何与股票回报均值回归相关。结果显示，均值回归使得股票对于长期投资者来说风险变小。然后，第六章考察了均值—方差有效的投资者，以说明股价均值回归如何影响这种投资者的最优投资组合配置。最后，第六章讨论了这一章的研究发现对长期投资者投资决策具有怎样的启示意义。

第七章引用荷兰养老基金投资计划的独特数据集考察了养老基金会员的年龄分布对养老基金资产配置的影响。根据理论预测，养老基金会员年龄会对养老基金（策略性）股票投资的敞口头寸产生负面影响。在这一章里，作者观察到，养老基金有效会员（指缴费会员。——译者注）的平均年龄每增加1岁，就会导致战略性股票投资敞口头寸显著且强劲地减少约0.5个百分点。养老基金规模越大，就表现出越强的会员年龄的股票投资敞口头寸效应。与养老基金全体会员的平均年龄相比，养老基金有效会员的平均年龄会对养老基金的投资行为产生更大的影响，这一点看似有理，因为退休会员不再拥有任何人力资本。

许多养老基金的规模相当有限，从而有可能提出养老基金的决策者在财务上有多成熟的问题：他们是训练有素的专业人士还是更加接近缺乏专业技能的普通人？本书的第八章引用857只强偏态规模分布的养老基金的投资政策计划数据，提出了三个衡量投资者成熟度的指标。这些指标表明，养老基金往往采用不那么复杂的粗糙方法来选择战略性投资组合。首先，大多数养老基金会把它们的战略性资产配置舍入到最接近5%的倍数，与人口统计和历史研究中的"年龄积算"(age heaping)相似。其次,许多养老基金很少或根本不投资比较复杂的另类资产类别,从而导致资产多样化程度有限。最后,许多养老基金偏爱地区性投资,因此没有充分利用国际风险分散化的机会。这些指标与养老基金的规模相关,这一点与小型养老基金一般不如大型养老基金经验丰富的预期一致。反映投资者经验的指标已经表明,经验不那么丰富的养老基金倾向于选择风险较小的投资策略。

根据相关理论,机构投资者既有管理风险的动机,也有转嫁风险的动机。本书的第九章对养老基金和保险公司与这两种相互冲突的动机的相关性进行了评估。第九章通过观察一个独特的扩展数据集发现:保险公司的资本和资产风险之间存在显著的正相关关系;在荷兰保险业,风险管理动机占据上风。然而,荷兰保险公司似乎也有转嫁风险的动机,因为股份制保险公司比它们的同伴相互或互助制保险公司敢冒更大的投资风险。在荷兰的养老基金那里,风险转移动机和风险管理动机似乎没有一种占据上风。值得关注的是,与其他类型的养老基金相比,职业团体养老基金只愿承担小得多的投资风险。这一发现与预期一致,因为职业团体养老基金会员与雇主之间的潜在动机冲突已经得到了有效的内部化。

1.3 风险承担与监管

本书讨论的第三个主题是风险承担与监管。养老基金部门肩负着一项对于其当前和未来受益人以及当前的经济都非常关键的公共任务。养老基金要替会员保管储蓄几十年,并且要负责拿会员的储蓄用于营利性投资以便在未来兑现养老金待遇承诺。因此,养老基金业受到严格的监管和监督。

第十章使用一个独特的面板数据集(荷兰全体注册养老基金 13 年的资产负债表数据)考察了职业养老基金对偿付能力变化做出的反应。监管框架下的负债固定折现率可用来衡量养老基金对偿付能力冲击做出的反应。养老基金似乎可以通过指数化来增加其会员的养老金权益,或者,譬如说,可以通过按资产负债比(本书第八章的作者把"funding ratio"定义为"养老基金的总资产除以折现后的养老金负债",而第十章的作者又把"funding ratio"定义为"养老基金的总资产除以业务准备金"。我们统一把"funding ratio"译为"资产负债比"。——译者注)设定的高于精算公允价格的养老保险费来减少其会员的养老金待遇,但养老基金的响应函数在105%的资产负债比下限和125%左右的目标资产负债比的附近出现了两个显著的行为"断点"。大型养老基金和"灰色"养老基金(指退休会员多的养老基金。——译者注)对现有会员相对比较慷慨。

职业养老金充盈的资金来源是保证养老金安全的关键。不同国家采用偿付能力要求、养老金保障基金和计划发起人资助这三种不同的方法来确保养老基金的资金来源安全。本书的第十一章旨在考察混合型养老金计划受益人受到的福利影响。结果显示,通过调整养老保险合同的条款,可以使三种养老金安全保障机制等效。根据欧洲保险与职业养老金管理局(EIOPA)这个欧盟金融业监管机构的建议,效用等价法可用来支持资产负债整体法,使监管机构能够从效用的视角,而不是估值的视角,在一个单一框架下对全欧盟不同的养老保险制度进行比较。

1.4　目的说明

本书讨论的主题对以下三个群体至关重要。首先是养老基金的利益相关者,如养老基金会员及其雇主。这个群体可得益于对养老金计划的规模、治理、组织、类型和服务水平以及投资政策等方面的效率的研究,因为他们可以根据他们参加的养老基金及其会员特点来平衡风险和回报。其次是政府的政策制定机构和监管执行机构,它们可以通过了解从养老基金数量和规模以及法律形式(如行业养老基金和企业养老基金)等角度看最有效的养老基金组织结构来获益。此外,关于投资行为和风险承担程度的信息对于金融监管机构制定偿付能力和金融稳定以及治理方面的监管标准也是至关重要。最后是关心养老金问题的学者。本书讨论的全部主题都能引起关心养老金问题的学者的极大兴趣,特别是因为这些主题的实证研究常受到缺乏详细的养老基金数据的不利影响。

参考文献

Bateman, H., G. Kingston, J. Piggott, 2001, *Forced Saving: Mandating Private Retirement Incomes*, Cambridge University Press, Cambridge.

Bikker, J. A., J. de Dreu, 2009, Operating costs of pension funds: the impact of scale, governance and plan design, *Journal of Pension Economics and Finance* 8, 63–89.

第一编

养老基金的效率

第二章　养老基金是否有最优规模？
——基于管理和投资成本的规模经济分析[①]

雅各布·A. 拜克（Jacob A. Bikker）

2.1　引　言

　　上次信贷危机结束以后，全球各地的养老基金都遭遇了低股票投资回报率和低利率的影响，尤其是那些实施待遇确定型计划的养老基金还受到了预期寿命延长的影响。虽然持续的低效率正在严重侵蚀养老基金会员（未来的）养老金待遇，但养老基金的运营成本可能仍较少引起关注。阿姆巴赫舍尔（Ambachtsheer,2010）强调了养老基金的运营效率在提供最优养老金方面的作用，并且指出有必要更多地研究制度执行的问题。通过对荷兰的养老基金进行比较，我们发现，可避免的成本可能会导致规模最小和规模最大的养老基金提供的养老金待遇出现10%～20%的差别；而且，这种差别有可能随着投资回报率的下降而扩大。在这个问题上，如何利用未得到充分利用的规模经济是关键。因此，如果只考虑成本的话，我们建议对养老基金进行合并。

[①]　最新的相关文献有：J. A. Bikker,2013,Is there an optimal pension fund size? A scale-economy analysis of administrative and investment costs,*DNB Working Paper* no. 376,De Nederlandsche Bank,Amsterdam。J. A. 拜克已经就该工作论文的部分内容进行了重写，并于2017年发表：J. A. Bikker,2017,Is there an optimal pension fund size? A scale economy analysis of administrative costs,*Journal of Risk and Insurance* 84(2),739—770。本章作者要感谢德克·布罗德斯（Dirk Broeders）和保罗·卡瓦拉阿斯（Paul Cavelaars）提出了有益的评论意见，并且还要感谢英格伯格·拜克（Ingeborg Bikker）提供了数学方面的建议。

但问题是,我们的这个建议是否适用于各种不同规模的养老基金,包括规模已经很大的养老基金。经济学理论通常假设平均成本函数呈 U 形,或者单位成本持续下降。有关养老基金成本的理论论证和经验证据压倒性地表明,U 形曲线的左分支向下倾斜,平均成本函数单调递减。固定成本对养老基金会员人数缺乏弹性,占去了一大部分未得到利用的规模经济。特别是作为许多养老基金活动基础的信息通信技术(ICT)具有很大的固定成本分量,这一点也同样适用于遵守会计和监管要求和计划。与投资、外包和再保险外部服务提供商讨价还价的能力也能提高规模经济效应,并进一步降低单位成本(Bauer et al.,2010)。虽然养老基金的固定成本会随着基金规模的扩大而持续下降,但讨价还价能力的影响往往也会逐渐减弱,如随着规模相当的交易对手的减少而减弱。通常,大型养老基金很难遇到大额利率互换和其他衍生品交易的竞争性对手。

根据 U 形单位成本函数存在倾斜上行的右曲线可以推测,养老基金的成本会随着其规模的扩大超比例增加。相关文献提供了一些实例。关键因素是复杂的大型国际企业(银行业比较常见)管理问题造成的效率低下、官僚主义、管理层次过多和人浮于事(见 Chatterton et al.,2010),办公场所日益奢华和薪酬不断增加,由合格的工作人员稀缺造成的成本增加以及与过度自信有关的费用增加(Griffin and Tversky,1992)。鲍尔等人(Bauer et al.,2010)提到了公司不同部门之间不断增加的沟通成本以及监督(包括管理人员在内的)员工发生的成本。在大型组织内部,员工的动机和承诺水平可能较低,因为他们对组织整体成功的贡献相对较小,从而导致生产率下降(Canback et al.,2006)。在大公司里,缺乏明确的预算和流动性概述可能会导致人员、设备或办公场所方面的低效支出(Canback et al.,2006)。另有作者指出,成本由于各单位之间的竞争加剧而增加。随着规模较大的养老基金必须更多地实施多样化,它们要在信息公开不足的情况下进行更多的投资,从而导致信息搜寻成本增加(Andonov et al.,2012)。这样的投资在有望增加投资回报的同时也会推高运营成本。关键的问题是,这种大公司低效率的影响是否会超过固定成本单调递减产生的基本影响。

拥有大量资产的养老基金无法对市场变化做出快速的反应,尤其是在资本市场面临压力的情况下(McKenna and Kim,1986;Bauer et al.,2010;Andonov et al.,2012),因此,在进行交易时要承担市场冲击成本(Bikker et al.,2007,

2008，2010）。戴克和波莫尔斯基（Dyck and Pomorski，2011）还提到了资本流入增加会导致经理人追求更加糟糕的投资想法。这些都是支持同时存在规模不经济的论据，但它们与投资回报，而不是运营成本有关。

我们通常用超越对数成本函数（translog cost function）模型来估计规模经济。这种模型从本质上看是一种二次函数模型，因此，非常适合用来描述 U 形平均单位成本函数。但是，谢弗（Shaffer，1998）指出，只要成本与产出的规模关系呈凹形，这种成本函数模型就意味着存在最优规模。他建议根据有关基本平均单位成本函数形状的不同基本假设使用不同的成本函数，特别是包括可适用洛朗无界成本函数（unrestricted Laurent cost function）的模型和双曲线增强型柯布—道格拉斯模型（hyperbolically augmented Cobb-Douglas model）的成本函数。

我们用这些不同的成本函数模型来估计一个独特的数据集，一个取自荷兰养老基金监管机构荷兰中央银行发布的 1992~2009 年荷兰养老基金监管报告的数据集。[①] 这个数据集规模巨大，这一点非常重要，因为我们也需要大型养老基金可能存在也可能不存在规模不经济的大量数据。我们的数据集把运营成本分为管理成本和投资成本，从而允许我们分别考察荷兰养老基金的管理活动和投资活动。事实上，这两种活动中决定规模经济的固定成本和可变成本各不相同，而它们的有可能影响最优规模的复杂性、奢侈性和过度自信可能也彼此不同。但请注意，如果养老基金确实存在最优规模，但因管理活动和投资活动而异，那么，关于旨在达到具有成本效率的市场结构而进行合并的建议就会变得更加复杂，因为在这种情况下，要对最优管理和投资规模进行权衡取舍。

规模经济和最优规模的许多驱动因素可能会随着时间发生变化。信息通信技术的作用越来越大，很可能会扩大规模经济，因为相关的成本可能有相当大的固定成本分量。不断提高的偿付能力监管和会计要求也可能会增加固定成本。由于我们采用了很大的数据集，因此，我们可以估计年度规模效率和最优规模，这样就能考察随时间而变的动态发展情况。

本章第 2.2 节对考察养老金基金运营成本和规模经济存在性的现有文献进行了概述。第 2.3 节介绍荷兰的养老保险制度。第 2.4 节分析荷兰养老基金的管理和投资成本数据，并且给出有关养老基金关键特征的所有其他数据。

[①] 在阿尔赛达等人（Alserda et al.，2017）的文献中可以找到这些估计值的更新数据，但这些新数据重点关注 X 效率。

第2.5节介绍本章所采用的成本函数模型和规模经济衡量指标。第2.6节和2.7节分别介绍养老基金管理成本和投资成本的实证结果。第2.8节对本章的研究发现和结论进行总结。

2.2 文献回顾

养老基金的管理成本包括养老基金运营发生的除投资成本外的全部费用，因此包括管理层与员工的人工费用，与会员沟通的费用，审计和报告费用及由第三方收取的其他费用（如在业务外包的情况下），收取保费的费用，支付养老金发生的费用以及租金和折旧费。关于养老基金管理成本的现有研究主要集中在几个国家，特别是澳大利亚（Bateman and Valdés-Prieto，1999；Malhotra et al.，2001；Bateman and Mitchell，2004；Sy，2007）、美国（Caswell，1976；Mitchell and Andrews，1981）、智利（James et al.，2001）和荷兰（Bikker and de Dreu，2009；Alserda et al.，2017）。这些研究都报告了私人养老基金具有显著的规模经济效应。小型养老基金较高的成本水平被归因于它们较高的服务水平或量身定制的养老金计划等优势（Koeleman and De Swart，2007），但拜克等人在本书的第三章里驳斥了这种理论。很少有学者进行不同国家之间的比较研究，几乎没人使用多变量方法。怀特豪斯（Whitehouse，2000）对13个国家的缴费确定型养老金计划进行了比较。关于拉美国家和英国，这位作者发现养老基金规模与它们收取的费用（包括成本和毛利）之间没有任何系统的关系，并得出结论：没有确凿的证据能够证明养老基金管理成本的规模经济效应。埃尔南德斯和斯图尔特（Hernandez and Stewart，2008）在一项较新的研究中比较了21个国家私人缴费确定型养老金计划的费用比率（charge ratios）。这两名作者指出，在养老保险服务提供商为数较少的国家，缴费确定型养老金计划的费用比率往往较低，并由此得出结论认为，假设这些为数不多的养老保险提供商规模相对较大，那么就有存在规模经济效应的证据。塔皮亚和耶莫（Tapia and Yermo，2008）对养老保险制度建立在个人退休账户（IRAs）基础上的一些国家（澳大利亚、瑞典、拉美国家以及中欧和东欧国家）进行了类似的分析。这两项研究没有区分投资和管理成本，并且使用了费用比率或其他费用指标，但没有采用经济成本指标。詹姆斯等人（James et al.，2001）对六个养老保险制度建立在个人退休账户基础上的拉美国家的养老基金费用和管理成本（包括投资成本）进行了比较,从而改进了对衡量指标的使用。① 这类研究的根本问题是缺少可用来确定多变量分析中每个变量相对贡献的适当数据。这类研究的作者改用国内养老保险制度的大量描述性统计数据来强调双变量关系。只有多布罗诺戈夫和穆尔迪(Dobronogov and Murthi,2005)利用数量有限的观察值进行了一项国家间的多变量研究,并在克罗地亚、哈萨克斯坦和波兰的养老基金中发现了一些规模经济证据。一般而言,养老基金之间存在较大的管理成本差别,其中的一些成本差别反映了特定的市场条件或制度环境,而另一些成本差别则由效率差别造成的。总之,这些研究考察了养老基金的规模经济问题,但没有关注养老基金是否存在最优规模的问题。

养老基金的投资成本包括投资研究、管理和咨询费用,但不包括交易费用和经纪费,因为后两种费用通常会从投资总回报中扣除。只有很少的研究关注养老基金的投资成本问题,而以上介绍的研究有一部分是考察养老基金运营成本的,因此包括投资成本。② 鲍尔等人(Bauer et al.,2010)研究发现,美国养老基金具有很大的投资成本规模经济;小盘股投资组合以及主动管理或管理外包的投资组合,投资成本较高。戴克和波莫尔斯基(Dyck and Pomorski,2011)考察了一个大型养老基金国际样本的投资成本和回报,并且观察到整个样本的养老基金在投资成本和回报方面都有显著的规模经济效应。布罗德斯等人(Broeders et al.,2016)也研究发现了荷兰养老基金投资成本的规模效益;大部分高投资回报是因为大型养老基金增加了另类资产配置并且实现了这个资产类别较高的投资回报而取得的。此外,还有大量关于共同基金投资成本的文献。养老基金的投资业务类似于共同基金的投资业务,而且许多养老基金通过共同基金来进行资产投资。因此,这部分文献也可以为考察养老基金的投资业务提供有意义的见解。③ 经验证据表明,共同基金业存在大量的与成本有关的规模经济效应(如 Malhotra and McLeod,1997)。但是,这种规模经济效应会随着基

---

① 请注意,本研究采用的数据集只包括纯经济成本。
② 卡斯韦尔(Caswell,1976)、贝特曼和米切尔(Bateman and Mitchell,2004)、多布罗诺戈夫和穆尔迪(Dobronogov and Murthi,2005)以及米切尔和安德鲁斯(Mitchell and Andrews,1981)采用了总成本数据,只有詹姆斯等人(James et al.,2001)报告了一些分立的有关个人账户养老金计划投资费用的统计数据。
③ 共同基金的投资成本不同于养老基金的投资成本。养老基金很少单独报告营销成本和管理成本,而且养老基金由于自己的负债而必须考虑其投资组合的久期。此外,共同基金往往集中投资某个资产类别(如股票、债券),而养老基金则通常投资不同的资产类别。

金规模的扩大而减小,一旦基金达到最优规模就会化为乌有(如 Indro et al.,1999;Collins and Mack,1997)。当然,共同基金有可能为了追逐更高的回报而承担更高的成本。伊波利托(Ippolito,1989)在比较共同基金和指数基金的费用和回报以后发现共同基金用较好的结果来抵偿较高的费用。但是,这个结论有可能对所使用的具体基准十分敏感,或者可用幸存者偏差来解释(如 Malkiel,1995)。许多其他研究表明,较高的投资成本与相对于按风险调整后的回报率而言较好的业绩无关(如 Jensen,1968;Malhotra and McLeod,1997)。因此,有证据表明,一般来说,共同基金付出的高成本并不一定能带来高回报。由于养老基金和共同基金的投资业务相似,因此,我们似乎可以合理地预期,这个结论也适用于养老基金。[1] 于是,我们可以得出这样的结论:在其他条件相同的情况下,投资成本较低的养老基金有可能为利益相关者提供较好的服务。我们认为,投资市场往往存在规模经济,但根据某些研究,只有在投资机构规模小于最优规模的情况下,投资市场才存在规模经济。

2.3 荷兰的养老保险制度

与大多数发达国家一样,荷兰的养老保险制度也是采用三支柱结构。第一支柱是采取现收现付制筹集资金的公共养老金计划,为全体退休人员提供基本定额养老金,目的是让养老保险金水平与法定的最低工资挂钩。第二支柱是通过一种基于缴费的集体补充养老保险计划为前劳动者提供补充养老金收入。第三支柱是由个人自费承担的个人递延税收储蓄。在荷兰,补充养老保险或职业养老保险制度通常采用一种得到资助的待遇确定型缴费计划。[2]

荷兰的补充养老保险计划通常采用集体管理的方式由养老基金负责管理。荷兰有三种类型的养老基金。第一类是行业养老基金,它们是为特定的行业(如建筑、医疗保健、运输)组建的养老基金。除了少数例外,某个行业的全体雇

---

[1] 拉克尼肖克等人(Lakonishok et al.,1992)报告称,养老基金业的投资业绩一直不如市场。他们表示,养老基金经理可能交易过多,导致大量的执行和交易费用,而且也可能在交易时机上运气不佳。

[2] 待遇确定型养老基金每年向退休会员支付待遇确定的养老金,通常占会员职业生涯平均(或者早些年是最终)工资的某个百分比;而缴费确定型养老基金的会员在工作期间每年缴纳金额确定的保费,养老金给付额取决于所缴保费和投资回报。

主都必须参加其所属行业的养老基金。[①] 如果雇主为雇员设立实行待遇更好的养老金计划的企业养老基金，那么就可以选择不参加行业养老基金。只要雇主与雇员就补充养老保险计划达成一致，无论补充养老保险计划由企业养老基金还是行业养老基金来管理，全体企业员工都必须参加，并且受集体劳动协议的约束。第三类养老基金是职业团体养老基金，如为医疗从业人员或公证人等特定专业人士组织的养老基金。

2.4 荷兰养老基金的主要特点

本章使用的数据引自荷兰养老基金行业的监管机构荷兰中央银行。我们收集到了1992~2015年的年度数据以及从1999年开始的季度投资数据。荷兰的养老基金从1993~1998年的约880只减少到了2009年的550只，到了2013年又进一步减少到了290只。大约80%停止运营的荷兰养老基金把它们托管的资产和债务移交给了保险公司，而其余停止运营的荷兰养老基金则已经合并。已经解散的养老基金大多规模较小，其中一半是会员不足250人的养老基金。我们总共有一个接近13 000个年度养老基金观察值的样本。企业养老基金数量最多，其次是强制性行业养老基金，然后是非强制性行业养老基金和职业团体养老基金。不过，表2.1显示，按会员人数计，强制性行业养老基金在荷兰养老基金行业占据主导地位，2010~2015年占比88%，其次是企业养老基金（同期占比12%）。

表 2.1　不同时期荷兰养老基金的主要数据（表中的金额按 2004 年的价格计）

时　期	1992~1996	1997~2001	2002~2005	2006~2009	2010~2015
会员人均管理成本（欧元）[a]	37.24	48.95	50.92	54.16	69.04
会员人均投资成本（欧元）[a,b]	16.26	20.73	32.40	68.59	78.82
投资成本/总资产（%）[a,b]	0.09	0.06	0.10	0.19	0.19
荷兰养老基金会员总人数（p）（百万）	9.70	13.43	16.27	17.54	17.75
总资产（十亿欧元）	207.75	469.87	526.84	654.63	745.16

[①] 集体劳动协议并不总能获得法定的强制性行业地位。而且，即使集体劳动协议获得法定的强制性行业地位，如果养老金资产的投资回报没有达到最低水平，那么，这种地位也起不了作用。

续表

时　期	1992～1996	1997～2001	2002～2005	2006～2009	2010～2015
总负债(十亿欧元)	180.00	362.77	457.97	530.13	668.36
养老保险行业人均实际工资(千欧元)	55.27	57.01	63.69	66.80	69.45
强制性行业养老基金会员/p	0.81	0.82	0.82	0.84	0.88
企业养老基金会员/p	0.12	0.13	0.14	0.13	0.12
非强制性行业养老基金会员/p	0.02	0.02	0.03	0.01	—[e]
职业团体养老基金会员/p	0.01	0.00	0.00	0.00	0.01
其他养老基金会员/p	0.05	0.02	0.01	0.00	—[e]
养老金计划:缴费确定型计划参与人数/p	0.03	0.02	0.05	0.07	0.07
退休会员/p	0.13	0.14	0.14	0.15	0.17
有效会员/p	0.36	0.38	0.37	0.33	0.32
非有效会员/p	0.51	0.47	0.49	0.52	0.51
会员人均资产(千欧元)[a]	21.41	35.00	32.37	37.33	41.93
报告投资成本的虚拟变量[a]	0.36	0.50	0.69	0.71	0.81
外包费用/管理成本[a]	0.51	0.53	0.77	0.65	0.61
再保险保费/总保费[a]	0.10	0.04	0.01	0.03	0.02
固定收益资产/总投资(ti)[a,c]	0.56	0.47	0.46	0.47	0.50
上市股票投资/ti[a]	0.24	0.41	0.40	0.38	0.35
房地产投资/ti[a]	0.12	0.10	0.10	0.10	0.10
其他资产投资/ti[a,d]	0.07	0.02	0.03	0.05	0.05
私募股票投资/ti[a]	0.00	0.01	0.02	0.03	—[e]
大宗商品投资/ti[a]	—	0.00	0.01	—[e]	—[e]
对冲基金和大宗商品投资/ti[a]	—	—	—	0.04[e]	—[e]

注:变量名称用括号里的缩写字母表示;会员总人数用"p"表示;总投资用"ti"表示。

a. 平均数。

b. 为了避免少报问题,我们只对非零投资成本(ic)取平均值,而标有"b"的变量总资产是指报告非零投资成本的养老基金的资产总和。

c. 总投资比总资产少5%,差额为非经常项目。

d. 这个变量只用于1992～1996年的回归分析,因为以后各年主要被分为大宗商品与对冲基金。

e. 定义有所变化。模型回归的样本期是1992～2009年。

2.4.1 运营成本

养老基金的运营成本包括管理成本和投资成本。管理成本与收取缴费、记账、支付养老金、通信、会计和营销等活动有关,而投资成本则是指投资组合管理、金融研究、投资工具交易和咨询费用。共同基金的交易费和管理费并不包括在内,因为它们通常已从投资收益中扣除。我们之所以把运营成本分为管理成本和投资成本,因为这两种成本分别有自己不同的特点和决定因素。图 2.1 列示了 2006~2009 年 2 000 个非零观察值的会员人均管理成本,用 10 个规模等级的平均规模来表示,并且每个规模等级都有平均成本差。[①] 在这一章里,我们用 2004 年的价格来表示各种金额。养老基金会员人均成本大幅度下降,从规模等级最低的养老基金的 666 欧元下降到了规模等级最高的养老基金的 39 欧元。不同养老基金之间存在巨大的会员人均成本差别,尤其是在规模等级最低的养老基金之间,从 75 欧元到 4 000 欧元不等(分别是第 10 和第 90 百分位数);而规模等级最高的养老基金的会员人均成本从 14 欧元到 118 欧元不等。当然,规模等级最高的养老基金的数据才是最重要的数据,因为它们的会员人数占荷兰养老基金会员总人数的 90%。把这个规模等级的养老基金再细分为 5 个或 10 个子等级,就能重现相同的会员人均成本递减的情景,而且人均成本差也呈递减的趋势。图 2.1 显示了与 1992~1996 年、1997~2001 年和 2002~2005 年这三个较早的子考察期或 2010~2015 年看上去相似的会员人均管理成本走势。

请注意,中位数和低百分位数也许会因可能的漏报而低估管理成本。有些企业承担它们自己的养老基金管理和投资活动费用,但并没有单算相关人员的薪水和办公费用,从而导致零报告成本或较低的报告成本(Bikker and de Dreu,2009)。这种漏报或少报现象尤其出现在规模较小的养老基金中。[②] 在讨论估计结果的第 2.6 节中,我们将证明实际存在的规模经济——由于漏报或少报——可能比我们观察到的要大,因此,我们没有给规模经济估计值设下限。

图 2.2 显示了 2006~2009 年荷兰养老基金 1 650 个非零观察值的投资成

[①] 按会员人数计,规模等级分为 280、525、850、1 300、1 900、3 000、5 000、11 000 和 35 000 个会员。
[②] 米切尔(Mitchell,1998)在澳大利亚观察到了同样的现象。

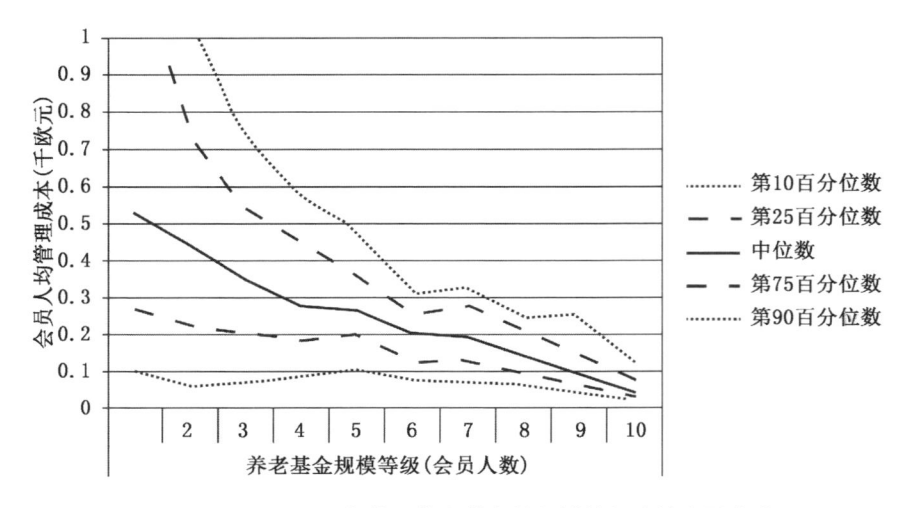

图 2.1 2006～2009 年荷兰养老基金按规模等级分的会员人均
管理成本(按 2004 年的价格计)

本占总资产的比例,用 10 个规模等级的中位数和每个等级的差来表示。① 许多养老基金报告了零投资成本——1992～1996 年高达 64%,2006～2009 年降到了 29%。在许多情况下,投资成本被隐匿在投资回报中,投资回报(错误地)被报告为不含投资成本的净回报,而不是含投资成本的总回报。少报或漏报投资成本在规模较小的养老基金最为常见。② 在讨论估计结果的第 2.7 节里,我们也将讨论少报或漏报的影响。

可能除了规模等级最低的养老基金外,荷兰其他规模等级的养老基金似乎并不存在规模经济。这一点对于前三个考察期并没有代表性,因为最低规模等级养老基金的投资成本中位数分别比最高规模等级养老基金的投资成本中位数高出 2.5、2 和 1.5 倍(而最低规模等级养老基金的管理成本中位数比最高规模等级养老基金的管理成本中位数分别高出不少于 31、29、15 和 12 倍)。对于 2010～2015 年,这两个规模等级养老基金的管理成本和投资成本中位数在图上

---

① 按总资产计,荷兰养老基金的规模等级分别为 1 500 万欧元、3 500 万欧元、5 500 万欧元、8 500 万欧元、1.4 亿欧元、2.1 亿欧元、3.5 亿欧元、6.5 亿欧元和 17.5 亿欧元。
② 我们假设,有些没有报告(全部)投资成本的养老基金把(部分)投资成本计入了管理成本。为了检验这个假设——并纠正这种错报——我们在管理成本模型中设置了虚拟变量"报告投资成本",并把报告了正投资成本的养老基金的这个虚拟变量设为 1,而没有报告投资成本的养老基金的这个虚拟变量设为 0。负的系数表示养老基金错报了投资成本并大致纠正了错报结果。

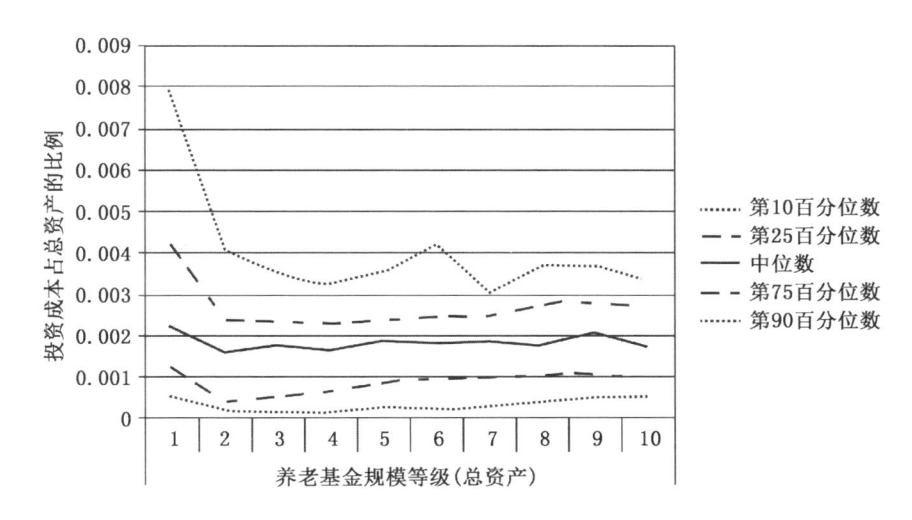

图 2.2　2006～2009 年荷兰养老基金投资成本占总资产的比例（按 2004 年的价格计）

显得非常平坦。另一个同样值得注意的事实是，投资成本差在不同规模等级的养老基金之间保持不变（除了规模等级最低的养老基金投资成本差较大外），而在规模等级较高的养老基金之间并没有观察到管理成本趋同的趋势。当然，规模等级最高的养老基金——持有资产占总资产的 85%——最为重要。把这个规模等级细分成 5 个或 10 个子等级，就能显示出规模等级最高的养老基金的投资成本增加。我们认为，这里有两种现象——规模经济（由于存在固定成本，因此必然存在规模经济）以及规模较大的养老基金投资组合中复杂资产相对份额较大——相互作用，因此，除了预期投资回报相应较高外，投资成本也必然较高。

图 2.3 显示，在规模较大的养老基金的投资组合中，大宗商品、对冲基金、私募股票和房地产等资产的相对份额较大，所有这些资产类别投资都有望产生较高的投资成本，而最低规模等级的养老基金则倾向于选择像货币市场基金这样（比较简单）的其他资产。由于我们有养老基金的资产配置数据，因此，回归分析可以从规模依赖型投资资产构成效应中分离出规模经济效应。

2.4.2　荷兰养老基金的其他主要数据

本小节讨论在运营成本模型中充当控制变量的荷兰养老基金的主要特点。表 2.1 的前几行显示，荷兰养老基金的会员人均管理成本在各考察期里总共上

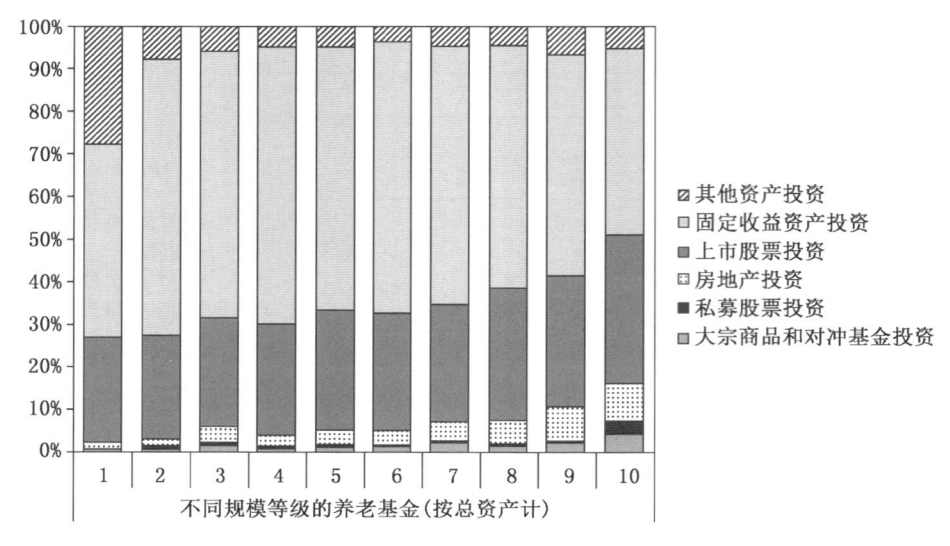

图 2.3　2009 年荷兰不同规模等级的养老基金的不同资产配置

涨了 85% 以上，其中反映了实际工资的增长幅度（26%）以及与会员沟通、偿付能力和会计规则等新要求相关的新活动的成本。管理成本，特别是相关人员薪金少报或漏报的情况随着时间的推移而逐渐减少，从而导致（所报告的）管理成本有所增加。投资成本在我们的考察期里增加了三倍多，并且主要是在考察期的最后几年里增加的，这主要是由对冲基金、大宗商品和私募股权等高风险资产的投资成本增加造成的。少报或漏报投资成本的情况不断减少，也是导致投资成本增加的一个主要原因。

在我们的考察期里，由于就业人数增加（部分是由于兼职就业人数增加，因此，失业减少，养老基金会员人数增加），养老保险覆盖范围扩大，再加上 1996 年收入考察样本的规模最大的养老基金（ABP、公务员养老基金），因此，荷兰养老基金的会员人数从 970 万猛增到了 1 780 万；按实际价值计，总资产也从 2 000 亿欧元猛增到了（按 2004 年的价格计）7 500 亿欧元，而按时价计则达到了 1 万亿欧元，从而反映了数量（会员人数）和财富（收入和积累水平）的增长。荷兰有两种基本养老金计划：（以）待遇确定型（为主）的计划和（以）缴费确定型（为主）的计划，这两种计划可以具有某些（待遇确定和缴费确定）混合特点。缴费确定型计划的占比从 1992 年的 4% 下降到 1998 年的 1%，在考察期随后年份里又上升到了 7%。

荷兰养老基金有有效、非有效和退休三种会员,每种会员的人数都有所增加,但占比仍相当稳定,退休会员的比例略有上升。"会员人均总资产"这个变量可反映养老基金是否有相对较高的人均资产,因此可反映是否有高于平均水平的养老金待遇。[①]

许多养老基金把部分或全部的管理活动外包给其他机构。特别是小型养老基金能从管理外包中获益,因为专门从事管理工作的公司能够以很大的规模为许多养老基金提供管理服务,因此可望取得相对较高的规模经济效应。请注意,在养老金计划发起企业承担其养老基金部分管理成本的情况下,一旦把养老基金的管理活动外包出去,那么就会结束低报管理成本的情况。因此,管理外包既可降低管理成本(系数为负),也能减少低报管理成本的情况(系数为正)。我们的这个变量表示支付给第三方的费用所占的百分比。外包水平处于占管理成本50%以上的高水平,而且除了最后几年有所下降以外,在考察期里基本上呈持续上升的态势。值得注意的是,与规模较小的养老基金相比,规模较大的养老基金外包相对较多的管理活动,可能是因为规模较小的养老基金要依靠发起企业来管理。保险公司分保养老基金的责任(即再保险),是按照再保险保费占养老基金收到的养老保险费总额的比例来计算的。养老基金再保险保费占其收到的养老保险费总额的比例在我们考察的这些年里从10%下降到了2%,可能是因为许多小型养老基金已经完全因执行集合保险政策而被取代。

荷兰的养老基金进行固定收益证券、上市股票、房地产、参与式或私募股票、大宗商品、对冲基金、抵押贷款和货币市场基金等投资。首先,我们从整个考察期荷兰养老基金的年报中获得了前三类资产(以及"其他资产")的数据。表2.1显示,在考察期的前半阶段,荷兰养老基金的上市股票投资有所增加,但以减少固定收益证券投资为代价。其次,我们从1999年起的荷兰养老基金季报中获得了荷兰养老基金的私募股票、大宗商品和对冲基金投资的数据。荷兰养老基金直到2007年才报告它们的对冲基金投资。我们的实证模型反映了一些资产类别定义的变化——1999年把"其他资产"细分为私募股票和大宗商品,2007年把大宗商品细分为大宗商品和对冲基金。资产越复杂,越有可能产生高投资成本,因为复杂的资产较难理解,而且管理成本也比较高。一般来说,这类风险较高的资产的预期投资回报也比较高,至少事前可以抵消附加成本。在

---

① 这个变量也可用来反映较高水平的资产积累,并与比较成熟的养老基金相关。

2006～2009年间,私募股票、大宗商品和对冲基金等风险较高的投资资产类别越来越受到荷兰养老基金的欢迎(见本书表2.1;Bauer et al.,2010)。因此,可以预期,投资这些风险较大的资产类别的养老基金投资成本会受到重大的影响。主要是规模最大的养老基金持有这些资产:2009年,规模最大的养老基金持有5%的对冲基金和3%的私募股票,而其他规模的养老基金分别持有2%的对冲基金和0.5%的私募股票(还请参见图2.3)。我们的目的是——在我们的投资成本模型中——利用养老基金投资上市股票、房地产、私募股票、大宗商品、对冲基金和其他基金的份额来纠正这些高风险资产类别投资的成本。请注意,在2010～2015年间,也就是在样本期估计之后,资产类别的定义再次发生了变化。

虽然几乎所有的变量随时间的变化通常并不明显(见表2.1),但养老基金的变化通常很大(如图2.1～2.2所示的成本),因此,在衡量规模经济效应时,控制这种变化极为重要。

2.5 运营成本模型的函数形式

本节讨论各种著名成本模型的函数形式以及与单位平均成本曲线形状有关的基本假设,因为它们会对最优规模的存在和大小产生重大的影响。然后,我们构建了几个管理成本实证模型。此外,本节还解释了如何衡量规模经济的问题。

2.5.1 函数形式与最优规模

我们根据以下假设来衡量并分析荷兰养老基金的成本差别:单只养老基金的生产技术可用一种把养老基金各种产出与工资、办公场所租金等投入要素价格联系在一起的生产函数来表示。在适当的条件下,可以把养老基金的产出水平和投入要素价格作为参数来推导出双成本函数(Coelli et al.,1998:43—49)。在相关文献中,与其他模型变量设置相比,描述成本的超越对数成本函数(translog cost function,TCF)占据主导地位。克里斯坦森等人(Christensen et al.,1976)建议把超越对数成本函数作为一个全部变量都以对数形式出现的类函数位于均值附近的二阶泰勒展开式。这种超越对数成本函数是一种灵活的函数形式,已经被证明是实证分析银行和其他行业效率的有效工具(Christensen et al.,1976;Dietsch,1993;Nauriyal,1995;Edirisuriya et al.,2001),并且是一种能够拟合平均成本 U 形函数的柯布—道格拉斯函数的扩展形式。[1] 简单的超越对数成本函数可表示如下：

$$\ln OC(o) = \alpha + \beta_1(\ln o) + \beta_2(\ln o - \overline{\ln o})^2 \tag{2.1}$$

式中，"OC"表示运营成本，而"o"则表示产出量。请注意，根据泰勒展开式，我们在平方项中取用离均差表示的产出的对数（用在变量上方加杠来表示）。[2] 在这里，我们假设只有一种产出衡量指标以简化说明，但在实证部分会考虑更多的产出衡量指标。在实证部分，我们用两个产出指标的交叉项来对模型进行扩展。由于荷兰是一个相对较小的国家，因此，我们预期投入要素价格很少变化或者根本不会发生变化（Swank,1996）。实际上，荷兰养老基金并不报告投入要素价格的数据，因此，我们也无法把养老基金的具体投入要素价格引入成本函数。不过，我们确实在成本函数中引入了养老保险部门的实际工资指数，以反映投入要素价格随时间变化产生的影响。[3] 当 $\beta_1 < 0$ 时，就存在未得到利用的规模经济效应，而凹形或 U 形平均成本函数则要求 $\beta_2 > 0$。

谢弗（Shaffer,1998:94）曾证明，对于一个平均成本单调下降的样本，超越对数成本函数应该可用来估计存在最优规模的凹函数，因此（错误地）强制设定了最优规模和规模不经济的存在性。[4] 的确，超越对数成本函数曲线的左分支可以与双曲线递减平均成本函数拟合，而最优规模存在于样本的右尾，或者存在于样本的最大观察值以外。因此，谢弗（Shaffer,1998）提出用两种附加成本函数来估计并没有强加给这种 U 形平均成本函数的规模经济。

谢弗提出的第一个替代函数是与超越对数成本函数相似但添加了两个倒数项的罗朗无界成本函数（unrestricted Laurent function,ULF）：

$$\ln OC(o) = \alpha + \beta_1(\ln o) + \beta_2(\ln o - \overline{\ln o})^2 + \beta_3/(\ln o) + \beta_4/(\ln o)^2 \tag{2.2}$$

罗朗无界成本函数可用来描述单调递减的平均成本，但没有强制设定最优规模，并且允许规模较大和较小的养老基金的平均成本函数具有不同程度的凹度。为了保持凹函数的属性，系数 β_3 和 β_4 必须为正，且仅小于 β_2。根据谢弗

---

[1] 关于超越对数成本函数模型的缺陷，请参阅谢弗（Shaffer,1998:91）。
[2] 怀特（White,1980）和谢弗（Shaffer,1998:95）解释称，对模型进行这样的设定，也有助于避免多重共线性问题。请注意，$\overline{\ln o}$ 是产出衡量指标 o 的对数算术平均数。
[3] 为了简化表述，我们没有把价格指数纳入式（2.1）。通常，超越对数成本函数还包括产出价格和投入要素价格的交叉项。不断下降的投入要素价格和其他产出指标意味着没有交叉项存在。
[4] 除了可能在边际成本急剧下降的界限内。

(Shaffer,1998)的研究,罗朗无界成本函数对超越对数成本函数的改进会由于非对称性而逐渐消失,因为成本与产出关系的平方性质是由数据样本养老基金规模较小区域的观察值相对较多造成的。因此,谢弗提出了第二个替代函数双曲线调整柯布—道格拉斯(hyperbolically adjusted Cobb-Douglas,HACD)成本函数(还可参见 Adanu et al.,2009)。这个模型可表示如下(我们仍没有把投入要素价格纳入模型):

$$\ln OC(o) = \alpha + \beta_1 (\ln o) + \beta_2 / o \qquad (2.3)$$

由于添加了追加倒数项,因此,这个模型可以表示 U 形平均成本函数($\beta_1 > \beta_2$)、单调下降的平均成本函数($\beta_1 > 1, \beta_2 > 0$)和 L 形平均成本函数($\beta_1 < 1$)。我们采用赤池(Akaike,1974)信息标准(AIC)来考察哪种形状的函数最适合我们的样本数据。在谢弗(Shaffer,1998)对生成数据进行的模拟测试中,这种双曲线调整柯布—道格拉斯成本函数模型表现最好。阿尔塞达等人(Alserda et al.,2017)也引用了二次样条函数。

成本弹性(CE)被定义为产出的增加导致成本按比例增加。用数学术语表示,就有以下成本弹性表达式:$CE = \partial \ln OC / \partial \ln O$。通过式(2.1)~(2.3),这个成本弹性表达式就分别可用罗朗无界成本函数和双曲线调整柯布—道格拉斯成本函数来替代超越对数成本函数。于是,我们就有:

$$CE^{\text{tcf}} = \beta_1 + 2\beta_2 (\ln o - \overline{\ln o}) \qquad (2.4)$$

$$CE^{\text{ulf}} = \beta_1 + 2\beta_2 (\ln o - \overline{\ln o}) - \beta_3 / (\ln o)^2 - 2\beta_4 / (\ln o)^3 \qquad (2.5)$$

$$CE^{\text{hacd}} = \beta_1 - \beta_2 / o \qquad (2.6)$$

罗朗无界成本函数和双曲线调整柯布—道格拉斯成本函数成本弹性表达式中的第二项,也就是$\overline{\ln o}$,在样本产出o_i对数均值附近求成本弹性值就会变为0。于是,用超越对数成本函数表示的成本弹性等于β_1,而用罗朗无界成本函数和双曲线调整柯布—道格拉斯成本函数表示的成本弹性则取决于样本观察值。[①]

规模经济(SE)可以很容易地由上式用 1 减 CE 计算得到:$SE = 1 - CE$。如果计算得到的 CE 值大于 1,则表明存在规模不经济;如果小于 1,就表示存在规模经济;而如果正好等于 1,则表示规模报酬不变。为了计算可能存在的养老

[①] 对于罗朗无界成本函数模型的倒数项,我们用产出项的几何平均数代替 lno。对于双曲线调整柯布—道格拉斯成本函数模型中的倒数项,(取代 o 的)参数同时取几何平均数和算术平均数。这样的设置不会产生任何进一步的影响。

基金最优规模,必须设 CE(成本弹性)等于 1 [或者设 SE(规模经济)＝0]来求 o 的值。

2.5.2 管理成本的实证模型

这一小节分别根据超越对数成本函数(TCF)、罗朗无界成本函数(ULF)和双曲线调整柯布—道格拉斯成本函数(HACD)来定义管理成本(AC)的对数实证模型。超越对数成本函数的对数实证模型可表示如下:

$$AC_{it} = \alpha + \beta_1 (会员人数对数_{it}) + \beta_2 (会员人数对数_{it} - \overline{会员人数对数})^2 + \gamma_1 实际工资对数_t + \gamma_2 治理虚拟变量_{it} + \gamma_3 养老金计划设计_{it} + \gamma_4 会员类型_{it} + \gamma_5 会员人均资产_{it} + \gamma_6 报告投资成本_{it} + \gamma_7 管理外包_{it} + \gamma_8 再保险费用_{it} + \gamma_9 时间_t + \varepsilon_{it} \quad (2.7)$$

式中,下标 i 表示养老基金,t 表示时间。养老基金的产出用会员人数来衡量,因为养老基金的许多管理活动都与为会员提供的服务有关,大体上与会员能享受多少养老金待遇无关。根据式(2.1),养老基金的产出用对数表示,并且是离均差的线性二次项。实际工资是一个养老金和保险行业用来表示投入要素价格的工资指数,它的系数预期为正。各个治理虚拟变量分别表示强制性行业养老基金、企业养老基金、职业团体养老基金和其他养老基金,但把强制性行业养老基金作为基准养老基金。这些虚拟变量可用来反映不同类型养老基金的成本差别。为不同的养老金计划设置这种虚拟变量,可以表示待遇确定型养老基金与其余类别缴费确定型基金的成本差别。我们区分了有效会员、非有效会员和退休会员三种类型的养老基金会员,每种类型的会员可能要承担不同的成本,因为养老基金的管理活动因会员类型而异。这些变量表示不同类型的会员占会员总人数的比例,并把有效会员占会员总人数的比例作为基准。会员人均资产用来衡量管理成本是否会随着(未来)养老金待遇的增加而增加。我们用"报告投资成本"这个虚拟变量来检验管理成本中是否存在投资成本漏报的问题。"管理活动外包费用"作为管理总成本的一个分量可用来反映成本差别。"再保险费用"作为总保费的一个分量,可以包括与再保险有关的费用(保费除外)。最后,时间变量用来反映随时间出现的技术进步。

罗朗无界成本函数的对数实证模型可在式(2.7)的基础上用 $\beta_3(1/\ln 会员人数) + \beta_4(1/\ln 会员人数)^2$ 来进行扩展,而双曲线调整柯布—道格拉斯成本函数的实证模型等于第二产出项用 $\beta_2(1/会员人数)$ 替代的式(2.7)。倒数项的离均差应该没有意义,如值为 0(或接近 0)的倒数项可能会扭曲式(2.7)。

2.6 管理成本的实证结果

这一节介绍采用整个样本 1992~2009 年的年度数据和以上三个不同成本函数分别进行估计得出的结果。对全样本的回归分析合并采用一切可获得的信息,最终得出了非常显著的结果,而年度数据回归分析考虑了随时间发生的变化。表 2.2 显示了采用三个管理成本函数模型对荷兰养老基金 1992~2009 年的完整数据集(有 12 521 个观察值)进行估计得出的结果。[①] 表的上半部分列示了估计系数,中间部分列示了估计和检验统计数据,而下半部分则显示了一阶导数(或成本弹性)、养老基金最优规模和平均规模值上的成本弹性。

表 2.2 用管理成本模型估计荷兰养老基金 1992~2009 年数据得到的结果

变 量	超越对数成本函数模型	罗朗无界成本函数模型	双曲线调整柯布—道格拉斯成本函数模型	罗朗无界成本函数简化模型
会员人数(对数)	0.717***/000	0.781***/000	0.748***/000	0.726***/000
会员人数²(对数,均差)	0.021***	0.013***	—	0.019***
1/会员人数	—	—	2.501***	—
1/会员人数对数	—	2.495***	—	0.217*
1/会员人数对数²	—	−1.237***	—	—
实际工资指数(对数)	[1]f	[1]	[1]	[1]
行业养老基金(非强制性)	0.499***	0.482***	0.308***	0.490***
企业养老基金	0.654***	0.648***	0.434***	0.648***
职业团体养老基金	0.967***	0.959***	0.734***	0.961***
其他养老基金	0.528***	0.521***	0.342***	0.522***
养老金计划设计:缴费确定型或待遇确定型	−0.053*	−0.054*	−0.016	−0.052*
退休会员	0.464***	0.444***	0.517***	0.465***
非有效会员	−0.417***	−0.422***	−0.465***	−0.420***

---

① 336 只养老基金是只有一个会员——公司大股东或者董事会和监事会成员——的合法避税工具。这些养老基金因缺乏代表性而被剔除。而且,它们的规模也不符合罗朗无界成本函数模型倒数项(分别等于 1/ln(0)及其平方)和双曲线调整柯布—道格拉斯成本函数模型的倒数项(可能是 1/0)的要求。

续表

变 量	超越对数成本函数模型	罗朗无界成本函数模型	双曲线调整柯布—道格拉斯成本函数模型	罗朗无界成本函数简化模型
千名会员资产	1.480***	1.424***	1.545***	1.466***
报告投资成本	−0.337***	−0.337***	−0.327***	−0.336***
外包费用	0.972***	0.968***	0.931***	0.97***
再保险费用	0.001**	0.001**	0.001*	0.001**
时间	0.052***	0.051***	0.050***	0.051***
截距	−12.517***	−13.272***	−12.445***	−12.601***
观察值数量	12 521	12 521	12 521	12 521
F 统计量	3 149***	2 775***	2 970***	2 957***
经过调整的R^2(%)	71.8	71.8	71.6	71.8
赤池信息标准值	38 341	38 331	38 443	38 341
沃尔德(Wald)检验[a]	1 045***	532***	1 006***	704***
一阶导数[c]	$0.716 + 2\times 0.021^*(\ln p - \overline{\ln p})$	$0.781 + 2\times 0.013(\ln p - \overline{\ln p}) - 2.495/(\ln p)^2 + 2\times 1.237/(\ln p)^3$	$0.748 - 2.502/p$	$0.726 + 2\times 0.019(\ln p - \overline{\ln p}) - 0.217/(\ln p)^2$
(用会员人数表示的)最优规模[d]	768 394	8 048 941	无最优规模	1 192 868
平均成本弹性[e]	0.717	0.736	0.748	0.725

注:"*""**"和"***"分别表示在90%、95%和99%的置信水平上显著不同于0,而加上标"000"表示关于规模报酬不变的沃尔德检验在99%置信水平上遭到拒绝(见注释a)。

a. 沃尔德检验考虑了规模报酬不变假设:线性项(会员人数对数)的系数为1,(各)非线性项的系数都等于0。

b. p 表示"会员人数",详见第2.5.1小节。

c. 请参阅式(2.4)~(2.6)。

d. 通过设一阶导数为1来计算最优规模,详见第2.5.1小节。

e. 这里的"平均值"是指产出衡量指标"会员人数"的平均值。

f. 系数被设为1(齐次价格关系)。

2.6.1 超越对数成本函数

我们首先讨论用三种模型估计成本—产出关系的结果,然后对它们进行比较。随后,我们考察另一个解释变量用对数表示的"936只基养老基金"[即 ln(936)]的系数。① 如果会员人数增加1%,总管理成本只增加0.72%。那么就意味着存在28%的巨大规模经济效应。

我们求得的成本弹性大于拜克和德德勒(Bikker and de Dreu,2009)在采用荷兰养老基金1992～2004年的数据进行研究时发现并且意味着规模经济效应较小的0.64,但如果与拜克等人在本书第三章采用2004～2008年的数据完成的一项四国比较研究②中发现的0.76以及阿尔塞达等人(Alserda et al.,2017)采用2002～2013年的数据研究发现的0.82相比,那么,结果正好相反。管理成本和会员总人数之间的关系呈凹性(平方项的系数是0.021):规模很小的养老基金的规模经济效应(与28%的平均值相比)几乎增加了1倍,而大型养老基金的规模经济效应则完全消失殆尽;但凹性不如拜克和德德勒(Bikker and de Dreu,2009)研究中的明显,因为拜克和德德勒研究中的平方项系数是几乎要大1倍的0.04。图2.4显示了与养老基金规模相关的成本弹性曲线。在这张半对数图中,这条曲线是一条直线。值得注意的是,相应的置信区间是多么小(为了清晰起见,没有表示在图2.4中),它反映规模经济效应的支配性影响。养老基金的最优规模(会员人数)是76.8万人,但在95%的置信区间里,最优规模是在36.8万～193.9万会员之间。在2009年及其后的几年里,荷兰的养老基金部门只有6只养老基金规模超过了这个最优规模,(因此)不再能在规模经济条件下运营(12只养老基金有超过36.8万的会员,但有2只养老基金会员人数超过了193.9万)。当然,为了评估最优规模和规模经济(或规模不经济),我们必须考虑对超越对数成本函数进行评判。

2.6.2 罗朗无界成本函数

罗朗无界成本函数不同于超越对数成本函数,因为它有两个附加产出倒数项,可用来调整(或用通式表示)超越对数成本函数的U形或抛物线形平均成本曲线。表2.2的第2栏显示,两个倒数项都是在1%的水平上显著(可能是由于多重共线性的原因,请见下文)。请注意,凹性项(产出的平方项)仍很显著,所

---

① 没有把只有1个会员的养老基金包括在内。养老基金规模的算术平均数是19 991个会员。三种函数模型的成本弹性见式(2.4)～式(2.6)。超越对数成本函数模型的成本弹性等于其线性产出项的系数。除了在非线性产出项的系数(2.502)比会员人数(19 991)算术平均数小的样本中,在一般情况下,这对于双曲线调整柯布—道格拉斯成本函数模型并不成立。

② 这几位作者在他们的大型养老基金样本中确实发现了荷兰养老基金有相同的成本弹性(0.69)。

以 U 形成本曲线仍有一些支撑。但会员越多，养老基金的成本弹性曲线就越平坦（见图 2.4），即 U 形平均成本曲线的右分支就越平坦。与此同时，用罗朗无界成本函数求得的平均成本弹性——0.736——略高于用超越对数成本函数求得的成本弹性，而前一种成本函数的养老基金最优规模估计值是 800 万会员，远高于后一种成本函数的最优规模（768 394 个会员）。这应该意味着，根据用罗朗无界成本函数估计得到的结果，荷兰没有一只养老基金的规模超过最优规模的估计值。

2.6.3 双曲线调整柯布—道格拉斯成本函数模型

第三个要考虑的成本函数是双曲线调整柯布—道格拉斯成本函数模型，请看表 2.2 中的第三栏。这个模型表示单调递减（或非递增）平均成本函数。有 5 000 或更多会员的养老基金，成本弹性等于 0.75；而规模较小的养老基金，成本弹性小于 0.5，如只有 10 个会员的养老基金，成本弹性小于 0.5（见图 2.4）。因此，我们发现规模较大的养老基金有 25% 的规模经济未得到利用，而规模较小的养老基金有较大的规模经济效应。

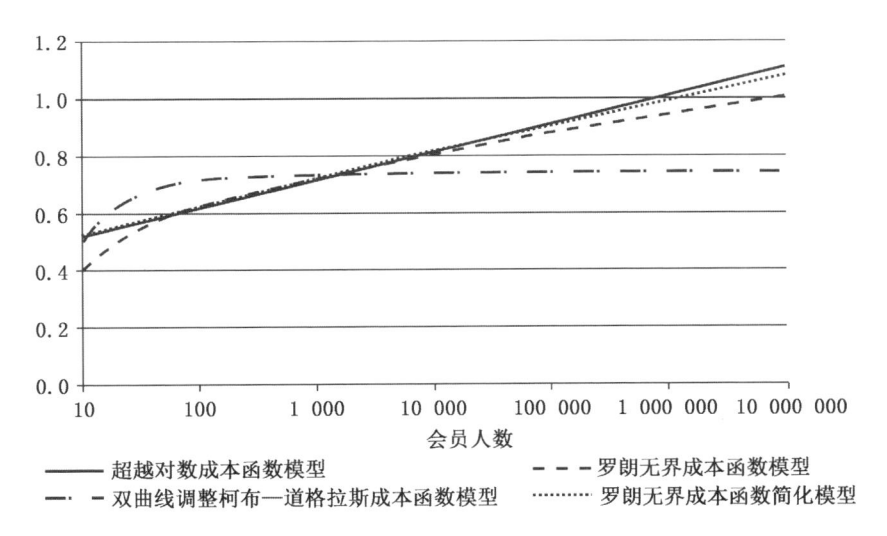

图 2.4 用不同管理成本模型估计得到的荷兰养老基金管理成本弹性与最优规模

我们采用赤池信息标准值来比较养老基金管理成本的估计模型。罗朗无界成本函数在养老基金有 38 331 个会员时达到最小值，但未能通过变异数影响因子检验（VIF test）。我们的解决方法是通过去除第二个倒数项来简化模型。

这种简化的罗朗无界成本函数模型（SULF）与超越对数成本函数模型的赤池信息标准值一样处于很低的水平(38 341 个会员)，而双曲线调整柯布—道格拉斯成本函数模型的赤池信息标准值是 38 443 个会员，要"明显"大得多，因此，双曲线调整柯布—道格拉斯成本函数模型看似并不非常适合。虽然超越对数成本函数模型和罗朗无界成本函数简化模型从拟合优度(赤池信息标准值和调整后的 R^2)的角度看非常相似，但两者对应的养老基金最优规模却不同，分别是80 万和 120 万会员。这个结果支持我们使用不同成本—产出模型来揭示养老基金最优规模真值潜在不确定性的做法，而且还清楚地表明养老基金最优规模对模型设置选择的敏感性。

2.6.4　养老基金管理成本的其他决定因素

我们现在来讨论运用赤池信息标准值同样很低的罗朗无界成本函数简化模型估计其他解释变量的结果。不过，请注意，用四种函数模型估计得到的系数几乎没有发生变化：没有一个系数发生符号变化，系数的数值和显著性水平也几乎没有发生变化。实际工资指数与时间高度相关（相关系数达到 0.96），并且没有通过关于多重共线性的变异数影响因子检验，因此，我们不能同时估计这两个系数。根据标准的价格同一假设，我们把工资指数的系数设为 1。四个养老基金类型的虚拟变量用来反映与养老基金类型相关的成本效益变化，我们把其中的"强制性行业养老基金"——荷兰会员人数最多的养老基金类别——作为基准类别。因此，非强制性(NC)行业养老基金、企业养老基金、职业团体养老基金和其他养老基金的虚拟变量用来衡量它们与强制性行业养老基金的成本水平差异。显然，所有这四种类别养老基金的管理成本在经济和统计两个方面明显高于强制性行业养老基金（在控制了管理成本的其他决定因素以后），其中非强制性行业养老基金的管理成本要比强制性行业养老基金的管理成本高 63%[0.63＝exp(0.490)－1]，而企业养老基金和职业团体养老基金的管理成本就更高，分别比强制性行业养老基金高出 91% 和 161%。行业养老基金往往采用相对比较简单的(标准)养老金计划，因此成本较低，而许多企业养老基金和职业团体养老基金则采用量身定制程度较高的养老金计划，因此有可能表现为较高的成本(见本书第三章)。此外，行业养老基金可能面临较少的应计养老金权益转移的问题，因为员工即使调工作，也通常是在同一行业里，这几乎不会导致养老基金承担额外成本。我们得出的成本差别小于拜克和德德勒(Bikker and de Dreu,2009)采用1992~2004年的数据计算得出的成本差别,但大于阿尔塞达等人(Alserda et al.,2017)研究得出的成本差别:显然,不同类型养老基金之间的成本差别会随时间减小。

平均而言,缴费确定型养老金计划的管理成本往往低于待遇确定型养老金计划,但在5%的水平上并不显著。关于与会员有关的管理成本,我们考察了有效会员、非有效会员和退休会员的影响。与有效会员(会员的基准类别)相比,退休会员意味着成本要高59%,可能是因为要向退休会员支付养老金,并且要增加与他们的沟通。非有效会员的成本要比有效会员低52%,这似乎是说得通的,因为"休眠"养老金受变更的影响较小,需要的沟通也较少,等等。养老金计划的管理成本随着会员人均资产的增加而显著增加,这可以认为是因为管理成本有可能(或多或少地)随总资产的增加而增加。另一种解释是,会员比较富有(按人均资产计)的养老基金更加讲究排场,或因管理活动复杂而承担较高的管理成本(参见本章第2.1节)。

有些养老基金报告了零投资成本,这很可能是不准确的。部分养老基金报告的是净投资回报——而不是总投资回报——和投资成本,而其他养老基金则可能把(部分)投资成本计入了管理成本。我们设置的虚拟变量"(养老基金)报告投资成本"用来反映后一种可能性。这个变量显著为负的系数导致我们得出有些养老基金确实把投资成本计入了管理成本的结论。"管理外包"变量的正系数表明,外包管理活动意味着管理成本的显著提高。从逻辑上讲,我们可能会预期外包会降低管理成本,因为专业化的管理公司可以利用它们更大的规模来提高利润率。在实践中,特别是企业养老基金,发起企业会为它们承担部分管理成本,因此,这部分管理成本不会出现在企业养老基金的账本上。管理活动外包使得这部分管理成本清晰可见,因此,这个变量的系数为正。

养老基金无论是实行部分再保险还是完全再保险,都不会在5%的水平上对管理成本产生显著的影响(但用双曲线调整柯布—道格拉斯成本函数模型估计得到的管理成本除外),而经济影响则可忽略不计。在控制了所有其他成本决定因素以后,养老基金的管理成本仍随时间增加,这可能反映了会计和监管要求增加。养老基金管理成本的这种增加,也可能是因为管理成本报告随时间改进而造成的。在任何情况下,这种影响主导着任何节省成本的技术进步,例如在信息技术和通信系统领域(Konings et al.,2002;Chatterton et al.,2010)。

2.6.5 单年度最优规模估计

表2.2中关于整个数据集的回归分析结果显示了1992～2009年的年度平均值。为了获得养老基金成本随时间变化的额外信息,我们运用我们考虑的三种成本函数模型分别对为期18年的考察期每年的成本进行了估计(见表2.3)。① 由于跟上文相同的原因,在解决多重共线性问题时,我们对罗朗无界成本函数模型进行了简化。由于各虚拟变量和控制变量与规模经济效应和最优规模分析并不是特别相关,因此,我们没有在表2.3中报告有关这些变量的信息,也没有在文中对它们进行讨论。

在1992～1997年期间,用超越对数成本函数模型估计的养老基金最优规模在2.4万和3.6万会员之间,这就意味着规模较大的养老基金(分别占各相关样本的3%)存在规模不经济的问题,而且效率比规模较小的养老基金低。用罗朗无界成本函数简化模型估计的养老基金最优规模的会员人数在2.1万～4.5万之间。表2.3只列示了用双曲线调整柯布—道格拉斯成本函数模型估计的规模经济,因为用这种模型进行的估计并没有显示养老基金存在最优规模。由于最优规模估计取决于最大养老基金的观察值,因此,为了赋予最大养老基金更大的权重,我们采用加权最小二乘法模型(权重是会员人数的平方根)进行了重新估计。从图2.5可以看出,1992～1998年养老基金的最优规模估计值在5万～10万会员之间,2002～2003年养老基金的最优规模扩大到了100万会员,在考察期的最后几年里又扩大到了500万～1 000万会员。95%的置信区间很宽,但上升趋势很明显。这意味着,到了2009年,养老基金都必须扩大规模或进行合并,才能节约成本。这个结论也表明,随着时间的推移,养老基金的固定成本发生了超比例增长。新增加的监督和监管以及信息技术都对此做出了贡献。

---

① 请注意,必须把实际工资指数和时间这两个变量剔出年度数据估计模型。

第二章　养老基金是否有最优规模？

表 2.3　用年度数据估计的养老基金管理规模经济与最优规模

年份	会员人数几何平均数	观察值数	超越对数成本函数模型 会员人均成本(2000年欧元)	超越对数成本函数模型 成本弹性	超越对数成本函数模型 平方项系数[a]	超越对数成本函数模型 最优规模(千会员)	超越对数成本函数模型 对数似然值	罗朗无界成本函数简化模型 成本弹性	罗朗无界成本函数简化模型 会员人数系数	罗朗无界成本函数简化模型 平方项系数[a]	罗朗无界成本函数简化模型 倒数项系数[a]	罗朗无界成本函数简化模型 最优规模(千会员)	罗朗无界成本函数简化模型 对数似然性	双曲线调整柯布—道格拉斯成本函数模型 成本弹性	双曲线调整柯布—道格拉斯成本函数模型 会员人数系数	双曲线调整柯布—道格拉斯成本函数模型 倒数项系数	双曲线调整柯布—道格拉斯成本函数模型 对数似然性
1992	469	759	25.5	0.65	0.04[3]	33	−1 239	0.64	0.70	0.043	−0.31	44	−1 239	0.71	0.71	3.27	−1 251
1993	478	792	26.0	0.67	0.04[3]	31	−1 288	0.67	0.66	0.043	−0.13	29	−1 288	0.73	0.73	3.53	−1 298
1994	513	788	29.5	0.67	0.04[3]	36	−1 263	0.68	0.69	0.033	0.32	45	−1 263	0.74	0.74	3.78	−1 272
1995	534	789	30.4	0.69	0.04[3]	24	−1 265	0.70	0.70	0.043	0.23	27	−1 265	0.76	0.76	3.88	−1 275
1996	590	786	33.8	0.70	0.04[3]	29	−1 261	0.69	0.68	0.043	−0.45	24	−1 260	0.75	0.75	2.62	−1 273
1997	639	776	34.6	0.76	0.03[3]	33	−1 216	0.74	0.72	0.043	−0.891	21	−1 214	0.79	0.79	1.32	−1 226
1998	679	784	37.2	0.73	0.03[3]	53	−1 253	0.72	0.72	0.033	−0.34	43	−1 253	0.77	0.77	2.28	−1 261
1999	781	754	44.3	0.74	0.03[3]	105	−1 164	0.74	0.74	0.033	0.01	106	−1 164	0.77	0.77	2.43	−1 170
2000	898	768	43.0	0.73	0.02[3]	310	−1 159	0.73	0.72	0.023	−0.20	230	−1 159	0.76	0.76	2.07	−1 164
2001	1 022	756	46.0	0.70	0.01[1]	>>[b]	−1 156	0.69	0.67	0.022	−0.89	3 100	−1 155	0.71	0.71	0.09	−1 158
2002	1 188	719	47.7	0.71	0.01[2]	>>	−1 068	0.71	0.71	0.021	−0.11	>>	−1 068	0.73	0.73	1.29	−1 070
2003	1 339	694	49.6	0.73	0.01[1]	>>	−973	0.74	0.74	0.01	0.18	>>	−973	0.75	0.75	1.66	−974
2004	1 556	647	51.5	0.71	0.01	>>	−865	0.72	0.74	0	0.62	>>	−865	0.73	0.73	1.80	−865
2005	1 669	643	48.0	0.76	0.00	>>	−889	0.77	0.78	0	0.63	NO[c]	−889	0.77	0.77	1.07	−889
2006	1 863	590	52.9	0.73	0.00	>>	−813	0.75	0.76	0	0.76	NO	−812	0.75	0.75	1.41	−813
2007	2 186	542	54.8	0.68	0.00	>>	−648	0.66	0.64	0.01	−1.23	NO	−648	0.67	0.67	−0.43	−649
2008	2 515	490	52.9	0.67	0.01	>>	−606	0.67	0.67	0	0.20	NO	−606	0.67	0.67	0.94	−607
2009	2 981	444	58.8	0.66	0.01[1]	>>	−538	0.68	0.69	0.01	0.94	>>	−537	0.69	0.69	3.02	−538
平均	936		62.1	0.71				0.71						0.74			
总计		12 521	51.5				−18 665						−18 657				−18 752

注："2000年欧元"的意思是"2000年的价格"。a. 超越对数成本函数模型平方项下"平方项系数"栏中的上标1,2 和 3 分别表示 10%, 5% 和 1% 的显著性水平。b. ">>"表示会员人数超过1 000万。c. "NO"表示不存在最优规模。

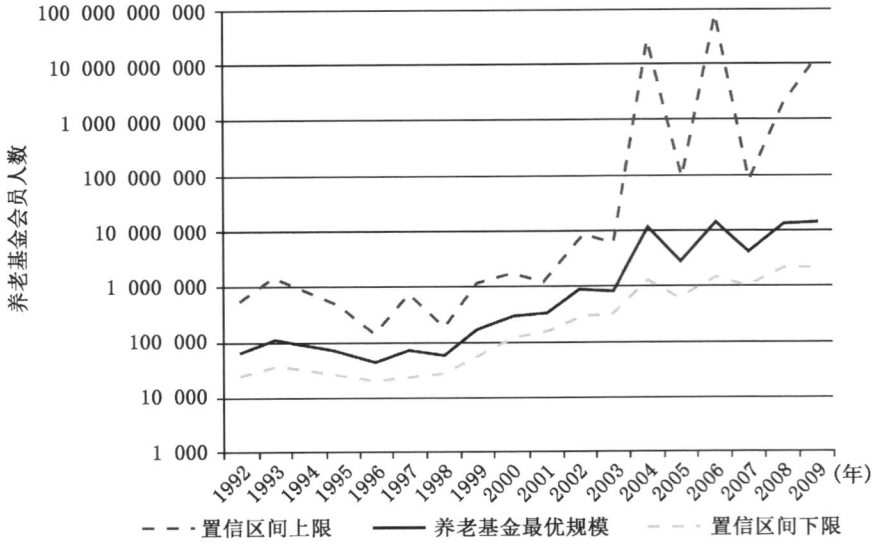

图 2.5 用"加权"管理成本模型估计的养老基金在置信区间内因时而变的最优规模

养老基金平均规模的估计成本弹性在我们采用的全部模型中呈现出相似的走势：围绕 0.71（超越对数成本函数模型和罗朗无界成本函数成本模型）或 0.74（双曲线调整柯布—道格拉斯成本函数模型）小幅波动，在 1997～2005 年上升到了较高的水平，随后几年又有所回落。这就意味着，用几何平均数表示的规模经济效应并没有随时间发生根本性的变化，而这个平均数当然从 1992 年的近 500 会员增加到了 2009 年的 3 000 会员。这就意味着图 2.4 中用超越对数成本函数和罗朗无界成本函数（以及基本单位成本函数）模型估计的会员人数随时间向右移动，从而导致最优规模扩大。在养老基金部门不发生兼并的情况下，未得到利用的规模经济效应就不会保持不变，而是会增加。

2.7 投资成本模型的实证结果

这一节主要关注投资成本，包括投资组合管理、金融研究、交易工具与咨询费用，但不包括共同基金的交易费、经纪费和管理费，因为共同基金的这些费用通常已经从投资回报中剔除。对于管理成本，我们用一些不同的成本函数来估计规模经济。投资成本的超越对数函数可表示为：

$$IC(投资成本)_{it} = \alpha + \beta_1 (总资产对数_{it}) + \beta_2 (总资产对数_{it} - \overline{总资产对数})^2$$
$$+ \gamma_1 实际工资对数_t + \gamma_2 治理虚拟变量_{it}$$
$$+ \gamma_3 养老金计划类型_{it} + \gamma_4 会员类别_{it}$$
$$+ \gamma_5 会员人均资产 + \gamma_6 再保险费用_{it}$$
$$+ \gamma_7 资产配置_{it} + \gamma_8 时间_t + \varepsilon_{it} \qquad (2.8)$$

罗朗无界成本函数模型根据式(2.8)用$\beta_3(1/总资产对数) + \beta_4(1/总资产对数^2)$来加以扩展,而双曲线调整柯布—道格拉斯成本函数模型则等于第二项用$\beta_2(1/总资产)$取代的式(2.8)。与在表示管理成本的式(2.7)中不同,我们在这里用"总资产"(而不是"会员人数")作为衡量产出的指标。此外,我们去除了"管理外包"和"报告投资成本"这两个解释变量,但增加了解释变量"资产配置"。这里的"资产配置"包括股票、房地产、私募股票、大宗商品、对冲基金和其他资产等分量,各种资产分量都用占总投资的百分比来表示。我们把债券作为基准资产类别。这些变量的系数表示它们近似于各资产类别投资相对于债券投资的各自风险管理成本。风险较大的投资由于需要做较多的研究、进行更加复杂的交易并管理额外的风险,因此会产生较高的投资成本,同时也有可能获得较高的预期回报(Bauer et al.,2010)。

2.7.1 估计1992～2009年数据得到的实证结果

这一小节介绍用三种不同成本函数模型对由养老基金7 109个年度非零观察值组成的全样本数据进行估计得到的结果,而下一小节则分别列出这个为期18年的考察期每年的实证结果。表2.4上半部分显示了用三种成本函数模型进行回归分析得到的结果,而下半部分则报告了在投资成本均值上可能存在的最优规模和成本弹性。一阶导数被用来计算这些因子。

表2.4　用不同投资成本模型估计得到的实证结果(1992～2009年)

变量	超越对数成本函数模型	罗朗无界成本函数模型	罗朗无界成本函数简化模型	双曲线调整柯布—道格拉斯成本函数模型
总资产(对数)	0.880***/∞	1.515***/∞	1.380***/∞	0.938***/∞
总资产²(均差对数)	0.028***	−0.021	−0.015**	—
1/总资产	—	—	—	655***
1/总资产对数	—	87.186	57.068***	—

续表

变　量	超越对数成本函数模型	罗朗无界成本函数模型	罗朗无界成本函数简化模型	双曲线调整柯布—道格拉斯成本函数模型
1/总资产对数[2]	—	−73.901	—	—
实际工资指数（对数）	[1][f]	[1]	[1]	[1]
行业养老基金（非强制性）	0.095	0.091	0.093	0.088
企业养老基金	0.287***	0.290***	0.290***	0.242***
职业团体养老基金	0.534***	0.514***	0.515***	0.481***
其他养老基金	0.349***	0.344***	0.345***	0.338***
养老金计划类型（待遇确定型/缴费确定型）	0.024	0.006	0.006	0.018
上市股票	0.583***	0.558***	0.559***	0.555***
房地产	1.489***	1.358***	1.362***	1.497***
私募股票	0.129	0.237	0.237	0.330
大宗商品	−2.995	−3.420	−3.471	−3.052
对冲基金	0.954	1.020	1.023	1.284
其他基金	−0.302**	−0.274**	−0.274**	−0.255*
退休会员	−0.050	−0.088	−0.087	−0.073
非有效会员	0.274***	0.288***	0.289***	0.225**
负债分保	−0.006***	−0.006***	−0.006***	−0.006***
千名会员资产	0.090*	0.087	0.089*	0.145**
时间	0.021***	0.020***	0.020***	0.019***
截距	−17.420***	−31.717***	−28.103***	−17.936***
观察值数	7 109	7 109	7 109	7 109
F 统计量	1 678***	1 694***	1 752***	1 761***
经过调整的R^2	75.6	75.7	75.7	75.6
赤池信息标准值	20 990	20 936	20 938	20 993
沃尔德检验[a]	178***	116***	161***	110***
一阶导数[b]	$0.880+2\times 0.028(\ln t)$	$1.515+2\times 0.021(\ln t)-87.186/(\ln t)^2+2\times 73.901/(\ln t)^3$	$0.84+2\times 0.026(\ln t)$	$0.938-655/t-57.068/(\ln t)^2$
最优规模（资产，百万）[c]	690	565	690	无最优点[d]

续表

变 量	超越对数成本函数模型	罗朗无界成本函数模型	罗朗无界成本函数简化模型	双曲线调整柯布—道格拉斯成本函数模型
平均成本弹性[e]	0.880	0.935	0.933	0.930

注:"*""**"和"***"分别表示在90%、95%和99%的置信度水平上显著不同于0,而上标"000"则表示在99%的置信度水平上拒绝沃尔德检验(见注a)。

a. 沃尔德检验考虑了规模报酬不变假设:线性项"总资产对数"的系数为1,而非线性项的系数为0。

b. 括号中的 t 表示"总资产",详见第2.5.1小节。

c. 最优规模通过设一阶导数为1来计算,详见本章方法部分。

d. 根据用双曲线调整柯布—道格拉斯成本函数模型估计得到的实证结果,不存在养老基金最优规模。

e. 这里的平均值是指产出衡量指标"总资产"的平均值,请见第2.5.1小节。

f. 系数被设为1(齐次价格关系)。

2.7.1.1 超越对数成本函数模型

总资产(几何)平均数为8 000万欧元的养老基金投资成本弹性是0.88。沃尔德检验在1%的显著性上拒绝了规模报酬不变假设(成本弹性为1,二次效应为0)。因此,投资活动的规模经济效应也很大(12%),但远低于管理活动的规模经济效应(28%),也低于1992~2004年投资活动的规模经济效应(22%)(见Bikker and de Dreu,2009)。[①] 显然,固定成本——作为规模经济的来源——在投资活动中比在管理活动中产生了较小的作用。由于产出平方项的系数显著不同于0,因此,我们可以证明投资成本与产出规模(总资产)之间存在凹性关系,这也意味着规模小的养老基金有可能实现较高的规模经济效益,而规模大的养老基金则可能实现较小的规模经济效益。图2.6显示了与养老基金规模相关的成本弹性曲线,在半对数图中是一条一路上扬的直线。养老基金最优规模出现在6.9亿欧元的总资产上,置信区间在5.67亿~8.13亿欧元之间。2009年,荷兰至少有83只总资产超过6.9亿欧元的养老基金。我们注意到,有些养老基金少报了管理成本,特别是一些规模较小的养老基金。请注意,这就意味着实际存在的规模经济可能比我们发现的还要大,因为如实报告成本

---

① 布罗德斯等人(Broeders et al.,2016)也估计了规模对成本的影响,但他们的结果不能用(可比的)规模经济估计值表示,因为他们没有采用对数线性模型。

会进一步提高规模较小的养老基金的成本。

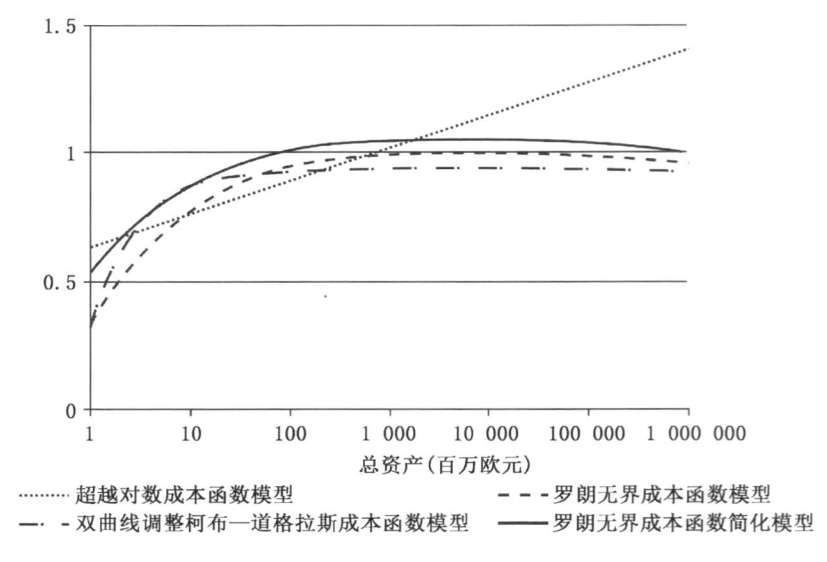

图 2.6 用不同函数成本模型估计的养老基金投资成本弹性与最优规模

2.7.1.2 罗朗无界成本函数模型

罗朗无界成本函数的两个追加倒数项(在 0.988 的水平上)高度相关,并且没有通过多重共线性变异数影响因子检验。我们的解决方法是通过删除第二个倒数项来简化模型(见"罗朗无界成本函数简化模型")。养老基金的平均规模经济效应只有 7%。图 2.6 表明,罗朗无界成本函数简化模型的这个倒数项产生了额外的曲率,从而证实了超越对数成本函数模型发现的小型投资组合养老基金大量未得到利用的规模经济效应,但(与超越对数成本函数模型一样)拒绝了大型养老基金存在规模不经济效应的假设。用罗朗无界成本函数模型估计的成本弹性曲线恰好在同一(总资产 6.9 亿欧元)点上与用超越对数成本函数估计的成本弹性曲线穿过规模报酬不变(CRS)轴($y=1$),然后又重新下行。这一结果表明,凡是超过 6.9 亿欧元的投资组合(总资产)规模都是最优规模,这从经济学的角度看是说得通的。显然,规模较小的养老基金的平均成本曲线逐渐下行,但在达到最低平均成本水平后仍保持平坦。在几何平均数(资产 8 000 万欧元)上的成本弹性是 0.93,比用超越对数成本函数模型求得的成本弹性(0.88)大,但仍显著不同于规模报酬不变轴表示的成本弹性。因此,用罗朗无界成本函数简化模型求得的平均规模经济(SE)是7%,而不是用超越对数成本函数模型求得的12%。当然,对于规模较小的养老基金,平均规模经济就较大;而对于规模较大的养老基金来说,平均规模经济几乎为零。

2.7.1.3 双曲线调整柯布—道格拉斯成本函数

我们考察的第三个成本函数模型是双曲线调整柯布—道格拉斯成本函数模型,详见表2.4中的第三栏。这个模型表示一种可能不存在最优规模或较小规模不经济的单调递减平均成本函数。用这个模型求得的成本弹性几何均值增大到了0.93,而规模较大的养老基金的成本弹性则达到了0.94,而且也与规模报酬不变轴上的成本弹性显著不同(详见图2.6)。不存在最优规模:任何规模养老基金都仍有6%的规模经济没有得到利用。当然,双曲线调整柯布—道格拉斯成本函数模型只有有限的柔性。

为了比较我们用来估计投资成本的模型,我们再次采用赤池信息标准值。其中,我们用来估计管理成本的超越对数成本函数和罗朗无界成本函数简化模型具有相似的赤池信息标准值,而用于估计投资成本的罗朗无界成本函数(简化)模型表现明显好于超越对数成本函数(和双曲线调整柯布—道格拉斯成本函数)模型。因此,我们的结论是,养老基金的投资活动确实存在规模经济,但对于总资产达到(约)6.9亿欧元、规模较大的养老基金,规模经济趋于减少,而规模更大的养老基金则并不存在投资规模经济。

2.7.1.4 养老基金投资成本的其他决定因素

我们现在讨论罗朗无界成本函数简化模型中其他解释变量的估计值。但务请注意,我们估计的系数在四种不同的函数模型之间几乎没有差异:没有一个系数改变符号,它们的数值和显著性水平几乎没有什么变化。如上所述,实际工资指数与时间高度相关。根据标准的价格同一假设,我们在这里也把工资指数的系数设为1。从经济学和统计学的角度看,有三种治理类型养老基金的投资成本(在控制了其他决定因素之后)要比强制性行业养老基金高得多,管理成本的情况也是如此:企业养老基金的投资成本要比强制性行业养老基金的投资成本高34%,而其他养老基金和职业团体养老基金的投资成本甚至更高,分别比强制性行业养老基金高出42%和67%。我们的这个结论大致与拜克和德德勒(Bikker and de Dreu,2009)的研究结论相似,但缺乏令人信服的解释。鲍尔等人(Bauer et al.,2010)和查特顿等人(Chatterton et al.,2010)预计待遇确定型计划的成本较低,因为这种养老金计划比较频繁地使用资产负债匹配策略,并且较多地进行通常成本较低的固定收益资产投资。但是,我们并没有发现待遇确定型计划与缴费确定型计划之间有任何投资成本差别。请注意,我们通过设置变量"资产配置"来考虑任何不同的投资策略。

图 2.3 显示,一方面,大型养老基金持有的资产比较复杂,相应的风险管理成本也比较高;而另一方面,规模较大的养老基金得益于只有较少的规模经济没有得到利用。因此,我们需要区分这两种规模效应,通过可以用养老基金特有的资产配置变量来表示第一种规模效应,并用养老基金特有的产出来表示第二种规模效应来做到这一点。事实上,变量"资产配置"确实表明,风险较高的资产的投资研究和风险管理成本显著较高,这一点在投资成本分别比债券高 75% 和 290% 的股票和房地产上表现得最为明显。养老基金也可以持有私募股票和对冲基金,但它们的系数在统计上并不显著。货币市场基金等其他资产的投资成本与预期相符,即明显低于债券的投资成本,但大宗商品的系数并不显著。

就会员类型而言,我们观察到非有效会员较多的养老基金投资成本较高,但缺乏明确的解释。负债分保,即把部分或全部负债和投资风险外包出去,就如预期的那样能显著降低投资成本,但只产生很小的经济影响。在控制了所有其他决定因素以后,投资成本仍随时间增加,这可能部分反映了投资成本报告随时间得到改进。当然,投资技术、投资研究、风险管理、技术进步和报告要求都会随时间发生重大变化。

2.7.2 单年度最优规模估计

表 2.4 列示了整个数据集的回归分析结果,它们是 1992～2009 年整个考察期的平均结果。为了获得关于随时间动态变化的额外信息,我们分别再用以上三个考察过的投资成本模型对为期 18 年的考察期每年的数据进行估计(见表 2.5)。[1] 出于与上面相同的原因,我们在解决多重共线性问题时,对罗朗无界成本函数模型进行了简化。由于模型中的虚拟变量和控制变量与规模经济和最优规模分析并不是特别相关,因此,我们没有在表 2.5 中列示这些变量,也没有在文中进行讨论。

---

[1] 请注意,必须从年度数据估计模型中剔除实际工资指数和时间这两个变量。

第二章　养老基金是否有最优规模？

表 2-5　荷兰养老基金的年度投资规模经济及最优规模

年份	总资产几何平均值（百万欧元）	观察值个数	百万欧元总资产投资成本	百万欧元总资产投资成本（2000年欧元）	超越对数成本函数模型 成本弹性	超越对数成本函数模型 平方项系数[a]	超越对数成本函数模型 最优规模（百万欧元）	超越对数成本函数模型 对数似然值	罗朗无界成本函数简化模型 成本弹性	罗朗无界成本函数简化模型 总资产对数系数	罗朗无界成本函数简化模型 平方项系数[a]	罗朗无界成本函数简化模型 倒数项系数	罗朗无界成本函数简化模型 最优规模（百万欧元）	罗朗无界成本函数简化模型 对数似然值	双曲线调整柯布-道格拉斯成本函数模型 成本弹性	双曲线调整柯布-道格拉斯成本函数模型 总资产对数系数	双曲线调整柯布-道格拉斯成本函数模型 倒数项系数	双曲线调整柯布-道格拉斯成本函数模型 对数似然值
1992	41	231	940	1 126	0.78	0.04[3]	649	−325	0.79	0.92	0.03	14	699	−325	0.87	0.87	661	−328
1993	36	272	893	1 042	0.79	0.02[1]	2 636	−377	0.81	0.99	0.01	20	10 245	−377	0.86	0.86	584	−377
1994	34	300	713	811	0.74	0.05[3]	519	−444	0.78	1.06	0.02	31	672	−444	0.83	0.83	511	−448
1995	37	317	687	765	0.76	0.03[3]	1 757	−456	0.77	0.81	0.03	5	1 980	−456	0.84	0.84	552	−457
1996	45	337	467	510	0.76	0.03[3]	1 955	−484	0.79	1.06	0.01	31	4 009	−483	0.85	0.85	809	−485
1997	52	359	461	493	0.81	0.03[3]	1 187	−523	0.85	1.16	0.00	36	4 824	−522	0.87	0.87	297	−524
1998	66	408	433	454	0.83	0.02[1]	5 780	−571	0.91	1.50	−0.04	72	NO[b]	−567	0.89	0.90	598	−567
1999	78	410	478	491	0.88	0.01	45 703	−575	0.90	1.06	−0.01	21	NO	−575	0.90	0.90	385	−575
2000	87	447	640	640	0.88	0.02	2 529	−620	0.89	0.98	0.01	12	3 557	−620	0.91	0.91	517	−621
2001	82	477	668	641	0.89	0.01	5 983	−663	0.92	1.27	−0.02	44	NO	−662	0.93	0.93	678	−662
2002	83	462	848	788	0.89	0.01	23 925	−611	0.91	1.15	−0.01	31	NO	−610	0.92	0.92	605	−610
2003	87	482	989	900	0.92	0.02[2]	622	−674	0.94	1.14	0.00	25	572	−673	0.96	0.96	593	−674
2004	94	484	1 019	917	0.91	0.03[3]	328	−736	0.93	1.11	0.02	24	275	−736	0.97	0.97	728	−739
2005	109	505	1 248	1 103	0.94	0.02[1]	553	−740	1.00	1.58	−0.03	78	95	−738	1.00	1.00	943	−739
2006	128	474	1 140	997	0.94	0.02[1]	420	−753	1.02	1.75	−0.04	101	79	−750	1.02	1.02	1309	−750
2007	146	423	2 097	1 805	0.93	0.02[1]	607	−632	1.00	1.54	−0.03	76	152	−630	0.99	0.99	892	−629
2008	157	379	2 550	2 141	1.00	0.02[2]	171	−551	1.05	1.56	−0.03	72	42	−550	1.04	1.04	766	−550
2009	202	342	1 978	1 642	0.97	0.02[2]	418	−464	1.02	1.50	−0.03	71	97	−462	1.01	1.01	967	−462
平均	80				0.87				0.90						0.93			
合计		7 109						−10 199						−10 181				−10 196

a. 超越对数成本函数模型"平方项系数"栏中的上标1，2和3分别表示10%，5%和1%的显著水平。b. "NO"表示不存在最优规模。

最值得注意的结果是（几何）平均成本弹性随时间大约增大 0.20。通过比较考察期头五年和最后五年的结果就能发现，用超越对数成本函数模型求得的成本弹性从 0.75 上升到了 0.95，用罗朗无界成本函数简化模型求得的成本弹性从 0.80 增大到了 1，而用双曲线调整柯布—道格拉斯成本函数模型求得的成本弹性则从 0.85 上升到了 1 左右。这些结果表明，平均而言，养老基金在考察期的头几年存在巨大的规模经济，但在最后几年，规模经济逐渐减小或消失殆尽。它们明显不同于管理成本的相关结果。我们在考察管理成本时曾观察到，平均而言，养老基金的管理成本弹性和规模经济并没有随时间发生变化。我们进一步观察到，超越对数成本函数模型的平方产出项系数在整个考察期里都保持在 0.01 以上，这个结果表明规模经济效应随养老基金规模的扩大而减小，[1] 而且也明显不同于管理成本的这个系数，因为管理成本的产出平方项系数小于 0.002，几乎为 0，因此，每种规模等级的养老基金规模经济效应变得相同。

图 2.7 显示了表示随时间动态变化趋势的三个不同年份用罗朗无界函数描绘的成本曲线。这些曲线表明，小型养老基金也存在大量的规模经济未得到利用的问题。但是，对于规模较大的养老基金来说，这个趋势表明，这三条曲线有两条穿过规模报酬不变轴，由规模不经济转变为剩余甚或递增规模经济。图 2.7 揭示了一个值得关注的现象：柔性罗朗无界函数的曲线在 1992 年和随后几年里的走势与超越对数成本函数的曲线相仿——规模较大的养老基金存在明显的最优规模和规模不经济，而在 1999 年和这个阶段其他年份又再现了双曲线调整柯布—道格拉斯成本函数模型平均投资成本单调下降但平坦的成本弹性曲线，因此，所有大、中型养老基金都存在规模经济，而且规模经济水平保持不变。在 2008 年以及与 2008 年临近的几年里，这条曲线进一步向下弯曲，这表明平均成本单调下降，从而反映了一种更加复杂的成本或生产结构：中型养老基金（只要缓慢扩大自己的规模，就）无法利用未得到利用的规模经济，而大型养老基金则能做到这一点。这个结果也说明，超越对数成本函数模型和双曲线调整柯布—道格拉斯成本函数模型都有缺陷，因为前者只能（在我们的半对数图中）呈现直线，而后者的曲线总是以一段水平线结束。

表 2.5 表明，最优规模估计值随时间大幅波动，这说明缺乏稳健性。考虑到超越对数成本函数模型有可能在最优规模估计方面产生误导，我们着重关注

---

[1] 但在 1998～2002 年及其后的一些年份里，并没有出现显著不同于 0 的差别（见表 2.5）。对于管理成本模型，显著性在 2002 年以后就完全消失殆尽（见表 2.3）。

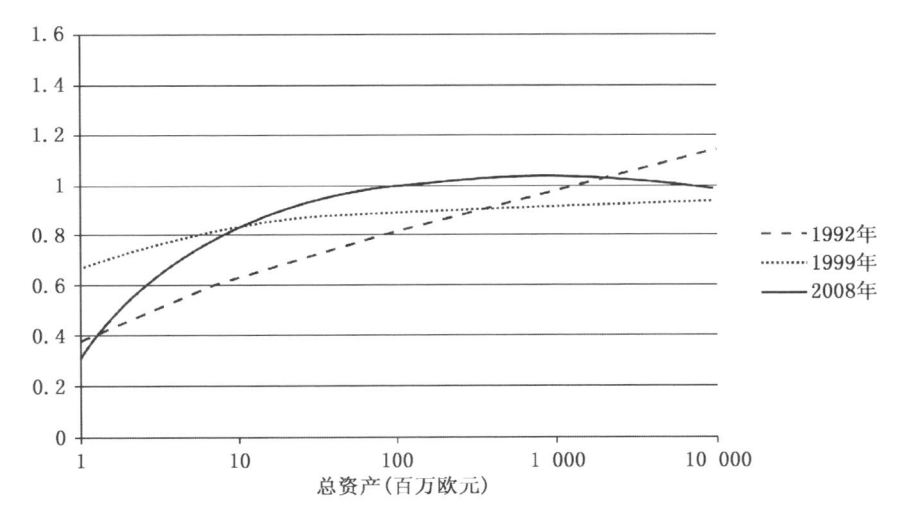

图 2.7 用罗朗无界函数投资成本简化模型估计的投资成本弹性和最优规模

用罗朗无界成本函数简化模型估计求得的成本。在考察期的大部分年份里,用罗朗无界成本函数简化模型估计的成本弹性曲线都与 $y=1$ 或规模报酬不变轴碰触,但图 2.7 说明,最优规模图可能表示一个(有可能临近结束的)最优规模阈值的开始。如果成本弹性曲线不与规模报酬不变轴碰触,我们就不会发现"任何最优规模",因此,任何规模的养老基金都存在规模经济。我们得出的结论是,在考察期的最后几年里,并不存在投资成本的最优规模,但超过一定规模的养老基金都是在接近规模报酬不变的条件下运营。

2.8 结束语

本章研究了衡量养老基金规模经济的方法问题,并论证了不同成本函数模型特别是确定最优规模的成本函数模型的灵敏度。我们要解决的基本问题是,平均成本曲线是呈 U 形(因此意味着存在最优规模)还是单调下降(因此意味着规模经济在任何规模上持续存在)。通过考察三种不同函数模型,我们发现,常用的超越对数成本函数有一个缺陷,那就是只要成本—产出关系变成非线性,就需要假设平均成本函数曲线基本呈 U 形。双曲线调整柯布—道格拉斯成本函数模型也是适用性太过有限,因为它始终假定平均成本函数单调递减。罗朗无界函数模型较具一般性,能描述这两种基本平均成本函数。虽然用这三种成本函数模型估计的养老基金(平均而言)规模经济相当相似,但关于养老基金最优规模的结论却大相径庭。

至于用较优的罗朗无界函数模型估计的实证结果,管理成本模型显示,平均而言,荷兰养老基金大约有 27% 的显著规模经济。这些规模经济具有规模递减性:小养老基金的规模经济高达 50% 甚至更多,而大养老基金的规模经济则较小甚至为 0。观察年度估计值就能发现,荷兰养老基金的规模经济在时间上还是相当稳定的。荷兰养老基金的最优规模在整个考察期里估计略大于 100 万会员,在 1992~1999 年期间要小得多,而在随后的几年里又扩大到了超过荷兰最大养老基金规模的水平。这个结果表明,荷兰养老基金的会员人均管理成本现在已经在无限制地下降。

至于投资成本,情况就不同了。首先,荷兰养老基金只有很小的投资成本规模经济,平均只有 7%。荷兰养老基金规模越小,投资成本的规模经济就越大;而且,养老基金的投资成本规模经济随着养老基金规模的扩大而一路下滑,最终为 0。养老基金或者投资组合的最优规模约为 6.9 亿欧元,而规模较大的养老基金仍保持同样的成本效率。如果我们关注年度估计值,那么就能发现养老基金的最优规模并不会随时间而变化,因而不同于管理成本,用管理成本估计的养老基金最优规模会随时间扩大。用投资成本估计的最优规模随时间大幅波动,从而表明缺乏稳健性。对于投资成本,重要的是还要考虑资产配置,因为,特别是在考察期的最后几年里,荷兰的大型养老基金更多地投资于有风险的资产,从而导致风险管理成本增加。忽略这种规模效应就会影响到对规模经济的衡量:股票和房地产的投资成本确实比债券等的投资成本要高得多。

年度运营成本对养老基金未来的养老金待遇产生巨大的影响,因为它们年复一年地侵蚀着养老金财富。这种影响越大,投资收益就越少。尽可能降低这种成本应该成为荷兰各种养老基金的重要策略。合并规模较小的养老基金,应该能够极大地提高它们的成本效率。我们也观察到了不同规模等级养老基金之间存在的巨大成本差异以及很大的降低成本的潜在可能性。因此,特别是在管理活动方面,我们(在对规模等因素进行了控制以后)发现,企业养老基金和职业团体养老基金的成本明显高于行业养老基金,但会随时间下降。造成养老基金成本差异的其他更加特殊的原因仍有待进一步探寻。

参考文献

Adanu, K., J. Hoehn, E. Iglesias, 2009, *Cost Function Estimation in the Water Industry – Functional Forms and Efficiency Measures*, essay 3, Department of Agricultural Economics, presented at the 2009 USDA-CSREES National Water Conference, St. Louis, MO (February), and at the First Annual Graduate Academic Conference Michigan State University, East Lansing (March).

Akaike, H., 1974, A new look at the statistical model identification, *IEEE Transactions on Automatic Control* 19, 716–723.

Alserda, G., J.A. Bikker, S.G. van der Lecq, 2017, X-efficiency and economies of scale in pension fund administration and investment, *DNB Working Paper* No. 547, De Nederlandsche Bank, Amsterdam.

Ambachtsheer, K., 2010, Future directions in measuring the financial performance of pension funds: a roundtable discussion, in: R. Hinz, R. Heinz, P. Antolin, J. Yermo (eds.), *Evaluating the Financial Performance of Pension Funds*, World Bank, Washington, DC.

Andonov, A., R. Bauer, K.J.M. Cremers, 2012, Can large pension funds beat the market? Decomposing the performance of pension funds into asset allocation, market timing and security selection components, *Netspar Discussion Papers* DP 10/2012–2062, Network for Studies on Pensions, Aging and Retirement, Tilburg.

Bateman, H., O.S. Mitchell, 2004, New evidence on pension plan design and administrative expenses: the Australian experience, *Journal of Pension Economics and Finance* 3, 63–76.

Bateman, H., S. Valdés-Prieto, 1999, *The Mandatory Private Old Age Income Schemes of Australia and Chile: A Comparison*, Mimeograph, University of New South Wales (Published as book in 2000, ISBN 13: 9780733416958).

Bauer, R., K.J.M. Cremers, R.G.P. Frehen, 2010, Pension fund performance and costs: small is beautiful, *MPRA Paper* No. 23556, Tilburg University.

Bikker, J.A., J. de Dreu, 2009, Operating costs of pension funds: the impact of scale, governance, and plan design, *Journal of Pension Economics and Finance* 8, 63–89.

Bikker, J.A., L. Spierdijk, R.P.M.M. Hoevenaars, P.J. van der Sluis, 2008, Forecasting market impact costs and identifying expensive trades, *Journal of Forecasting* 27, 21–39.

Bikker, J.A., L. Spierdijk, P.J. van der Sluis, 2007, Market impact costs of institutional equity trades, *Journal of International Money and Finance* 26, 974–1000.

Bikker, J.A., L. Spierdijk, P.J. van der Sluis, 2010, What factors increase the risk of incurring high market impact costs?, *Applied Economics* 42, 369–387.

Broeders, D., A. van Oord, D. Rijsbergen, 2016, Scale economies in pension fund investments: a dissection of investment costs across asset classes, *Journal of International Money and Finance* 67, 147–171.

Canback, S., P. Samouel, D. Price, 2006, Do diseconomies of scale impact firm size and performance?, *Journal of Managerial Economics* 4, 27–70.

Caswell, J.W., 1976, Economic efficiency in pension plan administration: a study of the construction industry, *Journal of Risk and Insurance* 4, 257–273.

Chatterton, M., E. Smyth, K. Darby, 2010, Pension scheme administrative costs, *Working Paper* No. 91, Department for Work and Pensions, London.

Christensen, L.R., W.H. Greene, 1976, Economies of scale in US electric power generation, *Journal of Political Economy* 84, 655–676.

Coelli, T.J., D.S. Prasada Rao, and G.E. Battese (1998) An Introduction to Efficiency and Productivity Analysis. Boston: Kluwer Academic Publishers.

Collins, S., P. Mack, 1997, The optimal amount of assets under management in the mutual fund industry, *Financial Analyst Journal* 53, 67–73.

Dietsch, M., 1993, Economies of scale and scope in French commercial banking industry, *The Journal of Productivity Analysis* 4, 35–50.

Dobronogov, A., M. Murthi, 2005, Administrative fees and costs of mandatory private pensions in transition economies, *Journal of Pension Economics and Finance* 4, 31–55.

Dyck, A., L. Pomorski, 2011, *Is Bigger Better? Size and Performance in Pension Plan Management*, https://www-2.rotman.utoronto.ca/facbios/file/Is_Bigger_Better_dyck_pomorski.pdf (accessed May 16, 2017).

Edirisuriya, P., G. O'Brien, 2001, Financial deregulation and economies of scale and scope: evidence from the major Australian banks, *Asia-Pacific Financial Markets* 8, 197–214.

Griffin, D., A. Tversky, 1992, The weighing of evidence and the determinants of confidence, *Cognitive Psychology* 24, 411–435.

Hernandez, D.G., F. Stewart, 2008, Comparison of costs + fees in countries with private defined contribution pension system, *Working Paper* No. 6, International Organization of Pension Supervisors (IOPS), www.iopsweb.org/Working%20Paper%206%20(Costs%20and%20fees)%20Formatte (accessed May 16, 2017).

Indro, D.C., C.X. Jiang, M.Y. Hu, W.Y. Lee, 1999, Mutual fund performance: does fund size matter?, *Financial Analysts Journal* 55, 74–87.

Ippolito, R.A., 1989, Efficiency with costly information: a study of mutual fund performance, 1965–1984, *Quarterly Journal of Economics* 54, 1–23.

James, E., J. Smalhout, D. Vittas, 2001, Administrative costs and the organization of individual retirement account systems: a comparative perspective, in: R. Holzmann, J. Stiglitz (ed.), *New Ideas About Old Age Security*, World Bank, Washington, DC; revised version published in *Private Pensions Systems: Administrative Costs and Reforms*, Paris, OECD.

Jensen, M.C., 1968, The performance of mutual funds in the period 1945–1964, *The Journal of Finance* 23, 389–416.

Koeleman, W.J.J., J.J.B. de Swart, 2007, *Kosten en baten van ondernemingspensioenfondsen* (In Dutch; Cost and benefits of company pension funds), PricewaterhouseCoopers (PWC), Amsterdam, http://docplayer.nl/6898369-Kosten-en-baten-van-ondernemingspensioenfondsen.html (accessed May 16, 2017).

Konings, J., F. Roodhooft, 2002, The effect of e-business on corporate performance: firm level evidence for Belgium, *De Economist* 150, 569–581.

Lakonishok, J., A. Schleifer, R.W. Vishny, 1992, The structure and performance of the money management industry, *Brookings Papers on Economic Activity: Microeconomics*, 339–391.

Malhotra, D.K., V.B. Marisetty, M. Ariff, 2001, Economies of scale in retail superannuation funds in Australia, *Working Paper*, Monash University.

Malhotra, D.K., R.W. Mcleod, 1997, An empirical analysis of mutual fund expenses, *The Journal of Financial Research* 20, 175–190.

Malkiel, B.G., 1995, Returns from investing in equity mutual funds 1971 to 1991, *The Journal of Finance* 50, 549–572.

McKenna, F.W., Y.H. Kim, 1986, Managerial risk preferences, real pension costs, and long-run corporate pension fund investment policy, *The Journal of Risk and Insurance* 53, 29–48.

Mitchell, O.S., 1998, *Administrative Costs in Public and Private Retirement Systems*, University of Chicago Press, Chicago.

Mitchell, O. S., E. S. Andrews, 1981, Scale economies in private multi-employer pension systems, *Industrial and Labor Relations Review* 34, 522–530.

Nauriyal, B. B., 1995, Measures of cost economies in Chilean banking: 1984–1991, *Revista de analisis economico* 10, 71–99.

Shaffer, S., 1998, Functional forms and declining average costs, *Journal of Financial Services Research* 14, 91–115.

Swank, J., 1996, How stable is the multiproduct translog cost function? Evidence from the Dutch banking industry, *Kredit und Kapital* 29, 153–172.

Sy, W., 2007, Cost, performance and portfolio composition of small APRA funds, *Working Paper*, Australian Prudential Regulation Authority, Sydney.

Tapia, W., J. Yermo, 2008, Fees in individual account pension systems: a cross-country comparison, *OECD Working Papers on Insurance and Private Pensions* No. 27.

White, H., 1980, Using least squares to approximate unknown regression functions, *International Economic Review* 21, 149–170.

Whitehouse, E., 2000, Administrative charges for funded pensions: an international comparison and assessment, pension reform primer series, *Social Protection Discussion Paper* No. 16, World Bank, Washington, DC.

第三章 养老基金的规模、复杂程度和服务质量对其管理成本的影响[①]

——澳大利亚、加拿大、荷兰和美国国际比较

雅各布·A. 拜克(Jacob A. Bikker)
翁诺·W. 斯蒂恩贝克(Onno W. Steenbeek)
费德里科·托拉基(Federico Torracchi)

3.1 引 言

多年来,养老保险改革一直占据着政策讨论的核心位置,并且由于信贷危机而变得更加紧迫。对发达国家的大多数人来说,退休储蓄是他们最重要的一种资产,因此,运行良好、低成本的退休储蓄制度具有至关重要的意义。虽然目前还没有就最优的养老保险制度具有哪些要素这个问题达成共识,但大多数决策者都认识到养老保险供给成本效率的重要性,即使很小的养老金管理成本差别也会对养老保险缴费的净回报率产生很大的影响。养老金管理成本会直接影响到为退休人员提供充足养老收入的既定目标可实现的程度。虽然现在有一些研究养老基金管理成本的文献可资利用,但相对于这个主题的重要性而言,现有的研究数量非常有限。

[①] 本章是作者 2012 年发表在《风险与保险杂志》(*Journal of Risk and Insurance*)上的论文《养老基金的规模、复杂程度和服务质量对管理成本的影响——国家间的比较》(The impact of scale, complexity and service quality on the administrative costs of pension funds: a cross-country comparison, *Journal of Risk and Insurance* 79,477—514)的升级版。

有必要对养老基金的管理成本进行更加严格的审视和研究,因为它们要占到养老基金很大一部分运营成本(Mitchell,1998)。但是,定义正确的养老基金生产函数会遇到的困难以及有限的数据可获得性,都阻碍了对这一主题进行详细的实证。此外,到目前为止,所有关于养老基金管理是否存在规模经济的实证研究都没有采用可引入成本函数的有关养老金计划服务质量和(商业模式)复杂程度的量化数据。克尔曼和德斯瓦特(Koeleman and de Swart,2007)认为,规模较小的养老基金虽然能提供比较个性化的服务,但成本也较高。此外,倘若客户可以在比较灵活、定制化和多样化的服务之间进行选择,那么,即使这样的服务需要更加复杂、成本更高的管理,客户也能从中受益。在克尔曼和德斯瓦特(Koeleman and de Swart,2007)看来,养老基金的管理成本差异不仅是由规模经济,而且也是由规模较小的养老基金服务质量较高和基本商业模式比较复杂造成的。尽管克尔曼和德斯瓦特没有援引数据来支持他们的观点,但我们的数据集使我们能够检验他俩的这个假设。

在这一章里,我们使用澳大利亚、加拿大、荷兰和美国四个国家2004~2008年独特而又详细的养老基金数据集来阐明一些有关养老基金管理成本的重要问题。首先,我们探讨养老基金管理是否存在规模经济的问题。如果确实存在规模经济,那么,扩大养老基金运营规模,从而降低平均管理成本,是否能够使养老基金的会员受益?一个与之相关的问题是:成本—规模关系是不是一种凹性关系,即规模较小的养老基金是否存在没得到利用的规模经济,而规模较大的养老基金是否存在规模不经济的问题。其次,我们分析了养老基金的服务质量和养老金计划的复杂程度对养老基金管理成本的影响。然后,我们评估了不同类型的养老基金和养老金计划之间的成本差异,并且指出了可能存在的系统低效率问题。接着,我们在控制多种因素的同时探讨了不同国家养老基金之间的管理成本差异,并对不同国家之间的制度差别对养老基金管理成本可能产生的影响进行了量化。最后,我们着重考察了养老基金的每种具体分类管理业务,并评估它们是否存在规模经济,以确定扩大养老基金分类管理业务的规模会在哪些方面产生最大的效益。我们使用的数据集不包括投资成本。投资成本也能促成规模经济效应(Bikker and de Dreu,2009;Broeders et al.,2016;Alserda et al.,2017),尽管规模效应估计由于主要是规模较大的养老基金持有的复杂投资产品增加了成本而受到了影响,但投资成本并不会受养老金计划服务水平或复杂程度的影响。

本章其余部分安排如下：第 3.2 节对现有的养老基金管理成本研究文献进行综述，并且把重点放在国家之间的比较上。第 3.3 节讨论并比较了我们样本中四个国家养老保险制度的主要制度特征。第 3.4 节对我们使用的数据集进行了说明，介绍了这四个国家养老基金的特征，并探讨了养老基金管理成本、养老金计划复杂程度和服务质量与养老基金规模之间的关系。第 3.5 节介绍了为实证分析两种养老基金产出指标而使用的模型，并且对实证结果进行了讨论。最后，第 3.6 节对全章的内容进行了总结，并提出了一些政策建议。

3.2　现有文献综述

养老基金的管理成本包括养老基金除投资成本外的全部运营成本，即人工费用、第三方收取的费用、租金、资产贬值等。养老基金的管理活动包括收集数据、收取雇主的缴款（包括做账）、与会员沟通、制定政策以及遵守报告和监管规定。附录 3.1 中的表 3.A.1 列出了一张养老基金管理活动和成本的清单。关于养老基金管理成本的研究主要集中在少数几个国家，特别是澳大利亚（Bateman and Valdés-Prieto，1999；Malhotra et al.，2001；Bateman and Mitchell，2004；Sy，2007）、美国（Caswell，1976；Mitchell and Andrews，1981）、智利（James et al.，2001）和荷兰（Bikker and de Dreu，2009；Alserda et al.，2017）。这些学者不管是用养老基金的会员人数还是用它们管理的资产来衡量养老基金的规模，都在所有这些国家发现了私人养老基金具有显著的规模经济。他们的主要解释是，本章附录 3.1 表 3.A.1 所列示的管理活动大多有一些固定成本要素，特别是作为养老基金许多活动基础的信息和沟通技术，具有很大的固定成本分量。如果把这些要素分摊在养老基金会员身上，那么就能降低会员人均成本。这种解释也适用于遵守会计和监管要求和新方案。阿姆巴赫舍尔（Ambachtsheer，2010）强调了养老基金的运营效率对于提供最优养老金待遇的作用，并且指出有必要对制度的执行情况进行更多的研究。

只有少数学者对不同国家进行过比较研究，但他们几乎都没有使用多变量分析方法。怀特豪斯（Whitehouse，2002）比较了 13 个国家的缴费确定型养老金计划，并研究发现，在英国和一些拉美国家，养老基金的规模和收费（包括成本和利润）之间并没有系统的关系，并且表示并没有确凿的证据能够证明养老基金的管理成本具有规模经济效应。埃尔南德斯和斯图尔特（Hernandez and

Stewart,2008)在一项较新的研究中比较了21个国家的私人缴费确定型养老金计划的费用比率(charge ratio)。这两位作者指出，在养老金计划提供者较少的国家，费用比率往往较低，因此得出了有些证据可以证明养老基金存在规模经济的结论。塔皮亚和耶莫(Tapia and Yermo,2008)对实行以个人退休账户为基础的养老金制度的澳大利亚、瑞典以及拉美、中欧和东欧国家进行了类似的分析。不过，他俩的研究并没有区分投资和管理成本，而且是采用费用比率或其他费用衡量指标，而不是经济成本。詹姆斯等人(James et al.,2001)通过比较六个拉美国家基于个人退休账户的养老金制度的收费和管理成本(其中包括投资成本)完善了有关最后一个问题的结论。这项研究的根本问题是，由于缺少适用数据，因此无法在多变量分析中确定每个因子的相对贡献。不过，这些作者采用对相关国家的国内养老金制度进行大量描述性统计的方法来确定双变量关系。只有多布罗诺戈夫和穆尔迪(Dobronogov and Murthi,2005)根据为数有限的观察值进行了一项多变量国际比较研究，并且在克罗地亚、哈萨克斯坦和波兰发现了一些可以证明养老基金存在规模经济的证据。

一般而言，养老基金的管理成本存在较大的差异，其中的一些成本差异可能反映了特定的市场条件或制度环境，而其他成本差异是由效率不同造成的。然而，巴尔德斯—普列托(Valdés-Prieto,1994)强调指出，只有在考虑养老基金服务质量的情况下，比较养老基金之间和不同国家之间的经济效率才有意义。巴尔德斯—普列托在他对智利、美国、马来西亚和赞比亚的定性研究中，根据多个质量维度对这几个国家养老金制度的质量进行了比较。作者的结论是，这几个国家养老基金的服务质量差异甚至可能大于管理成本差异。米切尔(Mitchell,1998)指出，实证估计服务质量对养老基金管理成本的影响，是一项颇具挑战性的工作，因为服务质量难以衡量。这是一个重要的问题，因为祁隆(Chlon,2000)曾指出，与必须支付的费用相比，客户更加看重商家提供的服务质量和信息。克尔曼和德斯瓦特(Koeleman and de Swart,2007)通过对养老基金会员的调查证实了这种观点。

养老基金承担的成本与收取的费用之间可能存在差异。由于养老基金通常并不以营利为目的，因此，我们可以预期养老基金能够在两者之间达成平衡。然而，在不完全竞争市场上运行的私人养老金计划(如美国的养老金计划)有可能拥有某种程度的市场势力，并收取高于生产成本的价格。奥斯泽格和斯蒂格利茨(Orszag and Stiglitz,2001)注意到，相关的学术研究在不经意中忽视了成本和收费之间的区别,或者成本与收费之间被假定为没有什么相关性。本章使用的数据集包括纯成本的数据。

3.3 不同国家的养老金计划制度安排

各国的养老保险制度都是建立在一种三支柱结构上的,但澳大利亚、加拿大和荷兰的三支柱结构的制度化程度要比美国高。在澳大利亚,养老保险制度的第一个支柱是一种旨在为老年人提供最低养老金收入的公营制度。退休人员的养老金待遇取决于他们从其他来源获得的收入水平,并由一般税收收入提供资金。第二支柱是一种被称为"职业养老金保障制度"(superannuation guarantee)的强制性私营养老金计划。澳大利亚在1992年推出了这种养老金计划,用于取代之前的自愿退休制度。自2002年以来,澳大利亚要求雇主把雇员至少9%的收入储存起来,但低收入雇员无须缴费。雇员可以通过自愿性质的第三支柱把多余的收入存入个人的退休储蓄账户。由于政府赋予雇主投资它们自己选择的养老基金的很大自由,因此,养老基金在规模、养老金计划类型、管理形式和发起人类型等方面存在很大的差别。养老金计划可以在零售市场上购买,也可以由雇主提供;既可以是单一雇主计划,也可以是多雇主计划,后两种养老金计划分别被称为企业和行业养老金计划。

加拿大的养老保险制度与澳大利亚非常相似,第一支柱是在1952年依据《老年人保障法》(Old Age Security Act)建立的,由一般税收提供资金并发放具有普惠性的定额养老金。第二支柱是与收入相关的强制性社会保险计划。收入超过最低水平的雇员必须把自己4.95%的收入缴给一个作为部分缴费制度集中管理的养老金计划。雇员的缴费由雇主相同比例的缴费配套,而雇员的养老金待遇则取决于缴费年限。这种养老金计划旨在达到按职业生涯平均工资计算的25%的退休收入替代率。加拿大养老保险制度的第三支柱由分别被称为"职业注册养老金计划"(occupational registered pension plans)和"注册退休储蓄计划"(registered retirement savings plans)的自愿职业养老金计划和个人养老金计划组成。这两种注册养老金计划可以采取签署信托协议、与保险公司签订合同或为公职人员设立的政府统一收入基金(government-consolidated revenue funds for public employees)的方式来运营。加拿大的职业养老金计划大多是待遇确定型计划,但缴费确定型计划在私营部门变得越来越普遍(更多关于待遇确定型计划和缴费确定型计划的介绍,请参阅 Lachance et al.,2003;Milevski and Promislow,2004)。2004 年,加拿大大约有一半劳动力是通过职业养老金计划来进行退休储蓄的(Antolin,2008)。

荷兰依照《养老金法案》(Pensions Act)创建了第一支柱的现收现付养老金制度,从而使任何 65 岁以上的老年人都能领到基本养老金。自 2013 年以来,荷兰逐渐调高退休年龄。到 2022 年,荷兰的退休年龄将调高到 67 岁零 3 个月。第二支柱是所谓的"准强制性养老金制度":政府并不强制规定职业养老金计划,但在实践中,集体协议确保荷兰 80%的职业养老金计划具有强制性,90%以上的雇员参加职业养老金计划(OECD,2007)。雇主和雇员共同承担养老保险费,雇主通常大约承担 70%的养老保险费。得到特别税收规定鼓励的第三支柱允许荷兰人投资于个人养老金计划。

美国的养老保险制度包括公共养老金、社会保障养老金和低收入退休人员要通过经济状况调查才能享受的补充保障收入。社会保障养老金制度是一种现收现付的养老金制度,资金来源于雇员和雇主均摊,税率为 12.4%的工薪税。补充保障收入由政府一般预算提供资金。除了工薪税形式的社会保障缴费外,美国并没有强制性的职业或个人养老金计划。美国联邦政府只在《1974 年雇员退休收入保障法》(1974 Employee Retirement Income Security Act)及后来的修正案中规定了养老基金的最低运营标准。雇主或雇主团体可以根据自己的偏好自由为雇员制定养老金计划。过去,美国雇主为雇员制定的养老金计划本质上大多是待遇确定型计划,但今天大多是缴费确定型计划或这两种计划的混合物。401(k)计划是一种在美国颇受欢迎的养老金计划。在这种计划下,雇员可以把他们的部分收入存入一个通常雇主也部分配套存入一定资金的账户。最后,被称为"个人退休金账户"(IRA)的个人储蓄账户也提供了一种为退休储蓄的补充工具。自愿养老金计划受到缴费上限和鼓励储蓄的特别税收规定的约束。2005 年底,美国有 1.43 亿雇员参加了自愿职业养老金计划,但只有5 100 万雇员有个人养老金计划(OECD,2009b)。

以上四个国家的四种养老保险制度具有彼此不同的制度特征。首先,虽然澳大利亚和加拿大(荷兰实际上也是)强制要求雇员参加职业养老金计划,但美国并不是这样。其次,虽然加拿大有可比的低收入退休人员退休收入替代率,但荷兰的平均退休收入替代率要比其他三个国家高很多。此外,荷兰养老保险制度下的退休收入替代率比其他三个国家平坦。因为,在其他三个国家,退休前收入越高,退休收入替代率的下降幅度就越大。安托林(Antolin,2008)认为,养老金计划的强制性及其慷慨程度是决定自愿养老金计划参与率的重要因素。例如,美国自愿养老金计划的参与率很高,因为第二支柱的养老金计划并不是强制性计划,而且公共养老金相对较少。此外,准强制性的第二支柱与高目标退休收入替代率相结合,使得荷兰——与澳大利亚一样——成为少数几个第二支柱养老基金持有的总资产超过本国年度国内生产总值的国家之一(见表3.1)。如表3.1所示,养老保险缴费占国内生产总值的百分比澳大利亚最高。但是,我们应该谨慎对待表3.1中的数字,因为很难对不同国家养老保险制度的成本进行统一的定义。此外,有些国家的这些数字随时间发生很大的变化。

表3.1 澳大利亚、加拿大、荷兰和美国养老基金业概况(*OECD global pension statistics*)[a]

	国家	2004年	2005年	2006年	2007年	2008年	2015年[f]
养老基金总资产占本国国内生产总值的%	澳大利亚	71	80	90	110	92	122
	加拿大	48	50	54	62	51	157
	荷兰	108	122	126	138	114	178
	美国	74	74	79	79	58	133
养老基金缴费占本国国内生产总值的%	澳大利亚	7.23	7.81	8.80	15.98	9.74	
	加拿大	2.30	2.24	2.57	2.56	2.15	
	荷兰	4.64	4.97	4.44	4.26	4.02	
养老基金运营成本占其资产的%[b,c]	澳大利亚[d,e]	0.31	0.30	0.28	0.27	0.30	
	加拿大	0.85	0.64	0.72	0.28	1.38	
	荷兰	0.77	0.79	0.61	0.55	0.51	
养老基金总数[b]	澳大利亚[d]	1 785	1 323	872	575	505	
	加拿大	3 816	3 816	5 036	5 036	—	8 876
	荷兰	843	800	768	713	—	279
	美国						685 203

a. 这个数据不包括非自治养老基金(账面储备基金)。
b. 没有或只有有限的美国数据。
c. 运营成本包括管理成本和投资成本。
d. 包括企业、行业、公共部门和零售养老基金,但不包括APRA和SSF(APRA,2008)。
e. 运营成本只包括管理成本。
f. 资料来源:OECD(2016)。

总而言之，我们注意到这四个国家的养老基金行业存在很大的差异，并且发现这一点在较小的程度上也适用于养老基金所属的养老保险制度的第二支柱。美国的情况之所以不同于其他三个国家，是因为美国养老保险制度的前两个支柱提供了三种不同的养老金计划。此外，第二支柱在澳大利亚、加拿大和荷兰具有强制性，而在美国则没有强制性。

3.4 数据集说明

本章使用的数据集由 CEM 基准管理公司（CEM Benchmarking Inc.）提供，涉及澳大利亚、加拿大、荷兰和美国 90 只属于第二支柱的养老基金。[①] 这个数据集是根据养老基金自己报告的费用（而不是收费）采集的，因此避开了第 3.2 节文献综述中提到的一些实证问题。我们的样本不包括与资产管理相关的成本。样本中的养老基金有动机披露准确、真实的信息，以获得有针对性的咨询和基准管理服务。我们采集了 2004~2008 年的观察值数据，因此是一个包含 254 个观察值的非平衡面板数据。如表 3.2 所示，该表收入了美国 49 只不同的养老基金，约占观察值总数的 2/3，包括第一样本年度的全部观察值。对于每只养老基金，我们有以下观察值数据：管理成本，分为 24 个成本类别（见附录 3.1）；会员人数，根据就业和缴费状况分为三种类型；养老金计划的数量；有关服务水平和复杂程度的信息。有些养老基金缺少养老基金市值即总资产的观察值，从而使得观察值减少了 1/4。

表 3.2 澳大利亚、加拿大、荷兰和美国养老基金样本期内的年度观察值样本

	澳大利亚		加拿大		荷兰		美国		所有国家	
	"全部"	资产	"全部"	资产	"全部"	资产	"全部"	资产	"全部"	资产
2004 年	—	—	—	—	—	—	31	12	31	12
2005 年	9	0	8	4	9	5	28	15	54	24
2006 年	5	0	11	7	12	11	34	31	62	49
2007 年	10	9	12	10	12	12	41	41	75	72
2008 年	3	3	3	3	0	0	26	26	32	32

[①] CEM 基准管理公司是一家总部设在多伦多的全球养老金基准管理公司，专门致力于客观衡量养老基金投资业绩、服务水平、养老金投资和管理成本的工作。

续表

	澳大利亚		加拿大		荷兰		美国		所有国家	
	"全部"	资产	"全部"	资产	"全部"	资产	"全部"	资产	"全部"	资产
总计	27	12	34	24	33	28	160	125	254	189
占样本的%	11	6	13	13	13	15	63	61	—	—
养老基金数	10	9	13	11	17	15	49	46	90	81

注:"全部"栏中的数字表示披露管理成本、养老基金数量和其他解释变量信息的养老基金数量,而"资产"栏中数字则表示只披露总资产信息的养老基金数量。

我们的数据集是一个关于澳大利亚、加拿大、荷兰和美国四国养老基金总量的非随机样本,因为 CEM 基准管理公司只和订购并为其提供的基准管理服务付费的养老基金打交道。这个样本(与表 3.1 和 3.2 相比)包含这四个国家为数有限的养老基金。但是,相对于它们本国养老基金的平均规模而言,样本中的养老基金都是大基金。样本中澳大利亚养老基金的平均规模是澳大利亚养老基金平均规模的 3 倍,而样本中荷兰养老基金的平均规模甚至比荷兰养老基金平均规模大 30 倍。因此,我们的样本涵盖这四个国家本国养老基金会员总人数的 5%(澳大利亚)到 85%(荷兰)不等。[①] 用这个样本来推断这四个国家全国养老基金业的做法是不合适的,因此,我们认为,这个样本充其量只能代表这四个国家的大型养老基金总量,并把任何结论都局限于这个特定养老基金集合。因此,我们应该认识到我们的样本可能受到选择偏倚的影响。

表 3.3 列示了按样本国家分类的养老基金的特点。货币变量,即管理成本和总资产,已按购买力平价(使用经合组织的权重)换算成欧元,以调整样本国家货币的相对价值差异和变化。此外,我们用 2005 年的价格来表示这些货币变量,以剔除通货膨胀的影响。样本中的养老基金平均约有 40 万会员,持有 350 亿欧元的资产,相当于每个会员持有超过 9 万欧元的资产。样本中有四只养老基金持有超过 1 000 亿欧元的资产,超过了世界大部分国家的年度国内生产总值。澳大利亚的养老基金从各个方面看往往都比较小,而加拿大的养老基金平均会员人数较少,但会员人均资产较多。就会员人数而言,荷兰养老基金的平均规模要比加拿大养老基金平均规模大一倍多。

[①] 在我们的样本中,规模最小的养老基金只有 13 000 个会员。

第三章　养老基金的规模、复杂程度和服务质量对其管理成本的影响

表 3.3　　　　　　　按国家分列的养老基金特征加权平均数

样本数	澳大利亚 N=27	加拿大 N=34	荷兰 N=33	美国 N=160	总量 N=254
会员人数(千)	128	242	818	393	400
会员人均管理成本(欧元)	97	87	69	64	71
有效会员的比例(%)	54	60	37	55	53
休眠会员的比例(%)	24	7	45	18	21
退休会员的比例(%)	23	33	18	27	26
CEM基准管理公司的复杂程度评分[a]	0.1	−0.4	−0.4	0.2	0
复杂程度评分的算术平均数[a]	−0.5	−0.2	−0.7	0.3	0
主分量复杂程度评分	−0.4	−0.7	−0.8	0.4	0
子样本 I	N=23	N=17	N=33	N=156	N=229
CEM基准管理公司的服务评分[a]	−0.6	−0.1	0.0	0.1	0
服务评分的算术平均数[a]	−0.4	−0.7	0.1	0.2	0
主分量复杂程度服务评分[a]	−0.1	0.3	−0.2	0.0	0
子样本 II	N=12	N=24	N=28	N=125	N=189
平均总资产(十亿欧元)	5	32	41	36	35
会员人均资产(千欧元)	61	132	72	93	93
管理成本占资产的比例(%)	0.25	0.08	0.19	0.07	0.10

注:国家平均数是国家观察值平均数。另一种计算方法是先算养老基金的平均观察值,并获得养老基金的特征,然后再算养老基金的平均数。如果第二步用以观察数为权值的加权平均数来代替,那么就能再次得到国家观察值平均数。

a. 这里报告的全部服务和复杂程度评分都已经过标准化,从而可在三个衡量指标之间进行比较。因此,整个样本的均值因其构成而为 0。请注意,并非全部 254 个观察值都有 12 项服务衡量指标的数据。有些观察值的服务评分是为数较少的基本分量的平均值。由于这个原因,服务评分是基于为数较少的观察值得到的(见子样本 I)。

荷兰和美国的养老基金常常是这四个国家成本最低的养老基金,每年的会员人均管理成本分别是 69 和 64 欧元;而加拿大和澳大利亚的养老基金在这四个国家中平均管理成本最高,会员人均管理成本的样本均值分别是每年 87 欧元和 97 欧元。加拿大和美国养老基金管理成本占总资产的比例处于低位,而

荷兰的这个比例较高。这几个国家的这个比例远远低于养老基金研究通常发现的比例(见本章第 3.2 节),但由于我们的样本有偏向这四个国家大型养老基金的问题,这些基金受益于规模经济,从而降低了它们的平均管理成本。与其他三个国家相比,荷兰的养老基金有更多不再工作但还没退休的延迟领取养老金或处于"休眠"状态的会员(以下把这种会员译为"休眠会员"。——译者注)。荷兰养老基金出现的这种情况,很可能是由强制性养老金计划的结构造成的:雇员不能选择,因此,调工作常常就意味着换养老基金。现在,雇员可以把自己的养老金权益转移到其他养老基金,但在过去,他们并非总是可以这样做。

图 3.1 显示了 75 只养老基金 2007 年用对数表示的管理成本和会员人数之间的关系。这 75 只养老基金 2007 年的会员人均管理成本从 19 欧元到 415 欧元不等,而会员人数则从 1.3 万到 270 万不等。该图显示了这些养老基金会员人均管理成本和基金规模之间的负相关关系。荷兰养老基金(图中用"N"表示)属于人均管理成本最高的养老基金,紧随其后的是美国的养老基金(图中用"U"表示),这种情况也可以从表 3.3 中观察到。此外,一方面,这四个国家的养老基金属于世界上效率最高的养老基金;另一方面,我们发现澳大利亚的养老基金(图中用"A"表示)一般规模较小但成本较高,而加拿大的养老基金(图中用"C"表示)处于中间位置。

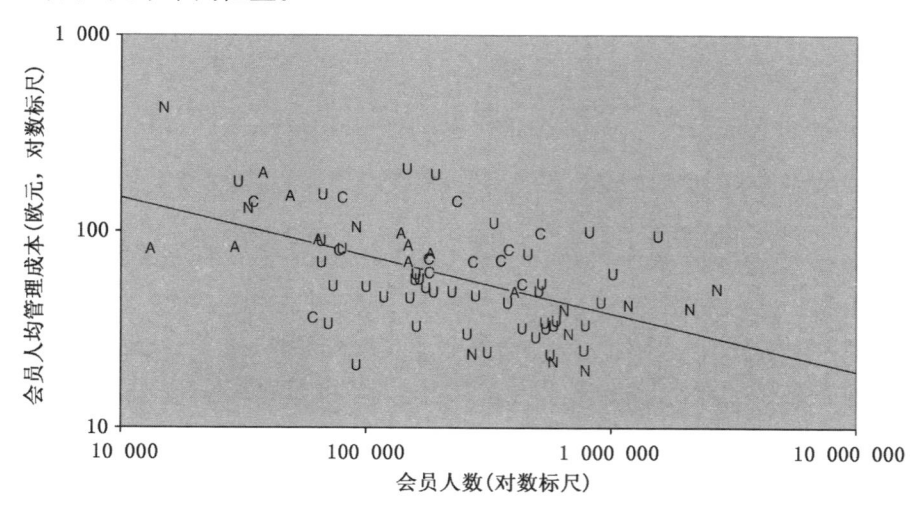

注:图中的 A、C、N 和 U 分别表示澳大利亚、加拿大、荷兰和美国的养老基金。

图 3.1 澳大利亚、加拿大、荷兰和美国 75 只养老基金 2007 年的会员人均管理成本和会员人数(用对数表示)

这个数据集包括有关这些国家养老基金的服务质量和商业模式复杂程度的具体信息。CEM 基准管理公司把养老基金的服务定义为"在考虑成本前满足会员的任何需要"。我们用 12 个变量来反映养老基金服务质量的不同维度，如及时支付养老金、信息披露量和个性化程度以及向职业养老基金会员的雇主提供的服务。每个变量都是（根据养老基金活动的衡量指标以及会员满意度调查的结果编制的）更细、更精确的衡量指标的加权平均值，并以百分数表示。表 3.4 对服务质量评分的构成变量和 CEM 基准管理公司为进行服务质量综合评分使用的权重（关于服务质量评分各分量的详细定义，见附录 3.2 中的表 3.A.2.1）进行了概述。

表 3.4　　　　　　　　服务质量综合评分的不同维度

维　度	权重（%）
1. 年度养老金支付	18.9
2. 确定始付日（不包括伤残者抚恤金）	7.9
3. 估计养老金待遇	5.0
4. 提供一对一的咨询服务	7.9
5. 组织会员见面会（小组信息沟通会）	6.7
6. 通过电话、电子邮件、信函与会员联络	21.5
7. 与会员集体沟通	18.5
8. 对雇主的服务	4.0
9. 养老金账户转出（退费、账户转出、终止付款）	0.3
10. 养老金账户转入	3.3
11. 伤残者抚恤金评估	5.1
12. 灾后恢复	1.0

类似地，我们用 15 个不同的变量来表示养老基金商业模式的复杂程度。这里的商业模式复杂程度是指养老金给付、定制化服务和缴费管理规则的复杂程度。复杂程度变量是用更加具体的复杂程度衡量指标的加权平均值计算得到的，并用百分数表示：分数越大，复杂程度就越高。表 3.5 显示了复杂程度评分的构成变量以及 CEM 基准管理公司用来进行复杂程度综合评分（即我们分析中使用的评分）的权重（附录 3.2 中的表 3.A.2.2 详细定义了复杂程度综合评分的构成分量）。

表 3.5　　　　　　　　进行复杂程度综合评分使用的权重

维　度	权重(%)
1. 养老金支付方式选择	15.0
2. 选择定制化程度	20.0
3. 多种计划类型和覆盖面	10.0
4. 多种待遇方案	16.0
5. 外部互惠性	3.0
6. 合同规定的生活费调整规定	4.0
7. 缴费率	3.0
8. 可变报酬	4.0
9. 工作年资积分规定	3.0
10. 会员离婚规定	3.0
11. 购买工作年资的规定	5.5
12. 退费规定	4.0
13. 伤残评估规定	6.0
14. 文件翻译	0.5
15. 缴费确定型计划规则	3.0

　　服务和复杂程度变量都是加权平均数,权重由 CEM 基准管理公司的分析师确定。为了把 12 个服务变量聚合成单一评分,我们采用了 7 个不同的评判标准:(通过举行现场会议、座谈会和对等会议获得的)养老基金会员的反馈信息、各种活动的相对成本[①]、各种活动的相对业务量、会员基于外部经验的期望、人际交往的个性化程度、会员涉入资源的程度以及这个维度是否与养老基金的核心业务相关(即与养老金给付和管理有关)。这些评判标准并不会直接转化为客观、无可争议的权重,而是要通过几位专家的专业判断来筛选,并由这几位专家最终确定用于聚合信息的权重。虽然为了收入新的反馈信息和既往经验,每年都要更新权重值,但仍存在某种有可能对我们的分析构成威胁的武断性。我们无法访问用于计算服务质量 12 个维度或复杂程度 12 个维度的原始数据,但我们的数据集包含这些变量的分解数据。为了提高模型的稳健性,我们采用两种可选的操作方法——即主分量分析法(PCA)和简单算术平均法来计算综

---

① 在本章的下文,我们还将介绍不依赖成本的替代性加权方法(主分量分析法和等权重加权法)。

合得分。① 简单算术平均法是一种简单的计算方法,结果是一个用百分数表示的变量,我们将在下文比较详细地讨论主分量分析法。

主分量分析法涉及对一组数据进行正交线性变换,从而把一个大数据集约简成为数较少的因子,并且尽可能地解释原始变量的变异。由于每个因子都保留了最大的可用方差,因此,要最大限度地减少数据约简不可避免的信息损失。在这种情况下,原始维度之间的互相关性普遍很低,就意味着一种不易用一些基本变量来解释的数据结构,因此,通常用来确定保留多少因子的评判标准不会产生明确的解决方案。在探索阶段,第 3.5 节中的管理成本基准模型用一些主分量分析法的设置变量来估计,区别仅在于所保留的服务数量和复杂程度因子。由于增加分量的数量并不会实质性地改变剩余估计,因此本章进行的最终分析只保留了每个变量的第一分量。② 如果按照 CEM 基准管理公司专家确定的权重和算术平均法进行计算,美国和荷兰养老基金的服务得分较高;而用主分量分析法计算,加拿大养老基金的服务得分较高。平均而言,美国养老基金的复杂程度得分高于其他三个国家的养老基金,但因不同的衡量指标而有所不同(如用 CEM 基准管理公司的标准、等权重加权法和主分量分析法计算得到的评分结果)。

3.4.1　规模经济

表 3.6 列示了澳大利亚、加拿大、荷兰和美国不同规模等级养老基金的平均管理成本。表 3.6 的上半部分显示了与用会员人数表示的养老基金规模等级有关的管理成本。随着养老基金规模等级的提高,会员人均管理成本的(加权)平均值稳步下降。会员人数在 50 万～100 万之间的养老基金会员人均管理成本最低,只有 45 欧元,这说明这四个国家的养老基金还存在未得到利用的规模经济。平均而言,规模较大的养老基金,会员人均管理成本较高。显然,即使是在我们的样本中,平均而言,规模相当大的养老基金也存在规模经济。管理成本占总资产比例的平均数(按会员人数加权)并没有呈现这种 U 形曲线(但使用中位数就会显示这种 U 形曲线)。我们引用的数据还显示出养老基金会员的

---

① 另一种策略是在最后的分析中把 12 个原始维度作为解释变量,但这样做会降低可利用的自由度,从而有可能产生严重的影响,因为我们手头的样本很小。

② 12 个服务质量构成维度主分量分析中的主分量保留了 26% 的原始方差,而 15 个复杂程度变量构成维度主分量分析中的主分量则保留了 21% 的原始方差。

人均经济财富呈现明显下降的趋势,因为小型养老基金会员人均资产价值远远大于大型养老基金的会员人均资产价值。最后,值得注意的是,管理成本较高的养老基金似乎并没有提供质量较好的服务。虽然服务质量与成本之间没有明确的关系,而且服务评分结果变异相对较小,但根据这个衡量指标,规模最小的养老基金提供的服务质量最差,而规模最大的养老基金提供的服务质量最好。养老基金规模与复杂程度评分之间的正相关关系要密切很多。

表 3.6 按规模等级划分的养老基金每年的平均管理成本

按以下标准确定的规模等级	观察值数量	会员人均管理成本(欧元)	基金会员总人数(百万)	服务评分(1~100)	复杂程度评分(1~100)	观察值数量	管理成本占资产的比例(%)	会员人均资产(千欧元)
基金会员人数(千)								
<50	23	148.5	0.7	62.7	27.3	14	0.157	159.2
50~100	37	82.2	2.7	69.6	24.7	27	0.098	88.6
100~500	125	61.6	32.7	71.6	37.1	94	0.085	87.2
500~1 000	50	44.9	35.2	66.8	36.8	38	0.133	80.3
>1 000	19	55.1	30.3	73.9	40.1	16	0.085	74.1
基金总资产(十亿欧元)								
<10	64	81.4	8.9	71.5	27.7	64	0.115	91.6
10~20	41	52.0	10.6	71.8	34.4	41	0.085	68.5
20~50	44	74.8	19.2	70.6	36.6	44	0.077	106.4
50~100	27	51.3	21.8	73.0	38.2	27	0.052	110.1
>100	13	77.4	18.9	71.9	47.8	13	0.061	130.4

注:本表上半部分按养老基金会员人数加权,而下半部分则按养老基金资产总值加权。

表 3.6 下半部分列示了按照养老基金总资产规模等级划分的管理成本。管理成本占资产比例的加权平均值再次反映出一种 U 形相关性:在养老基金规模扩大时,管理成本占资产比例会迅速下降,总资产从 100 亿扩大到 1 000 亿欧元时达到管理成本占总资产 0.05% 的最小值(指未得到利用的规模经济),然后才略有增大。然而,会员人均管理成本(加权)平均值的曲线并没有呈现相似的形状,而是呈现出类似于荷兰全部 700 只养老基金会员人均管理成本(加权)平均值曲线的形状(Bikker and de Dreu,2009;Alserda et al.,2017)。同样,不同

资产规模的养老基金似乎服务质量大致相同,但复杂程度却随着资产规模的扩大而提高。本章的附录3.1表明,大部分管理活动类型的会员人均管理成本随着养老基金规模的扩大而下降,因此,在管理活动类型这个层面也存在规模经济。第3.5节采用一个养老基金管理成本的多变量模型进一步考察了养老基金的规模经济问题。

3.4.2 增加提供养老金计划和其他服务

表3.7对提供多种产品和服务的养老基金的管理成本进行了比较,前两行比较了只提供一种养老金计划的养老基金与提供两到三种养老金计划的养老基金。前一种养老基金会员人均管理成本的加权平均值为57欧元,而后一种养老基金会员人均管理成本的加权平均值则是55欧元。此外,后一种养老基金的管理成本如果用占其资产的百分比来表示,那么就比较高。尽管如此,与经济学理论和其他学者(Mitchell and Mulvey,2004:350)的观察结果不同,我们的观察结果表明,提供一种以上养老金计划的养老基金管理成本几乎没有出现实质性差别。在提供多种养老金计划的情况下,复杂程度评分有所下降,这可能表明待遇确定型计划比缴费确定型计划更加复杂。通过对专注于提供养老金计划这种核心业务的养老基金与提供附加服务(如医疗费用管理、税收递延储蓄计划、住房抵押贷款、贷款和资产管理)的养老基金进行比较,我们发现,养老基金(正常的)会员人均管理成本的加权平均值并没有增大。这个结果与我们的预期相符。

表3.7　　养老基金增加提供养老金计划和其他服务的影响

	观察值数量	会员人均管理成本（欧元）	复杂程度评分（1~100）	服务评分（1~100）	观察值数量	管理成本占资产的比例（%）
提供一种养老金计划	166	56.4	43.1	70.1	126	0.096
提供一种以上的养老金计划	88	54.2	34.3	70.7	63	0.104
增加一种以上的服务	48	55.7	32.8	65.1	29	0.095
	206	54.9	38.2	71.3	160	0.102

注:按会员人数加权的平均值。

3.5 实证分析

第 3.4 节描述了平均管理成本与养老基金规模、国别、服务质量、养老金计划复杂程度和养老基金其他特征之间的双变量关系。本节通过多变量面板分析来考察每个变量对总成本的边际贡献度。多变量分析有助于避免对系数的错误解释,因为双变量分析中省略的变量有可能会损害变量之间的关系。我们采用传统的成本函数来解释养老基金的管理成本,并把本章上文考察过的成本决定因素和其他变量纳入模型。在有些理论框架中,这种成本函数把养老基金的管理总成本与其产出量和投入要素价格联系起来。养老基金要提供多种服务,但它们的主要职能是"筹集资金、记账、管理资金和支付养老金"(Mitchell, 1999:3)。如何定义产出可是金融服务业一个众所周知的问题。我们采用有关产出的狭义和广义两种定义。在我们的分析中,养老基金狭义产出的衡量指标是它的会员人数。养老基金的这个产出定义假设,养老基金的服务都与向基金会员提供养老金福利的过程有关,包括"筹集资金、记账和支付养老金"。这个产出定义与我们考察的主题管理成本背后的养老基金活动密切相关。但在现实中,产出是多维的。对于人均资产较多的养老基金来说,管理活动(因而管理成本)可能含义更广。因此,我们采用养老基金会员人数和总资产的对数线性组合作为产出的替代衡量指标。在这个替代衡量指标中,总资产表示"资金管理"活动。请注意,我们集中关注养老基金的管理活动,并且没有把投资业绩视为管理活动的衡量指标。

我们首先估计我们的狭义产出衡量指标养老基金的会员规模(会员人数)对养老基金管理总成本(AC)的影响,同时对养老基金复杂程度和服务质量评分以及管理成本的其他决定因素进行控制。于是,我们就有:

$$\ln 管理成本_{ijt} = \alpha + \beta \ln 会员规模_{ijt} + \gamma 服务_{ijt} + \delta 复杂程度_{ijt}$$

$$+ \sum_{k} \zeta_k 控制变量_{ijt^k} + \sum_{j=1}^{3} \eta_j 国别_j + \varepsilon_{ijt} \quad (3.1)$$

式中,j 表示国别;i 表示养老基金,而 t 则表示时间。我们用对数来表示养老基金的管理成本和会员人数,以减少异方差性的影响,并使衡量规模经济成为可能。产出变量的系数 β 被用来衡量养老基金管理活动的规模经济(当 $\beta<1$ 时)或规模不经济(当 $\beta>1$ 时)。检验 β 是否等于 1,就相当于检验养老基金的管理成本是否（完全）随其规模成比例上涨的原假设，即不存在规模经济或规模不经济。为了考察规模经济是否在不同的养老基金规模等级之间恒定不变，我们还把养老基金规模（即会员人数）的平方项纳入了模型，用它来进行敏感性检验。

服务质量和复杂程度评分是重要的控制变量，因为它们能修正附加服务和定制质量造成的附加成本。现有的所有其他养老基金成本研究都没有设这两个变量。我们采用 CEM 基准管理公司评分法（等权重评分法）或主分量分析法来进行标准化，从而使进行适当的跨模型比较成为可能。[①] 我们还对养老基金类型——实际上是会员的职业——这个变量进行了控制。样本中的养老基金为公共部门（中央、地方或市政府）、教师、学校其他雇员（托管人、行政和其他工作人员）、警察、消防员和公共安全机构的其他雇员以及受企业或行业集体协议保护的雇员和其他职别的工作人员（如法官）提供职业养老金计划。[②] 这些类别的养老金计划并不相互排斥，因为任何养老基金都可以提供几种职业养老金计划（参见附录 3.3 中的表 3.A.3.1）。我们在模型中还为每种职别设有虚拟变量，用来衡量每只养老基金的会员是否在相关职别工作（或曾在相关职别工作过）。此外，我们在模型中还设置了退休会员和"休眠"会员的比例这个变量，用这个变量来考察养老基金会员构成对其服务相对重要性的影响。例如，在其他条件相同的情况下，退休会员比例较高的养老基金应该比退休会员比例较低的养老基金在养老金支付管理上花费更多的费用，而用在"休眠"会员身上的管理成本预计最低，因为养老基金已经暂停针对这类会员的管理活动（如收取保费），或者还没有开始针对他们的管理活动（支付养老金）。我们还在模型中设置了"养老基金提供养老金计划的数量"（一种或多种）这个变量。根据我们的预期，这个变量的系数为正，因为提供多种养老金计划有可能导致养老基金的组织科层化和内部组织复杂化。

我们在模型中设置了国别这个虚拟变量，用它来考虑（例如）每个国家特有的劳动力市场和制度结构所具有的固定效应，并且把美国作为参照国。模型中的 ε_{ijt} 是一个特殊的误差项。我们无法获得单只养老基金某些理论上相关的变

[①] 在样本容量发生变化的任何时候都要进行标准化，因此，在每个我们分析的子样本中，均值都等于 0，而标准差则为 1。

[②] 显然，在我们的样本中，大多是为公共部门雇员服务的养老基金，但也有为私营部门雇员服务的养老基金。

量,特别是工资等投入要素价格。对于像荷兰这样的小国家,我们可以预期,金融机构之间的工资水平应该相当稳定;而像美国这样的大国,情况不太可能是这样。我们手头有金融部门的全国(实际)工资数据,这些数据已经考虑不同国家之间的实际工资差别,但忽略了国内养老基金之间的实际工资差别。我们把国别工资水平纳入模型,并把它作为劳动力投入价格的代理变量,但得出了无关紧要的系数。[1] 由于以下这些原因,我们决定不把这些投入要素价格的代理变量包括在式(3.1)中:(1)我们的工资水平这个价格代理变量质量很差;(2)我们的国别虚拟变量无论如何都会消化吸纳这样的国别工资水平(尽管它们最终不会随时间发生变化)。

本章所用的全部模型都是具有养老基金特有随机效应的非平衡面板模型。通常的做法是通过萨尔甘－汉森(Sargan-Hansen)过度识别条件检验来检验这种随机效应假设(相对于固定效应)的效度。不过,我们有充分的经济学理由不使用固定效应模型,因为养老基金特有的固定效应并不能(像它应该做的那样)消除干扰省略变量的影响,但会彻底消除养老基金规模的影响,从而干扰对规模经济的估计。[2] 固定效应会导致产出系数明显偏小,从而大大减小规模经济,这一点已经通过实证检验。用普通最小二乘法估计得到的结果并不会明显偏离随机效应估计结果。

3.5.1 采用狭义产出定义的实证结果

表3.8列示了根据式(3.1)估计多国(三国)子样本和美国子样本得出的结果。此外,为了采用$\Sigma_k \beta_k (\ln 会员人数 \times 国家_k)$,而不是$\beta(\ln 会员人数)$,来衡量被考察国家规模经济的大小,我们还用养老基金—国家与产出的交互效应对多国模型进行了估计。从对多国模型估计得出的结果看,除美国外,其他三个国家的养老基金似乎存在大量未得到利用的规模经济(见表3.8第一栏)。养老基金会员人数的系数表明,养老基金会员人数翻番,它的总管理成本仅增加76%;而24%的潜在规模经济在99%的置信水平上具有统计学意义。如表3.8所示,所有的系数(譬如说β)对原假设$\beta=0$都有意义,并用"*"来表示显著水

---

[1] 我们在剔除国别虚拟变量以后也得出了这个结果。模型包括工资水平,并不会影响模型中的其他参数。我们可根据要求提供其他估计结果。

[2] 请注意,我们确实在我们的模型中考虑了国家(即国别虚拟变量)的固定影响,并且在一个变体中还考虑了年份的固定影响。

平。此外，关于产出系数，对原假设 $\beta=1$——即规模报酬不变（不存在规模经济）——进行了更加相关的检验，并且用度数符号"°"来表示偏离 $\beta=1$ 的显著程度。

表 3.8　　用狭义产出衡量指标解释的养老基金管理成本

	多国样本		美国样本[a]
	单一规模参数	国家特有规模参数	
全样本养老基金会员人数（对数）	***/°° 0.759(0.053)		***/°° 0.809(0.089)
澳大利亚养老基金会员人数（对数）		***/°° 0.739(0.105)	
加拿大养老基金会员人数（对数）		*** 0.945(0.147)	
荷兰养老基金会员人数（对数）		***/°° 0.691(0.069)	
美国养老基金会员人数		***/°° 0.788(0.089)	
标准化的 CEM 服务质量评分	*** 0.064(0.018)	*** 0.063(0.018)	*** 0.063(0.018)
标准化的 CEM 复杂程度评分	** 0.044(0.018)	** 0.038(0.017)	** 0.056(0.023)
只提供一种养老金计划	−0.128(0.083)	−0.129(0.084)	−0.068(0.088)
退休会员比例（％）	−0.002(0.005)	−0.003(0.005)	0.005(0.008)
"休眠"会员比例（％）	*** −0.014(0.003)	*** −0.014(0.003)	** −0.012(0.004)
公共部门基金：中央或联邦政府雇员	−0.028(0.093)	−0.006(0.096)	0.043(0.175)
公共部门基金：州或省政府雇员	*** 0.631(0.203)	*** 0.728(0.193)	*** 0.808(0.216)
公共部门基金：市政府雇员	** 0.106(0.047)	** 0.093(0.048)	*** 0.179(0.051)
受集体协议约束的基金：教师	* −0.126(0.072)	−0.119(0.073)	** −0.171(0.085)
受集体协议约束的基金：学校其他雇员	0.033(0.048)	0.026(0.049)	0.010(0.050)
受集体协议约束的基金：警察和其他公共安全人员	0.048(0.038)	0.052(0.038)	0.010(0.037)
受集体协议约束的基金：其他人员	*** −0.213(0.076)	*** −0.212(0.076)	*** −0.249(0.085)
企业养老基金	−0.071(0.064)	−0.092(0.073)	
行业养老基金	0.036(0.042)	0.011(0.048)	
澳大利亚养老基金	** 0.349(0.166)	0.933(1.559)	
加拿大养老基金	* 0.254(0.136)	−1.599(1.966)	
荷兰养老基金	*** 0.445(0.133)	1.631(1.336)	
截距	*** 7.383(0.668)	*** 7.035(1.073)	*** 6.540(1.042)

续表

	多国样本		美国样本[a]
	单一规模参数	国家特有规模参数	
观察值数量	254	254	160
χ^2 统计量[b]	345.2	354.4	151.6
全样本的 R^2	83.7	83.8	83.2

注：价值项管理成本（因变量）折算成欧元，并用2005年（欧元）的价格水平表示。星号"＊＊＊""＊＊"和"＊"分别表示在99%、95%和90%置信水平上显著。对于规模变量"会员人数"，我们用程度符号"°"（而不是星号）来表示显著不同于1的值（见第一行）。休伯—怀特（Huber-White）标准差用于纠正异方差性，并在括号中报告结果。

a. 我们没有找到美国的企业和行业养老基金数据，因此剔除了这两个虚拟变量。

b. 表示系数具有联合显著性。

用这种多国模型估计的产出系数可能会掩盖各样本国家特有的规模效应。因此，我们在第二栏中列示了用修改后的式（3.1）估计得出的结果。为了像采用多国模型能做的那样对各样本国的规模效率进行比较，我们在修改后的式（3.1）中考虑了用"会员人数"表示的养老基金规模与国别虚拟变量相互影响的交互效应。我们这样设置变量的假设是，除会员人数以外的其他所有变量对无论哪个国家的养老基金管理成本产生相同的影响。虽然我们很难证实这个假设的效度，但我们的替代性变量设置是对基准模型的一种改进，因为它允许我们考虑各样本国特有的规模效应。① 我们观察到我们的样本中有三个国家存在非常显著的规模经济，而加拿大的产出系数在统计上与1没有差别，这表明加拿大的养老基金已经在以有效的规模运营。荷兰是一个养老基金潜在规模经济大部分还没有得到利用的国家：养老基金规模变量的系数在99%的置信水平上显著不同于1，这表明把养老基金的会员规模扩大一倍，养老基金的管理成本只会增加69%，相当于还有31%的潜在规模经济可以利用。这与拜克和德德勒（Bikker and de Dreu，2009）得出的荷兰养老基金规模翻番，管理成本会增加64%的结论一致。同样，澳大利亚和美国的养老基金每增加1%的会员，管理成本就会分别增加0.74%和0.79%，这两个百分比也分别在95%和99%的置信水平上明显不同于1。最后，表3.8的最后一栏显示了分析美国观察值子样本

---

① 完全分立的国别方程可能需要较少的假设，但由于除美国以外的所有其他国家的国别观察值数据较少，因此可靠性较低。

得到的结果。对美国子样本的分析证实了美国的养老基金在95%的置信水平上存在规模经济。表3.8中的全部三个模型也都用会员人数这个产出指标的一个附加平方项进行了估计。估计结果全为正值,这与标准凸成本函数的假设一致,但它们的系数只在90%(不是95%)的置信水平上具有显著的统计学意义,因此,我们在我们介绍的全部模型设置中剔除了这个附加平方项。拜克和德德勒(Bikker and de Dreu,2009)使用荷兰养老金部门的大面板样本观察到了显著的平方项估计值。

我们发现,关于控制变量,正如预期的那样,在所有其他条件都相同的情况下,养老基金复杂程度和服务质量的提高会增加它们的管理总成本。在我们设定变量的三个模型中,它们(服务质量和复杂程度)分别在1%和5%的显著水平上具有重要的正效应。我们的这个发现支持了在其他条件相同的情况下,养老基金服务质量越好,管理成本就越高这个容易理解的观点。类似地,养老基金商业模式越复杂,管理成本也就越高。在表3.8中,用不同模型估计的服务质量对管理成本产生相似的影响,但复杂程度对管理成本的影响在美国的子样本中要稍大一些。就像我们预期的那样,在用多国模型估计的样本中,只提供一种养老金计划,最多可以减少13%的管理成本;而在美国的子样本中,只提供一种养老金计划则只能减少7%的管理成本,但两个样本的这种影响在统计上并不显著。就如我们预期的那样,无论是在用多国模型估计的样本中还是在美国的子样本中,虽然退休会员的比例并没有显著降低养老基金的管理成本,但我们观察到"休眠"会员占养老基金会员总人数的比例对养老基金的管理成本产生显著的反向影响。拜克和德德勒(Bikker and de Dreu,2009)在对荷兰养老基金业的研究中也发现了这种现象。

养老基金执行的职业养老金计划的性质也是一个决定它们管理成本的重要因素。覆盖州或省政府以及市政府雇员的职业养老金计划分别产生了不小于60%~80%和10%~20%的额外管理成本;而覆盖教师和"其他人员"的集体协议,平均而言,大约能使管理成本下降20%。对于各种性质的养老金计划,这种关系非常显著地不同于0。因此,不同类型的养老基金几乎是百分之百地存在成本差异。值得注意的是,虽然上述四种养老基金类型对美国养老基金管理成本的正向和反向影响都更为显著,但估计四国样本和美国子样本得出的系数符号和数值相似。相对效率(或相对低效)是一个明显的解释因素,但是,复杂程度和服务质量也可能产生作用,因为它们还没有被收入各自当然只是一般近似的指标。

最后,养老基金的管理成本也受到显著的国家特有效应的影响。在考虑了管理成本的所有其他决定因素以后,我们发现澳大利亚、加拿大和荷兰养老基金的管理成本高于美国养老基金的管理成本。这些国别虚拟变量被用来反映许多不同的影响效应以及不同国家本国养老基金市场经济和制度两方面的特点,包括(现在没有纳入回归分析的投入要素价格)国别工资水平(和其他投入要素的国别价格),但没有包括它们最终随时间发生的变化。但如果我们考虑由产出衡量指标"会员人数"造成的单只养老基金与国家相互影响的交互效应,那么,我们就不再能够观察到统计上显著的国别效应。显然,在规模效应的多国有界模型中,国别虚拟变量确实能捕捉到国家特有的产出测量误差。这种模型能解释四国全样本和美国子样本中不少于83%的变异。

即使我们把 CEM 基准管理公司的复杂程度和服务质量评分法替换成同权重加权法或主分量分析法,所有的结果在系数符号、数值和显著性上也都相当相似。事实上,这三种评分方法相互高度相关,①这意味着它们在不会导致模型估计产生任何重大变化的情况下可以作为替代方法使用。从统计的角度看,取用主分量分析法得到的主分量是最佳选择,因为主分量可以解释原始变量集合发生的大部分变异。而采用 CEM 基准管理公司综合服务和复杂程度评分法可能是较好的选择,因为这种方法是根据专业判断和经验来计算权重。这些备选估计法表明,服务和复杂程度维度的不同权重对估计结果只产生有限的影响。因此,我们在这里和下文仍把 CEM 基准管理公司的原始评分结果作为衡量养老基金服务质量和商业模式复杂程度的变量保留了下来,并且相信考虑多个指标并强调每个维度相对重要性的专家的判断。

3.5.2 使用广义产出变量取得的实证结果

第 3.5.1 小节假设养老基金提供的服务都与它们为其会员提供养老金福利的过程有关,并且把会员人数作为养老基金产出的狭义衡量指标。表 3.6 上半部分的最后一栏表明,如果用养老基金的会员人数来表示养老基金的规模,

---

① 如果我们把全部观察值数据聚合在一起,原始综合服务评分与加权平均值之间的相关系数为 0.89,原始服务评分与主分量之间的相关系数是 0.97,而加权平均值与主分量之间的相关系数则为 0.93。即使这些系数是为特定国家的子样本计算的,它们的值仍然很高,在大多数情况下超过 0.90;12 个系数中只有 3 个系数的值小于 0.90,但没有一个系数的值小于 0.85。

第三章 养老基金的规模、复杂程度和服务质量对其管理成本的影响

那么,养老基金会员人均资产会随着养老基金规模的扩大而系统减少。显然,养老基金的会员人数和它的总资产相关。更直接地,部分管理活动可能与资产组合有关。因此,在这一小节里,我们把会员人数与总资产(均取对数)组合作为替代性衡量指标,并且用总资产管理成本来表示养老基金与投资管理活动有关的管理成本:

$$\ln 管理成本_{ijt} = \alpha + \beta_1 \ln 会员人数_{ijt} + \beta_2 \ln 总资产_{ijt} + \gamma 服务质量_{ijt}$$
$$+ \delta 复杂程度_{ijt} + \sum_k \zeta_k 控制变量_{ijt}$$
$$+ \sum_{k=1}^{3} \eta_k 国别虚拟变量_{ijt} + \varepsilon_{ijt} \quad (3.2)$$

假设有一个产出积性模型,$\beta_1 + \beta_2 < 1$ 表示存在规模经济,$\beta_1 + \beta_2 > 1$ 表示存在规模不经济,而 $\beta_1 + \beta_2 = 1$ 则表示规模报酬不变。表 3.9 列示了这些广义产出设定的估计结果。引入总资产也许能丰富我们的模型,但减少了 1/4 的可用观察值数据。由于这个原因,我们不能只把这些结果与第 3.5.1 小节中的结果进行比较。在多国样本中,变量"总资产"似乎是管理成本的一个重要决定因素(见表 3.9 第一栏)。显然,管理活动及其成本在一定程度上随投资组合规模的扩大而增加。引入变量"总资产",导致变量"会员人数"的规模效应减小 0.09,因此,这两个广义产出衡量指标的系数($\beta_1 + \beta_2$)的总和是 0.86,略高于狭义产出指标的系数(0.76),但也显著(在 99% 的置信水平上)小于 1,从而证实了规模经济的存在。我们对美国也得出了类似的结论(见表 3.9 的第二栏)。

把总资产引入模型也会影响其他控制变量的系数。与上一小节一样,服务质量评分也很重要,且系数相似。但是,"只提供一种养老金计划"这个变量现在也很重要,而复杂程度评分则已经失去了它的重要性。"只提供一种养老金计划""复杂程度"和"总资产"三个变量相互关联,从它们的相关系数中也能看到这一点。只提供一种计划,复杂程度就较低,而复杂程度往往随着养老基金资产规模的扩大而上升,就如用养老基金投资组合所衡量的那样。[①] 描述会员退休和"休眠"程度的变量的系数与狭义产出模型中的相关变量的系数没有本质上的差别。

[①] 请注意,复杂程度和会员人数也有很高的相关性,相关系数达到了 0.4,但小于复杂程度与总资产的相关系数(0.6)。

表 3.9　　　　　　　用广义产出衡量指标解释的养老基金管理成本

	多国样本	美国样本[a]
会员人数(对数)	***/··· 0.671 (0.072)	***/··· 0.631 (0.090)
总资产(对数)	*** 0.188 (0.054)	*** 0.231 (0.062)
标准化的 CEM 服务质量评分	** 0.064 (0.030)	** 0.060 (0.024)
标准化的 CEM 复杂程度评分	0.030 (0.031)	0.052 (0.037)
只提供一种养老金计划	*** −0.231 (0.084)	** −0.198 (0.094)
退休会员比例(%)	−0.000 (0.006)	0.003 (0.009)
"休眠"会员比例(%)	*** −0.013 (0.004)	*** −0.014 (0.005)
公共部门基金:中央或联邦政府雇员	−0.030 (0.079)	0.041 (0.157)
公共部门基金:州或省政府雇员	** 0.523 (0.229)	*** 0.673 (0.236)
公共部门基金:市政府雇员	** 0.201 (0.084)	*** 0.286 (0.083)
受集体协议约束的基金:教师	*** −0.260 (0.089)	*** −0.287 (0.091)
受集体协议约束的基金:学校其他雇员	−0.081 (0.062)	−0.077 (0.056)
受集体协议约束的基金:警察和其他公共安全人员	0.008 (0.039)	0.001 (0.038)
受集体协议约束的基金:其他人员	** −0.198 (0.777)	*** −0.255 (0.806)
企业养老基金	−0.093 (0.111)	
行业养老基金	* −0.196 (0.103)	
澳大利亚养老基金	*** 0.696 (0.188)	
加拿大养老基金	** 0.269 (0.132)	
荷兰养老基金	*** 0.629 (0.138)	
截距	*** 4.112 (0.961)	*** 3.474* (1.084)
观察值数量	189	125
χ^2 统计量[b]	531.5	292.8
全样本的 R^2	88.8	88.6

注:价值项(因变量"管理成本"和解释变量"总资产")折算成欧元,并用 2005 年(欧元)价格水平表示。星号"***""**"和"*"分别表示在 99%、95% 和 90% 置信水平上显著不同于 0。对于总资产和会员人数这两个规模变量的和,我们用程度符号"°"(而不是星号)来表示显著不同于 1 的值(见第一行)。休伯—怀特(Huber-White)标准差用于纠正异方差性,并在括号中报告结果。

a. 我们没有找到美国企业和行业养老基金的数据,因此剔除了这两个虚拟变量。
b. 表示系数具有联合显著性。

养老基金类型这个虚拟变量的系数几乎没有变化:只有教师养老基金的显著水平现在较高,原因是,平均而言,这个养老基金类别拥有较大的投资组合,现在通过"总资产"这个变量被纳入了模型。国别虚拟变量的系数值与上一小节引用的相似,但它们严重依赖多国模型假设的规模效应:在两个规模参数都具有国别专有性的情况下就会变得不重要。[①] 美国子样本的结果与用多国样本的结果相似。拟合优度很高,超过 0.88。总资产这个附加解释变量能使这个衡量指标大约增大 5 个百分点(这里没有给出结果)。

3.5.3 分解成本模型

如上所述,到目前为止,我们都使用估计管理总成本的模型。现在,我们进行类似的成本构成微观层面分析,以便更加详细地分析我们观察到的规模经济与哪些类别的成本有关。我们在这里进行的成本分解分析包括附录 3.1 中介绍的全部 24 种成本,但与(1)伤残和其他保费例外情况以及(2)与遵守荷兰养老基金监管条例有关的费用除外,因为只有 33 个荷兰观察值数据包括这些费用。[②] 我们用于估计分类成本的模型等价于式(3.1)表示的模型,但现在分别对各种类别的成本进行分析。[③] 此外,对于其余 22 种管理活动中的 12 种,我们拥有关于特定管理活动服务质量的信息。

把式(3.1)中的特别误差项 ε_{ijt} 应用于分类管理活动 p,我们就有了可能与其他管理活动误差项有关的误差项 ε_{ijtp}:如果一种管理活动受到冲击,那么,其他管理活动也可能受到影响。这表明似不相关回归(seemingly unrelated regression,SUR)有可能提高估计的效度。但是,由于以下两个原因,我们反而进行了 22 次分解回归:首先,比奥恩(Biørn,2004)开发的似不相关回归非平衡面板估计量使用了一个不会使我们的估计收敛的逐步极大似然过程。其次,不同类型管理成本的观察值数量并不相同,因此,如果全部观察值都要通过似不相

[①] 在这种情况下,除美国外,总资产对特定国家的影响应该不会很大。

[②] 除了两种只有荷兰养老基金才有的管理活动(第 23 和 24 种)外,我们对表 3.10 列示并用活动类别 P 表示的 22 种管理活动的具体成本进行了考察。在条件许可的情况下,每种活动的加权服务评分被作为管理活动特定成本模型的解释变量,$P8$、$P9$、$P10$、$P16$、$P17$、$P18$、$P19$、$P20$、$P21$ 和 $P22$($P23$ 和 $P24$ 除外)的加权服务评分就可被作为管理活动分解成本模型的解释变量,而在条件不允许的情况下就采用成本聚合平均值。

[③] 但考虑到养老基金存在国别与规模之间的交互效应项,我们再次假设,无论养老基金在哪个国家运营,所有其他变量对养老基金管理成本各分量产生相同的影响。使用单一产出变量这种比较简单的变量设置得出的结果,各样本国基本相同。我们计算怀特标准差是为了对异方差进行调整。

关回归模型来估计,那么,样本量就会减少。简而言之,用这些分解回归模型估计得到的结果可能是无偏且一致的结果,但可能并不是有效的结果。

表 3.10 列示了 22 个管理成本分解分量的估计结果。该表的前四栏只显示了根据式(3.1)求得的国家特有产出变量的系数 β_i 以及原假设养老基金规模与国别虚拟变量交互效应项的系数不同于 1 的检验结果(用星号标示)。对于大部分管理活动,我们有至少在一个国家存在规模经济的证据,尽管我们观察到规模经济在规模上存在相当大的差异。荷兰和美国养老基金的管理活动最经常存在显著的规模经济。此外,该表最后一行列示的各样本国的规模经济均值清楚地表明,这两个国家的规模经济最大。这一发现与我们以上的观察结果相一致,但澳大利亚在管理活动分解层面只存在有限的规模经济,这一点值得注意,因为我们确实发现澳大利亚在管理活动聚合层面存在重要的规模经济。我们把澳大利亚出现这状况归因于这个国家的样本相对较小。

表 3.10 最右面一栏列示了用分解成本模型估计的管理活动规模经济,其中有一个(通过与表 3.8 第一栏中的系数进行比较)估计得到的产出变量的系数。在这一栏中,我们看到,在 22 种管理活动中,有 12 种管理活动的管理活动特有型规模经济在 99% 的置信水平上显著,而另外两种管理活动的这种规模经济只在 95% 水平上显著;显然,对具体国家这种规模经济的估计受到其样本规模小的影响。表 3.10 最右边这一栏证实了养老基金不同的管理活动普遍存在规模经济。

表 3.10   养老基金 22 种管理活动特有成本的管理成本规模经济

	β 系数(标准差)				
	一国特有规模参数				四国共有规模参数
	澳大利亚	加拿大	荷 兰	美 国	
1. 支付养老年金	1.24*(0.14)*	0.79(0.18)	0.77**(0.11)	0.88(0.11)	0.87*(0.08)
2. 确定开始支付养老金的日期	0.97(0.19)	0.92(0.21)	1.19*(0.10)	0.81**(0.08)	1.00(0.07)
3. 估计养老福利	0.61(0.24)	1.00(0.25)	0.48**(0.21)	0.78*(0.13)	0.62***(0.13)
4. 提供一对一咨询服务	0.84(0.35)	1.43(0.43)	0.43***(0.18)	0.89(0.12)	0.45***(0.16)
5. 召开会员见面会	1.05(0.24)	0.45(0.46)	0.35***(0.19)	1.01(0.18)	0.51***(0.15)
6. 与会员联络	0.88(0.15)	0.99(0.18)	0.88(0.10)	0.89(0.09)	0.85**(0.07)
7. 与会员沟通	0.89(0.16)	0.94(0.24)	0.84(0.11)	0.74**(0.10)	0.76**(0.07)
8. 收集雇主数据和收取雇主缴款	0.78(0.19)	0.74(0.20)	1.10(0.11)	0.84(0.13)	0.93(0.08)
9. 收集其他数据	0.92(0.53)	0.67(0.23)	0.74*(0.14)	0.59***(0.12)	0.66***(0.11)

续表

	β系数(标准差)				
	一国特有规模参数				四国共有规模参数
	澳大利亚	加拿大	荷兰	美国	
10. 记账和检查	0.61(0.28)	0.35(0.56)	1.15(0.14)	0.34***(0.24)	0.74*(0.15)
11. 为雇主服务	1.17(0.37)	1.47*(0.26)	1.11(0.14)	0.91(0.11)	1.06(0.08)
12. 办理退费和会员转出手续	1.08(0.25)	0.81(0.17)	0.80(0.13)	0.71***(0.11)	0.81***(0.07)
13. 办理补费和会员转入手续	2.50*(0.81)	1.14(0.27)	0.95(0.17)	1.11(0.18)	1.05(0.13)
14. 伤残者抚恤金评估	1.04(0.31)	0.89(0.70)	1.14(0.23)	0.90(0.17)	1.06(0.14)
15. 董事会活动	1.29(0.24)	1.33(0.24)	0.75(0.16)	0.56*(0.24)	0.58**(0.16)
16. 财务控制	0.95(0.19)	0.61**(0.19)	0.62***(0.10)	0.70**(0.14)	0.64***(0.09)
17. 董事会咨询会	1.19(0.34)	0.79(0.42)	0.14***(0.26)	0.28**(0.30)	0.23**(0.19)
18. 营销与公关	0.04***(0.34)	1.51(0.58)	0.46***(0.18)	0.49***(0.19)	0.37***(0.14)
19. 规则解释	0.91(0.24)	0.67*(0.19)	0.49**(0.22)	0.66***(0.11)	0.67***(0.09)
20. 新规则设计	0.70(0.20)	0.59**(0.20)	0.58**(0.19)	0.71*(0.18)	0.58***(0.11)
21. 游说活动	0.43(0.46)	0.93(0.46)	0.52*(0.25)	0.56*(0.23)	0.34***(0.18)
22. 制定和落实重大项目	0.73(0.31)	0.36(0.98)	0.85(0.18)	1.09(0.22)	0.95(0.16)
平均值	0.95(0.30)	0.88(0.35)	0.74(0.16)	0.75(0.16)	0.71(0.12)

注：产出变量的系数不同于1的显著水平用星号表示，"＊＊＊""＊＊"和"＊"分别表示99%、95%和90%的置信水平。

我们发现大部分规模经济出现在三个国家养老基金市场营销、公共关系和财务控制以及董事会咨询会、规则解释和新规则设计等管理活动中，其中有两个国家养老基金的这些管理活动存在显著的规模经济效应。对于几乎任何给定的管理活动，我们考察的有些国家的养老基金已经在以最优规模(或接近最优规模)运营，而在我们考察的其他国家，养老基金的运营效率很低，原因就是这些国家的养老基金不是规模太大就是规模太小。

在国家层面，荷兰和美国显示出最高水平的规模经济，而澳大利亚和加拿大(由于标准差较小)显示出较小的通过规模效应来降低总成本的空间。这一发现与我们关于聚合管理成本规模经济的研究发现一致(见本章表3.8第二栏)。值得关注的是，美国和荷兰的养老基金已经属于我们的样本中成本最低、规模最大的养老基金(见本章表3.3)，但大部分养老基金的规模经济都是在这两个国家发现的。

通过分析用于估计其他变量系数的22种管理活动模型，我们几乎没有发现不同成本分量一致的结果。一方面，服务质量与商业模式复杂程度这两个变量只显示了较少的显著关系，不过，显著的关系就像预期的那样均有正的系数；另一方面，如果考虑到不同类别的职业活动、会员构成和国家特有因素对养老基金管理成本的影响，那么就存在较大的异质性。

3.6 结束语

对于养老金计划发起人和雇员来说，养老基金的管理成本非常重要，因为它们可能侵蚀为退休积累的财富。本章旨在阐明四个养老基金业发达的国家与养老基金管理成本有关的一些重要问题，探讨了养老基金管理方面是否存在规模经济，衡量了服务质量和养老金计划复杂程度对管理成本的影响，并且分析了其他成本决定因素的影响。

正如我们预期的那样，我们发现了能够证明养老基金管理存在规模经济的有力证据，一些类似于詹姆斯（James et al.，2001）、塔皮亚和耶莫（Tapia and Yermo，2008）、拜克和德德勒（Bikker and de Dreu，2009）以及阿尔赛达等人（Alserda et al.，2017）等研究发现的证据。总体而言，养老基金会员人数每增加1%，管理成本只增加0.76%。在把总资产作为衡量产出的第二指标引入模型的情况下，如果养老基金用会员人数和总资产额表示的规模增加1%，那么，管理成本就会上涨0.86%。在考虑国家特有的规模效应，即不同国家的不同生产过程时，我们在四个样本国家中观察到三个国家——澳大利亚、荷兰和美国——的养老基金存在规模经济的有力证据，但也不能拒绝加拿大的养老基金存在规模报酬不变的问题，这可能是因为加拿大的小样本太小。虽然荷兰和美国的养老基金常常已经是我们样本中规模最大、成本最低的养老基金，而且它们整个养老基金行业的平均管理成本也相对较低，但这两个国家仍有最大的利用规模经济的空间（如见OECD，2009）。特别是对于荷兰和美国的养老基金，我们在把我们的模型用于估计管理活动分解成本时已经证实了这个结果。养老基金无论是聚合管理活动还是分解管理活动的会员人均管理成本都呈现出U形状态，从而表明有最优规模存在。但是，我们在用我们的模型估计聚合数据时并没有发现统计上显著的非线性效应。本章的结论支持旨在通过合并提高养老基金效率的行动，但未必适合规模很大的养老基金。请注意，对本章的全部结论都应该持一定的保留意见，即我们的样本可能无法完全代表这四个国家的整个养老基金部门。

在规模较小的养老基金系统提供更加个性化服务的情况下,规模经济估计可能会出现偏误。我们的数据集允许我们检验是否存在这种偏误,因为我们有关于养老基金商业模式复杂程度和服务质量的数据。首先,我们观察到规模较小的基金往往提供较少,而不是较多的服务,同时它们的养老金计划也较不复杂,而且也不提供量身定制的养老金。显然,规模较小的养老基金成本效率低下并不能用服务质量较好或提供量身定制的养老金来解释。这个结论只适用于我们最小规模养老基金代表性不足的样本。其次,我们把复杂程度和服务质量作为管理成本模型的控制变量,并且发现,就像我们所预期的那样,复杂程度和服务质量都显著增加了管理成本。此外,我们还发现只提供一种养老金计划能大大降低管理成本。复杂程度和服务质量两者都与成本相关,但问题是,如果养老金计划的会员可以在较高的服务质量和定制化程度与较低的成本之间进行选择,那么,他们会做出怎样的选择呢?

不同类型的养老基金,管理成本大相径庭。例如,在其他条件相同的情况下,州或省政府雇员养老基金的管理成本明显要高出70%,市政府雇员的养老基金也要高出10%,而教师和其他职业(主要是非公共部门)养老基金的管理成本大约要低20%,而且所有这些成本差别都具有统计学意义。这个研究发现表明,除了合并以外,养老基金还可通过其他方式来提高效率。最后,如果我们能考虑全部的成本决定因素,包括国家特有型规模经济,那么就不会观察到我们考察的四个国家之间存在任何其他的成本差别。因此,在我们的样本中,平均而言,荷兰养老基金的管理成本相对较低,是因为荷兰的养老基金规模较大,成本较低的"休眠"会员比例较大,所提供的养老金计划较不复杂。

参考文献

Alserda, G., J.A. Bikker, S.G. van der Lecq, 2017, X-efficiency and economies of scale in pension fund administration and investment, *DNB Working Paper* No. 547, De Nederlandsche Bank, Amsterdam.

Ambachtsheer, K., 2010, Future directions in measuring the financial performance of pension funds: a roundtable discussion, in: R. Hinz, R. Heinz, P. Antolin, J. Yermo (eds.), *Evaluating the Financial Performance of Pension Funds*, World Bank, Washington, DC.

Antolin, P., 2008, Coverage of funded pension plans, *OECD Working Papers on Insurance and Private Pensions* No. 19. OECD, Paris.

APRA, 2008, *Statistics Annual Superannuation Bulletin 2008*, revised 2009, www.apra.gov.au (accessed October 15, 2009).

Bateman, H., O. S. Mitchell, 2004, New evidence on pension plan design and administrative expenses: the Australian experience, *Journal of Pension Economics and Finance* 3, 63–76.

Bateman, H., S. Valdés-Prieto, 1999, *The Mandatory Private Old Age Income Schemes of Australia and Chile: A Comparison*, Mimeograph, University of New South Wales.

Bikker, J. A., J. de Dreu, 2009, Operating costs of pension funds: the impact of scale, governance and plan design, *Journal of Pension Economics and Finance* 8, 63–89.

Biørn, E., 2004, Regression systems for unbalanced panel data: a stepwise maximum likelihood procedure, *Journal of Econometrics* 122, 281–295.

Broeders, D., A. van Oord, D. Rijsbergen, 2016, Scale economies in pension fund investments: a dissection of investment costs across asset classes, *Journal of International Money and Finance* 67, 147–171.

Caswell, J. W., 1976, Economic efficiency in pension fund administration: a study of the construction industry, *Journal of Risk and Insurance* 4, 257–273.

Chlon, A., 2000, Pension reform and public information in Poland, Pension Reform Primer series, *Social Protection Discussion Paper*, World Bank, Washington, DC.

Dobronogov, A., M. Murthi, 2005, Administrative fees and costs of mandatory private pensions in transition economies, *Journal of Pension Economics and Finance* 4, 31–55.

Hernandez, D. G., F. Stewart, 2008, Comparison of costs + fees in countries with private defined contribution pension system, *Working Paper* No. 6, International Organization of Pension Supervisions, www.iopsweb.org/Working%20Paper%206%20(Costs%20and%20fees)%20Formatte (accessed May 16, 2017).

James, E., J. Smalhout, D. Vittas, 2001, Administrative costs and the organizations of individual account systems: a comparative perspective, in: R. Holzmann, J. Stiglitz (eds.), *New Ideas About Old Age Security*, World Bank, Washington, DC.

Koeleman, W.J.J., J.J.B. de Swart, 2007, *Kosten en baten van ondernemingspensioenfondsen* (In Dutch; Cost and benefits of company pension funds), PricewaterhouseCoopers (PWC), Amsterdam, http://docplayer.nl/6898369-Kosten-en-baten-van-ondernemingspensioenfondsen.html (accessed May 16, 2017).

Lachance, M.-E., O. S. Mitchell, K. Smetters, 2003, Guaranteeing defined contribution pensions: the options to buy back a defined benefit promise, *Journal of Risk and Insurance* 70, 1–16.

Malhotra, D. K., V. B. Marisetty, M. Ariff, 2001, Economies of scale in retail superannuation funds in Australia, *Working Paper*, Monash University.

Milevski, M. A., S. D. Promislow, 2004, Florida pension's election: from DB to DC and back, *Journal of Risk and Insurance* 71, 381–404.

Mitchell, O. S., 1998, Administrative costs in public and private retirement systems, in: M. Feldstein (ed.), *Privatizing Social Security*, University of Chicago Press, Chicago, 403–456.

Mitchell, O. S., 1999, Evaluating administrative costs in Mexico's AFORES pension system, *Pension Research Council Working Papers* No. 1. University of Pennsylvania, Philadelphia.

Mitchell, O. S, E. Andrews, 1981, Scale economies in private multi-employer pension systems, *Industrial and Labor Relations Review* 34, 522–530.

Mitchell, O. S., J. Mulvey, 2004, Potential implications of mandating choice in corporate defined benefit plans, *Journal of Pension Economics and Finance* 3, 339–354.

OECD, 2007, *Pensions at a Glance*, OECD, Paris.
OECD, 2009a, *Global Pension Statistics*, http://oecd.org/daf/pensions/gps (accessed October 20, 2009).
OECD, 2009b, *OECD Private Pensions Outlook 2008*, OECD, Paris.
OECD, 2016, *Pension Markets in Focus 2016*, OECD, Paris, www.oecd.org/finance/private-pensions/globalpensionstatistics.htm (accessed 16 May, 2017).
Orszag, P. R., J. E. Stiglitz, 2001, Re-thinking pension reform: ten myths about social security systems, in: R. Holzmann, J. Stiglitz (eds.), *New Ideas About Old Age Security*, World Bank, Washington, DC.
Sy, W., 2007, Cost, performance and portfolio composition of small APRA funds, *Working Paper*, Australian Prudential Regulation Authority, Sydney.
Tapia, W., J. Yermo, 2008, Fees in individual account pension systems: a cross-country comparison, *OECD Working Papers on Insurance and Private Pensions* No. 27. OECD, Paris.
Valdés-Prieto, S., 1994, Administrative charges in pensions in Chile, Malaysia, Zambia, and the United States, *Policy Research Working Paper* No. 1372. The World Bank, Washington, DC.
Whitehouse, E., 2002, Administrative charges for funded pensions: an international comparison and assessment, *Social Protection Discussion Paper Series* No. 16, The World Bank, Washington, DC.

附录 3.1 具体管理活动的成本

我们的数据集包含有关具体管理活动成本的信息。为了考察养老基金的规模、服务质量、复杂程度与管理成本之间的关系,我们把养老基金的管理成本分解为 24 种不同管理活动的分类成本,详见表 3.A.1(关于更加详细的扩展规则,见表 3.A.2.3)。虽然各分类成本的总和应该等于管理总成本,但由于数据收集方法的原因,实际上,两者存在微小的差别。此外,样本中的有些养老基金(或者有些国家)不是没有报告某些管理成本,就是没有发生某些管理成本。

表 3.A.1 列示了每种类型管理活动以及不同会员人数规模等级养老基金观察值的平均成本。请注意,我们没有找到这个样本全部 254 只养老基金年度观察值的详细数据(见表 3.A.1 第一栏)。大部分管理活动的平均成本都呈现出明显的 U 形曲线,也就是说,不同规模等级养老基金的平均成本大多先是随着规模下降,然后又重新回升,曲线下行转而上行表明先存在规模经济,后来又出现了规模不经济。大部分类别管理活动(占 54%)的最小有效规模介于 50 万~100 万会员之间(见表 3.A.1 中的粗体数字),养老基金管理总成本的数据也反映了这一点,见最后一栏"总计"。有三个类别的管理活动(占 13%),10 万~50 万会员这种规模等级较低的养老基金平均管理成本最低。有些类别管理活动(占 33%)的平均成本似乎持续下降,因为养老基金规模的扩大并没有导致这些管理活动的平均管理成本出现任何上涨。此外,少数类别的管理活动平均成本与养老基金所属等级的规模之间存在一种不怎么规则的关系。最后,表 3.A.1 显示了不同类别管理活动的成本对管理总成本的影响。在这方面,我们观察到不同类别管理活动对管理总成本产生了不同的影响。与核心业务活动相关的成本(养老金支付、确定开始支付养老金的日期以及收集数据和收取缴费)、与会员个人和群体的沟通、财务控制和重大项目等都是造成养老基金费用的主要管理活动,而会员见面会、董事会咨询会、市场营销和公共关系以及规则解释和设计等管理活动对管理总成本产生最小的影响。这些数据由于规模经济而变得重要,会对管理总成本产生实质性的影响,它们应该出现在对管理总成本产生相对较大影响的管理活动中。

第三章　养老基金的规模、复杂程度和服务质量对其管理成本的影响

表 3. A. 1　　　　五个规模等级养老基金的 24 种管理活动的成本

管理活动	观察值数量[a]	不足5万	5万~1万	10万~50万	50万~100万	100万以上	总计	对管理总成本的加权平均影响[b](%)
支付养老年金	250	9.2	4.1	4.3	3.0	**2.5**	3.3	6.0
确定开始支付养老金的日期	250	10.6	6.6	**5.0**	5.0	5.1	5.1	9.6
估计养老金福利	247	4.6	3.2	2.8	1.2	**1.2**	1.8	3.3
提供一对一咨询服务	236	8.0	2.2	2.0	1.8	**1.3**	1.7	2.9
组织会员见面会	135	3.0	0.4	1.1	**0.6**	0.6	0.8	0.6
与会员联络	254	12.3	7.0	6.1	4.4	**3.9**	4.9	9.3
与会员集体沟通	254	13.0	5.9	4.6	**2.2**	3.3	3.5	6.4
收集雇主数据和收取雇主缴款	250	9.3	7.0	5.5	**4.1**	5.2	5.0	9.8
收集其他数据	234	6.5	2.8	**1.4**	1.6	2.0	1.7	3.5
记账和检查	211	1.3	1.4	**0.5**	0.9	1.4	1.0	2.0
为雇主服务	230	1.7	2.9	1.9	**1.3**	2.7	1.9	3.8
办理退费和转出手续	254	10.7	4.0	3.2	**1.3**	1.8	2.2	3.9
办理补费与转入手续	241	5.7	5.1	3.2	**2.4**	2.9	2.9	4.8
伤残者抚恤金评估	225	8.0	2.7	3.5	**2.4**	4.1	3.3	5.0
董事会活动	238	10.4	4.3	2.3	**0.8**	1.1	1.6	2.9
财务控制	254	23.2	9.9	4.2	**2.3**	4.5	3.9	6.8
董事会咨询会	216	6.7	1.5	1.3	1.3	**0.3**	1.0	1.5
营销与公关	158	2.4	1.4	0.5	0.5	**0.4**	0.5	0.6
解释规则	238	5.5	2.5	1.3	1.3	**0.8**	1.2	2.2
设计新规则	218	3.7	1.4	1.0	**0.8**	1.0	1.0	1.4
组织游说活动	183	2.1	0.9	0.8	**0.3**	0.4	0.5	0.7
制定和落实重大项目	203	18.8	12.9	9.1	**7.5**	11.3	9.2	13.1
规定伤残者和其他保费例外[c]	33	1.4	1.2	0.7	**0.4**	0.6	0.6	—
遵守荷兰中央银行的规定[c]	33	4.0	3.1	0.7	0.6	**0.2**	0.4	—
总计[d]		168	86	62	44	54	55	100.0

注：每种管理活动成本的最小平均值用黑体字表示。

a. 没有包括成本为 0 的观察值。

b. 在计算加权平均影响时没有把伤残者和其他保费例外以及遵守荷兰中央银行规定的成本包括在内，因为只有荷兰养老基金有这类费用。但是，如果把这两种费用包括在内，这

些数字基本相同。

c. 只适用于荷兰养老基金(没有包括在面板数据分析中)。

d. 五种不同规模等级养老基金的总数是通过按各规模等级的观察值数除以 250 的商加权得出的。可以拿这些数字与表 3.6 上半部分第二栏表示会员人均成本的相关数字相比较。

附录 3.2 所用变量的定义

本附录对本章所使用的变量进行了定义。表 3.A.2.1 和 3.A.2.2 分别列示了用于确定服务水平(质量)和商业模式复杂程度评分的变量,表 3.A.2.3 给出了表 3.A.2.1 和 3.A.2.2 中没有介绍的管理活动的定义。

表 3.A.2.1　　　　　　服务水平(质量)评分各构成分量的定义

1. 支付养老年金
支付年金:向伤残、提前退休和正常退休会员及其遗属支付他们应得的养老金。扣除:从养老金支付总额中扣除各种减扣项目。
2. 确定开始支付养老金的日期
为养老金新申领者计算、确定养老年金,并安排养老金给付。总额变更:任何能改变养老金总额(不包括伤残者抚恤金)的变更。受理养老金(非伤残者养老金)新申领者关于始付日期的申诉。
3. 养老金待遇估算
根据会员本人的要求,准备并寄送量身定制的养老金待遇估算书。
4. 向会员提供一对一的咨询服务
就养老金问题提供个人咨询。
5. 组织会员见面会(小组信息沟通会)
6. 与会员联络
回答会员查询(如电话、电子邮件和信函)的一线沟通工作。
7. 向全体会员或会员群体发送任何与养老金待遇相关的信息。这项管理活动包括设计、印刷和邮寄相关材料。
8. 为雇主服务
组织培训,维护关系,举行推介会,开设技术援助热线,建立网站,提供咨询服务。
9. 养老金账户转出
终止养老基金与会员关系的付款:退费、转出、终止养老金支付。
10. 养老金账户转入
来自外部养老保险系统的账户转入/资金滚转。
11. 伤残者抚恤金评估
长期和短期伤残评估。
12. 灾后恢复
一旦发生重大灾难,如有必要,可通过其他地方迅速恢复服务。

表 3. A. 2. 2　　　　　　　复杂程度评分各构成分量的定义

1. 养老金支付选项
这个分量的得分根据 11 个问题的答案来评定，这些问题反映了养老金计划会员个人在他们参加的计划内部可以选择的程度或者除了他们个人养老金待遇外获得额外福利的程度。这个分量还包括设计自己的养老金现金流、配偶和/或最后一个遗族可获得的福利以及与社会保障福利之间的关系等选项。

2. 定制化选择
这个分量的得分反映雇主能够定制和改变在雇员提前退休、兼职雇员、税收问题、缴费水平、退休资格、退休金权益保留期、死亡抚恤金保险、伤残保险等方面退休安排的程度。

3. 多计划类型和重叠覆盖程度
这个分量的得分表示相关养老基金提供不同养老金计划（如缴费确定型计划、传统的待遇确定型计划和/或混合计划）的数量，另外还反映某种计划的会员能否在计划内进行选择，如选择投资组合。

4. 多种福利程式
这个分量的得分反映养老基金适用于不同会员群体的不同规定，如关于雇员提前退休和遗族给付计算的不同方法。

5. 外部互惠性
这个分量的得分反映会员曾效力过的不同雇主为雇员安排的养老金计划的复杂性，以及把内部和外部养老金补助合并记入联名账户的可能性。

6. 合同约定的按生活费用调整规则
这个分量的得分反映养老金按生活费用进行调整的规则的复杂性。根据工资或价格涨幅或者各种可能组合调整养老金，可能是无条件的，也可能是有条件的。

7. 缴费率
这个分量的得分反映缴费计算和收取的复杂程度。不同（群体）会员的缴费率可能不同，缴费可以（部分）由雇主承担。

8. 可变薪酬
这个分量的得分反映可变薪酬（如奖金、"高风险"职务津贴、车贴或加班费）在系统中的处理方式。

9. 工作年资积分规定
这个分量的得分反映如何确定会员的工作年资以及临时工是否有资格参加养老基金。

10. 离婚规定
这个分量反映有关会员离婚的养老金待遇规定的复杂程度。

11. 购买工作年资积分的规定
这个分量的得分反映（不同群体）会员购买附加养老金福利的不同方式，如通过其他计划滚存或定期分期购买工作年资积分。

12. 退费规定
这个分量反映养老基金是否会因为有效会员、退休会员或其受益人死亡而一次性支付（遗属抚恤金除外的）死亡金以及是否采用不同的计算方法。

13. 伤残认定规定
这个分量的得分反映认定会员伤残的规定的复杂程度。

14. 文件翻译
这个分量的得分反映有关养老金计划的文件翻译成不同语言的程度。

15. 缴费确定型计划规则
这个分量的得分反映缴费确定型或混合型计划中会员个人关于投资选择的复杂程度。

表 3. A. 2. 3　　　　　　　　关于管理活动的定义

	服务水平(质量)评分[a]
1. 支付养老年金[b]	1
2. 确定开始支付养老金的日期[b]	2
3. 估算养老金待遇[b]	3
4. 提供一对一咨询服务[b]	4
5. 组织会员见面会[b]	5
6. 与会员联络[b]	6
7. 与会员群体沟通[b]	7
8. 收集雇主的数据和收取雇主的缴款	
9. 收集其他数据(收集和维护不是雇主提供的会员数据)	
10. 记账和检查(向雇主提供有关缴费率的建议、向雇主开具缴款发票、催讨缴款欠款、对雇主进行审查或审计、检查及执行参与强制性养老金制度的义务)	
11. 为雇主服务[b]	8
12. 办理退费和转出手续(因终止会员关系而把会员已缴的保费退还给会员)	
13. 办理购买工作年资积分和转入手续(为已退还缴费的既往工作年资购买积分,购买工作年资积分能增加会员可用于计算养老金待遇的薪水,并且把会员个人或集体的养老金关系从外部养老保险系统转入本系统)	
14. 伤残者抚恤金估算[b]	11
15. 董事会活动(选举、费用、支出、首席执行官聘任,没有包括董事会花在投资上的时间)	
16. 财务控制(预算和预测、财务报告、财务报表审计、精算工作)	
17. 董事会咨询会:基准管理研究、战略规划、信义审计,但不包括与投资相关的活动和一半的资产负债管理研究费用	
18. 营销与公关:与吸引新雇主或新会员、建立和维护与媒体的关系、养老基金一般信息传播有关的营销支出,参加(比方说)养老基金理事会或国际组织的会费	
19. 规则解释:解释有关养老金计划的现有规定和法律	
20. 新规则设计:修订养老金计划的合同,增加新的参与雇主,有关代表工会、雇主或立法机构量化变更养老金计划的影响的精算工作,战略性市场研究。	

续表

服务水平(质量)评分[a]

21. 组织游说活动:维护与政府、工会和雇主组织的关系
22. 确定重大项目:重大项目是指在使用寿命内被资本化和费用化的期限较长(超过一个报告期)的资产

 a. 表示与表 3.A.2.1 服务评分的定义有重叠;
 b. 有关说明,请参阅表 3.A.2.1。

附录 3.3 四国养老基金详情介绍

表 3.A.3.1   四国养老基金和养老金计划的类型(观察值数量)

	澳大利亚	加拿大	荷兰	美国	合计
观察值总数	27	34	33	160	254
养老基金类型					
公共部门基金:中央或联邦政府雇员	20	22	24	102	168
公共部门基金:州或省政府雇员	0	1	0	12	13
公共部门基金:市政府雇员	1	15	5	84	105
受集体协议约束的基金:教师	5	8	3	107	123
受集体协议约束的基金:学校其他雇员	5	15	3	106	129
受集体协议约束的基金:警察和其他公共安全人员	5	14	3	88	110
受集体协议约束的基金:其他人员	7	19	3	90	119
企业养老基金	7	8	8	0	23
行业养老基金	14	4	25	0	43
养老金计划类型					
待遇确定型	20	34	32	137	223
缴费确定型	11	0	0	23	34
待遇和缴费确定混合型	13	0	4	46	63

表 3.A.3.2　　四国养老基金不同管理活动成本占管理总成本的百分比

	澳大利亚	加拿大	荷兰	美国
1. 支付养老年金	3.45	7.68	4.97	6.25
2. 确定开始支付养老金的日期	2.92	7.26	11.58	9.26
3. 估算养老金待遇	2.41	5.44	1.83	3.28
4. 提供一对一咨询服务	2.46	0.44	0.92	4.20
5. 组织会员见面会	0.28	0.17	0.07	1.04
6. 与会员联络	12.84	8.21	6.13	9.61
7. 与会员集体沟通	10.46	5.20	6.32	6.27
8. 收集雇主的数据和收取雇主的缴款	10.17	7.31	14.87	7.24
9. 收集非雇主数据	1.81	2.06	6.51	2.15
10. 记账和检查	0.28	0.33	3.93	1.20
11. 为雇主服务	2.02	2.92	5.61	2.88
12. 办理退费和转出手续	10.47	6.26	1.90	3.79
13. 办理购买工作年资积分和转入手续	0.55	9.98	3.26	5.23
14. 伤残者抚恤金评估	8.09	0.41	3.83	6.53
15. 董事会活动	5.72	3.60	3.33	2.02
16. 财务控制	12.17	6.22	4.89	7.59
17. 董事会咨询会	1.61	3.53	1.71	1.22
18. 营销与公关	0.37	0.14	0.98	0.59
19. 规则解释	2.03	2.91	1.16	2.32
20. 新规则设计	0.69	1.28	1.42	1.65
21. 组织游说活动	0.24	0.45	0.40	0.88
22. 确定重大项目	8.96	18.19	12.09	14.81
伤残和其他保费例外	—	—	1.36	—
遵守荷兰央行的监管规定	—	—	0.93	—
总计	100.00	100.00	100.00	100.00

第四章 养老基金和寿险公司的养老保险成本差别

雅各布·A. 拜克（Jacob A. Bikker）

4.1 引 言

荷兰的养老保险制度由三个支柱构成，第一个支柱是依照《老年人普通法》（Algemene ouderdom Wet，AOW）设立的面向荷兰全体居民的公共养老金计划。此外，荷兰的大多数雇员通过他们的雇主建立了第二支柱的补充养老金计划。最后，荷兰任何居民都可以与银行（银行储蓄）或人寿保险公司达成个人补充养老金储蓄安排。这些储蓄或保费可从个人应税所得中扣除。这是荷兰养老保险制度的第三支柱。荷兰养老保险的第二大支柱是养老基金和寿险公司提供的集体保险安排。在直接养老金计划中，一些雇主发起的养老金计划完全由寿险公司管理，而一些规模较小的养老基金则把自己的部分保险或投资活动外包给寿险公司。

在第三支柱中，不符合第二支柱集体安排条件的个体经营者（2015年，荷兰有93.7万年龄在15～65岁之间的这类个体经营者）和雇员（2015年，这类雇员占荷兰全体雇员的9.5%）可以向人寿保险公司购买个人补充养老保险。这种做法同样也适用于（譬如说）因拿了养老遣散费而出现养老金赤字的人，或希望进一步补充自己养老金的人。从2015年起，个人的养老金准备上限被定为不超过10万欧元的收入水平。预计这项规定有助于刺激个人保险市场。从保费收入的角度看，2015年，荷兰寿险公司占据了34%的荷兰保险市场份额，其中个人保费收入略高于这个份额的一半。

近年来,养老基金(Bikker,2017)和寿险公司(PWC,2009;Bikker,2016)的运营成本①②③受到了极大的关注。鉴于上述情况,有必要对养老基金和寿险公司的养老保险运营成本进行比较。

拜克和德德勒(Bikke and de Dreu)在他俩2007年完成的研究的第4节中进行了这方面的最初尝试。荷兰中央银行作为荷兰养老保险监管机构,现在收集了更加详细的有关人寿保险和人寿保险细分市场的数据,我们将在这一章里使用这些数据,并且在本章第4.3节中对这些数据进行概述。本章的第4.2节将讨论在进行公平比较之前必须考虑的养老基金和人寿保险公司之间的不同点。我们将在第4.4节中给出我们的结论。

4.2 寿险公司与养老基金

对寿险公司与养老基金各自的养老保险运营成本进行比较,可是一件非常复杂的事情。

4.2.1 寿险公司与养老基金的产品不同

首先,我们来看看荷兰的寿险公司与养老基金是否提供相同的产品。事实上,荷兰的寿险公司与养老基金并不提供相同的产品。荷兰的养老基金大多提供按照雇员最后工资或职业生涯平均工资来计算的待遇确定型计划,有时还是保证与退休前物价或工资挂钩的待遇确定型计划(见 Bikker and Vlaar,2007);而荷兰的寿险公司原则上不得提供此类养老保险计划(即不可提供非缴费确定型产品),因为它们不能通过加收缴费的方式,对相关的投资、通胀和长寿风险进行代际分摊。但是,如果雇主承诺每年承担指数化和把缴费增加到最高不超过雇员最后工资某个百分比所需的费用[在按最终工资计算养老金的计划中,

---

① 管理活动的加权平均成本被定义为 $\sum_n w_n C_{in}$。式中,C_{in} 表示养老基金 n 管理活动 i 的管理成本。w_n 表示养老基金 n 的权重,被定义为 $p_n/\sum_n p_n$(其中,p_n 表示养老基金 n 的会员人数)。

② 养老基金不同的管理活动对管理总成本的加权平均影响被定义为 $\sum_n w_n C_{in}/AC_n$。其中,AC_n 表示养老基金 n 的管理总成本。

③ 值得注意的是,养老基金的营销成本非常低。养老基金不是利润追逐者(而寿险公司则是利润追逐者),因此能使营销成本保持在低水平。在大多数情况下,养老基金通常不会为争夺会员而展开竞争,因为通常是雇主选择养老基金。在荷兰,参加行业养老基金通常是强制性的。

雇主承担费用提供养老金指数化和补缴保费的服务被称为"后补服务"(backs-ervice)],①那么,寿险公司就被允许提供待遇确定型产品。

保险公司开展提供名义养老金的运营业务,把分享剩余利润作为实施养老金指数化的手段,但不提供这方面的担保。②

养老基金现在越来越多地提供养老金待遇取决于投资结果的缴费确定型计划。这种养老金计划可与寿险公司提供的投连保单进行比较。

4.2.2 强制性会员制

重要的是应该注意,在成本方面,养老基金和寿险公司之间有很多可比的地方。首先,养老基金实行的会员制大幅度降低了运营成本;而寿险公司必须下功夫吸引客户,因此,近年来不得不把20%以上的运营成本花在营销和争取顾客上。需要注意的是,这些成本还包括为客户提供如何积累养老金的建议,所以,客户不会把这些成本看作是资源浪费。养老基金实行的强制性会员制可为社会节省大量的教育和培训成本。应该指出的是,由寿险公司管理的直接养老金计划也能从强制性会员制中受益,因为这种会员制意味着寿险公司不必为这些计划承担争取顾客的费用。

4.2.3 逆向选择

由于寿险公司对个人保单并不能实行强制性会员制,因此要承担与逆向选择相关的成本:健康状况较差因而死亡几率较大的人,更倾向于购买有死亡赔偿的人寿保险;而身体健康的人则更倾向于购买终身年金。为了应对这种逆向选择效应,申请人寿保险通常会引发大量的医疗检查和选择费用,而这类费用在养老基金的强制性会员计划中则没有立足之地。③

4.2.4 组织结构不同

组织结构不同,也会导致成本不同。保险公司通常都是营利企业,而养老

---

① 除了直接养老金计划和类似于养老基金提供的养老金计划的集体合同外,寿险公司还为个人客户提供再保险合同以及包括养老金准备和其他保险服务在内的个人保单,而养老基金不提供这样的产品。

② 在某些情况下,部分指数化是有保证的。

③ 此外,大多数选择购买年金保单的人往往受过较好的教育,收入较高,身体状况较好,预期寿命也较长,这些因素都会反映在保单的价格上。不过,它们影响的是寿险公司收取的保费,而不是运营成本。

基金则是非营利性组织。为了便于比较,我们必须把课于利润和(利润分享后的)剩余利润的公司税计入投保人的成本。那么,问题是是否也应该把股本回报率计入成本,因为养老基金需要拿部分缴费来构建或补足它们的备付金。从某种意义上说,养老基金的利益相关者也必须缴纳某种股本。但从长期看,这些资金最终仍能使利益相关者受益,例如,因为利润被用于养老金指数化(见Bikker and Vlaar,2007)。不管怎样,备付金本身会传给下一代会员。

4.2.5 监管制度不同

最后,保险公司必须持有资本来应对保险合同风险,这就意味着必须把资本成本(或税前利润)也计入成本。养老基金必须以大约105%的比率来应对自己的名义负债,并且还要持有偿付准备金来应对投资风险和会员长寿风险。养老基金的平均偿付准备金约占其名义负债的25%。更一般地讲,荷兰的养老基金必须遵守财务评估框架(Financieel Toetsingskader,FTK),而欧盟的保险公司必须遵守偿付能力监管框架II。这两种监管制度之间的差别有可能会破坏养老基金和寿险公司之间争夺养老保险业务的公平竞争环境。

4.2.6 规模经济

最近的研究(Bikker,2016,2017)表明,寿险公司和养老基金可以从巨大的规模经济中获益(还请参见本章第4.3节)。但是,规模经济也会影响我们对寿险公司与养老基金的比较,因为,就如附录4.1中的表4.A.1和4.A.2所显示的那样,养老基金往往要比寿险公司大很多。此外,大型保险公司通常又比小型养老基金要大许多,这就意味着养老基金转移养老金计划并把自己的业务活动外包给寿险公司也可能是规模经济造成的结果。

在考察成本差别的时候,必须注意养老基金和寿险公司在产品和成本结构方面的差异。

4.3 寿险公司与养老基金之间的成本差别

表4.1列示了1995~2015年荷兰养老基金和人寿保险公司运营成本、利

润、缴费/保费和业务准备金等方面的核心数据。① 为了降低数字的波动幅度——这一点对于利润特别重要,因为利润的波动幅度很大——我们在表中给出了五年期(或四年期)的平均数。寿险公司提供的产品分个人产品和集体产品,因而可以进一步细分为储蓄保险产品和投连保险产品,也就是说,寿险公司总共提供四个子类的产品。这种分类方法也适用于表4.1中的核心数据。

表 4.1　　　　　　　　荷兰寿险公司和养老基金的核心数据

	寿险公司				养老基金
	个人产品		集体产品		
	储蓄保险	投连保险	储蓄保险	投连保险	
运营成本占实收保费/缴费的%					
1997~2000 年	15.7	16.0	9.6	4.3	6.3
2001~2005 年	13.0	18.3	11.7	5.8	4.3
2006~2010 年	13.4	17.2	12.3	7.6	3.8
2011~2015 年	17.2	13.9	11.2	9.9	3.5
平均	12.6	13.9	9.4	5.7	3.9
利润占实收保费/缴费的%					
1997~2000 年	8.7	−0.2	19.1	3.3	—
2001~2005 年	9.1	0.9	21.9	0.1	—
2006~2010 年	3.9	1.1	−3.0	0.9	—
2011~2015 年	16.1	4.1	−13.9	−4.5	—
平均	8.0	1.2	5.8	0.1	
运营成本和利润占实收保费/缴费的%					
1997~2000 年	24.4	15.8	28.7	7.6	6.3
2001~2005 年	22.1	19.2	33.6	5.9	4.3
2006~2010 年	17.3	18.3	9.3	8.5	3.8
2011~2015 年	33.3	18.0	−2.7	5.4	3.5
平均	20.6	15.1	15.2	5.9	3.9
实收保费/缴费(百万欧元)					
1997~2000 年	8 627	5 299	3 431	2 806	8 694
2001~2005 年	10 092	6 579	3 581	4 478	19 599

---

① 寿险公司不用分开报告它们的投资管理成本,因为这类成本并不是运营成本的组成部分,而是被包括在投资收入下项。养老基金要分开报告它们的投资管理成本,养老基金的投资管理成本没有包括在表4.1的运营成本中。

续表

	寿险公司				养老基金
	个人产品		集体产品		
	储蓄保险	投连保险	储蓄保险	投连保险	
2006~2010 年	10 272	5 736	4 050	4 475	26 912
2011~2015 年	6 545	3 374	4 330	3 835	31 517
业务准备金(百万欧元)					
1997~2000 年	58 406	8 598	45 037	25 345	319 147
2001~2005 年	77 350	25 557	51 233	38 380	449 259
2006~2010 年	92 500	46 781	57 041	46 448	592 637
2011~2015 年	85 208	52 051	83 181	57 202	968 932

资料来源:荷兰中央银行。

储蓄保险保单能保证受益人在指定或与死亡或生命有关的规定时间节点得到给付,风险保险单能保证在投保人死后给付规定金额的保险金,而混合保险保单则能保证受益人在(譬如说)30 年后,或在此之前死亡时获得规定金额的给付。后一种保险还可用于偿还储蓄保单抵押贷款或基于储蓄的抵押贷款。一份(譬如说约定)受益人年满 65 岁给付的储蓄保单可作为一个(譬如说)按年或月给付养老金的收入来源。推出投连保单以后,保险公司就可以把收到的保费用于由会员承担风险的投资,但任何投资收益也主要让会员分享。这些产品既可以用于养老储蓄,也可用来偿还抵押贷款。

应该指出,这些数据并没有区分养老保险和其他寿险,目前也没有区分集体养老保险产品和直接养老金计划养老保险产品的详细、可比数据。但是,荷兰关于直接养老金计划业务准备金的调查数据已经存在多年,荷兰直接养老金计划的业务准备金 1997 年是 224 亿欧元,2008 年增加到了 313 亿欧元,而到了 2015 年又增加到了 479 亿欧元,这些金额比集体产品两个子类别中任何一个子类别的金额都要小。笔者认为,我们应该在这里翻开新的一页,因为如证明所示,表名与内容脱节。

表 4.1 先是列示了用占总保费/收费收入百分比表示的运营或管理成本。[①]在过去的 20 年里,荷兰养老基金的成本率急剧下降,从 1997~2000 年的 6.3%

---

① 由于养老保险产品的期限很长(2012 年,养老基金的产品平均期限是 17.5 年,而保险公司产品的平均期限为 13.5 年),因此,养老基金相对而言持有更多的资产,导致其以总资产表示的成本率小于用保费收入表示的成本率。

下降到了2011～2015年的3.5%。① 造成养老基金成本率下降的重要原因包括养老基金的规模大幅度扩大（从而导致规模经济效益增加）、实收缴费显著增加（假设至少有部分成本保持不变，从而导致成本率下降）和自动化程度提高（从而遏制成本上涨）。

荷兰寿险公司营运成本占保费收入的百分比因产品子类别不同而有很大的差异。集体寿险保单的成本率低于个人寿险保单，但在2000年以后仍远高于养老基金的成本率。虽然其间实施了合并和自动化，但这个子类别产品的成本率并没有出现下降的趋势。寿险公司全部四个产品子类别的保费收入以惊人的速度减少，特别是在2011～2015年期间。假设至少有部分成本保持不变，同时养老基金的缴费收入急剧增加，那么，寿险公司保费收入减少就导致其成本率上涨。

人寿保险公司在配置资产构建日后用于给付保险金的业务准备金之前，要从保费收入中扣除（分红后的）利润。② 由寿险公司承担投资风险的储蓄保险保单盈亏空间最大，而由会员承担投资风险的投连保险保单则盈亏空间最小。这两种产品的利润率随时间大幅下降，甚至在最后一个五年期里一直为负。显然，根据从精算的角度对表中养老基金和保险公司的了解，这个细分市场竞争非常激烈，并且与个人保单有关的产品子类别形成了鲜明的对照，后者最后一个五年期的利润率相对较高。

在对寿险公司和养老基金进行比较时，最好同时观察成本率和利润率。在2011～2015年这个五年期里，投连保单的成本率和利润率都比养老基金高出50%以上，分别为5.4%和3.5%，与第4.2节描述的差别相比，两者的成本率和利润率的差别可以说并不大，并且与前几个五年期的差别一致。储蓄保单的情况就大相径庭。首先，2011～2015年这个五年期的亏损率大于成本率，这实际上就意味着寿险公司在"补贴"这些保单。当然，这种情况不可持续，并且表明，还由于低利率，寿险公司在一个艰难的市场上苦苦挣扎。至于储蓄保单的情况，最后这个五年期与前几个五年期大不相同，前几个五年期的成本率和利润率都高于投连保单以及养老基金的成本率和利润率。笔者认为，我们必须在这里翻开新的一页，因为如证明所示，表名与内容脱节。

---

① 由于特别是规模较小的养老基金部分低报成本，因此，这个数值可能略高于之前各期。
② 这是现有投资组合（即过去生产）创造的利润。

表 4.2 对寿险公司的储蓄保单和投连保单的平均结果进行了总结：在 2011~2015 年这个五年期，寿险公司集体产品保单的成本率和利润率与养老基金的成本率和利润率相比处于极低的水平，并且与前几个五年期以及寿险公司保单的成本率和利润率形成了鲜明的对照。

拜克和德德勒(Bikker and de Dreu,2007)在对 2004 年采用近似法进行的比较中发现，个人寿险保单的成本和利润率是养老基金的 7 倍。根据现有的分类数据计算，那年的因子是 6.2(3.5%对 21.8%)。目前，由于养老基金的成本下降，因此，这种关系更加失衡（详见表 4.2）。这种情况凸显了为个体经营者推行集体养老安排的重要性，因为个人养老安排缺乏成本效率。为强制性养老金储蓄设置上限（最高为 10 万欧元的收入水平），就意味着，如果个人想用部分超过这个上限的收入来补充自己的养老储蓄或保险，就必须求助于成本效率较低的选项。

表 4.2 寿险公司和养老基金成本和利润占保费/缴费收入的百分比

	寿险公司			养老基金
	个人产品	集体产品	合　计	
1997~2000 年	21.1	19.2	20.5	6.3
2001~2005 年	20.9	18.2	20.1	4.3
2006~2010 年	17.7	8.9	14.6	3.8
2011~2015 年	28.1	1.1	15.9	3.5
平均	22.0	11.5	17.6	3.9

资料来源：荷兰中央银行。

4.3.1　规模经济效应

养老基金和寿险公司的成本率不但因它们的组织结构而不同，而且还因它们的规模而异。这一点也许对各行业的产业结构政策以及决定在哪些机构进行养老储蓄的选择很重要。表 4.3 列示了 2011~2015 年按照总资产区分的四个不同规模等级（总资产少于 1 亿欧元、总资产在 1 亿~10 亿欧元之间、总资产在 10 亿欧元和 100 亿欧元之间以及总资产超过 100 亿欧元）养老基金的成本和利润率。成本率相差很大，从最小的养老基金的 15.2%到最大的养老基金的 2.7%不等。应该指出的是，最大的几只养老基金为荷兰养老基金 2/3 的会员服务，这就意味着未得到利用的规模经济只影响到荷兰养老基金1/3的会员。笔者认为，我们必须在这里翻开新的一页，因为如证明所示，表名与内容脱节。

表 4.3　　　　　　按规模分类的养老基金运营成本(2011～2015年)

养老基金规模	运营成本占缴费总收入的%	被考察养老基金的数量[a]	有效会员人数(千)
总资产少于1亿欧元	15.2	92	46
总资产在1亿～10亿欧元之间	6.4	173	301
总资产在10亿～100亿欧元之间	5.0	66	1 463
总资产超过100亿欧元	2.7	15	3 624
平均/[总计]	3.5	[346]	[5 434]

资料来源：荷兰中央银行。

a. 表中的数字都是2011～2015年的平均值；养老基金数量的平均数是舍入数。

表4.4显示，寿险公司运营成本从总资产少于10亿欧元的公司的20%～22%，到大公司大约15%的个人保险产品运营成本和9%～11%的集体保险运营成本不等。规模经济显而易见，但不如养老基金那么明显，而且也没有产品子类别那样系统。这种情况在一定程度上是由于每家寿险公司管理着许多不同的个人和集体合同，而且可变成本水平相对较高。至于保费收入，第四种规模等级的寿险公司占个人保单总保费收入的72%和集体保单保费收入的96%。

表 4.4　　　　　　按规模分类的寿险公司运营成本(2011～2015年)

总资产规模	个人保单 储蓄	个人保单 投连	个人保单 小计	集体保单 储蓄	集体保单 投连	集体保单 小计	总计	被考察公司数量[a]
不足1亿欧元	35.1	7.4	20.6	44.2	17.9	20.4	20.6	7
1亿～10亿欧元	23.2	11.8	21.6	54.2	—	54.2	22.0	13
10亿～100亿欧元	19.6	9.0	15.3	10.9	4.5	8.7	14.4	14
100亿欧元以上	15.7	15.7	15.7	11.1	10.1	10.6	13.1	6
平均/[总计]	17.2	13.9	16.1	11.2	9.9	10.6	13.6	[40]

资料来源：荷兰中央银行。

a. 表中的数字都是2011～2015年的平均值；养老基金数量的平均数是舍入数。

寿险公司利润占保费的百分比也可像表4.4那样按照养老基金的规模等级来区分。除了个人储蓄保单(的利润率随公司规模上涨)外,寿险公司的利润率与公司规模等级之间没有任何相关性。

普华永道会计师事务所(PWC,2009)根据寿险公司的非公开数据,以2006年和2007年寿险公司与雇主签订的7 000份强制性养老金合同为样本,进行了一项值得关注的比较。数据由六家最大的寿险公司(即位于表4.4"平均/[总计]"上面一行的寿险公司)提供。在会员人数从100到10万的三个规模等级中,寿险公司的运营成本要低于养老基金。① 这一点可以用以下这个事实来解释:寿险公司可以对合同进行合并,并能得益于规模经济效应。但这个事实并不能解释总体情况,因为运营成本最高的合同(即那些会员少于100人的合同)都是样本中寿险公司签的合同,而运营成本最低的合同(会员超过10万的合同)都是养老基金签订的合同。此外,样本没有包括成本效率较低、规模较小的寿险公司。

4.4 结束语

本章比较了养老基金和寿险公司养老保险的运营成本。寿险公司通过提供保险产品在服务公众方面发挥着重要的作用。它们的保单可能意味着个人财富的显著增加,这是量身定制合同条款的结果。寿险公司的产品成本由于以下几个原因而不同于养老基金的产品成本:(1)寿险公司提供个人产品;(2)需要进行促销、分销和咨询;(3)要承担逆向选择造成的成本;(4)有利润要求。平均而言,在管理个人养老金计划方面,寿险公司的运营成本是养老基金的4倍;如果把利润率计算在内,那么,两者的成本和利润差别就达到6倍。② 这种情况尤其会影响到希望补充第三支柱养老金的个体经营者及其雇员。因此,从成本效率的角度看,对养老保险规定年度最高限额没有意义。

养老基金能以较低的运营成本提供基于强制参与的集体养老保险服务,而寿险公司则能以低于个人养老保险服务的成本提供集体养老保险服务。平均

---

① 在这三个规模等级中可以观察到显著的规模经济。

② 每份保单每年发生的经常性费用在50~100欧元之间(本脚注涉及的数据都是2006年的数据)。每份风险保单(包括医疗检查)的非经常性费用在300~500欧元之间,而每份储蓄保险保单(如抵押贷款储蓄保单)和年金(直接年金和有年金条款的储蓄保险)保单的非经常性费用,则最高可达到1 500~2 000欧元。在后一种情况下还包括提供咨询服务的费用。

而言，寿险公司的运营成本要比养老基金高 3 倍。普华永道会计师事务所（PWC，2009）对直接养老金计划的研究甚至表明，大寿险公司提供的大额集体合同成本更低。在本章考察期的最后一个五年期里，如果把平均利润率或者更确切地说是平均亏损率（寿险公司是 1.1%，而养老基金则是 3.5%）包括在内，那么，寿险公司与养老基金相比，提供养老保险服务的成本显著较低。虽然可持续商业模式不可能建立在亏损之上，但寿险公司在这个细分市场上已经变得很有竞争力。

参考文献

Bikker, J. A., 2016, Performance of the life insurance industry under pressure: efficiency, competition and consolidation, *Risk Management & Insurance Review* 19, 73–104.

Bikker, J. A., 2017, Is there an optimal pension fund size? A scale-economy analysis of administrative costs, *Journal of Risk and Insurance* 84, 739–769.

Bikker, J. A., J. de Dreu, 2007, Operating costs of pension schemes, in: O. Steenbeek, S. G. van der Lecq (eds.), *Costs and Benefits of Collective Pension Systems*, Springer, Berlin, Heidelberg, New York, 51–74.

Bikker, J. A., P.J.G. Vlaar, 2007, Conditional indexation in defined benefit pension plans in the Netherlands, *Geneva Papers on Risk and Insurance – Issues and Practice* 32, 494–515.

PWC, 2009, *Uitvoeringskosten van pensioenregelingen: Een onderzoek naar de kosten van verzekeraars en pensioenfondsen voor de uitvoering van collectieve pensioenregelingen* (In Dutch; Operating costs for pension provisions: an investigation to costs of insurers and pension funds for the performnce of pension provisions) April 23, 2009, PricewaterhouseCoopers, commissioned by the Dutch Association of Insurers, 68.

附录 4.1

表 4.A.1　荷兰养老基金在本章考察期里的核心数据

时期	养老基金数量	行业养老基金	企业养老基金	拥有资产（十亿欧元）	平均资产（十亿欧元*）	会员人数（百万）	平均会员人数（千）	会员人均成本
1997~2000	1 027	88	919	428	1.8	13.5	14.2	41.9
2001~2005	881	102	758	521	1.9	16.2	21.0	54.5
2006~2010	646	93	534	708	2.4	17.6	32.7	64.2
2011~2015	387	72	298	1020	3.2	17.8	51.3	63.1

资料来源：荷兰中央银行。

*2014 年的欧元。

表 4.A.2　荷兰寿险公司在本章考察期里的核心数据

时期	寿险公司数量	承保集体险的公司数量	拥有资产（十亿欧元）	平均资产（十亿欧元*）	保费收入（十亿欧元）
1997~2000	106	46	220	2.819	21
2001~2005	88	38	264	3.664	25
2006~2010	66	26	317	5.529	25
2011~2015	41	20	395	9.840	18

资料来源：荷兰中央银行。

*2014 年的欧元。

第二编
投资行为与风险承担

第五章　新兴市场债券是否适合用来构建养老基金的投资组合

扎胡穆·奥马尔(Zaghum Umar)
劳拉·施皮尔迪克(Laura Spierdijk)

5.1 引　言

在过去的 10 年里，一些研究人员（如 Kim and Omberg,1996；Campbell and Viceira,1999；Balduzzi and Lynch,1999；barberi,2000；Lynch,2001；Bekaert and Ang,2002；Chapados,2011；Campbell and Viceira,2002；Campbell et al.,2003）对主要论述多期投资者如何选择投资组合的投资组合选择理论重新产生了兴趣。预期资产回报随时间的变化是导致多期投资组合选择问题不同于单期投资组合选择问题的主要区别之一。多期投资组合选择的显著特征至少从萨缪尔森(Samuelson,1969)和默顿(Merton,1969,1971,1973)开始就为人所知。但是，最近的实证证据表明，资产回报含有可预测的成分，从而促使一些研究人员（如 Keim and Stambaugh,1986；Cambell,1987,1991；Brennan et al.,1997；Fama and French,1988,1989；Harvey,1994；barberi,2000；Linch,2001；Ang and Bekaert,2007)重新开始关注多期投资组合选择的问题。

多期投资者的资产需求可被分解为"短视需求"(myopic demand)和跨期对冲需求。在投资机会集被假设为恒定不变的情况下，对资产的短视需求是指在单一时期背景下的需求。短视需求从本质上看是一种静态需求，类似于用经典均值—方差框架推导出的需求；而投资者在设法对冲未来投资机会发生不利变化时就会产生跨期对冲需求。

坎贝尔和维塞拉(Campbell and Viceira,1999)分析了多期背景下对冲动机对股票总需求的影响。他俩用一种风险资产和一个单一状态变量为默顿的投资者生命无限模型求出了一个近似解析解。坎贝尔等人(Campbell et al.,2003)通过运用一种简单的数值方法和一个近似解析解进一步扩展了他和维塞拉(Campbell and Viceira,1999)提出的模型,从而使这个模型含有更多的资产和状态变量。他们考虑了具有爱泼斯坦—齐恩(Epstein-Zin)效用、生命无限投资者多期资产配置的问题,并推导出这种投资者对股票、债券和国库券的短视和跨期对冲需求。他们运用向量自回归(VAR)模型来规定资产回报和状态变量的特性。他们指出,市场对美国股票和债券有相当大的需求。具体来说,对冲动机在很大程度上解释了保守投资者对股票的需求。在坎贝尔等人(Campbell et al.,2003)看来,对美国股票的跨期对冲需求源自股票回报因股息收益率而具有的可预测性,由于这种可预测性,股票当前的负收益与未来的预期正收益相关联。因此,股票可用来对冲其未来收益的变化。

拉帕奇和沃哈尔(Rapach and Wohar,2009)把坎贝尔等人(Campbell et al,2003)的方法应用到美国和其他六个发达国家(澳大利亚、加拿大、法国、德国、意大利和英国)。他俩发现,在所有这些国家,对债券的短视需求是固定收益证券总需求的主要组成部分。除了对资产平均最优需求进行点估计外,拉帕奇和沃哈尔(Rapach and Wohar,2009)还给出了用于量化与点估计相关的参数不确定性的置信区间。这些置信区间很宽,表明有相当大的参数不确定性。

本章的目的在于阐明新兴市场债券的短期和长期风险回报属性。历史地看,国际投资者已经习惯于用美元计价的新兴市场债券投资。近年来,新兴市场的本币固定收益证券已经变得更加广泛可用(Miyajima et al.,2012)。由于数据的可获得性有限,有关新兴市场的研究较少关注债券市场(Bekaert and Harvey,2003)。伯格和沃诺克(Burger and Warnock,2007)曾报告过一些由单期回报推导而来的基本典型事实,但现在关于新兴市场债券特别是本币债券的风险—回报状况的研究仍然为数很少。由于债券回报与短期利率水平负相关,因此,债券可用来对冲商业周期中出现的投资机会波动。此外,债券要面临通胀风险,这一点对长期投资者尤为重要。对冲通胀保值,对全体长期投资者都很重要,而对那些在高通胀国家进行投资的投资者则就更加重要。

我们的研究通过考察更多的国家,并把债券添加到新兴市场投资者的资产清单中,对德弗里斯等人(De Vries et al.,2011)以及施皮尔迪克和奥马尔(Spierdijk and Umar,2014)的研究进行了扩展。我们首先考察了七个新兴市场经济体(巴西、印度、马来西亚、墨西哥、波兰、南非、泰国)和美国的本国投资者以及他们用本币表示的投资回报。这些本国投资者的资产清单中有国内股票和债券以及国内短期货币市场工具(我们把后者作为基准资产)。我们分析了这些投资者在 2002 年 2 月至 2012 年 7 月间的资产需求。随后,我们转而研究国际投资者和他们用美元表示的投资回报,这些国际投资者可以投资阿根廷、巴西、智利、中国、哥伦比亚、马来西亚、墨西哥、秘鲁、菲律宾、波兰、俄罗斯、南非或土耳其的当地股票和债券。这些国际投资者资产清单中的另一些选项是美国股票、债券和国库券(国库券被作为基准资产)。我们考察了 1999 年 6 月～2012 年 7 月间这些国际投资者的最优资产需求。我们计算了国际和本国投资者的最优资产需求,并且假设他们有不同程度的风险厌恶。此外,我们借用坎贝尔等人(Campbell et al.,2003)的方法把股票和债券总需求分解为短视和跨期对冲需求。跨期对冲需求较多的资产由于它们在未来不利情况下表现良好的能力而更能吸引长期投资者,而短视需求较多的资产由于其近期单期预期回报较高而具有吸引力。除了对资产的平均需求进行点估计外,我们还给出了用于量化参数不确定程度的置信区间。估计参数的不确定程度对于新兴市场尤其重要,因为有关新兴市场的数据往往为数有限。我们另外还分析了随时间变化的资产需求。

本章对国际和本国投资者分别采用了不同的债券指数。我们获得了时间较长、涉及较多国家的美元债券价格数据。数据的可获得性约束解释了我们的新兴市场样本为什么具有地域多样性,并且涵盖亚洲、远东、拉美和东欧国家的原因。

我们发现,新兴市场债券可以吸引风险厌恶程度不同的国际和本国投资者。有些新兴市场国家的债券市场对短期投资者特有吸引力,而另一些新兴市场国家的债券市场能引起长期投资者的注意(或同时引起长期和短期投资者的注意)。在前一组国家中,债券投资显示了有利的近期单期预期回报;而在后一组国家中,债券投资回报在未来不利的情况下表现良好。对于国内和国际投资者来说,新兴市场的股票也能提供有吸引力的长期和短期投资机会。此外,对于国际投资者来说,美国债券可能是一种有利的短期投资选项,但投资美国股票几乎从来都不是最佳选择。

我们在确定债券或股票是否具有很大的对冲需求时必须满足两个条件。

首先,债券或股票的超额收益是可以(分别根据期限利差和市净率)预测的,因此,这两种资产可以用来对冲它们自己未来收益的变化。其次,参数的不确定性非常小,足以使得对冲需求具有意义。我们通常对我们估计的短视和对冲需求设置相对较大的置信区间,这表明我们的方法往往具有高度的参数不确定性。

本章的其余部分安排如下:第 5.2 节简要介绍坎贝尔等人(Campbell et al.,2003)的方法。第 5.3 节专门说明数据选择和数据样本的属性。第 5.4 节讨论并解释国内和国际投资者的资产需求。第 5.5 节对本章的内容进行总结。一个附有补充材料的在线附录提供了一些额外的研究结果。

5.2 方 法

这一节简要介绍坎贝尔等人(Campbell et al.,2003)采用的方法。让我们用 $R_{p,t+1}$ 表示一个具有爱泼斯坦—齐恩偏好(用固定的消费流来定义)的无限长寿投资者由 n 种资产组成的投资组合的实际回报率,用 $R_{1,t+1}$ 表示基准资产(短期货币工具)的实际简单回报率,并且用 $R_{i,t+1}R_{i,t+1}(i=2,3,\cdots,n)(i=2,3,\cdots,n)$ 表示投资组合中其余 $n-1$ 种资产的实际简单回报率。于是,我们就有以下投资组合回报率的表达式:

$$R_{p,t+1} = \sum_{i=2}^{n} \alpha_{i,t}(R_{i,t+1} - R_{1,t+1}) \tag{5.1}$$

式中,$\alpha_{i,t}$ 表示投资组合中资产 i 的权重。对于所有的 i,用对数表示的实际回报率记作 $r_{i,t+1} = \log(R_{i,t+1}+1)$。用 x_{t+1} 表示超额回报率向量:

$$x_{t+1} = [r_{2,t+1} - r_{1,t+1}, \cdots, r_{n,t+1} - r_{1,t+1}]' \tag{5.2}$$

我们用 s_{t+1} 表示像股息收益率和短期利率这样的其他状态变量(也称工具变量)的向量。我们把 $r_{1,t+1}, x_{t+1}$ 和 s_{t+1} 纳入一个 $m \times 1$ 的向量 z_{t+1},因此就有状态向量:

$$z_{t+1} = [r_{1,t+1}, x_{t+1}, s_{t+1}]' \tag{5.3}$$

我们假设,这个状态变量系服从 z_{t+1} 的一阶向量自回归:

$$z_{t+1} = \varphi_0 + \varphi_1 z_t + v_{t+1} \tag{5.4}$$

式中,φ_0 是 $m \times 1$ 列的截距向量,φ_1 是 $m \times m$ 的斜率(系数)矩阵,而 v_{t+1} 则是一个均值为 0、协方差矩阵为 Σ_v 且独立相似正态分布的 m 维度冲击矩阵。

于是，我们就有：

$$\Sigma_v = Var_t(v_{t+1}) = \begin{pmatrix} \sigma_1^2 & \sigma'_{1x} & \sigma'_{1s} \\ \sigma_{1x} & \Sigma_{xx} & \Sigma'_{ss} \\ \sigma_{1s} & \Sigma_{xs} & \Sigma_{ss} \end{pmatrix} \quad (5.5)$$

假设新息(innovation)v_t是同方差向量且在时间上独立分布，但允许具有横截面相关性。σ_1^2表示新息对基准资产回报率的方差；σ_{1x}是新息对基准资产回报率和其他资产回报率之间的协方差向量($N-1$个元素)；σ_{1s}是新息对基准资产回报率与工具变量的协方差向量[有($m-n$)个元素]；Σ_{xx}是新息对超额收益率[含$(n-1)\times(n-1)$个元素]的协方差矩阵；Σ_{xs}为新息对超额收益率和工具变量[含$(m-n)\times(n-1)$个元素]的协方差矩阵；而Σ_{ss}则是新息对工具变量的协方差矩阵[含$(m-n)\times(m-n$个元素]。

按照爱泼斯坦和齐恩(Epstein and Zin, 1989, 1991)的做法，坎贝尔等人(Campbell et al., 2003)把投资者在无限投资时界内的递归偏好定义为：

$$U(C_t, E_t(U_{t+1})) = ((1-\delta)C_t^{(1-\gamma)/\theta} + \delta(E_t(U_{t+1}^{1-\gamma}))^{1/\theta})^{\theta/(1-\gamma)} \quad (5.6)$$

式中，C_t表示在t期的消费；$E_t(\cdot)$表示在t期全部给定信息下的条件期望值；$0<\delta<1$表示时间折现因子；$\gamma>0$是相对风险厌恶的系数；$\theta \equiv (1-\gamma)/(1-\psi^{-1})$且$\theta>0$表示跨期替代弹性。$\delta$值越大，就表明投资者越有耐心；而$\gamma$值越大，则对应投资者越厌恶风险。

拥有财富W_t的投资者的预算约束是：

$$W_{t+1} = (W_t - C_t)R_{p,t+1} \quad (5.7)$$

爱泼斯坦和齐恩(Epstein and Zin, 1989, 1991)推导出以下在由式(5.7)定义的预算约束下消费投资组合p中资产i的欧拉方程：

$$E_t\left(\left(\delta\left(\frac{C_{t+1}}{C_t}\right)^{-1/\psi}\right)^\theta R_{p,t+1}^{-(1-\theta)} R_{i,t+1}\right) = 1 \quad (5.8)$$

在幂函数效用函数($\gamma=\psi^{-1}$和$\theta=1$)的情况下，方程式(5.8)的一阶条件可简约为标准条件。坎贝尔等人(Campbell et al., 2003)合并运用坎贝尔和维塞拉(Campbell and Viceira, 1999, 2001)的近似解析解法以及一种简单的数值方法计算得出了在任何γ和ψ值下的最优投资组合和消费选择。坎贝尔等人(Campbell et al., 2003)通过使投资组合的对数实际收益率在连续的时间内精确并在短时间内高度精确的方式，对投资组合用对数表示的实际收益率进行了粗略的估计。此外，他们还运用了预算约束(一阶条件)对数线性近似值和欧拉方程式(二阶条件)。① 最优投资组合(α_t)和消费($c_t - w_t$)规则可由以下两式给出：

$$\alpha_t = A_0 + A_1 z_t \tag{5.9}$$

$$c_t - w_t = b_0 + B_1' z_t + z_t' B_2 z_t \tag{5.10}$$

式中，c_t 和 w_t 分别表示用对数表示的 C_t 和 W_t；A_0 [维度$(n-1) \times 1$]、A_1 [$(n-1) \times m$]、$b_0 (1 \times 1)$、$B_1 (m \times 1)$ 和 $B_2 (m \times m)$ 表示本身是 γ、ψ、δ、$\times$、$\tilde{n}_0$、$\emptyset_1$ 和 Σ_v 的函数的常系数矩阵，且 $\rho = 1 - \exp[E(c_t - w_t)]$。

由于我们关注的重点是投资者的最优投资组合，因此，我们的主要兴趣在式(5.9)的参数上。坎贝尔等人(Campbell et al., 2003)按照默顿(Merton, 1969,1971)的做法，从式(5.9)中推导出把总需求分为短视和跨期对冲两个分量 A_0 和 A_1 的表达式：

$$A_0 = (1/\gamma) \Sigma_{xx}^{-1} (H_x \varphi_0 + 0.5 \sigma_x^2 + (1-\gamma)\sigma_{1x})$$
$$+ (1 - (1/\gamma)) \Sigma_{xx}^{-1} (-\Lambda_0 / (1-\psi)) \tag{5.11}$$

$$A_1 = (1/\gamma) \Sigma_{xx}^{-1} H_x \varphi_1 + (1 - (1/\gamma)) \Sigma_{xx}^{-1} (-\Lambda_1 / (1-\psi)) \tag{5.12}$$

式中，H_x 表示从 z_t 中挑选超额收益率向量(x_t)得到的选择矩阵；σ_x^2 表示 Σ_{xx} 的对角元素向量；Λ_0 和 Λ_1 表示各元素值取决于 B_0、B_1、B_2、γ、ψ、δ、ρ、Φ_0、Φ_1 和 Σ_v 的矩阵；所有的详细信息，我们都参考了坎贝尔等人(Campbell et al., 2003)的研究。式(5.11)的第一项与式(5.12)的第一项之和就是某项资产的短视需求总和。短视需求是指单期背景下对一种资产的需求，类似于静态均值—方差框架下推导出的具有恒定投资机会集的需求。式(5.11)第二项与式(5.12)第二项的和是跨期对冲需求的总和。在投资者解释投资机会集的变化并试图对冲不利的未来冲击时需要考虑多期投资组合选择问题的情况下就会出现对冲需求。我们不难看出，具有对数效用(即 $\gamma = 1$ 和 $\theta = 0$)的投资者，对冲需求为 0。在投资机会不会随时间变化的情况下，对冲需求同样也是 0。

投资者越厌恶风险，就越渴望在投资机会匮乏时持有能带来财富的资产。因此，充分厌恶风险的投资者通常有正的对冲需求。相比之下，较不厌恶风险的投资者比较喜欢在投资机会有利时持有资产，这样的投资者往往有负的对冲需求。

---

① 当 $\psi = 1$ 时，这些近似值非常精确。

5.3 数　据

在上一节里,我们采用坎贝尔等人(Campbell et al.,2003)的方法对资产的短视和对冲需求进行了估计。这一节讲述我们为了把坎贝尔等人的方法应用于新兴市场而必须进行的数据选择。

我们要考察一些在新兴市场经济体和美国投资、投资回报不是以当地货币(本国投资者)就是以美元(国际投资者)计算的投资者。本国投资者的资产菜单包括一种短期货币市场工具(被称为"基准资产")、一种股市指数工具和一种政府债券指数工具,这三种资产全部用本币计价。具体来说,我们关注 2002 年 2 月~2012 年 7 月巴西、印度、马来西亚、墨西哥、波兰、南非、泰国和美国的本国投资者(因此,关注这些国家 126 个月的观察值数据)。国际投资者可以在美国、阿根廷、巴西、智利、中国、哥伦比亚、马来西亚、墨西哥、秘鲁、菲律宾、波兰、俄罗斯、南非或土耳其进行投资。国际投资者可以选择投资于美国和新兴市场的股票和债券以及美国 3 个月期的国库券(后者被作为基准资产)。国际投资者的全部投资回报都用美元计算,他们的样本期是 1999 年 6 月~2012 年 7 月(因此有 158 个月的观察值数据)。

在整个回归过程中,我们使用从汤姆森路透数据库(Thomson Reuters Datastream)获得的月度数据序列。我们采用各样本国家的对数回报率和对数通货膨胀率来进行研究。我们采用月名义回报率减去月通胀率的方法来计算基准资产的实际回报率,并且用名义资产回报率减去相关短期货币市场工具(基准资产)名义回报率的方法来计算超额回报率。我们使用相关国内市场的通胀率来为本国投资者计算基准资产的实际回报率,并且用美国的通胀率来为国际投资者计算国际投资基准资产的实际回报率。我们采用股票指数的总账面价值除以其总市值的方法来计算与某个股票指数相对应的作为股票超额回报率预测指标的市净率。[①]

5.3.1　数据选择

表 5.1 列示了我们考察的本国投资者所使用的数据序列。每个样本国家

[①] 市净率在相关文献中又被称为"账面市值比"(book-to-market ratio)。

的基准资产被列在该表的第一个面板中。基准资产主要是出于数据可获得性的考虑选择的。股票指数的助记符被列在该表的第二个面板中。债券回报率根据摩根大通新兴市场政府债券指数(Government Bond Index-Emerging Markets,GBI-EM)总回报指数计算。这些指数是跟踪新兴市场经济体政府发行的期限在1年或1年以上的本币债券的新兴市场债券基准。有关它们的助记符被列在表5.1的第三个面板中。我们在该表的第四个面板中列示了每个样本国家名义通胀率的助记符。我们在定义我们的向量自回归模型时把短期货币市场工具的名义回报率、市净率和期限利差作为预测变量,并把它们列示在表5.1的第一、第五和第六面板中。我们把相关新兴市场债券指数与基准资产的名义回报率之差作为本国投资者的期限利差。

表5.2的第一个面板显示了汤姆森路透数据库有关国际投资者股票总回报指数的助记符。汤姆森路透数据库只有哥伦比亚、秘鲁和俄罗斯用本币表示的股票指数。因此,我们采用也是取自该数据库的相应汇率把本币回报率兑换成美元回报率,并把汇率助记符列在表5.2的第一个面板中。我们用摩根大通新兴市场债券指数(Emerging Markets Bond Index,EMBI)的总回报率来计算国际投资者新兴市场债券的超额回报率,而国际投资者新兴市场债券的超额回报率通常被作为跟踪新兴市场期限在1年或1年以上的可交易外债工具的(美元)总回报基准。表5.2的第二个面板列示了债券助记符。国际投资者的预测变量是美国3月期国债的名义回报率、相应股指的市净率(见表5.2中的第三面板)和期限利差(见表5.2中的第四面板)。我们把期限利差作为债券超额回报率的预测指标,并用摩根大通新兴市场债券总回报指数减去美国3月期国库券名义回报率的方法来计算期限利差。

坎贝尔等人(Campbell et al.,2003)以及拉帕奇和沃哈尔(Rapach and Wohar,2009)把股息率作为股票超额回报率的主要预测指标。我们与施皮尔迪克和奥马尔(Spierdijk and Umar,2014)一样,始终认为市净率具有很强的解释力,因此用市净率来代替股息率。我们将在第5.4节里回过头来讨论这个问题。①

---

① 由于没有找到巴西的股票市净率,我们就用巴西的股息率作为股票回报率的预测变量。

表 5.1　样本统计数据（本国投资者）

国家	基准资产实际回报率 助记符	均值	标准差	股票超额回报率 助记符	均值	标准差	SR	债券超额回报率 助记符	均值	标准差	SR	通胀率 助记符	均值	标准差	市净率 均值	标准差	期限利差 均值	标准差
巴西	BRSELIC	0.70	0.46	TOTMKBR	0.19	6.13	0.03	JGEMBBR	−0.10	2.01	−0.05	BRCONPRCF	0.52	0.41	0.09	0.02	0.07	0.27
印度	INTB91D	−0.09	0.80	TOTMKIN	0.98	8.30	0.12	JGEMBIN	0.07	1.93	0.04	INCONPRCF	0.59	0.79	2.59	1.03	0.12	0.10
马来西亚	MYTBB04	0.04	0.44	TOTMKMY	0.70	4.08	0.17	JGEMBMY	0.13	0.93	0.14	MYCONPRCF	0.19	0.44	0.58	0.09	0.10	0.06
墨西哥	MXCTM91	0.25	0.36	TOTMKMX	0.91	4.71	0.19	JGEMBMX	0.26	1.64	0.16	MXCONPRCF	0.35	0.34	0.50	0.14	0.06	0.09
波兰	POIBK0N	0.19	0.42	TOTMKPO	0.18	6.56	0.03	JGEMBPO	0.19	1.07	0.17	POCONPRCF	0.23	0.36	0.63	0.14	0.07	0.12
南非	SATBL3M	0.21	0.45	TOTMKSA	0.61	5.01	0.12	JGEMBSA	0.24	1.88	0.13	SACONPRCF	0.47	0.45	0.45	0.07	0.04	0.14
泰国	THBTIBN	−0.05	0.61	TOTMKTH	1.10	7.22	0.15	JGEMBTH	0.21	1.86	0.11	THCONPRCF	0.25	0.59	0.49	0.14	0.14	0.09
美国	FRTBS3M	−0.06	0.44	TOTMKUS	0.22	4.65	0.05	JGGIAU$	0.49	2.06	0.24	USCPANNL	0.20	0.43	0.42	0.08	0.11	0.12

注：本表列示了我们考察的样本的本国投资者月度统计数据；样本期是2002年2月～2012年7月；均值和标准差用百分比表示；"SR"表示（样本的）夏普比率。由于我们没有找到巴西的市净率数据，因此报告了巴西的股息率数据。

表 5.2　样本统计数据（国际投资者）

国家	助记符	股票超额回报率 均值	汇率 标准差	助记符	SR	债券超额回报率 均值	标准差	SR	市净率 均值	标准差	期限利差 均值	标准差
阿根廷	TOTMAR$	−0.38	9.17	JPMGARG	−0.04	−0.29	9.70	−0.03	0.73	0.27	1.43	1.20
巴西	TOTMBR$	1.13	10.36	JPMGBRA	0.11	1.00	4.98	0.20	3.91	0.95	0.57	0.33
智利	TOTMCL$	0.87	6.10	JPMGCHI	0.14	0.49	1.81	0.27	0.61	0.16	0.26	0.11
中国	TOTMCA$	0.22	8.34	JPMGCHN	0.03	0.41	1.78	0.23	0.39	0.12	0.21	0.10
哥伦比亚	TOTMKCB COLUPE$	1.39	7.80	JPMGCOL	0.18	0.87	3.23	0.27	1.30	0.92	0.46	0.19
马来西亚	TOTMMY$	0.75	5.58	JPMGMAL	0.13	0.54	2.09	0.26	0.58	0.09	0.27	0.12
墨西哥	TOTMMX$	0.93	6.98	JPMGMEX	0.13	0.71	2.24	0.32	0.53	0.15	0.37	0.14
秘鲁	TOTMKPE PERUSO$	1.14	6.29	JPMGPER	0.18	0.87	3.84	0.23	0.67	0.40	0.45	0.18
菲律宾	TOTMPH$	0.44	6.97	JPMGPHL	0.06	0.78	2.52	0.31	0.66	0.21	0.45	0.15
波兰	TOTMPO$	0.38	9.86	JPMGPLD	0.04	0.47	1.96	0.24	0.61	0.14	0.26	0.12
俄罗斯	TOTMKRS CISRUB$	1.34	11.07	JPMGRUS	0.12	1.50	4.75	0.32	1.00	0.36	0.59	0.55
南非	TOTMSA$	0.95	8.13	JPMGSAF	0.12	0.64	2.44	0.26	0.46	0.07	0.32	0.13
土耳其	TOTMTK$	0.53	14.97	JPMGTUR	0.04	0.82	4.09	0.20	0.63	0.20	0.50	0.21
美国	TOTMKUS	0.02	4.82	JGUSAU$	0.00	0.31	1.43	0.22	0.38	0.10	0.15	0.10

注：本表列示了我们考察的样本的国际投资者月度统计数据；样本期是 1999 年 6 月～2012 年 7 月；均值和标准差用百分比表示；SR 表示（样本的）夏普比率。由于我们没有找到巴西的市净率数据，因此报告了巴西的股息率数据。

5.3.2 样本统计数据

表5.1列示了本国投资者的样本统计数据。新兴市场国家资产的样本夏普比率大多比美国同类资产高(在美国,样本夏普比率被定义为平均超额回报率除以样本标准差),但债券是唯一的例外,样本月度夏普比率美国最高(0.24),巴西最低(−0.05)。印度是货币市场工具夏普比率最高的国家(0.8)。墨西哥是新兴市场国家股票夏普比率最高的国家(0.19),而巴西和波兰的股票夏普比率则最低(均为0.03)。

现在,我们来看看表5.2报告的国际投资者样本统计数据。秘鲁和哥伦比亚股票指数的样本夏普比率最高,均为0.18。阿根廷股票指数的夏普比率最低(−0.04)。此外,美国股票的夏普比率相对较低(0.00)。新兴市场债券的样本夏普比率往往高于美国债券,墨西哥和俄罗斯债券的样本夏普比率在新兴市场国家最高(0.32),而阿根廷债券的夏普比率则最低,只有−0.03。美国债券的夏普比率是0.22。

5.4 实证结果

我们与拉帕奇和沃哈尔(Rapach and Wohar,2009)以及施皮尔迪克和奥马尔(Spierdijk and Umar,2014)一样,通过规定投资者在同一时间只能在新兴市场国家投资来保持这种方法的可操作性。我们用一阶向量自回归模型来反映资产预期回报率因时而变的性质,把股票市净率作为股票超额回报率的主要预测指标,并把债券基准资产的名义回报率和期限利差作为债券超额回报率的主要预测指标(Campbell et al.,2003)。

对于每个在某个特定新兴市场国家投资的本国投资者,我们都采用有六个维度并包含国内基准资产实际回报率、股票和债券实际超额回报率、基准资产名义回报率以及与股指和期限利差相关的市净率的向量自回归模型。国际投资者的向量自回归模型有10个维度,它们分别是基准资产的实际和名义回报率、美国和新兴市场的股票和债券实际超额回报率、美国3月期国库券的名义回报率以及新兴市场国家和美国的市净率和期限利差。[1] 我们的向量自回归模

---

[1] 与拉帕奇和沃哈尔(Rapach and Wohar,2009)一样,我们假设用来把资产本币价格转换为美元价格的汇率是外生的,而且汇率在用来估计国际投资者的向量自回归模型中没有任何作用。

型始终包含用自然对数表示的股指市净率。有关我们采用普通最小二乘法估计模型得到的系数,请参见在线附录和补充材料;关于本国投资者的数据,见表1～2;而关于国际投资者的数据则见表3～8。

5.4.1 本国投资者的资产需求

本国投资者的资产需求包括国内股票、债券和一种被作为基准资产的短期货币市场工具。正如我们已经在第5.2节里解释的那样,投资者的资产需求取决于几个变量。除了模型中估计的参数外,我们还需要 ψ(跨期替代弹性)、γ(风险厌恶程度)和 δ(年度时间折现因子)的相关值才能估计式(5.11)和(5.12)。我们按照施皮尔迪克和奥马尔(Spierdijk and Umar,2014)的做法,并且用 $\psi=1,\gamma=2、5、7、10$ 以及 $\delta=0.92$ 的值来满足投资者不同的时间偏好。

我们可以通过用 A_0 和 A_1 的估计值来代替 A_0 和 A_1,并用 z_t 的时间平均值来替代 z_t,由式(5.9)推导出平均最优资产需求,并把对每种资产的需求分为总需求、短视需求和对冲需求。每种资产的总需求和短视需求之和为100%,而投资组合中每种资产的对冲需求之和为0%。总需求、短视需求和对冲需求都用投资于某一特定资产的实际初始财富的百分比表示。对某种资产的负需求表明对这种资产做空。① 平均最优资产需求的点估计受到参数不确定性的影响,因为它们被归结为被估计向量自回归模型参数的函数。为了对参数不确定程度进行量化,除了用增量法进行点估计外,我们像拉帕奇和沃哈尔(Rapach and Wohar,2009)一样,还估计了置信区间。

马来西亚(短视和对冲需求)、波兰(短视和对冲需求)、南非(短视需求)、泰国(短视需求)和美国(短视和对冲需求)对本国债券的需求都很旺盛。此外,印度(短视和对冲需求)、马来西亚(短视和对冲需求)、墨西哥(短视需求)和南非(短视和对冲需求)对本国股票的需求也很大。

上述这些国家对本国资产有巨大的短视需求,可归因于这些资产相对利的夏普比率;而这些国家对股票和债券有巨大的对冲需求,则是因为上述某些预测变量可用来预测这些资产的回报率。例如,用于估计马来西亚数据的向量自回归模型显示,短期货币市场工具的滞后名义回报率和滞后期限利差通常对债券预期超额回报率产生正向影响,而相关的残差相关性(特别是债券超额回

---

① 我们注意到许多市场不允许卖空。不过,我们不强加任何借贷或卖空约束,因为我们想分离出回报率可预测性的纯跨期效应。

报率的残差和期限利差方程之间的相关性)则为负。这两种效应合在一起,能使债券可以对冲自身未来回报率的变化。也就是说,投资者通常会做多夏普比率高的资产(如债券)。对债券超额回报率的负面冲击,对于这类投资者来说,就意味着投资机会的恶化。债券超额回报率与期限利差方程的新息之间的强负相关关系,意味着债券超额回报率遭到负面冲击通常伴随着期限利差受到正面冲击。债券超额回报率方程出现正的滞后期限利差系数,就意味着正的期限利差会对下一期的债券预期超额回报率产生正面影响。因此,债券在经历了当期的低回报率以后往往会在未来迎来超额回报率上涨,从而起到长期的对冲作用。马来西亚股票回报率方程中出现了显著为正的滞后市净率系数,而相关残差的相关系数则显著为负,从而以一种我们在前面谈论债券时介绍的方式导致股票有能力对冲其未来回报率的变化。因此,我们通常发现期限利差是预测债券对冲需求最有影响力的变量。我们通常可以通过把期限利差解释为内嵌型到期日风险溢价的方式来解释滞后期限利差对债券预期超额回报率的正向影响(Fama and French, 1989)。与施皮尔迪克和奥马尔(Spierdijk and Umar, 2014)一样,我们也发现,是市净率,而不是股息率,可用来解释产生股票对冲需求的原因。更具体地说,我们发现,是使用股息率而不是使用市净率的向量自回归模型低估了对股票的对冲需求。陈和陈(音译,Chan and Chen, 1991)认为,股票市净率可作为反映公司相对窘迫水平的一个代理变量。在法马和弗伦奇(Fama and French, 1992)看来,股票市值溢价源于高市值公司因其窘迫风险增加而被赋予的更高风险溢价。我们的研究结果表明,在2002~2012年的考察期里,考虑窘迫风险具有重要的意义。这一点似乎很直观,因为我们的考察期涵盖了发达国家和新兴经济体经历的非常动荡的时期。①

当然,参数不确定性应该充分的小,这样才能使对冲需求变得显著。表5.3和5.4显示,少数国家对股票和债券的对冲需求变得很大(见上文)。虽然我们考察的大部分国家常常有正的本国债券和股票对冲需求,但参数不确定性太大,从而使得股票和债券的对冲需求并不是很大。具体来说,巴西对这两种资产的对冲需求全都不大。当然,这未必就意味着这个国家没有对短期和长期投资者来说有吸引力的投资机会,而更有可能是,用来描述投资机会的六维向量自回归模型含有太多的参数不确定性,改用比较简约的模型就有可能获得比较

---

① 由于用同时包含股息率和市净率的向量自回归模型与用只包含市净率的向量自回归模型得出的结果相似,因此,我们选择了最简约的模型,并始终忽略股息率。

显著的结果。总的来说,平均资产需求的置信区间相对较大,这与拉帕奇和沃哈尔(Rapach and Wohar,2009)以及施皮尔迪克和奥马尔(Spierdijk and Umar,2014)的研究结论相符。相对较大的置信区间说明,应该谨慎解读运用跨期投资组合选择模型得出的研究结果。

最后,我们分析了本国投资者随时间而变的股票和债券需求。我们没有用式(5.9)中 z_t 的时间平均值,而是用 z_t 本身,把随时间而变的股票需求作为时间的函数来描述,详见在线附录中的图 1～3 和补充材料(对于 $\gamma=7, \psi=1$ 和 $\delta=0.92$)。对债券的需求往往比对股票的需求更大、更不稳定,债券可能有大量的短视和对冲需求。

5.4.2 国际投资者的资产需求

我们采用同样的方法估计了国际投资者的总体、短视和对冲需求。国际投资者的资产菜单包括我们考察的某个新兴市场国家的股票和债券以及美国的股票、债券和 3 月期国库券。我们再次考虑了参数值 $\psi=1$ 和 $\gamma=2、5、7、10$,并使用年度时间折现因子 $\delta=0.92$。表 5.5～5.9 报告了国际投资者对股票的平均总需求、短视需求和对冲需求。

巴西(只有比较保守的投资者的对冲需求十分显著)、智利(对冲需求)、中国(短视需求)、哥伦比亚(短视需求)、马来西亚(短视需求)、秘鲁(对冲需求)、菲律宾(短视需求和对冲需求)、俄罗斯(短视需求)、南非(对冲需求)和土耳其(对冲需求)对新兴市场债券的需求均为显著;而阿根廷(短视需求)、巴西(短视需求)、中国(对冲需求)、秘鲁(短视需求)和土耳其(短视需求)对美国债券的需求则全都显著且巨大。只要债券具有有利的夏普比率,债券的短视需求往往既大又显著(前提是参数不确定性充分的小)。向量自回归估计和残差相关系数再次表明,主要是期限利差能解释对债券的对冲需求,但并不是所有国家的参数不确定性都小到足以使对冲需求显著。

国际投资者对新兴市场国家智利(短视需求和对冲需求)、马来西亚(短视需求)和俄罗斯(对冲需求)股票的需求均为显著,只有那些把中国或秘鲁作为其海外目标市场的国际投资者对美国股票的对冲需求具有显著性。国际投资者对美国股票的短视需求常常为负,但从来都不显著。除了中国和阿根廷以外,其他新兴市场国家对美国股票的负需求,可以用这种资产类别相对较低的夏普比率来解释。用向量自回归模型估计的系数和残差相关矩阵表明,是市净

第五章 新兴市场债券是否适合用来构建养老基金的投资组合

表 5.3 本国投资者的资产总需求、短视需求和跨期对冲需求

风险厌恶系数区间		巴 西 股票			巴 西 债券			巴 西 国库券			印 度 股票			印 度 债券			印 度 国库券		
		总需求	短视需求	对冲需求	总需求	短视需求	对冲需求	总需求	短视需求	对冲需求	总需求	短视需求	对冲需求	总需求	短视需求	对冲需求	总需求	短视需求	对冲需求
2		75.9	73.7	2.2	−140.2	−190.0	49.7	164.3	216.2	−51.9	165.4	102.7	62.8	4.0	75.7	−71.7	−69.5	−78.4	8.9
	下限	−130.4	−133.1	−72.0	−1131.6	−1262.2	−101.3	−739.5	−710.0	−221.0	39.3	24.6	9.7	−438.1	−132.5	−332.8	−468.8	−275.9	−230.2
	上限	282.3	280.5	76.5	851.1	882.3	200.8	1068.1	1142.5	117.3	291.5	180.8	115.8	446.1	284.0	189.5	329.9	119.1	248.0
5		35.1	29.8	5.3	−43.1	−76.9	33.7	108.0	147.1	−39.1	92.1	40.7	51.4	−71.1	24.0	−95.1	79.0	35.3	43.7
	下限	−56.4	−53.0	−44.4	−442.4	−505.9	−49.1	−273.9	−223.5	−145.5	15.5	9.5	1.2	−491.1	−59.4	−447.3	−310.7	−43.7	−289.7
	上限	126.6	112.5	55.0	356.2	352.1	116.6	490.0	517.7	67.3	168.7	71.8	101.7	348.9	107.4	257.1	468.7	114.3	377.1
7		27.1	21.4	5.7	−26.2	−55.3	29.2	99.0	133.9	−34.9	68.9	28.9	40.0	−71.3	14.2	−85.5	102.4	57.0	45.4
	下限	−40.4	−37.7	−33.3	−312.6	−361.8	−34.3	−178.1	−130.8	−118.5	8.0	6.6	−2.9	−464.3	−45.5	−430.4	−266.8	0.5	−284.2
	上限	94.7	80.5	44.8	260.3	251.1	92.6	376.2	398.6	48.8	129.8	51.1	82.9	321.7	73.8	259.5	471.6	113.5	375.1
10		21.1	15.1	5.9	−13.7	−39.2	25.5	92.6	124.0	−31.4	48.4	20.0	28.4	−63.5	6.8	−70.3	115.1	73.2	41.9
	下限	−27.7	−26.2	−23.6	−215.1	−253.7	−22.1	−104.1	−61.3	−95.2	1.5	4.5	−6.5	−422.2	−35.2	−395.6	−225.7	33.5	−271.6
	上限	69.9	56.5	35.5	187.7	175.4	73.1	289.3	309.4	32.4	95.3	35.5	63.3	295.2	48.7	255.0	455.9	112.9	355.4

续表

风险厌恶系数置信区间		马来西亚 股票 总需求	短视需求	对冲需求	债券 总需求	短视需求	对冲需求	国库券 总需求	短视需求	对冲需求	墨西哥 股票 总需求	短视需求	对冲需求	债券 总需求	短视需求	对冲需求	国库券 总需求	短视需求	对冲需求
2		474.5	255.3	219.2	1 608.5	843.5	765.0	−1 983.0	−998.8	−984.2	299.5	212.6	86.9	346.3	283.6	62.7	−545.9	−396.2	−149.6
	下限	204.7	105.2	82.1	551.6	312.4	168.2	−3 137.6	−1 583.3	−1 633.5	34.4	20.8	−15.6	−323.0	−132.3	−278.2	−1 193.7	−780.5	−502.7
	上限	744.3	405.5	356.2	2 665.3	1374.5	1 361.8	−828.3	−414.3	−334.9	564.6	404.5	189.4	1 015.7	699.5	403.7	102.0	−11.9	203.4
5		363.6	101.4	262.2	1 404.6	326.1	1 078.5	−1 668.2	−327.5	−1 340.6	153.2	85.6	67.5	200.0	112.5	87.5	−253.2	−98.2	−155.0
	下限	165.2	41.3	108.9	380.1	113.8	207.0	−2 763.9	−561.2	−2 268.3	8.3	8.9	−23.8	−259.7	−53.8	−263.6	−725.2	−251.9	−528.3
	上限	561.9	161.5	415.5	2 429.1	538.4	1 949.9	−572.4	−93.8	−413.0	298.0	162.4	158.9	659.8	278.8	438.6	219.6	55.5	218.2
7		315.2	72.1	243.1	1 297.4	227.6	1 069.9	−1 512.7	−199.7	−1 313.0	116.5	61.5	55.1	166.4	79.9	86.4	−182.9	−41.4	−141.5
	下限	146.9	29.1	105.0	310.9	76.0	185.3	−2 560.1	−366.5	−2 248.8	3.3	6.6	−22.3	−218.8	−38.8	−225.7	−584.2	−151.2	−475.1
	上限	483.6	115.0	381.3	2 283.9	379.2	1 954.4	−465.2	−32.8	−377.2	229.7	116.3	132.5	551.5	198.7	398.5	218.4	68.4	192.1
10		264.4	50.1	214.3	1 160.5	153.7	1 006.9	−1 324.9	−103.8	−1 221.2	86.7	43.3	43.4	138.8	55.5	83.3	−125.5	1.2	−126.7
	下限	126.2	20.0	95.7	231.7	47.5	144.0	−2 304.7	−220.6	−2 128.9	0.5	4.9	−19.2	−173.2	−27.6	−180.6	−453.9	−75.7	−409.9
	上限	402.6	80.1	332.9	2 089.3	259.8	1 869.7	−345.2	13.0	−313.4	172.8	81.7	105.9	450.2	138.7	347.2	202.9	78.1	156.5

注：本表报告了各样本新兴市场国家本国投资者的平均资产需求，并给出了风险厌恶系数 $\gamma=2,5,7,10$ 的置信区间。资产需求根据 $\psi=1$（跨期替代弹性）和 $\delta=0.92$（年度时间折现因子）计算。

第五章 新兴市场债券是否适合用来构建养老基金的投资组合

表 5.4 本国投资者的资产总需求、短视需求和跨期对冲需求

风险厌恶系数 区间	波兰 股票 总需求	短视需求	对冲需求	波兰 债券 总需求	短视需求	对冲需求	波兰 国库券 总需求	短视需求	对冲需求	南非 股票 总需求	短视需求	对冲需求	南非 债券 总需求	短视需求	对冲需求	南非 国库券 总需求	短视需求	对冲需求
2	31.6	−10.1	41.7	1747.6	1014.3	733.3	−1679.2	−904.2	−775.1	277.7	135.7	142.0	436.1	323.7	112.4	−613.8	−359.4	−254.4
下限	−138.5	−110.8	−37.4	835.0	515.6	271.0	−2545.4	−1371.0	−1221.2	72.4	19.5	43.4	−7.4	86.5	−134.9	−1096.4	−624.1	−510.6
上限	201.7	90.6	120.9	2660.2	1512.9	1195.7	−813.1	−437.4	−328.9	483.0	251.9	240.7	879.7	561.0	359.7	−131.2	−94.7	1.8
5	55.9	−4.2	60.1	1231.4	402.8	828.6	−1187.2	−298.6	−888.7	202.9	54.3	148.6	214.3	127.0	87.3	−317.2	−81.3	−235.9
下限	−62.1	−44.5	−27.5	460.7	203.6	202.9	−1935.5	−485.1	−1501.8	62.3	7.9	46.4	−171.6	32.1	−236.2	−722.5	−187.1	−570.5
上限	173.8	36.0	147.7	2002.0	602.0	1454.2	−439.0	−112.0	−275.6	343.5	100.8	250.7	600.1	221.9	410.8	88.2	24.5	98.8
7	54.1	−3.1	57.2	1040.7	286.3	754.4	−994.8	−183.2	−811.6	168.4	38.8	129.5	162.0	89.5	72.4	−230.3	−28.3	−202.0
下限	−45.2	−31.8	−22.1	332.2	144.2	139.6	−1688.3	−316.4	−1417.4	52.4	5.6	40.0	−189.9	21.8	−238.0	−598.3	−103.9	−523.7
上限	153.5	25.6	136.5	1749.2	428.5	1369.2	−301.4	−50.0	−205.6	284.3	72.0	219.1	513.8	157.3	382.8	137.7	47.2	119.7
10	48.3	−2.3	50.6	853.0	199.0	654.1	−801.4	−96.7	−704.7	134.0	27.2	106.8	121.3	61.4	59.8	−155.2	11.4	−166.6
下限	−32.8	−22.4	−17.7	218.1	99.5	77.8	−1427.5	−189.9	−1276.1	41.9	4.0	32.3	−188.8	14.0	−223.1	−478.9	−41.5	−460.6
上限	129.5	17.8	118.9	1487.9	298.4	1230.4	−175.2	−3.5	−133.3	226.0	50.4	181.2	431.3	108.9	342.8	168.4	64.2	127.3

续表

风险厌恶系数区间	泰国 股票 总需求	短视需求	对冲需求	债券 总需求	短视需求	对冲需求	国库券 总需求	短视需求	对冲需求	美国 股票 总需求	短视需求	对冲需求	债券 总需求	短视需求	对冲需求	国库券 总需求	短视需求	对冲需求
2	182.0	144.3	37.7	312.0	396.7	−84.8	−393.9	−441.0	47.1	−14.0	46.4	−60.4	1097.2	687.9	409.3	−983.2	−634.3	−348.9
下限	−11.9	−10.5	−12.4	−189.2	161.9	−508.0	−855.2	−765.6	−351.2	−320.8	−104.0	−248.1	152.5	75.4	30.8	−1841.7	−1220.8	−701.7
上限	375.8	299.0	87.8	813.2	631.5	338.4	67.3	−116.4	445.3	292.9	196.9	127.2	2041.8	1300.5	787.7	−124.7	−47.8	4.0
5	80.1	57.9	22.3	206.3	154.6	51.7	−186.5	−112.5	−74.0	−11.4	18.5	−29.9	603.3	275.2	328.1	−491.9	−193.6	−298.3
下限	−6.0	−4.0	−10.1	−255.8	60.6	−382.8	−615.3	−242.3	−495.2	−237.7	−41.8	−211.1	71.5	30.2	9.9	−980.3	−428.2	−608.9
上限	166.3	119.7	54.7	668.4	248.7	486.2	242.3	17.4	347.2	214.9	78.7	151.4	1135.1	520.2	646.4	−3.5	40.9	12.3
7	58.7	41.4	17.3	200.7	108.5	92.2	−159.4	−49.9	−109.6	−9.0	13.1	−22.1	463.8	196.6	267.3	−354.9	−109.7	−245.2
下限	−4.0	−2.8	−8.0	−227.8	41.2	−315.8	−564.3	−142.7	−508.3	−197.0	−29.9	−178.3	53.5	21.6	7.1	−734.9	−277.2	−503.0
上限	121.4	85.6	42.6	629.3	175.8	500.3	245.4	42.9	289.2	179.0	56.2	134.1	874.2	371.6	527.4	25.2	57.8	12.7
10	42.3	29.1	13.3	194.5	73.9	120.6	−136.9	−3.0	−133.9	−8.6	9.1	−17.7	347.5	137.6	209.8	−238.9	−46.8	−192.2
下限	−2.3	−1.9	−5.9	−198.6	26.7	−257.5	−514.3	−68.0	−506.0	−158.2	−21.0	−145.2	41.8	15.2	7.9	−524.6	−164.0	−395.4
上限	87.0	60.0	32.5	587.6	121.1	498.8	240.5	62.1	238.1	141.0	39.3	109.8	653.2	260.1	411.8	46.8	70.5	11.1

第五章 新兴市场债券是否适合用来构建养老基金的投资组合

表 5.5 国际投资者的资产总需求、短视需求和跨期对冲需求

风险厌恶系数置信区间	阿根廷股票 总需求	阿根廷股票 短视需求	阿根廷股票 对冲需求	阿根廷债券 总需求	阿根廷债券 短视需求	阿根廷债券 对冲需求	美国股票 总需求	美国股票 短视需求	美国股票 对冲需求	美国债券 总需求	美国债券 短视需求	美国债券 对冲需求	美国国库券 总需求	美国国库券 短视需求	美国国库券 对冲需求
2	12.6	−9.4	22.0	−16.5	−16.8	0.3	280.3	134.8	145.5	1 346.5	1 013.1	333.4	−1 523.0	−1 021.8	−501.3
下限	−154.1	−162.5	−29.1	−153.6	−139.6	−34.9	−86.1	−105.7	−34.9	65.0	219.4	−321.8	−2 928.0	−1 880.5	−1 205.1
上限	179.3	143.7	73.1	120.7	106.0	35.5	646.8	375.4	325.9	2 628.0	1 806.9	988.7	−118.0	−163.0	202.5
5	9.7	−3.6	13.3	−2.2	−6.3	4.1	233.6	53.3	180.3	879.6	402.2	477.4	−1 020.6	−345.5	−675.2
下限	−71.2	−64.9	−34.4	−63.2	−55.5	−23.8	−31.9	−42.9	−20.2	−173.6	84.7	−352.7	−2 163.4	−688.9	−1 562.9
上限	90.5	57.6	61.1	58.7	42.8	32.0	499.2	149.5	380.9	1 932.8	719.6	1 307.5	122.2	−2.1	212.6
7	7.5	−2.6	10.1	−0.2	−4.3	4.2	201.3	37.8	163.6	739.8	285.8	454.0	−848.5	−216.7	−631.9
下限	−55.5	−46.3	−32.1	−45.7	−39.5	−19.7	−26.2	−30.9	−19.4	−217.6	59.0	−350.4	−1 880.5	−462.0	−1 488.6
上限	70.6	41.2	52.3	45.4	30.8	28.1	428.9	106.4	346.6	1 697.3	512.5	1 258.5	183.4	28.6	224.9
10	5.7	−1.7	7.4	1.0	−2.8	3.9	165.0	26.1	138.8	607.4	198.5	408.9	−679.1	−120.1	−559.0
下限	−43.0	−32.3	−28.4	−32.5	−27.4	−15.9	−23.3	−21.9	−19.6	−239.0	39.8	−335.1	−1 584.9	−291.7	−1 347.6
上限	54.3	28.9	43.2	34.6	21.7	23.6	353.3	74.2	297.2	1 453.8	357.2	1 152.8	226.8	51.6	229.6

续表

风险厌恶系数置信区间	巴西股票 总需求	巴西股票 短视需求	巴西股票 对冲需求	巴西债券 总需求	巴西债券 短视需求	巴西债券 对冲需求	美国股票 总需求	美国股票 短视需求	美国股票 对冲需求	美国债券 总需求	美国债券 短视需求	美国债券 对冲需求	美国国库券 总需求	美国国库券 短视需求	美国国库券 对冲需求
2	118.6	96.8	21.8	350.8	156.2	194.5	−111.5	−125.1	13.7	1 541.9	909.4	632.5	−1 799.8	−937.3	−862.5
下限	−290.3	−271.2	−32.8	−308.5	−280.5	−61.9	−671.8	−578.1	−191.4	690.6	430.9	87.9	−3 040.5	−1 782.6	−1 467.9
上限	527.5	464.8	76.3	1 010.0	593.0	451.0	448.9	327.8	218.8	2 393.3	1 387.9	1 177.1	−559.2	−92.1	−257.1
5	62.3	39.3	23.1	336.4	62.0	274.4	−7.8	−50.9	43.1	1 034.1	361.4	672.7	−1 325.0	−311.7	−1 013.3
下限	−111.5	−107.9	−18.6	−74.8	−112.7	3.4	−347.0	−232.0	−178.0	251.2	170.1	−11.4	−2 319.7	−649.7	−1 793.2
上限	236.2	186.5	64.7	747.5	236.6	545.4	331.4	130.3	264.2	1 817.0	552.7	1 356.8	−330.3	26.2	−233.4
7	49.3	28.3	21.0	311.5	44.0	267.5	11.9	−36.7	48.6	853.8	257.0	596.8	−1 126.5	−192.6	−933.9
下限	−77.0	−76.8	−14.5	−37.4	−80.7	12.4	−269.1	−166.1	−153.4	104.9	120.4	−87.7	−2 049.0	−433.9	−1 713.4
上限	175.7	133.4	56.5	660.4	168.7	522.6	293.0	92.7	250.7	1 602.7	393.6	1 281.3	−204.1	48.7	−154.5
10	38.5	20.1	18.4	276.2	30.5	245.6	24.0	−26.1	50.1	681.9	178.7	503.2	−920.5	−103.2	−817.3
下限	−51.6	−53.5	−11.1	−17.2	−56.8	13.3	−204.1	−116.7	−126.4	−19.2	83.1	−157.3	−1 762.5	−272.0	−1 567.0
上限	128.6	93.7	48.0	569.5	117.8	477.9	252.0	64.5	226.5	1 383.0	274.3	1 163.7	−78.6	65.6	—

第五章 新兴市场债券是否适合用来构建养老基金的投资组合

续表

风险厌恶系数置信区间	智利股票 总需求	智利股票 短视需求	智利股票 对冲需求	智利债券 总需求	智利债券 短视需求	智利债券 对冲需求	美国股票 总需求	美国股票 短视需求	美国股票 对冲需求	美国债券 总需求	美国债券 短视需求	美国债券 对冲需求	美国国库券 总需求	美国国库券 短视需求	美国国库券 对冲需求
2	242.4	215.2	27.3	1227.3	416.0	811.2	41.0	−100.8	141.7	401.9	641.9	−240.0	−1812.6	−1072.4	−740.2
下限	4.9	17.6	−42.4	24.7	−235.1	165.6	−334.8	−342.4	−44.9	−1320.5	−282.2	−1186.6	−3244.2	−1835.5	−1493.1
上限	480.0	412.8	96.9	2429.9	1067.2	1456.9	416.7	140.8	328.4	2124.4	1566.1	706.5	−380.9	−309.2	12.7
5	118.3	86.3	32.0	1033.8	167.7	866.0	154.8	−41.1	195.9	−17.7	252.6	−270.2	−1189.2	−365.5	−823.7
下限	1.5	7.3	−31.5	128.6	−92.6	151.1	−105.9	−137.7	−3.4	−1367.4	−117.2	−1352.4	−2389.9	−670.9	−1782.8
上限	235.2	165.3	95.6	1939.0	428.1	1581.0	415.4	55.5	395.1	1332.1	622.3	811.9	11.4	−60.2	135.4
7	91.6	61.8	29.9	904.1	120.5	783.7	154.7	−29.7	184.4	−72.9	178.4	−251.3	−977.6	−230.9	−746.7
下限	1.0	5.3	−26.3	116.6	−65.4	121.9	−68.1	−98.8	2.2	−1266.7	−85.8	−1266.4	−2074.8	−449.1	−1680.5
上限	182.3	118.2	86.0	1691.6	306.3	1445.5	377.5	39.3	366.7	1121.0	442.6	763.8	119.6	−12.7	187.1
10	69.8	43.4	26.5	759.8	85.0	674.8	141.6	−21.2	162.8	−95.8	122.8	−218.6	−775.4	−129.9	−645.4
下限	0.2	3.8	−21.5	90.5	−45.1	85.7	−44.5	−69.5	2.9	−1128.0	−62.2	−1135.0	−1756.2	−282.7	−1518.9
上限	139.5	82.9	74.5	1429.0	215.1	1263.9	327.6	27.1	322.7	936.4	307.8	697.7	205.5	22.9	228.0

注：本表报告了风险厌恶系数 γ=2,5,7,10 的国际投资者对阿根廷、巴西和智利股票、债券和智利股票、债券和国库券以及美国股票、债券和国库券的平均总需求、短视需求和对冲需求以及相应的置信区间。对资产的需求按 ψ=1（跨期替代弹性）和 δ=0.92（年度时间折现因子）计算。

表5.6 国际投资者的资产总需求、短视需求和跨期对冲需求

风险厌恶系数置信区间	中国股票 总需求	中国股票 短视需求	中国股票 对冲需求	中国债券 总需求	中国债券 短视需求	中国债券 对冲需求	美国股票 总需求	美国股票 短视需求	美国股票 对冲需求	美国债券 总需求	美国债券 短视需求	美国债券 对冲需求	美国国库券 总需求	美国国库券 短视需求	美国国库券 对冲需求
2	10.7	39.0	−28.3	759.8	522.2	237.6	238.2	58.3	180.0	1 494.6	620.8	873.8	−2 403.4	−1 140.3	−1 263.0
下限	−149.5	−51.2	−107.6	5.9	2.7	−48.5	−56.8	−97.2	15.0	263.4	−53.7	200.0	−3 681.5	−1 795.4	−1 951.5
上限	171.0	129.3	50.9	1 513.6	1 041.8	523.6	533.2	213.7	345.0	2 725.8	1 295.3	1 547.7	−1 125.3	−485.2	−574.5
5	−18.1	15.8	−33.9	479.3	211.0	268.3	236.6	22.8	213.8	1 213.4	244.2	969.2	−1 811.2	−393.8	−1 417.4
下限	−132.6	−20.3	−120.7	34.9	3.1	−19.8	4.0	−39.4	25.3	224.7	−25.8	165.9	−2 868.7	−655.9	−2 265.0
上限	96.3	51.9	52.8	923.7	418.9	556.4	469.2	85.0	402.3	2 202.0	514.1	1 772.5	−753.8	−131.7	−569.8
7	−17.1	11.3	−28.5	392.4	151.8	240.7	210.0	16.1	194.0	1047.1	172.4	874.6	−1 532.4	−251.6	−1 280.8
下限	−114.4	−14.4	−107.3	31.9	3.2	−17.3	7.4	−28.4	20.9	159.3	−20.5	110.2	−2 481.8	−438.8	−2 088.0
上限	80.2	37.1	50.4	752.9	300.3	498.6	412.7	60.5	367.1	1 934.8	365.3	1 639.1	−583.1	−64.4	−473.7
10	−13.3	8.0	−21.3	311.6	107.3	204.3	176.2	11.0	165.2	867.4	118.6	748.8	−1 242.0	−145.0	−1 097.0
下限	−93.5	−10.0	−89.5	24.8	3.2	−17.2	5.8	−20.1	14.1	88.2	−16.5	49.3	−2 071.5	−276.1	−1 833.1
上限	67.0	26.1	47.0	598.4	211.4	425.7	346.7	42.1	316.3	1 646.7	253.8	1 448.3	−412.5	−13.8	−361.0

第五章 新兴市场债券是否适合用来构建养老基金的投资组合

续表

风险厌恶系数置信区间	哥伦比亚股票 总需求	哥伦比亚股票 短视需求	哥伦比亚股票 对冲需求	哥伦比亚债券 总需求	哥伦比亚债券 短视需求	哥伦比亚债券 对冲需求	美国股票 总需求	美国股票 短视需求	美国股票 对冲需求	美国债券 总需求	美国债券 短视需求	美国债券 对冲需求	美国国库券 总需求	美国国库券 短视需求	美国国库券 对冲需求
2	129.3	109.1	20.2	781.0	411.8	369.2	−46.3	−110.8	64.5	270.5	555.4	−284.8	−1034.6	−865.5	−169.1
下限	−134.1	−107.7	−48.9	105.5	26.6	10.3	−480.6	−324.3	−200.7	−1287.6	−263.6	−1160.7	−2788.0	−1772.0	−1141.0
上限	392.7	326.0	89.4	1456.6	797.0	728.2	388.0	102.7	329.7	1828.7	1374.3	591.0	718.7	41.0	802.7
5	53.5	43.7	9.9	704.5	165.2	539.3	42.0	−44.7	86.7	−172.8	219.2	−391.9	−527.3	−283.3	−244.0
下限	−71.9	−43.1	−49.2	158.4	11.1	92.2	−279.1	−130.1	−176.6	−1486.4	−108.6	−1473.4	−2010.1	−646.1	−1451.1
上限	178.9	130.4	68.9	1250.6	319.2	986.4	363.2	40.7	350.0	1140.9	546.9	689.6	955.5	79.5	963.1
7	36.4	31.2	5.2	671.5	118.2	553.3	52.6	−32.1	84.8	−260.6	155.1	−415.7	−399.9	−172.4	−227.5
下限	−58.5	−30.7	−45.8	170.5	8.2	115.9	−220.7	−93.1	−150.0	−1457.5	−79.1	−1458.3	−1752.6	−431.7	−1393.8
上限	131.3	93.1	56.2	1172.5	228.2	990.7	326.0	28.9	319.5	936.3	389.3	626.9	952.7	86.8	938.7
10	23.1	21.9	1.2	629.7	83.0	546.7	56.8	−22.7	79.4	−317.6	107.1	−424.7	−291.8	−89.2	−202.6
下限	−47.8	−21.5	−41.7	175.3	6.0	132.1	−169.6	−65.4	−122.1	−1382.8	−57.0	−1390.6	−1496.5	−270.8	−1285.0
上限	93.9	65.2	44.1	1084.0	160.0	961.3	283.1	20.0	280.9	747.5	271.1	541.1	912.9	92.4	879.8

续表

风险厌恶系数置信区间	马来西亚股票 总需求	马来西亚股票 短视需求	马来西亚股票 对冲需求	马来西亚债券 总需求	马来西亚债券 短视需求	马来西亚债券 对冲需求	美国股票 总需求	美国股票 短视需求	美国股票 对冲需求	美国债券 总需求	美国债券 短视需求	美国债券 对冲需求	美国国库券 总需求	美国国库券 短视需求	美国国库券 对冲需求
2	222.6	172.5	50.1	1321.0	422.7	898.3	9.6	−50.5	60.1	213.1	635.8	−422.7	−1 666.4	−1 080.6	−585.9
下限	−13.8	18.9	−70.2	392.3	−6.8	317.4	−349.3	−268.9	−116.8	−1 485.0	−367.4	−1 358.4	−3 518.5	−2 151.6	−1 489.7
上限	459.0	326.1	170.4	2 249.7	852.2	1479.1	368.6	167.9	237.0	1 911.3	1 639.0	513.1	185.6	−9.5	318.0
5	161.4	68.9	92.4	1401.3	171.8	1 229.5	83.1	−20.8	103.9	−268.4	248.7	−517.1	−1 277.3	−368.6	−908.7
下限	1.9	7.5	−35.6	476.3	0.1	419.9	−187.4	−108.2	−108.2	−1 718.1	−152.6	−1 746.3	−2 834.4	−797.0	−2 137.2
上限	320.9	130.4	220.5	2 326.3	343.5	2 039.1	353.6	66.6	316.0	1 181.3	650.0	712.2	279.7	59.8	319.7
7	143.8	49.2	94.5	1351.3	124.0	1227.4	92.5	−15.2	107.7	−329.4	175.0	−504.4	−1 158.2	−233.0	−925.2
下限	7.0	5.3	−23.5	464.1	1.4	417.0	−148.0	−77.6	−94.6	−1 664.3	−111.7	−1 699.9	−2 593.0	−538.9	−2 138.2
上限	280.6	93.1	212.6	2 238.6	246.6	2 037.7	333.0	47.3	309.9	1 005.4	461.6	691.1	276.6	73.0	287.8
10	125.8	34.4	91.4	1261.9	88.1	1173.8	94.3	−10.9	105.2	−349.2	119.7	−468.9	−1032.8	−131.3	−901.5
下限	9.8	3.7	−13.9	429.4	2.3	391.1	−116.2	−54.7	−80.9	−1 544.2	−81.0	−1 578.8	−2 325.2	−345.4	−2048.2
上限	241.8	65.2	196.7	2 094.4	173.9	1 956.5	304.7	32.8	291.3	845.8	320.3	641.1	259.7	82.9	245.2

第五章 新兴市场债券是否适合用来构建养老基金的投资组合

表 5.7　国际投资者的资产总需求、短视需求和跨期对冲需求

风险厌恶系数置信区间	墨西哥股票 总需求	墨西哥股票 短视需求	墨西哥股票 对冲需求	墨西哥债券 总需求	墨西哥债券 短视需求	墨西哥债券 对冲需求	美国股票 总需求	美国股票 短视需求	美国股票 对冲需求	美国债券 总需求	美国债券 短视需求	美国债券 对冲需求	美国国库券 总需求	美国国库券 短视需求	美国国库券 对冲需求
2	238.4	167.4	71.0	1227.8	742.6	485.2	−342.8	−292.1	−50.7	24.0	158.9	−134.9	−1047.4	−676.8	−370.6
下限	−300.5	−289.4	−46.9	−397.9	−250.6	−206.3	−962.4	−763.9	−281.4	−1443.8	−554.0	−1070.4	−2412.8	−1518.5	−1128.9
上限	777.3	624.2	188.9	2853.4	1735.8	1176.7	276.8	179.8	179.9	1491.8	871.8	800.6	318.0	164.9	387.8
5	146.8	67.9	79.0	786.7	297.6	489.1	−109.7	−118.3	8.6	−3.8	60.2	−64.0	−720.0	−207.3	−512.7
下限	−99.1	−114.9	−23.9	−227.6	−99.7	−182.6	−481.7	−307.0	−231.1	−1148.9	−225.1	−1044.4	−1869.9	−544.1	−1462.2
上限	392.8	250.6	181.9	1801.0	694.9	1160.8	262.2	70.4	248.2	1141.4	345.5	916.4	429.9	129.4	436.9
7	120.1	48.9	71.2	644.8	212.8	432.0	−59.9	−85.2	25.3	5.1	41.4	−36.3	−610.1	−117.9	−492.2
下限	−63.5	−81.7	−18.0	−184.1	−71.0	−161.9	−364.5	−219.7	−189.9	−1012.4	−162.4	−950.3	−1666.0	−358.5	−1415.0
上限	303.6	179.4	160.4	1473.8	496.6	1025.9	244.8	49.6	240.6	1022.5	245.3	877.6	445.7	122.7	430.5
10	95.6	34.7	60.9	513.0	149.2	363.8	−25.7	−60.4	34.7	15.7	27.3	−11.6	−498.6	−50.8	−447.8
下限	−39.1	−56.7	−13.6	−147.3	−49.5	−139.4	−269.4	−154.7	−149.9	−871.6	−115.5	−836.6	−1443.3	−219.3	−1306.4
上限	230.3	126.1	135.5	1173.3	347.9	866.9	218.0	33.9	219.2	903.0	170.1	813.4	446.1	117.7	410.9

续表

风险厌恶系数置信区间	秘鲁股票 总需求	秘鲁股票 短视需求	秘鲁股票 对冲需求	秘鲁债券 总需求	秘鲁债券 短视需求	秘鲁债券 对冲需求	美国股票 总需求	美国股票 短视需求	美国股票 对冲需求	美国债券 总需求	美国债券 短视需求	美国债券 对冲需求	美国国库券 总需求	美国国库券 短视需求	美国国库券 对冲需求
2	144.3	135.0	9.3	531.9	211.5	320.3	135.4	−23.3	158.7	1019.0	771.3	247.7	−1730.5	−994.5	−736.1
下限	−100.7	−49.3	−71.6	125.1	−13.5	106.5	−183.8	−187.4	−33.5	16.4	225.1	−337.9	−2964.4	−1658.2	−1409.3
上限	389.2	319.2	90.3	938.6	436.6	534.1	454.7	140.9	350.9	2021.5	1317.5	833.3	−496.7	−330.7	−62.8
5	66.6	55.1	11.6	456.3	83.9	372.4	203.8	−9.8	213.6	516.6	306.4	210.2	−1143.4	−335.6	−807.8
下限	−63.8	−18.6	−64.7	121.7	−6.1	99.7	−48.2	−75.5	4.4	−367.7	88.0	−544.2	−2201.1	−601.1	−1675.6
上限	197.0	128.8	87.8	790.9	173.9	645.2	455.8	55.9	422.8	1400.9	524.8	964.6	−85.6	−70.1	59.9
7	51.1	39.9	11.3	406.6	59.5	347.0	192.6	−7.2	199.8	381.6	217.9	163.7	−931.8	−210.1	−721.8
下限	−51.6	−12.8	−56.2	100.6	−4.7	81.1	−26.4	−54.2	9.6	−435.6	61.9	−569.4	−1902.1	−399.7	−1566.0
上限	153.8	92.5	78.7	712.6	123.8	613.0	411.5	39.7	390.0	1198.8	373.9	896.8	38.4	−20.4	122.5
10	39.3	28.4	10.8	348.5	41.3	307.2	170.2	−5.3	175.5	270.6	151.5	119.1	−728.6	−115.9	−612.6
下限	−40.5	−8.4	−46.7	74.5	−3.7	58.4	−13.8	−38.2	10.2	−464.4	42.3	−563.1	−1596.8	−248.7	−1400.0
上限	119.0	65.3	68.3	622.6	86.3	556.1	354.2	27.6	340.7	1005.5	260.7	801.3	139.7	16.8	174.8

第五章 新兴市场债券是否适合用来构建养老基金的投资组合

续表

风险厌恶系数置信区间	菲律宾股票 总需求	菲律宾股票 短视需求	菲律宾股票 对冲需求	菲律宾债券 总需求	菲律宾债券 短视需求	菲律宾债券 对冲需求	美国股票 总需求	美国股票 短视需求	美国股票 对冲需求	美国债券 总需求	美国债券 短视需求	美国债券 对冲需求	美国国库券 总需求	美国国库券 短视需求	美国国库券 对冲需求
2	−50.3	−34.6	−15.8	1447.6	759.3	688.4	40.9	−23.3	64.2	136.8	600.3	−463.5	−1474.9	−1201.6	−273.3
下限	−400.9	−271.4	−156.3	498.6	278.6	182.6	−291.4	−201.4	−153.4	−1373.2	−174.3	−1347.6	−3254.2	−2150.8	−1236.0
上限	300.2	202.2	124.8	2396.7	1239.9	1194.1	373.1	154.7	281.8	1646.8	1374.9	420.6	304.3	−252.5	689.5
5	−36.1	−14.0	−22.1	1205.5	303.8	901.8	102.9	−9.4	112.4	−361.0	237.9	−598.9	−811.3	−418.2	−393.1
下限	−248.5	−108.8	−163.2	370.5	111.4	221.8	−170.2	−80.6	−127.2	−1726.1	−72.0	−1757.2	−2395.5	−797.8	−1702.4
上限	176.3	80.7	119.0	2040.5	496.1	1581.7	376.1	61.8	352.0	1004.0	547.8	559.4	772.9	−38.6	916.2
7	−32.7	−10.1	−22.6	1113.1	217.0	896.1	104.3	−6.8	111.0	−445.4	168.9	−614.2	−639.3	−269.0	−370.3
下限	−206.4	−77.8	−148.9	331.7	79.6	218.4	−137.5	−57.6	−109.4	−1718.8	−52.5	−1751.0	−2120.5	−540.1	−1669.5
上限	141.1	57.6	103.7	1894.4	354.4	1573.7	346.1	44.1	331.5	828.1	390.3	522.5	842.0	2.1	928.9
10	−29.6	−7.2	−22.4	1013.3	151.9	861.4	98.2	−4.8	102.9	−496.2	117.1	−613.3	−485.7	−157.1	−328.6
下限	−169.1	−54.6	−131.3	296.1	55.7	211.6	−109.5	−40.4	−91.6	−1653.7	−37.9	−1682.9	−1835.7	−346.9	−1561.5
上限	109.9	40.3	86.5	1730.5	248.2	1511.2	305.8	30.8	297.5	661.2	272.1	456.2	864.4	32.7	904.3

128 养老基金效率、投资与风险承担

表 5.8　国际投资者的资产总需求、短视需求和跨期对冲需求

风险厌恶系数置信区间	波兰股票 总需求	波兰股票 短视需求	波兰股票 对冲需求	波兰债券 总需求	波兰债券 短视需求	波兰债券 对冲需求	美国股票 总需求	美国股票 短视需求	美国股票 对冲需求	美国债券 总需求	美国债券 短视需求	美国债券 对冲需求	美国国库券 总需求	美国国库券 短视需求	美国国库券 对冲需求
2	78.9	41.1	37.7	959.9	506.0	453.8	−8.9	−15.3	6.4	539.0	537.1	1.9	−1468.8	−969.0	−499.8
下限	−139.0	−113.9	−35.5	−129.6	−23.2	−163.2	−541.9	−354.8	−223.4	−736.6	−223.0	−752.6	−3187.7	−1986.5	−1323.1
上限	296.7	196.2	110.9	2049.4	1035.2	1070.9	524.1	324.3	236.1	1814.7	1297.3	756.3	250.1	48.5	323.5
5	62.8	16.9	46.0	672.3	205.1	467.2	21.3	−7.4	28.6	326.1	209.9	116.2	−982.4	−324.4	−658.0
下限	−55.3	−45.2	−23.1	−159.7	−6.6	−194.2	−332.8	−143.2	−221.6	−813.6	−94.3	−858.8	−2393.9	−731.5	−1758.9
上限	181.0	78.9	115.0	1504.2	416.7	1128.6	375.3	128.4	278.9	1465.7	514.0	1091.2	429.0	82.7	442.9
7	54.4	12.2	42.1	560.9	147.7	413.1	26.3	−5.9	32.2	282.5	147.5	135.0	−824.1	−201.6	−622.5
下限	−38.4	−32.1	−18.7	−148.5	−3.4	−179.5	−271.5	−102.9	−196.1	−786.7	−69.8	−823.4	−2115.3	−492.5	−1703.4
上限	147.1	56.6	102.9	1270.2	298.9	1005.8	324.2	91.2	260.6	1351.8	364.8	1093.3	467.0	89.2	458.5
10	45.3	8.8	36.5	452.1	104.8	347.3	27.2	−4.8	32.0	243.7	100.8	142.9	−668.3	−109.6	−558.7
下限	−26.3	−22.2	−15.0	−130.4	−1.0	−157.4	−217.0	−72.7	−166.9	−734.5	−51.4	−761.9	−1821.8	−313.2	−1573.3
上限	116.8	39.8	88.0	1034.6	210.5	852.0	271.4	63.2	230.9	1221.9	252.9	1047.7	485.3	94.1	455.9

续表

风险厌恶系数置信区间	俄罗斯股票 总需求	俄罗斯股票 短视需求	俄罗斯股票 对冲需求	俄罗斯债券 总需求	俄罗斯债券 短视需求	俄罗斯债券 对冲需求	美国股票 总需求	美国股票 短视需求	美国股票 对冲需求	美国债券 总需求	美国债券 短视需求	美国债券 对冲需求	美国国库券 总需求	美国国库券 短视需求	美国国库券 对冲需求
2	170.1	31.0	139.1	740.5	591.5	149.1	−456.8	−233.7	−223.1	589.8	427.3	162.5	−943.7	−716.1	−227.5
下限	−9.3	−116.6	56.6	136.8	161.5	−94.2	−926.7	−514.6	−476.3	−522.5	−131.3	−647.2	−2 313.7	−1 470.7	−1 104.5
上限	349.5	178.6	221.6	1 344.3	1 021.4	392.4	13.1	47.2	30.1	1 702.1	986.0	972.1	426.4	38.5	649.4
5	131.5	12.8	118.7	323.8	237.4	86.4	−191.2	−94.7	−96.5	676.4	167.7	508.7	−840.5	−223.2	−617.2
下限	35.9	−46.2	48.4	−2.0	65.4	−119.6	−509.1	−207.0	−341.0	−375.2	−55.7	−448.4	−2 064.5	−524.9	−1 671.5
上限	227.1	71.8	189.0	649.6	409.3	292.4	126.7	17.6	148.0	1727.9	391.1	1 465.8	383.6	78.5	437.0
7	107.6	9.4	98.3	235.9	169.9	66.0	−124.4	−68.2	−56.1	634.0	118.2	515.8	−753.2	−129.3	−623.9
下限	32.5	−32.8	38.7	−17.9	47.1	−107.5	−391.3	−148.4	−273.4	−350.4	−41.3	−405.6	−1 881.0	−344.7	−1 636.3
上限	182.8	51.5	157.9	489.7	292.8	239.5	142.5	12.0	161.1	1618.4	277.8	1 437.1	374.6	86.1	388.5
10	84.3	6.8	77.5	168.5	119.3	49.2	−75.5	−48.4	−27.1	564.5	81.1	483.3	−641.8	−58.9	−582.9
下限	26.4	−22.7	29.0	−24.2	33.4	−91.0	−293.3	−104.5	−212.0	−329.2	−30.6	−369.2	−1 649.9	−209.6	−1 514.7
上限	142.2	36.3	126.1	361.3	205.3	189.3	142.4	7.8	157.8	1458.1	192.9	1 335.8	366.3	91.8	348.9

表 5.9 国际投资者的资产总需求、短视需求和跨期对冲需求

风险厌恶系数	信置区间	南非股票 总需求	南非股票 短视需求	南非股票 对冲需求	南非债券 总需求	南非债券 短视需求	南非债券 对冲需求	美国股票 总需求	美国股票 短视需求	美国股票 对冲需求	美国债券 总需求	美国债券 短视需求	美国债券 对冲需求	美国国库券 总需求	美国国库券 短视需求	美国国库券 对冲需求
2		87.7	77.1	10.6	1 160.6	453.3	707.3	−57.6	−77.7	20.1	219.9	548.6	−328.7	−1 310.6	−901.4	−409.3
	下限	−110.6	−94.1	−34.0	225.8	−41.5	234.8	−476.2	−329.1	−190.2	−984.8	−107.9	1 026.7	−2 895.0	−1 816.2	−1 178.0
	上限	285.9	248.2	55.2	2 095.5	948.1	1 179.9	361.1	173.8	230.4	1 424.6	1 205.1	369.2	273.7	13.4	359.5
5		29.8	31.0	−1.2	1 061.5	183.4	878.1	60.4	−31.9	92.3	−153.4	215.2	−368.6	−898.4	−297.8	−600.5
	下限	−68.5	−37.5	−47.3	294.4	−14.5	281.5	−253.8	−132.5	−150.1	−1 224.4	−47.5	−1 271.0	−2 214.3	−663.8	−1 622.4
	上限	128.1	99.5	44.8	1 828.7	381.3	1 474.8	374.6	68.8	334.6	917.7	478.0	533.8	417.6	68.2	421.3
7		18.6	22.3	−3.7	980.2	132.0	848.3	75.5	−23.1	98.6	−217.1	151.7	−368.8	−757.2	−182.8	−574.4
	下限	−58.3	−26.7	−45.8	291.8	−9.4	276.5	−196.8	−95.1	−125.0	−1 210.1	−36.0	−1 249.9	−1 956.0	−444.3	−1 572.8
	上限	95.4	71.2	38.5	1 668.7	273.4	1 420.0	347.8	48.8	322.2	776.0	339.5	512.2	441.6	78.7	424.1
10		10.7	15.7	−5.0	881.3	93.4	787.9	79.5	−16.6	96.1	−254.6	104.1	−358.7	−616.9	−96.6	−520.3
	下限	−48.9	−18.6	−42.2	278.9	−5.6	262.9	−149.8	−67.0	−101.0	−1 150.9	−27.4	−1 182.9	−1 681.5	−279.7	−1 452.3
	上限	70.3	50.0	32.3	1 483.8	192.4	1 312.9	308.7	33.8	293.1	641.8	235.6	465.5	447.6	86.5	411.7

第五章 新兴市场债券是否适合用来构建养老基金的投资组合

续表

风险厌恶系数置信区间	土耳其股票			土耳其债券			美国股票			美国债券			美国国库券		
	总需求	短视需求	对冲需求	总需求	短视需求	对冲需求	总需求	短视需求	对冲需求	总需求	短视需求	对冲需求	总需求	短视需求	对冲需求
2	−9.4	7.1	−16.5	707.1	309.8	397.4	−33.5	−56.2	22.7	917.6	787.1	130.6	−1 481.9	−947.7	−534.1
下限	−121.3	−73.7	−53.1	44.3	−68.2	89.3	−472.6	−306.2	−188.4	−189.8	151.2	−442.0	−2 715.1	−1 640.0	−1 160.3
上限	102.4	87.8	20.1	1 370.0	687.8	705.4	405.6	193.7	233.8	2 025.0	1 422.9	703.2	−248.6	−255.4	92.0
5	−16.3	2.7	−19.0	630.7	124.2	506.5	44.4	−22.6	66.9	420.4	312.0	108.4	−979.2	−316.3	−662.8
下限	−77.2	−29.6	−54.3	132.6	−27.0	136.9	−258.5	−122.5	−155.0	−490.0	57.6	−629.4	−2 009.1	−593.3	−1 489.6
上限	44.6	35.0	16.3	1 128.8	275.4	876.2	347.2	77.4	288.9	1 330.8	566.4	846.2	50.8	−39.3	163.9
7	−17.0	1.9	−18.8	587.0	88.9	498.1	54.8	−16.2	71.0	297.4	221.5	75.9	−822.2	−196.1	−626.2
下限	−65.4	−21.2	−50.5	148.3	−19.2	147.1	−198.4	−87.6	−127.7	−530.2	39.7	−639.1	−1 763.6	−393.9	−1 433.5
上限	31.5	25.0	12.9	1 025.6	196.9	849.1	308.0	55.2	269.6	1 125.0	403.3	791.0	119.1	1.8	181.1
10	−16.9	1.2	−18.1	534.4	62.4	472.1	58.4	−11.4	69.7	197.2	153.6	43.5	−673.1	−105.9	−567.2
下限	−55.1	−14.9	−45.7	156.0	−13.3	151.8	−147.6	−61.3	−100.5	−536.5	26.4	−619.0	−1 511.0	−244.4	−1 319.2
上限	21.3	17.4	9.5	912.9	138.0	792.3	264.3	38.6	240.0	930.9	280.9	706.1	164.8	32.7	184.8

率导致了对股票的对冲需求,但也表明,参数不确定性并不总是小到足以确保对冲需求具有显著性。

我们再次考察了股票和债券需求($\gamma=7,\gamma=7,\psi=1,\delta=0.92$)在考察期里发生的变化,并在线上附录和补充材料图4~8中显示了对美国和新兴市场国家债券的总需求和对冲需求。对于这两个资产类别,对冲需求常常是债券总需求的主要分量,但短视需求也可能很大。在大多数国家,对美国和新兴市场国家债券的需求呈现一种走势截然相反的惊人格局。这种格局表明,债券不但会被用作对冲其自身回报率出现不利变化的工具,而且还会被用来对冲其他国家债券指数回报率的不利走势。

我们还采用类似的方式分析了对美国和新兴市场国家股票需求的动态变化(参见线上附录中的图9~13)。由于很难为不同的国家构建共同的模型,因此,我们着重关注考察期的最后几年。2008年底股市崩盘后,我们观察到尤其是对美国股票的需求急剧增加,然后逐渐下降。在2008年股市崩盘后的几年里,对美国股票的需求往往大于对新兴市场国家股票的需求,而对冲动机似乎是造成这种需求的主要原因。

5.5 结束语

新兴市场资产风险调整后的回报率可能较高,再加上多样化的好处,因此,能够吸引投资者。本章对新兴市场国家债券的短视需求和跨期对冲需求进行了量化。我们计算了本国投资者对本币债券的需求和国际投资者对新兴市场国家美元债券的需求。

在发达市场,政府长期债券通常被认为是对厌恶风险的投资者有吸引力的投资选项。我们的研究结果还表明,1年期及更长期限的新兴市场国家债券对风险偏好不同的本国和国际短期和长期投资者都具有吸引力。有些新兴市场国家的债券市场对短期投资者特别有吸引力,而其他新兴市场国家的债券市场只能使长期投资者感兴趣(或能使短期和长期投资者都感兴趣)。在前一类新兴市场国家,债券展现出有利的短期单期预期回报率;而在后一类国家,债券回报率在未来不利的情况下会有良好的表现。

对于本国和国际投资者来说,新兴市场国家的股票也可以提供有吸引力的长期和短期投资机会。对于国际投资者来说,投资美国股票从来都不是最佳选择。相比之下,美国债券可能是有利的短期投资机会。

无论如何,如果我们想要确定债券和股票有很大的显著对冲需求,就必须证明以下两个条件得到了满足:首先,它们的超额回报率可以预测(分别从期限利差和市净率的角度),因此,这两种资产可被用来对冲它们自己未来收益的变化。其次,参数不确定性充分的小,足以使对冲需求具有意义。

所估计的债券和股票需求具有相对较大的置信区间表明,经常有高水平的参数不确定性存在。用期限更长的数据样本和更加简约的模型来描述资产预期回报率随时间变化的性质,有助于降低估计的不确定水平。我们把这个问题作为未来的研究主题。

参考文献

Ang, A., G. Bekaert, 2007, Stock return predictability: is it there? *Review of Financial Studies* 20, 651–707.

Balduzzi, P., A. Lynch, 1999, Transaction cost and predictability: some utility cost calculations, *Journal of Financial Economics* 52, 47–78.

Barberis, N., 2000, Investing for the long run when returns are predictable, *Journal of Finance* 55, 225–264.

Bekaert, G., A. Ang, 2002, International asset allocation with regime shifts, *Review of Financial Studies* 15, 1137–1187.

Bekaert, G., C. Harvey, 2003, Emerging markets finance, *Journal of Empirical Finance* 10, 3–55.

Brennan, M., E. Schwartz, R. Lagnado, 1997, Strategic asset allocation, *Journal of Economic Dynamics and Control* 21, 1377–1403.

Burger, J., F. Warnock, 2007, Foreign participation in local currency bond markets, *Review of Financial Economics* 16, 291–304.

Campbell, J., 1987, Stock returns and the term structure, *Journal of Financial Economics* 18, 373–400.

Campbell, J., 1991, A variance decomposition for stock returns, *Economic Journal* 101, 157–179.

Campbell, J., Y. Chan, L. Viceira, 2003, A multivariate model of strategic asset allocation, *American Economic Review* 67, 41–80.

Campbell, J., L. Viceira, 1999, Consumption and portfolio decisions when expected returns are time varying, *Quarterly Journal of Economics* 114, 433–495.

Campbell, J., L. Viceira, 2001, Who should buy long-term bonds? *American Economic Review* 91, 99–127.

Campbell, J., L. Viceira, 2002, *Strategic Asset Allocation: Portfolio Choice for Long-Term Investors*, Oxford University Press, Oxford.

Chan, K., N. Chen, 1991, Structural and return characteristics of large and small firms, *Journal of Finance* 46, 1467–1484.

Chapados, M., 2011, *Portfolio Choice Problems: An Introductory Survey of Single and Multiperiod Models*, Springer, Heidelberg.

De Vries, E. W., R. Eyden, R. Gupta, 2011, Intertemporal portfolio allocation and hedging demand: an application to South Africa, *Working Paper* No. 2011–26, University of Pretoria, Department of Economics.

Epstein, L., S. Zin, 1989, Substitution, risk aversion, and the temporal behavior of consumption and asset returns: a theoretical framework, *Econometrica* 57, 937–969.

Epstein, L., S. Zin, 1991, Substitution, risk aversion, and the temporal behavior of consumption and asset returns: an empirical investigation, *Journal of Political Economy* 99, 263–286.

Fama, E., K. French, 1988, Dividend yields and expected stock returns, *Journal of Financial Economics* 22, 3–25.

Fama, E., K. French, 1989, Business conditions and expected returns on stocks and bonds, *Journal of Financial Economics* 25, 23–49.

Fama, E., K. French, 1992, The cross-section of expected stock returns, *Journal of Finance* 47, 427–465.

Harvey, C., 1994, Predictable risk and returns in emerging markets, *Review of Financial Studies* 8, 773–816.

Keim, D., R. Stambaugh, 1986, Predicting returns in the stock and bond markets, *Journal of Financial Economics* 17, 357–390.

Kim, T. S., E. Omberg, 1996, Dynamic nonmyopic portfolio behavior, *Review of Financial Studies* 9, 141–161.

Lynch, A., 2001, Portfolio choice and equity characteristics: characterizing the hedging demands induced by return predictability, *Journal of Financial Economics* 62, 67–130.

Merton, R., 1969, Lifetime portfolio selection under uncertainty: the continuous-time case, *Review of Economics and Statistics* 51, 247–257.

Merton, R., 1971, Optimum consumption and portfolio rules in a continuous-time model, *Journal of Economic Theory* 3, 373–413.

Merton, R., 1973, An intertemporal capital asset pricing model, *Econometrica* 41, 867–887.

Miyajima, K., M. Mohanty, T. Chan, 2012, Emerging market local currency bonds: diversification and stability, *Working Paper* No. 391, Bank of International Settlements, Basle.

Rapach, D., M. Wohar, 2009, Return predictability and the implied intertemporal hedging demands for stocks and bonds: international evidence, *Journal of International Money and Finance* 28, 427–453.

Samuelson, P., 1969, Lifetime portfolio selection by dynamic stochastic programming, *Review of Economics and Statistics* 51, 239–246.

Spierdijk, L., Z. Umar, 2014, Stocks for the long run? Evidence from emerging markets, *Journal of International Money and Finance* 47, 217–238.

第六章　股票价格的均值回归
——对长期投资者的影响[1]

劳拉·施皮尔迪克(Laura Spierdijk)
雅各布·A. 拜克(Jacob A. Bikker)

6.1 引　言

经济学中有一个被广为接受的观点:凡是上涨的东西最终必然会下跌(De Bondt,1991)。在股票价格方面,这个观点就转化为(长期)均值回归的概念,也就是说,股价下跌后,极有可能出现价格上涨,反之亦然。

均值回归是否存在具有重要的经济学意义。由于股价均值回归会导致股票收益的负自相关性(我们将在第 6.4 节里推导这个结果),因此,股票收益的变异小于因股票收益按投资期限成正比增加而出现的变异。股价相对较小的长期波动幅度会提高股票作为长期投资工具的吸引力(我们将在第 6.5 节中加以说明)。此外,如果股价在长期内均值回归,那么,在经历低价后就能迎来股票未来预期回报率的相对上涨,从而能够鼓励像养老基金这样的长期投资者在经历了股市低迷以后投资股票(Vlaar,2005)。事实上,有些研究(Balvers et al.,2000;Gropp,2004)提出了基于股价均值回归的旨在赚取超额回报的交易策略。

已有学者提出了几种解释股价均值回归的理论,他们都根据市场效率的原

---

[1] 本章是劳拉·施皮尔迪克和雅各布·A. 拜克以下研究的延伸研究:L. Spierdijk, J. A. Bikker, 2012, Mean reversion in stock prices: implications for long-term investors, *Journal of Investment Strategies* 2,1—12。

则来解释股价均值回归。有效市场假说认为,所有可获得的信息都会反映在股票的价格中(Fama,1991)。股价均值回归可以反映市场无效率。在波特巴和萨默斯(Poterba and Summers,1988)看来,股价均值回归有可能是由噪声交易者的非理性行为引起的,从而导致股票的价格大幅度偏离股票的基本价值。反过来,不合理的定价行为可以由一时的狂热(McQueen,1992;Summers,1986)、对财经新闻的过度反应(De Bondt and Thaler,1985,1987)或投资者的机会主义行为(Poterba and Summers,1988)引起。然而,股价均值回归未必就与市场效率相悖(Fama and French,1988a)。假设凡是可获得的信息都包含在股票的价格中,而股票的价值是由股票预期回报决定的。因此,当股票的预期回报趋向于均值回归时,我们就可以观察到股价均值回归(Summers,1986)。康拉德和考尔(Conrad and Kaul,1988)通过实证研究发现,股票的预期回报随时间变化的过程,会使股票预期回报随着时间的推移而回归均值。股票预期回报率的波动可用由世界大战或萧条(譬如说)造成的经济存续不确定性来解释(Kim et al.,1991),或者可能是由理性的投机泡沫或不确定的商业前景引起的(McQueen,1992);而陈(Chan,1988)、鲍尔和科塔里(Ball and Kothari,1980)、扎罗温(Zarowin,1990)、康拉德和考尔(Conrad and Kaul,1993)以及鲍尔等人(Ball et al.,1995)对股价均值回归做出了其他解释。

在萨默斯(Summers,1986)、波特巴和萨默斯(Poterba and Summers,1988)以及法马和弗伦奇(Fama and French,1988a)发表了他们的开创性研究成果后,关于股票价格和股票回报是否会回归均值的争论一直在有关这个主题的研究文献中出现。这个领域近期发表的大量研究成果(Ang and Bekaert,2007;Goyal and Welch,2008;Boudoukh et al.,2008;Pastor and Stambaugh,2009,2011;Spierdijk et al.,2012)表明,股票的均值回归行为仍然是一个重要问题。这个问题引起争论的原因在于,由于缺乏股票价格的历史数据,均值回归检验本身就很困难。准确估计股价长期均值回归的程度需要无法获得的非常长期的股票价格序列。例如,如果股价每20年重新回归其基本价值,那么每年至少需要进行1 000到2 000次的观察,才能做出可靠的估计。此外,在很长的样本期里可能出现的结构性突变会导致对股价均值回归的统计分析变得更加复杂(Spierdijk et al.,2012)。这些方法上的困难说明了为什么股价均值回归在经济学文献中仍是一个有争议的问题。

本章的目的并不是要为股票价格和回报是否会回归均值这个问题提供终

极的答案,而是想让投资者意识到股票价格和回报均值回归行为的经济后果。因此,本章的其余部分将侧重于阐述会均值回归的股票价格的相关属性以及由此而对长期投资者(如养老基金)产生的影响。

本章剩余部分安排如下:第 6.2 节根据萨默斯(Summers,1986)的开创性研究给出了股价均值回归的形式定义。第 6.3 节对现有的均值回归研究文献进行详细的综述。第 6.4 节计算了在存在均值回归的情况下单期和多期股票回报的波动率和自协方差函数。由于股票回报的方差与相关的投资风险有关,因此,单期和多期方差和自协方差包含一些对于投资者至关重要的信息。这一节还解释了股票价格均值回归与股票回报均值回归之间的关系。此外,我们还证明了均值回归概念与协方差平稳概念有什么关系。第 6.5 节考察了一个投资期限长达 20 年、均值—方差有效的投资者,股价均值回归对最优资产配置和交易策略盈利能力的影响。最后,第 6.6 节对本章进行了总结。

6.2 股价均值回归的定义

在这一节里,我们介绍萨默斯(Summers,1986)用于考察允许股价均值回归的股票价格模型(还请参见 Poterba and Summers,1988 以及 Fama and French,1988a)。萨默斯的这个模型为股价均值回归行为构建了一个实用的描述性框架,我们将在本节稍后部分详细解释这个模型。

6.2.1 永久和短期价格分量

萨默斯(Summers,1986)把用对数表示的均值回归过程 p 定义为一个永久价格分量和一个过渡价格分量的和:

$$p_t = p_t^* + z_t \tag{6.1}$$

永久价格分量 p_t^* 表示股票的内在价值,而 z_t 表示缓慢衰减的协方差平稳价格分量。[1] 我们假设,对于所有的 s 和 t,p_s^* 与 z_t 都不相关。例如,萨默斯(Summers,1986)根据一阶自回归模型构建了以下这个关于 z_t 的模型:[2]

---

[1] 如果时间序列 z_t 的均值、方差和自协方差函数是有限函数,且在时间上恒定不变,那么,这个时间序列就是协方差平稳时间序列,即:如果 $E(z_t) = \mu < \infty$,那么就有 $\text{var}(z_t) = \sigma^2 < \infty$ 和 $\text{cov}(r_t; r_{t+k}) = \gamma_k$。

[2] 当且仅当 $|\varphi| < 1$ 时,自回归($AR(1)$)过程就是协方差平稳过程。

$$z_t = \mu + \varphi z_{t-1} + \eta_t \tag{6.2}$$

式中，μ 表示截距，$0 < \varphi < 1$ 表示自回归(持久性)参数，而 η_t 则表示方差为 σ^2 的白噪声。通过永久价格分量 p_t^* 在 t 时产生的冲击立刻就会反映在未来的股票价格中，而通过过渡价格分量 z_t 产生的价格冲击会随时间逐渐衰减为 0。法马和弗伦奇(Fama and French,1988a)对基本的内在价值过程 p_t^* 规定了满足下式的定义：

$$p_t^* = p_{t-1}^* + \delta_t \tag{6.3}$$

式中，δ_t 表示方差为 τ^2 的白噪声。假设 η_s 和 δ_t 均独立于所有的 s 和 t。过渡价格分量会引致股票价格(对数)均值回归。为了使股价均值回归的行为更加直观，我们可以把式(6.1)改写为：

$$p_t = \tilde{\mu} + \tilde{p}_t^* + \varphi(z_{t-1} - (\tilde{\mu} + \tilde{p}_t^*)) + \eta_t \tag{6.4}$$

式(6.4)告诉我们，价格过程 p_t 在 $\tilde{\mu} + \tilde{p}_t^*$ [其中，$\tilde{\mu} = \mu/(1-\varphi)$ 表示过渡价格分量的长期均值，$\tilde{p}_t^* = p_t^*/(1-\varphi)$]值的附近趋于均值回归。

半衰期法是一种描述均值回归速度的实用方法。与用式(6.1)表示的价格过程相关的半衰期被定义为 z_t 为吸收半个单位的冲击所需要的时期数。z_t 的一阶自回归结构可以确保半衰期具有封闭解，而这个解就是 $h = \log(0.5)/\log(\varphi)$ (Kim et al.,2007)，并且在 $0 < \varphi < 1$ 时可以精确定义。例如，在 $\varphi = 0.8$ 时，半衰期等于 3.1 个时期。

参数 φ 在决定均值回归速度方面起着重要的作用，但方差 τ^2 (对应于永久价格分量)和 σ^2 (对应于过渡价格分量)也至关重要。如果永久价格分量的方差远大于(小于)过渡价格分量的方差，那么，过渡价格分量就起到较小(较大)的作用，从而导致弱式(强式)均值回归。我们将在 6.4 节中更加严格地阐述这些关系。

6.2.2　一般化

虽然由式(6.1)、(6.2)和(6.3)定义的股价均值回归过程似乎只有有限的意义，但它比乍看具有更加一般的意义。这种一般性反映了这种模型作为描述股价均值回归行为的工具的适用性。

为了使股价均值回归过程符合有效市场假说，应该把随机行走概念引入股票价格的定义。这样就能解释为什么式(6.1)中的永久价格分量被作为随机行走因素。式(6.1)中的股价均值回归过程服从 $\phi = 1$ 的随机行走，但在 $0 < \varphi < 1$

时就偏离有效市场假设。因此，只选用一阶自回归（AR）过程，很可能只有有限的意义。一种似乎更具一般意义的做法是把式（6.1）中的 z_t 定义为均值是 0 的协方差平稳均值回归过程。但是，每个协方差平稳级数都可以写成一个无限阶的移动平均（MA）过程，一个被称为"沃尔德（Wold）分解定理"的过程。如果移动平均过程是可逆的，那么就可以写成一个无限阶自回归过程，这使我们距离一阶自回归过程又近了一步。一阶自回归过程唯一只具有限意义的方面是它的阶。

因此，我们可以考虑对此前考虑过的股价均值回归过程进行一般化，放宽有关过渡价格分量一阶自回归过程的假设。我们可以假设 p 阶自回归过程[记作"AR(p)"]是一个无限阶自回归过程的近似（对于任意的 $p=1,2,3\cdots$），而不是一阶自回归过程。

当 z_t 是一个高于一阶的自回归模型时，半衰期就更难计算，但可由对应于 z_t 受到 1 单位冲击的冲击反应函数来求得。如果 α_i 表示 z_t 在 t 期（$i=1,2,\cdots$）受到 1 单位冲击时做出的冲击反应 z_{t+1}，那么，我们就可把半衰期 h 作为满足 $\alpha_{j-1} \geqslant 0.5$ 和 $\alpha_j < 0.5$ 的最大值 j。当 j 位于两个连续的整数值之间时，就可采用线性插值法来确定 h 的值。请注意，冲击反应正好等于用无限阶自回归表示的自回归模型的系数。

萨默斯（Summers, 1986）的股价模型考虑股价均值回归的能力，再加上根据过渡价格分量的一阶自回归（特别是半衰期的直接表达式）定义简单，说明了大多数研究局限于用一阶自回归模型来分析过渡价格分量均值回归过程的原因。我们将在第 6.4 节阐明均值回归模型的统计特性，但在这之前先对相关文献进行综述。

6.3 现有文献综述

自从萨默斯（Summers, 1986）、波特巴和萨默斯（Poterba and Summers, 1988）以及法马和弗伦奇（Fama and French, 1988a）完成了他们的开创性研究以来，相关的研究一直存在股票价格是否会回归均值的争论。由于很难获得股票价格的历史数据，因此，股价均值回归的检验也是困难重重。准确估计长期均值回归的程度，需要难以获得的期限很长的数据序列。我们可以利用每月重复的股票回报率数据来增加观察值的数量，但这样做有可能导致严重的统计问题(我们将在第 6.3.1 小节中予以解释)。此外,在很长的考察期里,股票价格有可能出现结构性突变,从而导致均值回归统计分析变得更加复杂(Spierdijk et al.,2012)。这些问题解释了即使在经过 20 年的均值回归研究以后仍然难以量化股价均值回归程度的原因。

现有文献采用两种不同的方法来检验均值回归。第一种方法检验均值回归的方式不需要估计式(6.1)中的基本价值过程 p_t^*,这种方法被称为"绝对均值回归检验法"。第二种方法采用不同的方式来进行检验,即先估计基本价值过程,这种方法被称为"相对均值回归检验法",因为它检验股价相对于某个指定均值的回归程度。我们将在本节中较为详细地解释这两种方法,并且回顾最近一些分析股票收益均值回归的研究。

6.3.1 绝对均值回归

法马和弗伦奇(Fama and French,1988a)推导出一个回归模型来检验股票收益自相关模式是否符合本章式(6.1)~(6.3)所定义的模型。对于接近 1 的 ø 值,股票长期收益的负自相关水平高于短期收益。因此,法马和弗伦奇(Fama and French,1988a)考察了几个介于 1~10 年之间的投资期限,采用这种方法证实了显著均值回归,并且解释了 3~5 年期股票收益 25%~40% 的变异。

波特巴和萨默斯(Poterba and Summers,1988)运用随机行走的一个特殊性质来检验均值回归。股价均值回归意味着股票收益的方差随时间而变的幅度小于按比例增长的幅度。波特巴和萨默斯(Poterba and Summers,1988)采用科克伦(Cochrane,1988)的方差比检验法检测到了均值回归的这种影响。m 年的方差比被定义为除以 m 的 m 年收益方差与 1 年收益方差的比值。当这个比值等于 1 时,就不能拒绝随机行走假设。波特巴和萨默斯(Poterba and Summers,1988)发现了美国长期投资的均值回归,并且证明有些发达国家也有类似的情况。他们的研究结果缺乏显著性,我们可把这归因于缺乏更加有力的检验来拒绝原假设。

法马和弗伦奇(Fama and French,1988a)以及波特巴和萨默斯(Poterba and Summers,1988)考察了 1926~1985 年间的股票收益,用年度重叠股票收益来增加观察值的数量,并且采用汉森和霍德里克(Hansen and Hodrick,1980)的方法解决了使用重叠观察值固有的从属性问题。理查德森和史密斯(Richardson and Smith,1991)批评了汉森和霍德里克的方法,并解决了小样本偏差的问题。他们表示,如果消除小样本偏差,那么,支持长期均值回归的证据就会不复存在。此外,理查德森和斯托克(Richardson and Stock,1990)认为,在较长的投资期限里使用较大的重叠区间,能增强用于检验随机行走假设的统计检验的能力。他俩完成的更有力的统计检验并没能拒绝随机行走假说。杰加迪什(Jegadeesh,1991)发现了使用月度重叠股票收益数据导致的季节性问题。

除了上面提到的后几个问题外,法马和弗伦奇(Fama and French,1988a)的方法也受到了其他类型的批评。麦奎因(McQueen,1992)提出了样本期的异方差问题。波动幅度较大的年份由于它们的权重相对较大,因此会对结果产生较大的影响。麦奎因(McQueen,1992)发现,各个不同的高度波动时期表现出更加明显的均值回归倾向,因此,均值回归的总体证据被夸大了。金和纳尔森(Kim and Nelson,1998)以及金等人(Kim et al.,1998)基于相似的理由对法马和弗伦奇(Fama and French,1988a)以及波特巴和萨默斯(Poterba and Summers,1988)的研究提出了批评。异方差性问题与另一种批评观点直接相关。过去的高波动时期也许不能代表当前的股价走势。波特巴和萨默斯(Poterba and Summers,1988)注意到,大萧条对均值回归参数估计产生了实质性的影响。把这个时期排斥在外,就能大大削减均值回归的证据。金等人(Kim et al.,1991)把这个总样本期划分为第二次世界大战前和第二次世界大战后两个时期,并且得出均值回归只是第二次世界大战前的现象。此外,第二次世界大战后时期出现了"均值厌恶"(mean aversion),从而表明股价走势发生了结构性突变。[①]

6.3.2 相对均值回归

均值回归证据不足,通常被归因于研究样本规模太小,再加上均值回归的统计检验缺乏效力。通过明确规定在均值附近发生回归的(被称为"基准"的)基本价值过程,就能大幅度提高估计的精确度。这里的重要问题是如何表征本来就观察不到的基本价值过程。根据戈顿(Gordon)的增长模型,一只股票的价值等于它未来能产生的折现现金流(Gordon,1959)。实际上,这种现金流就是要支付给股票持有人的股息。与其估计未来的股息,还不如把股票的收益作为投资者能获得的未来现金流的代理变量,也可以把股票估值比率如股息收益率

---

① "均值厌恶"是指股价随时间偏离其均值的运动。

或市盈率作为代理变量。

坎贝尔和席勒(Campbell and Shiller,2001)研究了股息收益率和市盈率随时间均值回归的问题。从理论上讲,这些变量都有望出现均值回归的走势,因为基本面因素是股票价格的决定因素。如果股价相对于公司基本面而言处于高位,那么就能预期股价或基本面的调整。坎贝尔和席勒(Campbell and Shiller,2001)发现,股息收益率和市盈率向均衡水平调整更多是由股票价格,而不是公司基本面驱动的。库克里和福尔特斯(Coakley and Fuertes,2006)考察了股票估值比率的均值回归问题,并把它归因于投资者情绪变化。这两位作者认为,财务比率会回归到它们的长期均值。在更早的研究中,法马和弗伦奇(Fama and French,1988b)把股息收益率与股票的预期收益率联系起来,发现后者具有均值回归的趋势。

第二种说明基本面价值的方法是运用资产定价模型。何和西尔斯(Ho and Sears,2004)把股票的均值回归走势与法马和弗伦奇的三因素模型结合在一起,并得出了这种模型不能反映股价均值回归走势的结论。甘戈帕迪亚和雷因格拉姆(Gangopadhyay and Reinganum,1996)也得出了类似的结论,但他俩认为,如果允许市场风险溢价随时间变化,就可以用资本资产定价模型来解释均值回归问题。需要注意的是,这种波动符合有效市场均值回归的理论解释:预期收益以回归均值的方式波动(Summers,1986)。格罗普(Gropp,2004)认为,股票的估值比率本身就有缺陷,因为公司的基本面信息由于调整滞后而无法与股价信息进行比较。未来的预期股息和收益会影响无法用当前的股息收益率或市盈率来衡量的股票基本价值。此外,由于使用代理变量而造成的信息丢失可能会导致无法识别均值回归走势。

根据巴尔维斯等人(Balvers et al.,2000)的研究,股票的基本价值与基准指数之间的平稳关系可用来直接评估均值回归的速度。此外,他们使用年度数据而不是月度数据来规避季节性问题,并且采用一种面板数据方法来更加准确地估计均值回归过程。他们通过比较18个国家1970~1996年的真实股指数据与同期的一个全球股指基准,证实了这些国家的股票在这个时期出现显著的股价均值回归走势,股价均值回归的半衰期约为3.5年。股价均值回归半衰期可用来衡量股价吸收一半冲击所需的时间。巴尔维斯等人(Balvers et al.,2000)发现,股价均值回归半衰期90%的置信区间是[2.4年,5.9年]。

在相关研究中,施皮尔迪克等人(Spierdijk et al.,2012)研究了18个经合组织国家 1900～2009 年的股票市场均值回归问题。在这个时期，这些国家的股价平均需要 18.5 年左右的时间才能消化一半的冲击。不过，他们运用滚动窗口法（rolling-window approach）证实了均值回归速度在时间上会出现大幅度的波动。他们的研究表明，在重大经济和/或政治事件导致经济高度不确定的时期里，股票回归基本价值的速度会加快。最快的均值回归速度出现在那个包括大萧条和第二次世界大战爆发在内的时期。此外，冷战头几年以及包括 1973 年石油危机、1979 年能源危机和 1987 年黑色星期一在内的那个时期也具有相对较快的均值回归特征。在经济不确定性相对较小的时期，几乎就不存在股价均值回归的问题，即股价均值回归的速度很慢，并且受到估计高度不确定性的影响。总的来说，他们记录的股价回归均值半衰期介于 2.0 年～22.6 年之间。

6.3.3　股票收益的均值回归

最近的许多研究考察了股票收益的可预测性问题（Ang and Bekaert，2007；Goyal and Welch，2008；Boudoukh et al.，2008；Pastor and Stambaugh，2009，2011）。股票来自股息或其他基本面因素的收益的可预测性可能会导致股票收益的负自相关性。股票收益的负自相关性在相关文献中一般被称为"股票收益的均值回归"。股票收益均值回归也缺乏充分的经验证据。我们将在本章第 6.4.4 小节中证明股价均值回归隐含着股票收益均值回归，但一般来说，相反的说法是不正确的，因为股票收益均值回归并不一定隐含着股票价格均值回归。在这一章里，我们主要关注股价均值回归，因为这种均值回归隐含着股票收益均值回归。

6.3.4　我们持什么样的观点？

我们在已有的相关研究文献中只发现了很少的股价长期均值回归的证据，而股票收益均值回归的证据同样是很少。这个领域最近发表的大量研究成果表明，经济学家正在就股票均值回归的问题展开辩论。正如我们在本章引言中解释的那样，我们的目的并不是要为股票是否会均值回归这个问题提供终极答案，而是想让投资者意识到股票均值回归会产生的影响。因此，本章的其余部分将集中讨论股票均值回归对像养老基金这样的长期投资者的影响。

6.4 多期收益的特性

在这一节里,我们将计算股价均值回归情况下单期和多期股票收益的方差和自协方差。由于股票收益的方差与这个资产类别的投资风险相关,因此单期和多期股票收益方差对投资者来说都包含着重要的信息。

6.4.1 单期股票收益

在本章第 6.2 节构建的框架中,限制条件 $0<\varphi<1$ 会引致单期对数股票收益 $r_t = p_t - p_{t-1}$ 负自相关。因为,当 $k=1,2,\cdots$ 时,

$$\begin{aligned}
\gamma_k(r_t) &= Cov(r_t, r_{t+k}) \\
&= Cov(\Delta p_t^* + \Delta z_t, \Delta p_{t+k}^* + \Delta z_{t+k}) \\
&= Cov(\Delta p_t^*, \Delta p_{t+k}^*) + Cov(\Delta z_t, \Delta z_{t+k}) \\
&= [-\sigma^2 \varphi^{k-1}(1-\varphi)]/[1+\varphi] < 0
\end{aligned} \tag{6.5}$$

函数 $\gamma_k(r_t)$ 被称为 r_t 的自协方差函数。单期股票收益的方差等于:

$$\gamma_0(r_t) = \tau^2 + \sigma^2/[\varphi(2-\varphi)] \tag{6.6}$$

z_t 始终表示一个在 $0<\varphi<1$ 限制条件下具有以下自协方差函数的协方差平稳过程:

$$\gamma_k(z_k) = \sigma^2 \varphi^k/(1-\varphi^2)[k=0,1,2,\cdots] \tag{6.7}$$

我们看到,对于 $0<\varphi<1$,当 k 趋于无穷大时,$\gamma_k(r_t)$ 以几何级数衰减为 0。这意味着 r_t 和 r_{t-k} 之间的负相关性随着 k 的增大而降低。因此,如果两个收益在时间上有足够大的间隔,那么实际上是不相关的。此外,如果 φ 接近于 1(表示很慢的均值回归速度),那么,$\gamma_k(r_t)$ 就趋向于 0。当 φ 接近 0 时,情况也是如此。在 φ 接近 0 时,过渡价格过程接近白噪声,因此,没有均值回归。此外,过渡价格过程的方差 σ^2 越大,过渡价格分量相对于永久价格分量就越是占优,而 $\gamma_k(r_t)$ 则越是为负。这些关系表明,φ 和 σ^2(特别是 σ^2 相对于 τ^2)决定股价的均值回归走势。

6.4.2 多期股票收益

从长期投资者的角度看,我们也许同样应该关注多期股票收益问题。为了

求得(非重叠)m 期股票收益 $r_t(m) = \sum_{j=1}^{m} r_{t+j}$，我们要计算一阶自协方差，于是就有：

$$\gamma_1(r_i(m)) = Cov(r_t(m), r_{t+m}(m)) \tag{6.8}$$

$$= Cov(\sum_{i=1}^{m} r_{t+i}, \sum_{j=m+1}^{2m} r_{t+j})$$

$$= \sum_{i=1}^{m} \sum_{j=m+1}^{2m} Cov(r_{t+i}, r_{t+j}) \tag{6.9}$$

$$= \sum_{i=1}^{m} \sum_{j=m+1}^{2m} \gamma_{j-i}(r_t) < 0$$

因为 $\gamma_{j-i}(r_t) < 0$。同样，一阶以上的自协方差也是为负。长期投资者还会关心 m 期收益的方差。当 $m = 2, 3, \cdots$ 时，我们发现：

$$\gamma_0(r_t(m)) = Var(r_t(m))$$
$$= m\gamma_0(r_t) + \sum_{j=1}^{m} \sum_{i=1}^{j-1} \gamma_{j-i}(r_t)^* \tag{6.10}$$

当 $\sigma^2 > 0, 0 < \varphi < 1$ 时，我们发现 $\gamma_0(r_t(m)) < m\gamma_0(r_t)$。在股价均值回归的情况下，$m$ 期股票收益的方差要比单期股票收益的方差的 m 倍小，方差随投资期限增大的幅度小于按比例增大的幅度。因此，股票长期投资的风险要小于短期投资的风险。

6.4.3 高阶自回归模型

对于第 6.2.2 小节介绍的无限阶自回归 [AR(p)] 过程，在第 6.4.1 小节和第 6.4.2 小节的推导仍然相同。我们唯一需要调整的是自协方差函数。一个以下形式的 AR(p) 过程：

$$z_t = \varphi_1 z_{t-1} + \varphi_2 z_{t-2} + \varphi_3 z_{t-3} + \cdots + \varphi_k z_{t-k} + \eta_t \tag{6.11}$$

具有以下递归自协方差函数[见式(6.12)]和方差[见式(6.13)]的特点：

$$\gamma_k(z_t) = \sum_{j=1}^{p} \varphi_j \gamma_{|k-j|}(z_t) \tag{6.12}$$

$$\gamma_0(z_t) = \sum_{j=1}^{p} \varphi_j \gamma_j(z_t) + \sigma^2 \tag{6.13}$$

我们看到，自协方差的符号关键取决于自回归系数 $\varphi_1, \cdots, \varphi_p$。如果自协方差函数在所有滞后期都仍然为正，那么，第 6.4.1 和 6.4.2 小节分析得出的主要结论仍不受影响。

6.4.4 股票的价格均值回归和收益均值回归

在式(6.1)~式(6.3)的模型中,股票收益[见式(6.5)和式(6.10)]的负自相关性是标的股价均值回归走势的直接结果;反之则不成立:股票收益的负相关性通常并不意味着存在股价均值回归。我们用下面这个例子来说明股票均值回归的这个属性。基本价值过程 p_t^* 被作为一个具有柯西(Cauchy)分布的独立同分布随机变量序列,而过渡价格分量服从任意协方差平稳一阶自回归模型,并独立于基本价值过程。① 由于柯西均值并不存在(而并非有限),因此,价格过程并不会均值回归。诚然,这个例子在经验上并不十分相关,但它能表明我们的主要观点。股票收益过程(即对数价差)通常不会唯一地决定股票价格过程(即对数价格水平)。

6.4.5 均值回归与协方差平稳之间的关系

一个与均值回归相关的属性是协方差平稳。在一个 k 阶自回归[AR(k)]模型中,均值回归[按照萨默斯(Summers,1986)的定义]和协方差平稳的属性等价。为了证明这一等价关系,我们假设 p_t 过程服从以下形式的协方差平稳一阶自回归[AR(1)]模型:

$$p_t = \mu + \varphi p_{t-1} + \eta_t \tag{6.14}$$

或者,我们可以把 p_t 写作永久价格分量和过渡价格分量的和:

$$p_t = \tilde{\mu} + z_t \tag{6.15}$$

式中,$\tilde{\mu}=1/(1-\varphi)$,而 $z_t=\varphi_1 z_{t-1}+\eta_t$。请注意,假设的 p_t 的协方差平稳性可保证长期均值 $\tilde{\mu}$ 的存在。由式(6.15)可知,我们可以看到,p_t 是基本价值过程等于 $\tilde{\mu}$,萨默斯(Summers,1986)意义上的均值回归。相反,如果 AR(1)过程是萨默斯(Summers,1986)意义上的均值回归,那么,它的基本价值过程必须满足 $0<\tilde{\mu}<\infty$,并且要求 $0<\varphi<1$,即协方差平稳。

在 AR(k)模型以外的模型中,均值回归和协方差平稳的概念并不一定等价。我们用随时间线性上行的图 6.1 描述的(程式化)基本价值过程来说明这

---

① (标准)柯西分布的概率密度函数是 $f(x)=1/[\pi(1+x^2)]$。

一点。(程式化)价格过程围绕基本价值变动。显然,股票价格并不是均值平稳(因而并非协方差平稳),而是在萨默斯(Summers,1986)以及法马和弗伦奇(Fama and French,1988a)意义上的围绕基本价值过程的均值回归。相反,我们很容易发现股票价格过程是其本身并非均值回归的协方差平稳过程。最简单的例子就是独立相似分布的正态分布变量序列。

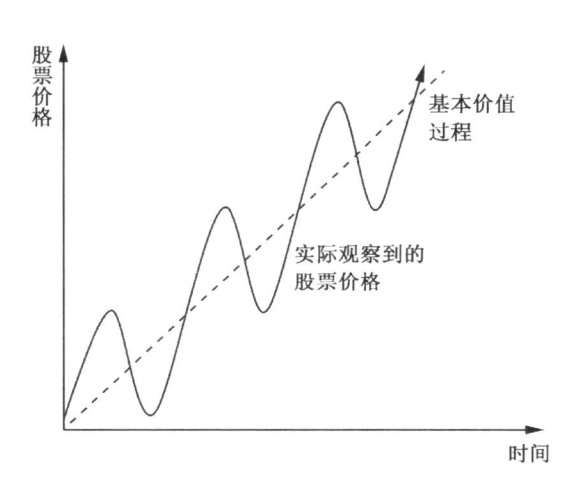

图 6.1 非平稳均值回归过程示例

在图 6.1 中,虚线是对随时间一路上扬的基本价值变化过程的程式化表示;而振荡曲线表示股价围绕非平稳基本价值变化过程均值回归的程式化过程。

6.5 均值回归和均值—方差有效的投资组合

这一节评估股价均值回归对长期投资者的经济影响,我们的推导起点是一个只根据其投资集合资产收益的均值和协方差结构来确定其最优投资组合权重的均值—方差有效的投资者。均值—方差有效的投资者会在给定的投资组合预期收益水平上持有波动性最小的投资组合,或在给定的投资组合波动水平上持有预期收益最大的投资组合。

6.5.1 简述

我们来考虑这样一个长期投资者:他想按照均值—方差最优比例,在股票和债券之间配置自己的财富。我们将考察投资期限为 1 年、5 年、10 年和 20 年的不同情况。为了构造一个与经验相关的例子,我们以历史数据作为参数值的基础。

6.5.1.1 股票和债券的预期收益和波动率

我们假设以下数值对应于月度股票收益(用第 6.2 小节中的符号表示):$\mu=0.9\%$(股票预期收益);$\varphi=0.975$(表示 2.3 年的均值回归速度);$\sigma=3.2\%$(过渡价格分量误差项的波动率);$\tau=3.2\%$(永久价格分量误差项的波动率)。这些参数对应的是 4.5% 的月标准差,这个月标准差是根据汤姆森路透数据库 1982 年 1 月~2010 年 8 月的美国股票市场综合指数(US Aggregate Stock Market Index)数据计算得到的。根据花旗集团美国投资级债券总收益综合指数(Citigroup US Overall Bond Investment Grade Total Return Index)的同期历史表现,我们假设该债券指数的月预期回报率为 0.7%,波动率为 1.4%。对于债券指数,我们可以通过各种交易所交易基金和交易所交易债券进行投资。为了分离出股价均值回归对最优投资组合权重的影响,我们先验地排除了债券收益均值回归的存在性。

6.5.1.2 股票收益率与债券收益率的相关性

股票指数和债券指数的同期月相关系数假设为 0.2,这个相关系数等于上述股指和债指在样本期内的历史相关系数。这两个指数的同期多期相关系数分别为 0.18(1 年)、0.17(5 年)、0.17(10 年)和 0.17(20 年)。[①]

6.5.1.3 无风险收益率曲线

无风险利率以荷兰中央银行编制的名义利率期限结构为基础。[②]

6.5.1.4 永久收益率和过渡收益率的方差比

我们假设永久价格分量和过渡价格分量的方差对股票总收益率方差的贡献相等——波特巴和萨默斯(Poterba and Summers,1988)证实的结果支持这个假设。在下面的分析中,我们把收益率方差比率定义为永久价格分量的收益

---

① 这些数字是采用霍德里克(Hodrick,1992)的向量自回归方法对上述股指和债指进行计算得到的。霍德里克提出的方法为根据重叠股票收益进行向量自回归的方法提供了一种稳健的替代方法。
② URL:www.statistics.dnb.nl/popup.cgi?/usr/statistics/excel/t1.3nm.xls。

率方差除以过渡价格分量的收益率方差。① 然后,我们将通过敏感度分析来说明方差比的影响。②

6.5.2 最优投资组合的权重

表6.1上半部分左边的面板(标题为"方差比＝1∶1")列示了投资期限为1～10年的最优股票和债券配置。我们明确考虑的最优投资组合是全局最小方差投资组合(global minimum variance portfolio,GMVP)和切线投资组合(tangency portfolio,TP)。全局最小方差投资组合是投资组合波动率最小的均值—方差有效投资组合,而切线投资组合则是有可能获得最高的风险调整后超额收益的均值—方差有效投资组合。图6.2描绘了位于均值—方差空间中的切线投资组合和全局最小方差投资组合。根据资本资产定价模型,投资者会把他们的财富投资于无风险利率产品和切线投资组合。

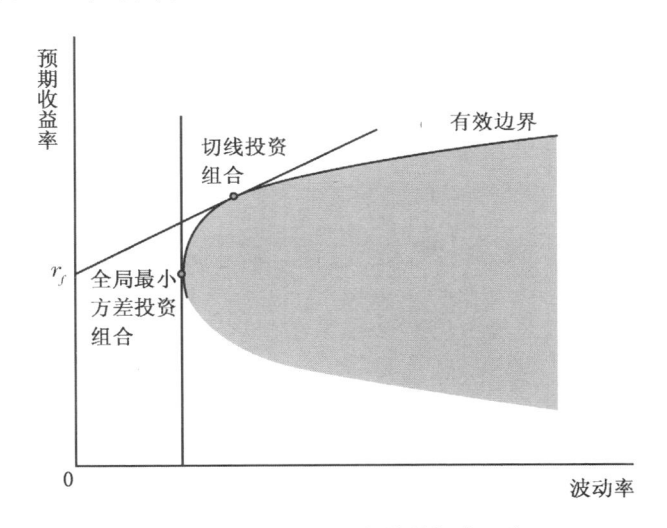

图 6.2 均值—方差有效的投资组合

图中的阴影区域以一种程式化的方式表示所有可能的投资组合集合。横轴表示投资组合的波动率,而纵轴则表示投资组合的预期收益率。始于全局最

---

① 更加形式化的表述是,方差比等于 $\tau^2 / [\sigma^2 / \varphi(2-\varphi)]$,参见式(6.6)。
② 我们并没有采用我们自己的股票价格序列来估计股票收益率方差比,因为可靠地估计股票收益率方差比需要时间很长的数据序列。我们的股票价格序列时间跨度不到30年,实在是太短。因此,我们借用了现有相关研究中的股票收益率方差比。

表 6.1　有股价均值回归和无股价均值回归的最优投资组合权重(%)

	方差比=1:1				方差比=1:2				方差比=1:3			
	w_s	w_b	μ_p	σ_p	w_s	w_b	μ_p	σ_p	w_s	w_b	μ_p	σ_p
	有均值回归				有均值回归				有均值回归			
全局最小方差投资组合												
1年	4.36	95.64	8.50	4.80	4.44	95.56	8.51	4.80	4.48	95.52	8.51	4.80
5年	5.37	94.63	42.64	10.70	5.73	94.27	42.69	10.69	5.93	94.07	42.71	10.68
10年	5.86	94.14	85.41	15.11	6.45	93.55	15.08	14.90	6.79	93.21	85.63	15.06
20年	6.26	93.74	171.00	21.34	7.07	92.93	171.39	21.27	7.54	92.46	171.62	21.24
切线投资组合												
1年	7.20	92.80	8.57	4.82	7.30	92.70	8.58	4.82	7.36	92.64	8.58	4.82
5年	8.40	91.60	43.01	10.75	8.88	91.12	43.07	10.74	9.14	90.86	43.10	10.73
10年	9.05	90.95	86.17	15.18	9.83	90.17	86.36	15.15	10.27	89.73	86.46	15.13
20年	9.57	90.43	172.59	21.44	10.64	89.36	173.11	21.38	11.26	88.74	173.40	21.35
	无均值回归				无均值回归				无均值回归			
全局最小方差投资组合												
1年	4.14	95.86	8.50	4.81	4.14	95.86	8.50	4.81	4.14	95.86	8.50	4.81
5年	4.43	95.57	42.53	10.73	4.43	95.57	42.53	10.73	4.43	95.57	42.53	10.73
10年	4.43	95.57	85.06	15.18	4.43	95.57	85.06	15.18	4.43	95.57	85.06	15.18
20年	4.43	95.57	170.13	21.47	4.43	95.57	170.13	21.47	4.43	95.57	170.13	21.47
切线投资组合												
1年	6.90	93.10	8.57	4.83	6.90	93.10	8.57	4.83	6.90	93.10	8.57	4.83
5年	7.14	92.86	42.86	10.78	7.14	92.86	42.86	10.78	7.14	92.86	42.86	10.78
10年	7.14	92.86	85.71	15.24	7.14	92.86	85.71	15.24	7.14	92.86	85.71	15.24
20年	7.13	92.87	171.42	21.55	7.13	92.87	171.42	21.55	7.13	92.87	171.42	21.55

注：本表报告了全局最小方差投资组合和切线投资组合的最优投资组合权重。投资类别是不同方差比值的股票(汤姆森路透数据库的美国股票市场综合指数)和债券(花旗集团美国投资级债券总收益综合指数)。方差比被定义为永久价格分量的收益率方差除以过渡价格分量的收益率方差。无风险利率以荷兰中央银行编制的名义利率期限结构为基础。每个面板的后两栏分别报告了投资组合的预期收益率(μ_p)和波动率(σ_p)。

小方差投资组合并勾勒阴影区域上缘的实线表示包括所有均值—方差有效投资组合的均值—方差有效集。如果一个投资组合在给定的波动率水平上具有最高的预期收益率,或者在给定的预期收益率水平上具有最小的波动率,那么,这个投资组合就是均值—方差有效组合。图 6.2 明确凸显了全局最小方差投资组合和切线投资组合这两个均值—方差有效的投资组合,全局最小方差投资组合是波动率最低的均值—方差有效投资组合,而切线投资组合则是风险调整后超额收益率最高的均值—方差有效投资组合。风险调整后超额收益率是除以波动率(亦称夏普比率)的预期超额收益率。切线投资组合是通过从无风险利率(纵轴上的点 r_f)画一条与均值—方差有效边界相切的直线得到的。

在不存在股票收益均值回归(见表 6.1 的下半部分)的情况下,最优投资组合权重几乎独立于投资期限。这是因为股票和债券收益率的均值和方差都随着投资期限的延长而成比例地增大。一个可忽略的期限效应是由并不随投资期限成比例增长的无风险利率以及股票和收益率之间略微随投资期限变化的相关性引起的。在存在股价均值回归(见表 6.1 上半部分)的情况下,股票收益率方差增长的幅度小于按比例增长的幅度,从而使得股票因为投资期限较长而较有吸引力。这就解释了为什么我们观察到股票因投资期限较长而被赋予的最优投资组合权重小幅增加的原因。对于全局最小方差投资组合,无论是否存在均值回归,股票配置的最大差异不超过 2.5 个百分点;而对于切线投资组合,股票配置的最大差异则小于 2 个百分点。综上所述,表 6.1 列示的结果表明,最优投资组合配置对是否存在股价均值回归并不是十分敏感。

6.5.3 对于养老基金具有现实意义的投资组合权重

第 6.5.2 小节得出的最优投资组合权重,对于荷兰养老基金来说,并没有非常现实的意义。因此,我们也应该考察把 50% 的财富投资于股票,50% 投资于债券的养老基金。平均配置股票和债券,符合荷兰养老基金财务评估框架(Dutch Financial Assessment Framework,FTK)中的所谓"标准资产配置"。表 6.2 左边(名为"方差比=1∶1")的大栏列示了在存在股价均值回归和不存在股价均值回归的情况下(否则就使用相同的假设,见第 6.5.2 小节)产生的投资期限仍分别为 1 年、5 年、10 年和 20 年的投资组合预期收益率和波动率。就如同预期的那样,存在股价均值回归情况下的投资组合波动率低于不存在股价均值回归情况下的投资组合波动率。不过,两者之间的投资组合波动率只有很小的差异，即使最大（投资期限为 20 年的投资组合）的波动率差异也不到 4 个百分点。

表 6—2　　有和无股价均值回归情况下的投资组合预期收益率和风险（%）

	方差比＝1∶1		方差比＝1∶2		方差比＝1∶3	
	μ_p	σ_p	μ_p	σ_p	μ_p	σ_p
	有均值回归		有均值回归		有均值回归	
1 年	9.60	11.30	9.60	11.22	9.60	11.17
5 年	48.00	22.18	48.00	21.78	48.00	21.58
10 年	96.00	30.74	96.00	29.97	96.00	29.56
20 年	192.00	34.60	192.00	33.41	192.00	32.79
	无均值回归		无均值回归		无均值回归	
1 年	9.60	11.55	9.60	11.55	9.60	11.55
5 年	48.00	23.33	48.00	23.33	48.00	23.33
10 年	96.00	32.99	96.00	32.99	96.00	32.99
20 年	192.00	38.08	192.00	38.08	192.00	38.08

注：本表列示了不同方差比下等权重投资组合的预期收益率（μ_p）和风险（σ_p）。方差比被定义为永久价格分量的收益率方差除以过渡价格分量的收益率方差。这里的两个投资类别是股票（汤姆森路透数据库美国股票市场综合指数）和债券（花旗集团美国投资级债券总收益综合指数）。无风险利率根据荷兰中央银行编制的名义利率期限结构确定。

6.5.4　敏感度分析

股价均值回归假设并没有对第 6.5.2 和 6.5.3 小节考察的最优投资组合配置和投资组合感知风险产生实质性的影响，原因可能在于均值回归模型中参数的选择。我们试图用历史数据来加以调整，从而使参数值尽量能够反映现实。在这一小节里，我们通过改变第 6.5.2 和 6.5.3 小节中的参数选择来进行敏感度分析。

6.5.4.1 表示持久性的参数

我们的模型中有一些表示均值回归的参数,而参数 ϕ 直接关系到均值回归的速度(见第 6.2.1 小节)。我们效仿法马和弗伦奇(Fama and French,1988a)选择 $\phi=0.975$,因为他们在模拟中采用了相同的假设。这个表示持久性参数的数值相当于 27.4 个月或 2.3 年的半衰期。波特巴和萨默斯(Poterba and Summers,1988)的选择与法马和弗伦奇的选择相差不大,他们选择了 $\varphi=0.98$。巴尔维斯等(Balvers et al.,2000)确定的半衰期是 3.5 年,相当于 $\varphi=0.9836$。施皮尔迪克等人(Spierdijk et al.,2012)把 ϕ 随时间变化的年值确定在 0.704 和 0.97 之间(分别相当于月值 0.9712 和 0.9975),也就是相当于把半衰期分别确定为 2 年和 23 年。

6.5.4.2 方差比

在我们的均值回归模型中,过渡价格过程的收益率方差,特别是与永久价格过程收益率方差有关的过渡价格过程收益率方差是另一个有影响力的参数。在第 6.5.2 小节中,我们曾假设方差相等。这一假设是根据波特巴和萨默斯(Poterba and Summers,1988)的研究提出的,他俩曾表示:"点估计意味着过渡价格分量要占据一半以上的月度收益率方差,这是一个得到国际证据证实了的研究发现。"然而,他俩在他们的模拟中把过渡价格分量的收益率方差设为是永久价格分量收益率方差的 3 倍(即 1∶3 的比例),而法马和弗伦奇(Fama and French,1988a)采用了 1∶2 的比例。

6.5.4.3 不同假设条件下的最优投资组合权重

我们把上述 φ 和方差比备选值作为灵敏度分析的输入变量。在整个分析过程中,我们以保持 4.5% 的股票收益率月方差的方式来调整参数值。

结果表明,在备选区间内的 ϕ 值,与之前的结果几乎相同。方差比对最优投资组合权重产生了较大的影响[见表 6.1 上半部分(名为"方差比=1∶2"和"方差比=1∶3")的中间和右边大栏]。股票价格的过渡分量越大,股价的均值回归就越有力,这也意味着股票的最优权重就越大,而投资组合的波动率则就越小。有均值回归和无均值回归的投资组合权重最大差异在 2~5 个百分点之间。同样,如果投资者在股票和债券之间平均配置其财富,假设存在股价均值回归,那么,投资组合的敞口风险会随方差比而减小[见表 6.2 上半部分(名为"方差比＝1∶2"和"方差比＝1∶3")的中间和右侧大栏]。有和无均值回归情况下的投资组合波动率最大差异等于 5.3 个百分点。显然,如果无股价均值回归,那么,股票收益率方差比就不会对最优投资组合权重产生影响(见表 6.1 下半部分)。

6.5.5　股票收益率方差比的作用

我们的敏感度分析表明,对股票收益率方差比的选择可能会对投资决策产生重大影响。如果股票收益率方差比很大——意味着股价均值回归有力,那么,股票的长期风险就会变得相对较小,从而使得把相对较大份额的财富投资于股票成为最优选择。但是,如果股票收益率方差比的实际值小于假设值,那么,感知敞口风险就小于实际敞口风险。因此,把太多的财富配置在股票上,会导致非最优敞口风险过大。

正如法马和弗伦奇(Fama and French, 1988a)指出的那样,股票收益率方差比估计会遇到各种不同的困难。估计只能以一种间接的方式进行,并且由于过渡价格分量变动缓慢,因此需要很长的样本考察期。可用的股票收益率序列样本考察期相对较短,从而导致估计要受到很大的参数不确定性的影响,而采用重叠收益率数据(一个第 6.3.1 小节讨论过的问题)又进一步加大了精确评估参数不确定性的难度。因此,股票收益率方差比的实际值仍然高度不确定。如果实际方差比是 1∶n,且 n 大于 3,那么,对投资组合配置的影响甚至会大于第 6.5.4.3 小节中确定的影响。

6.5.6　处理股票收益率方差比的不确定性

考虑到与股票收益率方差比有关的不确定性,因此,对于厌恶风险的投资者来说,谨慎的做法是使用这个比的保守估计值。[①] 为了弄明这个问题,我们假设,投资者无法确定股价均值回归的程度。如果高估股价均值回归的程度,那么就会导致过度暴露于风险;在股价下跌的不利情况下,就会导致负的投资收

---

① 我们在这里顺便提一下,荷兰的养老基金财务评估框架要求荷兰的养老基金持有备付金,以便把收费缺口的出现概率控制在 2.5%以下。荷兰养老基金不准根据均值回归假设计算备付金,除非他们使用内部模型法并证明很可能存在股票价格或收益均值回归。不过,荷兰的养老基金还没有采用这种内部模型法。无论是从连续性检测的角度还是从养老金给付成本的角度看,荷兰的养老基金都被允许假设股票投资的长期风险较小。不过,荷兰有些养老基金可能会在自己的投资策略中考虑均值回归的问题。

益。反之，如果投资者低估股价均值回归的程度，那么会导致风险暴露不足；在股价不断上涨的情况下，就会导致投资回报过低。因为投资者是风险厌恶者，他们总是宁可承担盈利过低的风险，也不愿承担亏损过大的风险。投资者偏好的强弱取决于投资者厌恶风险的程度。对于非常厌恶风险的投资者来说，最好是根据不存在或只存在很低程度的股价均值回归的假设来确定投资组合的权重。相比之下，对于几乎不厌恶风险的投资者来说，最理想的假设是存在较高程度的股价均值回归。总之，对于任何风险厌恶的投资者来说，最优的策略是保守地假设股价均值回归的程度。[①]

6.5.7 交易策略

有些研究者建议根据股价均值回归来确定交易策略，并表示这样确定的交易策略能创造超额收益（见 Balvers et al. ,2000）。巴尔维斯等人（Balvers et al. ,2000）用一个相对均值回归模型确定了 3.5 年的半衰期。他们在这项研究中根据用基本均值回归模型估计的滚动窗口估计值考察了一种逆向交易策略（宽泛地说，就是买入过去亏损的股票，卖出过去盈利的股票；参见 De Bondt and Thaler,1985），结果表明，这种策略能够产生（按风险调整后的）超额收益。[②] 显然，如果股票价格随机行走，那么就不可能产生超额收益。因此，不但最优资产配置会影响股价均值回归的程度，而且交易策略的盈利能力也严重依赖于股价均值回归的程度。

6.6 结束语

关于股票价格和收益在长期内是否会均值回归的问题一直存在争论。本章讨论了股价均值回归对长期投资者的影响。我们证明了如果股价均值回归，那么，股票收益方差的增大幅度就会随着投资期限的延长而小于按比例增长的幅度。然后，我们评估了股价均值回归对均值—方差有效的投资组合的影响。如果股价均值回归，那么，相对而言，投资期限越长，股票投资的风险就越小，因

---

① 我们的论点是，厌恶风险的投资者对股价均值回归的程度采取保守的态度为好。这个论点可以用贝叶斯分析来形式化，但这显然超出了本章的研究范围。因此，我们把这个问题作为未来研究的主题。

② 我们已经注意到，巴尔维斯等人（Balvers et al. ,2000）并没有声称，他们的逆向投资策略实际能够盈利。这一保留态度的一个解释是，他们的分析忽略了交易成本问题。

此，投资者可以把较大份额的财富配置在股票上。如果股票收益具有负自相关性——这在相关研究文献中通常被称为股票收益均值回归（在这种情景下，股价并不一定会均值回归），情况也是如此。

考虑到股票均值回归对资产配置决策和交易策略盈利能力的影响，投资者了解股票价格和收益是否具有均值回归的特性，十分重要。到目前为止，相关研究还没有找到支持股票均值回归观的有力证据，但这也可能是因为经验证明股票均值回归困难重重。因此，目前还不清楚股票价格和收益是否会回归均值。我们应该记住，如果投资者高估股票均值回归的程度，那么就会低估股票投资的敞口风险。对于厌恶风险的投资者来说，谨慎的做法是把投资决策建立在有关股票均值回归的保守假设上。

参考文献

Ang, A., G. Bekaert, 2007, Stock return predictability: is it there? *Review of Financial Studies* 20, 651–707.

Ball, R., S. P. Kothari, 1980, Nonstationary expected returns: implications for tests of market efficiency and serial correlations in returns, *Journal of Financial Economics* 25, 51–74.

Ball, R., S. P. Kothari, J. Shanken, 1995, Problems in measuring performance: an application to contrarian investment strategies, *Journal of Financial Economics* 38, 79–107.

Balvers, R., Y. Wu, E. Gilliland, 2000, Mean reversion across national stock markets and parametric contrarian investment strategies, *Journal of Finance* 55, 745–772.

Boudoukh, J., M. Richardson, R. F. Whitelaw, 2008, The myth of long-horizon predictability, *Review of Financial Studies* 21, 1577–1605.

Campbell, J. Y., R. J. Shiller, 2001, Valuation ratios and the long-run stock market outlook: an update, *NBER Working Papers*, National Bureau of Economic Research, Cambridge Massachusetts.

Chan, L. K. C., 1988, On the contrarian investment strategy, *Journal of Business* 61, 147–163.

Coakley, J., A.-M. Fuertes, 2006, Valuation ratios and price deviations from fundamentals, *Journal of Banking and Finance* 30, 2325–2346.

Cochrane, J. H., 1988, How big is the random walk in GNP? *Journal of Political Economy* 96, 893–920.

Conrad, J., G. Kaul, 1988, Time-variation in expected returns, *Journal of Business* 61, 409–425.

Conrad, J., G. Kaul, 1993, Long-term market overreaction or biases in computed returns? *Journal of Finance* 48, 39–64.

De Bondt, W. F. M., 1991, What do economists know about the stock market? *Journal of Portfolio Management* (Winter Issue), 84–91.

De Bondt, W.F.M., R.H. Thaler, 1985, Does the stock market overreact? *Journal of Finance* 40, 793–805.

De Bondt, W.F.M., R.H. Thaler, 1987, Further evidence on investor overreaction and stock market seasonality, *Journal of Finance* 42, 557–581.

Fama, E.F., 1991, Efficient capital markets: II, *Journal of Finance* 46, 1575–1617.

Fama, E.F., K.R. French, 1988a, Dividend yields and expected stock returns, *Journal of Financial Economics* 22, 3–25.

Fama, E.F., K.R. French, 1988b, Permanent and temporary components of stock prices, *Journal of Political Economy* 96, 246–273.

Gangopadhyay, P., M.R. Reinganum, 1996, Interpreting mean reversion in stock returns, *The Quarterly Review of Economics and Finance* 36, 377–394.

Gordon, M.J., 1959, Dividends, earnings and stock prices, *Review of Economics and Statistics* 41, 99–105.

Goyal, A., I. Welch, 2008, A comprehensive look at the empirical performance of equity premium prediction, *Review of Financial Studies* 21, 1455–1508.

Gropp, J., 2004, Mean reversion of industry stock returns in the US, 1926–1998, *Journal of Empirical Finance* 11, 537–551.

Hansen, L.P., R.J. Hodrick, 1980, Forward exchange rates as optimal predictors of future spot rates: an econometric analysis, *Journal of Political Economy* 88, 829–853.

Ho, C.-C., R.S. Sears, 2004, Dividend yields and expected stock returns, *Quarterly Journal of Business and Economics* 45, 91–112.

Hodrick, R.J. 1992, Dividend yields and expected stock returns: alternative procedures for inference and measurement, *Review of Financial Studies* 5, 357–286.

Jegadeesh, N., 1991, Seasonality in stock price mean reversion: evidence from the US and the U.K, *Journal of Finance* 46, 1427–1444.

Kim, C.-J., C.R. Nelson, 1998, Testing for mean reversion in heteroskedastic data II: autoregression tests based on Gibbs-sampling-augmented randomization, *Journal of Empirical Finance* 5, 385–396.

Kim, C.-J., C.R. Nelson, R. Startz, 1998, Testing for mean reversion in heteroskedastic data based on Gibbs-sampling-augmented randomization, *Journal of Empirical Finance* 5, 131–154.

Kim, J.H., P. Silvapulle, R.J. Hyndman, 2007, Half-life estimation based on the bias-corrected bootstrap: a highest density region approach, *Computational Statistics and Data Analysis* 51, 3418–3432.

Kim, M.J., C.R. Nelson, R. Startz, 1991, Mean reversion in stock prices? A reappraisal of the empirical evidence, *Review of Economic Studies* 58, 515–528.

McQueen, G., 1992, Long-horizon mean-reverting stock prices revisited, *Journal of Financial and Quantitative Analysis* 27, 1–18.

Pastor, L., R.F. Stambaugh, 2009, Predictive systems: living with imperfect predictors, *Journal of Finance* 64, 1583–1628.

Pastor, L., R.F. Stambaugh, 2011, Are stocks really less volatile in the long run? *Journal of Finance* 67, 431–478.

Poterba, J.M., L.H. Summers, 1988, Mean reversion in stock prices: evidence and implications, *Journal of Financial Economics* 22, 27–59.

Richardson, M., T. Smith, 1991, Tests of financial models in the presence of overlapping observations, *Review of Financial Studies* 4, 227–254.

Richardson, M., J.H. Stock, 1990, Drawing inferences from statistics based on multiyear asset returns, *NBER Working Papers*, National Bureau of Economic Research, Cambridge Massachusetts.

Spierdijk, L., Bikker, J. A., P. Van den Hoek, 2012, Mean reversion in international stock markets: an empirical analysis of the 20th century, *Journal of International Money and Finance* 31, 228–249.

Summers, L. H., 1986, Does the stock market rationality reflect fundamental values? *Journal of Finance* 41, 591–601.

Vlaar, P., 2005, Defined benefit pension plans and regulation, *DNB Working Papers* No. 63, De Nederlandsche Bank, Amsterdam.

Zarowin, P., 1990, Size, seasonality, and stock market overreaction, *Journal of Financial and Quantitative Analysis* 25, 113–125.

第七章 养老基金的投资政策、风险承担、人口老龄化与生命周期假说[①]

雅各布·A. 拜克(Jacob A. Bikker)
德克·W. G. A. 布罗德斯(Dirk W. G. A. Broeders)
大卫·A. 霍兰德(David A. Hollanders)
爱德华·H. M. 庞茨(Eduard H. M. Ponds)

7.1 引 言

　　本章的主要目的是评估荷兰养老基金的战略投资政策是否取决于它们会员的年龄。养老基金的战略投资政策能够反映养老基金的目标,并被认为在养老基金会员风险厌恶程度既定的情况下能够优化养老基金的投资收益。但由于养老基金并不会持续不断地调整其投资组合,因此,养老基金的实际资产配置有可能因受到资产价格冲击而偏离其目标(Bikker et al.,2010)。在这一章里,我们主要把重点放在分别代表风险资产和安全资产的股票和债券的资产战略配置上。认为会员年龄依赖型股票配置的论点源于最优生命周期储蓄和投资模型(如 Bodie et al.,1992;Campbell and Viceira,2002;Cocco et al.,2005;Ibbotson et al.,2007)。根据这些模型得出的一个重要结论是,投资股票的金融资产比例应该会随着投资者生命周期而下降,而相对比较安全的债券的投资比例则应该会随着投资者生命周期而提高。这里的关键论点是,年轻的劳动者比年长的劳动者拥有更多的人力资本。只要劳动收入和股市回报之间的相关

[①] 本章是雅各布·A. 拜克、德克·W. G. A. 布罗德斯、大卫·A. 霍兰德、爱德华·H. M. 庞茨发表在《风险与保险杂志》(*Journal of Risk and Insurance*,1979,595—618)上的论文《养老基金的资产配置与其会员年龄:对生命周期模型的检验》(Pension funds' asset allocation and participant age: a test of the life-cycle model)的升级版。

性处于低水平，年轻劳动者就可以更好地利用他们持有的大量人力资本来分散投资股票的风险。

荷兰的养老基金实际上是一种集体储蓄安排，几乎覆盖荷兰的全部雇员。本章旨在验证养老基金在战略性投资配置决策中是否考虑并在多大程度上考虑其会员的特征。我们——根据生命周期储蓄和投资模型——考察了比较成熟的养老基金是否奉行比较保守的投资政策，即是否持有较少的股票和较多的债券。

关于 2007 年养老基金的战略性资产配置，我们发现，正如之前相关理论所预测的那样，养老基金会员平均年龄的增加显著减少了养老基金的股票持有量。养老基金有效会员的平均年龄每增加 1 岁，似乎会导致养老基金的战略性股票投资显著减少约 0.5 个百分点。由于养老基金的资产配置还决定于许多其他因素，因此，有必要关注这种对养老基金会员年龄与养老基金股票投资最优关系的认识及其在养老基金战略性股票配置中的体现。我们还发现，养老基金的这种会员年龄与股票投资关系在有效会员那里要比在退休会员和"休眠"会员那里表现得更加明显。[①] 这种现象与基本版生命周期模型的结论相一致，即退休人员应该把其固定比例的财富投资于股票，因为他们不再拥有任何人力资本。我们还观察到，正如之前所预期的那样，养老基金的规模、收费率和会员人均养老金财富等其他因素，会正向并且显著地影响养老基金的股票投资。不过，养老金计划类型和养老基金类型并不会对养老基金的股票投资产生显著的影响。

其他学者也通过研究发现了养老基金的这种股票投资与会员年龄的负相关性。关于芬兰的养老基金，阿莱斯塔罗和普特涅恩(Alestalo and Puttonen, 2006)报告称，2000 年，养老基金会员的平均年龄每增加 1 岁，养老基金的股票投资就会减少多达 1.7 个百分点。同样，戈伯和韦伯(Gerber and Weber, 2007)也报告了 2000 年和 2002 年瑞士养老基金的股票投资与短期负债和会员年龄之间的负相关关系。他们发现的这种影响效应虽然较小，但也十分显著，因为有效会员的平均年龄每增加 1 岁，瑞士养老基金就会减少 0.18 个百分点的股票投资。卢卡斯和泽尔德斯(Lucas and Zeldes, 2009)在对美国的研究中并没有观察到美国养老基金养老金资产中的股票份额与有效会员相对人数之间存在

---

① "休眠"会员是指已经不再为原来的雇主服务但未来有权享受养老金福利的前会员。

显著的关系。

本章内容安排如下：第7.2节着重阐述源自生命周期储蓄与投资模型的养老基金会员年龄和股票投资之间的理论关系。第7.3节介绍荷兰养老基金的重要特点。第7.4节采用荷兰472只养老基金截至2007年底的独特数据集来考察荷兰养老基金资产配置的会员年龄依赖状况。第7.5节介绍我们的模型进行稳健性检验的多个变体。第7.6节对全章的内容进行总结。

7.2 生命周期储蓄与投资

20世纪60年代末，有经济学家构建了一些主张个人在自己一生中最好应该保持恒定不变的投资组合权重的模型（Samuelson，1969；Merton，1969）。这些模型的一个限制性假设是，投资者没有劳动收入（或人力资本）。然而，由于大多数投资者实际上都有劳动收入，因此，这个假设没有现实意义。如果把劳动收入纳入投资组合选择模型，那么，个人经济财富的最优配置会随着其生命周期的变化而变化（有关综述，请参阅 Bovenberg et al.，2007）。

无风险人力资本生命周期模型的基本版本（见 Campbell and Viceira, 2002）可归纳为以下股票投资最优比例（w）方程式：

$$w = \frac{H+F}{F} \frac{\mu - R^f}{\gamma \sigma^2} \tag{7.1}$$

式中，H 表示人力资本，即个人当前工资和折现后的未来工资的总和；而 F 则表示个人当前拥有的经济财富。股票市场的风险溢价由 $\mu - R^f$ 给出，而 γ 和 σ^2 分别表示个人恒定不变的相对风险厌恶程度和股市收益率方差。对风险资产的优先配置应该基于总财富，即经济财富和人力资本的总和。由式（7.1）可知，人力资本越多，最优股票投资就越高。此外，由此可得出的结论是，随着退休人员的人力资本消耗殆尽，他们应该把自己某个恒定比例的经济财富投资于股票。[①]

年轻劳动者不但拥有较多的人力资本，而且在面对不利的金融冲击时有较大的规模经济效应来改变自己的劳动力供给，即调整工作时间或退休日期。灵活的劳动力供给是对付低投资回报的一种自保形式。博迪等人（Bodie et al.,

---

① 退休后，人力资本消失殆尽（$H=0$）。因此，最优股票配置是 $w=(\mu-R^f)/\gamma\sigma^2$。这表明，退休人员仍有基于其风险厌恶参数 γ 的股票投资。

1992)研究表明,这种对付低投资回报率的自保形式能强化最优结果,即较年轻的劳动者应该进行更多的股票投资。托林斯和德弗雷斯(Teulings and De Vries,2006)计算表明,为了投资股票,年轻的劳动者甚至应该做空不低于他们年薪 5.5 倍的债券。① 这种资产持有量的负年龄依赖关系对应于个人应该持有(100—年龄)%的股票这条经验法则(见 Malkiel,2007)。

投资者年龄与投资组合中股票持有量之间的负相关关系,通常是从人力资本接近无风险或至少与资本回报不相关的假设推导而来。本佐尼(Benzoni et al.,2007)指出,劳动收入与资本收入的短期相关性确实较低,但从长期看,劳动收入和资本收入之间存在协整关系,因为工资和利润在国民收入中占据的份额相当固定。这一发现表明,年轻劳动者劳动收入的风险状况类似于股票投资收益的风险状况,因此,他们应该以安全的债券的形式持有他们的经济财富,这样才能抵消其人力资本中的高敞口风险。由于这个原因,本佐尼等人(Benzoni et al.,2007)指出,个人金融资产中的最优股票份额在个人整个生命周期中呈驼峰状变化:人力资本和股票回报之间的协整关系在工作寿命的前半部分占据主导地位,而人力资本减少则可解释工作寿命后半部分最优股票持有量的负年龄依赖性。

本章主要研究养老基金的投资行为。有人可能会问,养老基金是否应该负责进行最优年龄依赖型股票配置,因为它们的会员可能会调整他们私人进行的投资,以使他们的总资产(包括他们由养老基金管理的资产)反映他们的最优资产配置。现在有四种论点支持养老基金代表其会员做出最优投资行为。第一种论点认为,并非所有的养老基金会员都拥有私人持有的资产,并能在养老基金做出次优投资行为的情况下做出所需的调整。第二种论点可能也是更加重要的论点,这种论点认为,大多数养老基金的会员自然是既没有掌握足够的理财知识,也不愿意进行这样的调整(Lusardi and Mitchell,2007;Van Rooij,2008)。由于这些原因,大多数养老金计划会通常以默认的方式关注投资决策。第三种论点认为,保险公司是私人应对养老基金次优投资行为的一种成本效率比很高的的替代方式(Bikker and de Dreu,2007:Chap.4)。第四种论点认为,养老基金可以通过把风险分散在几代人身上的方式来拓宽承担风险的基础,而个人则无法做到这一点。

---

① 这种方法的一种变体是通过抵押贷款融资来购买房子。虽然这种情况比较常见,但并不能反映多样化得当的投资组合。

7.3 荷兰养老基金的特点

与大多数发达国家一样,荷兰也实行由三个支柱组成的养老保险制度。第一支柱包括现收现付的公共养老金计划,向全体退休人员提供基本定额养老金,而养老金待遇水平与法定最低工资挂钩。第二支柱是由养老基金管理的完全基金化的"补充"养老金计划。第三支柱是由个人主动实施的个人递延纳税储蓄计划。荷兰养老保险制度的独特之处在于,把第一支柱由国家运营的现收现付养老金计划与第二支柱的基金化职业养老金计划组合在一起。荷兰养老保险制度的第一支柱意味着年轻人要把自己的部分人力资本让与上几代人,以换取一种向未来几代人索取部分人力资本的权利。根据生命周期假说,这种代际风险分担方式会增强年轻人投资股票的偏好(Heeringa,2008)。

荷兰的补充养老金制度或职业养老金制度主要采取基金化的待遇确定型计划的组织形式。养老基金会员的养老金待遇取决于工作年资和参照工资,参照工资可以是会员职业生涯的最终工资或平均工资,但荷兰的补充养老金计划大多把会员职业生涯的平均工资作为参照工资。由于这种计划的企业发起人不承担弥补养老基金任何资金短缺的法律义务,养老基金面临的剩余风险由其会员承担。[①] 这种类型的计划也可被称为兼具待遇确定型和缴费确定型计划特点的混合计划。从本质上讲,这种混合型养老金计划部分是待遇确定型计划,因为这种计划的会员年度累计养老金权益与传统的待遇确定型计划相同;部分是缴费确定型计划,因为每年的养老金待遇指数化与养老基金的财务状况有关,因此与投资回报有关(如 Ponds and Van Riel,2009)。[②]

荷兰的公共养老保险计划往往采用待遇确定型,待遇确定型养老基金明确根据基于代际风险分担原则来确定它们的资产负债比和会员的养老金待遇(Pond and Van Riel,2009)。由于养老基金的长期性质,经济震荡导致的资产

[①] 企业虽然没有法律义务,但也可能会履行道德义务参与分担它们发起的养老基金的亏损。还请注意,与美国、英国和德国等国家不同,荷兰没有设立养老保障基金。但是,荷兰的养老基金要接受偿付能力监管(如可见 Broeders and Pröpper,2010)。

[②] 近年来,荷兰有一些企业养老金计划被设计成集体缴费确定型计划,这种计划仍按平均工资计发养老金,但缴费率在一段较长的时间(通常为 5 年)里固定不变。虽然从会计的角度看,雇主可以把此类计划看作是缴费确定型计划,但从法律和监管的角度看,这种计划应该被作为待遇确定型计划来对待。我们的数据不允许我们区分待遇确定型计划和集体缴费确定型计划。

负债比起伏不定会随着时间的推移而变得平缓。养老基金通常会把调整收费率和累积养老金权益指数化率作为恢复其资产负债比的手段。提高收费率会加重有效会员的负担,而降低指数化率则会损害年长会员的权益。[①] 调整手段越是缺乏规模经济效应,调整资产负债比所需的时间就越长,而且未来(有效)会员要承受的冲击也越猛烈。实际上,风险的代际分摊能扩大基于人力资本的风险承担基础。关于养老基金最优风险代际分摊规则的研究文献得出了这样的结论:养老基金内部的风险代际分摊通常会导致养老基金比个人养老金计划承担更多的风险(如 Gollier,2008;Cui et al.,2011)。由于荷兰的养老基金严重依赖风险代际分摊机制,因此有可能会对风险资产进行相对较多的投资。

荷兰有三种类型的养老基金。第一种是为某个具体的行业(如建筑业、医疗保健业、运输业)设立的行业性养老基金。行业内的全部企业都必须参加所属行业的行业养老基金。企业只有在为自己的员工设立了优于行业养老基金的企业养老基金的情况下才能选择退出行业养老基金。在有无论是以企业养老基金还是行业养老基金的形式存在的补充养老金计划的情况下,员工都必须参加,并且受集体劳动协议的约束。荷兰的第三种养老基金是为医生或公证人等特定的职业团体设立的职业团体养老基金。

荷兰的养老基金体系非常庞大,覆盖全国 94% 的在职劳动者。但是,鉴于荷兰的全体雇员都参加了养老保险制度,因此,荷兰的个体经营者也需要安排属于他们自己的退休计划。如表 7.1 所示,2007 年底荷兰养老基金管理的资产价值达到了 6 900 亿欧元,比荷兰这一年的国内生产总值高出 20%;2015 年底又增加到了 11 760 亿欧元(比荷兰这一年的国内生产总值多 73%)。2007 年,荷兰 85% 以上的养老基金是企业养老基金;到了 2015 年,企业养老基金的比例下降到了 74%。剩下的养老基金,除了少数职业团体养老基金外,大多是行业养老基金。无论是从有效会员的比例(85% 以上)还是受托管理资产的份额(70% 以上)来看,行业养老基金都是荷兰占据主导地位的养老基金。在荷兰养老基金的剩余资产中,企业养老基金占 1/4 以上,但要为占荷兰养老基金会员总数 10~12% 的会员服务。职业团体养老基金大多规模很小。

---

① 在按平均工资计算养老金福利的待遇确定型计划中,有效会员的累计养老金权益也经常受到有条件指数化的制约。

表 7.1　　　　　　　　　　2007 年底的荷兰养老基金分布情况

	占养老基金总数的比例	占资产总额的比例	占有效会员总人数的比例	待遇确定型计划占比	缴费确定型计划占比
企业养老基金	85%	27%	12%	90%[a]	10%[a]
行业养老基金	13%	71%	87%	96%[a]	4%[a]
职业团体养老基金	2%	3%	1%	83%[a]	17%[a]
总　　计	养老基金数 713 只	资产总额 6 900 亿欧元	会员人数 5 559 677 人		

资料来源：荷兰中央银行。

a. 2006 年的数据。

在第二次世界大战后的时期里，荷兰的养老金计划是典型的根据职业生涯最终工资确定待遇的养老金计划，并且实行(事实上的)无条件指数化。进入 21 世纪以后，荷兰、美国和英国养老基金的资产负债比有所下降。为了改善偿付能力风险管理，许多养老基金由无条件指数化的"最终工资计划"(即按照会员职业生涯最终工资确定待遇的养老金计划。——译者注)转变为有条件指数化的"平均工资计划"(即按照会员职业生涯平均工资确定待遇的养老金计划。——译者注)。在很多情况下，指数化取决于所谓的"保单阶梯"(policy ladder)，而指数化和收费与资产负债比则以一一对应的方式捆绑在一起(Ponds and Van Riel, 2009)。在"平均工资"计划下，养老基金能够通过改变指数化率来控制自己的偿付能力状况。

图 7.1 记录了荷兰养老基金随时间增加股票投资的情况。1995~2007 年，股票投资的中值增加了 2 倍，也就是从 10.8% 增加到了 31.8%。这种随时间增加股票投资的势头是有更多养老基金选择主动型股票投资(见 P_{10} 和 P_{25} 分别表示的第 10 和第 25 百分位数)以及养老基金增加股票投资的合并结果。

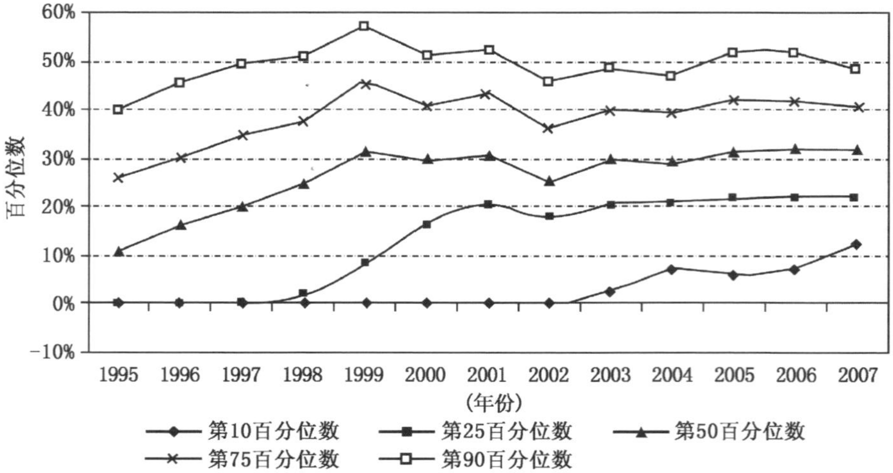

图 7.1　荷兰养老基金战略性股票投资在时间上的动态变化

7.4　实证结果

我们的数据集提供了有关荷兰养老基金 2007 年投资和其他特点的信息。这些数据取自荷兰养老基金审慎监管机构荷兰中央银行的监管报告。正在履行清算程序的养老基金,即将与另一只养老基金合并或就自己的负债向保险公司进行再保险的养老基金,无需向荷兰中央银行报告自己的财务状况。我们引用的原始数据集涵盖 569 只(报告财务状况的)养老基金,其中有 472 只(约占 83%)代表养老基金受益人进行投资,而其余的养老基金则是完全进行再保险,自己并不控制投资;19 只养老基金没有报告其会员的平均年龄;54 只养老基金没有报告它们的战略性资产配置。我们没有把 3 只资产负债比超过 250% 的养老基金包括在我们的原始数据中。这三只养老基金都是为了避税而设计的特殊工具,因此不能代表我们感兴趣的养老基金群体。另外 3 只会员人均资产价值超过 100 万欧元的养老基金由于同样的原因也没被包括在我们引用的数据中,因为这几只养老基金通常是为少数公司董事会成员服务的特殊基金。我们没有把这几只养老基金以及另外 15 只没有找到一个或多个模型解释变量的养老基金纳入回归分析。因此,我们的分析是基于包括全部荷兰最大的养老基金在内的剩下的 378 只养老基金进行的。

表 7.2 报告了我们的数据集中把会员年龄和战略性股票配置作为关键变量的描述性统计数据。我们可用来衡量养老基金会员年龄的指标是,包括有效会员、"休眠"会员和退休会员在内的养老基金全体会员的平均年龄,荷兰养老基金的这个平均年龄是 50 岁,但不同养老基金的平均年龄有很大的差别,从 35 岁到 79 岁不等。另一种会员年龄的衡量指标是有效会员的平均年龄,荷兰养老基金的有效会员平均年龄是 45 岁,但不同养老基金存在很大的差异,从 35 岁到 63 岁不等。已经退休和"休眠"会员所占的比例,在不同的养老基金之间也有很大的差别,这种差别反映了荷兰养老基金所处的生命周期阶段或它们所属行业或发起企业动态发展的不同情况。在荷兰养老基金的战略资产配置中,股票所占的比例平均是 32.9%,但各养老基金大相径庭,从 0% 到 91% 不等。由于自由浮动(即在股价变动后,不会不断地对资产配置进行再平衡)的原因,实际股票配置不同于战略性资产配置中的股票配置,前者似乎是平均 33.2%。此外,表 7.2 列示了荷兰养老基金其他特点的统计量,其中有很多统计量在回归分析中被作为控制变量(见下文)。这些统计量的第 10 百分位和第 90 百分位上的值表明,荷兰养老基金的这些特点常常变化很大。在我们的分析中,我们区分了有效会员的年龄和全体会员的年龄。

表 7.2 我们包括 378 只养老基金的数据集的描述性统计信息(2007 年)[a]

变 量	均值	中位数	第 10 百分位数	第 90 百分位数
有效会员平均年龄	45.2	44.6	39.9	50.1
全体会员平均年龄	50.2	49.7	41.7	59.6
战略性股票投资(占总投资的%)	32.9	33.0	16.4	46.4
实际股票配置(%)	33.2	33.6	17.6	46.9
会员人均资产(千欧元)	81.2	58.4	11.7	155.4
退休会员比例(%)	20.9	17.4	4.0	41.5
"休眠"会员比例(%)	42.3	40.8	23.3	65.7
有效会员比例(%)	36.8	36.5	15.3	59.8
资产负债比(%)	139.4	135.4	120.2	163.9
总资产(百万欧元)	1 791	150	20.3	2 153

续表

变　　量	均值	中位数	其他百分位数	
			第10百分位数	第90百分位数
会员总人数(千)	42.3	2.5	0.4	43.3
待遇确定型计划占比(%)	0.97	1	1	1
缴费确定型计划占比(%)	0.03	0	0	0
行业养老基金占比(%)	0.20	0	0	0
企业养老基金占比(%)	0.78	1	0	1
职业团体养老基金占比(%)	0.02	0	0	0

资料来源:荷兰中央银行。

a. 表示回归分析涉及的养老基金最小数目。

7.4.1　有效会员平均年龄

有关养老基金的生命周期理论大多认为,养老基金的会员平均年龄与股票配置负相关[见式(7.1)](请参见 Malkiel,2007),但也有学者认为两者呈单峰驼驼峰状关系(Benzoni et al.,2007)。卢卡斯和泽尔德斯(Lucas and Zeldes,2009)研究了养老基金有效会员比例与养老基金股票配置之间的关系,并且也假设两者之间存在一种非线性关系:养老基金会员在工作并缴费的年份里对养老基金的股票配置产生(固定不变的)影响,但在退休以后就不产生任何影响。戈伯和韦伯(Gerber and Weber,2007)考虑了全体会员的平均年龄和有效会员的平均年龄这两种不同的平均年龄的定义,而后一种平均年龄由于没有包括退休会员,因此意味着一种非线性的平均年龄函数形式。[①] 我们没有选择相关文献中各种不同变量设置的某种函数形式,而是采用用式(7.1)表示的生命周期理论模型:养老基金的股票投资随着会员工作和缴费期间年龄的增加而减少,并且在会员退休后保持不变。按照荷兰的相关规定,"休眠"会员被视同退休会员。因此,我们可以合理地假设养老基金持有固定不变的股票头寸。于是,我们的养老基金战略性股票配置的关键年龄依赖模型可写作:

---

① 阿莱斯塔罗和普特涅恩(Alestalo and Puttonen,2006)只使用了有关有效会员的数据。

第七章 养老基金的投资政策、风险承担、人口老龄化与生命周期假说

$$\begin{aligned}养老基金的战略性股票配置_i = &\alpha + \beta_1 ageactive_i + \beta_2 shareretired_i \\ &+ \beta_3 sharedeferred_i + \gamma \log(size)_i \\ &+ \delta fundingratio_i + \varepsilon DB_i + \zeta PGPF_i \\ &+ \eta IPF_i + u_i\end{aligned} \quad (7.2)$$

式中，i 表示养老基金，而"$ageactive$"则表示每只养老基金有效会员的平均年龄。[①] 从理论上讲，养老基金全体会员的完整年龄分布对于养老基金的资产配置非常重要，但是，我们没有找到这个数据集。因此，我们第一步先把平均年龄作为一个统计量。（分别用"$shareretired$"和"$sharedeferred$"表示的）退休和"休眠"会员比例把每种会员群体对股票配置的（不同）不变影响纳入了方程式(7.2)。

我们之所以在式(7.2)中设置了控制变量"$size$"（养老基金规模），是因为规模较大的养老基金往往进行更多的股票投资(Bikker and de Dreu, 2009; Chap.8)。有人可能会认为，养老基金的规模与养老基金的职业化程度、掌握的投资专业技能和优化收益—风险的意愿密切相关。我们用养老基金的会员人数来定义养老基金的规模，并且用规模的对数来减小可能出现的异方差。养老基金的资产负债比(funding ratio)是一个决定养老基金股票配置的因素，因为养老基金资产负债比越高，就越能为防范股票投资风险提供缓冲，从而可能鼓励冒险行为。根据荷兰的监管规定(Bikker and Vlaar, 2007)，养老基金需要为股票投资准备更多的风险保证金。请注意，战略性股票配置虽然随着时间的推移有可能逐步受到股市大势的影响，但——与实际股票配置不同——不会直接受到股价冲击的影响(Bikker et al., 2010)。我们也许可用一组虚拟变量来反映不同类型的养老金计划（待遇确定型"BD"与缴费确定型 CD）或养老基金（职业团体养老基金"PGPF"和行业养老基金"IPF"与企业养老基金"CPF"）的不同行为模式。[②] 最后，u_i 是误差项。

表7.3的左边大栏是式(7.2)根据养老基金的有效会员平均年龄估计得出

---

① 关于养老基金会员年龄对其资产配置的影响，我们无法区分生命周期效应造成的影响和会员年龄依赖型风险厌恶造成的影响。由于养老基金的股票配置是由养老基金董事会决定的，因此，生命周期效应造成的影响比在养老基金董事会里没有代表的年长会员厌恶风险造成的影响更有可能占据主导地位。

② 养老金计划发起企业补偿养老基金投资损失的意愿也可以作为一个相关的解释变量。但在现实中，除了少数企业养老基金外，我们几乎没有观察到这种意愿。行业养老基金为许多企业提供服务，企业不太可能平均分担养老基金的投资亏损。

的结果。养老基金有效会员的平均年龄每增加一岁,养老基金的股票配置就会减少约0.4个百分点(见表7.3的第一栏)。[1] 未加权估计赋予每只养老基金的每个观察结果相同的信息价值,不管是只有10个会员的养老基金还是拥有250万会员的养老基金;根据规模(用会员人数表示)按比例对每只养老基金进行加权回归,则能赋予每个会员相同的重要性。这种加权回归有可能得出更加贴近经济现实的结果。[2] 在加权回归的情况下,平均年龄的负系数增大到0.5,那么,它的统计显著性就会显著增大。这个结果证实了生命周期假说所假设的养老基金会员平均年龄与风险资产持有量之间的负相关关系,但它拒绝了"持有(100-年龄)%的股票"的经验法则,因为我们估计得到的系数是-0.5,(按绝对值计)显著小于-1。我们得出的结果在方向上与戈伯和韦伯(Gerber and Weber,2007)关于瑞士养老基金的研究结果以及阿莱斯塔罗和普特涅恩(Alestalo and Puttonen,2006)关于芬兰养老基金的研究结果相似,但在规模上不同,因为他们分别得出的"有效会员平均年龄"系数分别是-0.18%和-1.73%。

表7.3　　荷兰养老基金有效会员平均年龄对战略性股票配置的影响(2007年)

	式(7.2) 未加权		式(7.2) 加权		包含"会员人均财富"的式(7.2) 未加权		包含"会员人均财富"的式(7.2) 加权	
	系数	t值	系数	t值	系数	t值	系数	t值
有效会员的平均年龄	-0.39	-2.50	-0.51	-5.54	-0.44	-2.88	-0.56	-6.20
退休会员的比例	0.09	1.91	-0.06	-1.33	0.04	0.89	-0.12	-2.60
"休眠"会员的比例	0.03	0.71	-0.25	-9.68	0.09	2.09	-0.17	-4.73
养老基金会员总人数(用对数表示)	1.07	2.74	0.94	3.57	1.07	2.79	0.78	2.98
资产负债比	0.20	6.86	0.28	9.51	0.20	6.89	0.27	9.46
会员人均养老金财富(用对数表示)	—	—	—	—	4.03	5.21	2.23	3.74

---

[1] 戈德菲尔德—匡特(Goldfeld-Quandt)异方差检验表明,模型的异方差不会随养老基金规模的扩大而增大。

[2] 例如,从未加权回归样本中去掉两只会员人数占荷兰养老基金会员总人数的比例不低于30%的荷兰最大的养老基金,并没有显著影响回归结果(代表不足1%的观察值,我们没有在这里给出结果)。

续表

	式(7.2)				包含"会员人均财富"的式(7.2)			
	未加权		加权		未加权		加权	
	系数	t 值	系数	t 值	系数	t 值	系数	t 值
虚拟变量"待遇确定型计划"	1.62	0.45	6.51	1.35	0.37	0.10	6.00	1.27
虚拟变量"职业团体养老基金"	1.68	0.41	−1.17	−0.22	0.56	0.14	−0.95	−0.18
虚拟变量"行业养老基金"	−4.14	−2.09	−0.74	−0.51	0.37	0.18	0.89	0.60
常数	9.30	0.96	15.71	1.89	−5.02	−0.51	9.48	1.13
经过调整的 R^2	0.16	—	0.50	—	0.21	—	0.52	—
观察值数量	380	—	380	—	378	—	378	—

在式(7.2)中,"退休会员比例"的系数并不显著。只有在加权回归的情况下,我们发现了"休眠"会员较多的养老基金出现了股票配置份额小幅却具有统计意义的减小。退休会员每增加1个百分点,就意味着养老基金的股票配置份额减少0.25个百分点。非加权回归中没有出现这种情况,就意味着只有规模较大的养老基金才会考虑与"休眠"会员有关的最优股票配置。[①] 在我们进行稳健性检验时剔除了荷兰两只最大的养老基金(它们的会员人数占荷兰养老基金会员总人数的30%)的情况下,这种情况就得到了证实:这两个依赖比率下降到接近或完全不重要的程度(结果没有在这里给出)。[②] 值得注意的是,在这种情况下,年龄效应的绝对值进一步增加到0.66。

请注意,由于有效会员平均年龄的系数与退休会员和"休眠"会员比例的系数单位不同,因此很难对这些系数进行比较。从时间序列的角度看,养老基金有效会员平均年龄对养老基金股票配置的影响要大于"休眠"会员平均年龄的影响,(在加权回归的情况下)分别是0.51对0.25。此外,平均年龄的影响具有累积性(随年龄而逐年增加),而退休会员比例和"休眠"会员比例只产生一次性影响:养老基金会员只能加入一次"休眠"会员群体或者退休会员群体。横截面

[①] 由于在式(7.2)中,有效会员和"休眠"会员的年龄效应各不相同,因此,第7.4.2小节中的式(7.3),从某种程度上说,是一种对这两类养老基金会员做相同处理的替代方法。

[②] 本章标注"我们没有在这里给出"的所有结果均可向本章的作者索取。

视角的分析也显示了不同养老基金解释变量的变化。这方面的分析没有得出确定的结论。因此,我们必须根据第 7.4.2 小节中全体会员平均年龄得出更容易解释的结果,才能对有效会员与非有效会员的处理得出明确的结论。①

现在,我们来看表 7.3 中列示的决定养老基金股票配置的其他因素。从表 7.3 可以观察到(用对数表示的)养老基金规模似乎产生了相当大的正向影响(系数值都在 1 左右),这与大型养老基金更多地投资于股票这个典型事实相吻合。养老基金规模(会员人数)对股票配置的边际效应本身由于前者采用对数形式而取决于养老基金规模的大小。养老基金会员人数从 1 万人增加到 10 万人,就会增加 2.5 个百分点的股票配置。会员人数增加导致养老基金增加股票配置的一个原因可能是,养老基金规模越大,越有可能为投资设立复杂的风险管理职能部门,因此能够接受风险更大的投资;另一个可能的原因是,最大的养老基金"由于太大而不能倒"(政府不能忽视的重大问题),从而会导致道德风险。我们用会员人数来衡量养老基金的规模,②而变量"总资产"则可作为养老基金规模的替代性指标。但用总资产来衡量养老基金的规模有一个缺点,那就是这个指标不能毫无风险地被视为外生,因为高股票收益会同时扩大高股票配置的养老基金的规模和股票持有量。鉴于养老基金不会持续调整它们的资产组合,这一点就变得更加重要(见 Bikker et al.,2010)。我们在进行稳健性检验时用养老基金的总资产来替代会员人数这个养老基金规模的衡量指标,并且用引入工具变量的模型来进行估计。采用"总资产"计算得到的规模系数变化不大,并且仍然显著(见本章附录 7.1 中的表 7.A.1)。

养老基金资产负债比越高,股票投资就越多,因为它们的备付金能够消化资产错配风险。相关法规要求一年内资金来源不足的概率必须低于 2.5%,从而间接支持了这个观点(Broeders and Pröpper,2010)。因此,养老基金越是资金充盈,就能承担越多的风险。0.25 左右的系数意味着,养老基金的资产负债

---

① 请注意,当式(7.2)和(7.3)同时包含有效会员平均年龄和全体会员平均年龄两个变量时,只有前一个解释变量的系数显著为负。这个变量的系数(绝对值)总大于后一个变量的系数。这说明有效会员平均年龄的影响要大于非有效会员平均年龄的影响。

② 这里的问题是,会员人数是否真的外生。如果股票配置比例较高的养老基金获得了较高的回报(或者,更理想的是,取得了较高的风险收益比),那么就能让员工加盟与这些养老基金相关的企业。但是,在过去的 10 年里,荷兰养老基金的股票投资业绩并不比它们的债券投资好。请注意,由于荷兰存在强制性行业养老金制度,因此,与某个行业有密切关系的养老基金会员不能擅自更换养老基金。即使在更大的范围内,养老金计划对职业或工作选择的影响也是有限的。

比每提高 1%,就会使股票配置增加 0.25 个百分点。需要注意的是,资产负债比并不存在内生问题,因为因变量是战略性股票配置,而不是实际股票配置。事实上,实际股票配置会受到影响,因为股票高收益会同时提高资产负债比和增加股票配置(至少在"自由浮动"的情况下就是如此)。由于战略性股票配置可能已经根据股市变化得到了调整(尽管是逐步调整),因此,我们在稳健性分析中也相应使资产负债比的调整滞后(即采用 2006 年的数据)(见本章第 7.5 节)。正如我们所预期的那样,结果几乎没有发生变化。除了虚拟变量"行业养老基金"外,虚拟变量"养老金计划类型"或"养老基金类别"系数都不大,这表明股票持有量有所减少。随着时间的推移,待遇确定型养老金计划和缴费确定型养老金计划之间的界限也变得越来越模糊,因为待遇确定型计划往往也显示出一些缴费确定型计划的特点(见本章第 7.3 节)。此外,缴费确定型计划只占养老金计划总数的 10%,这个比例相当小,因而不足以证明养老基金的股票配置因养老金计划类型而异的先验假设。

用经过调整的 R^2 测得的基本方程式(7.2)的拟合优度从用未加权模型估计得到的 0.16 提高到了用加权模型估计得到的 0.50,从而证实了加权模型解释力更强。

为了考察风险厌恶程度变化可能造成的影响,我们把养老基金会员人均养老金财富作为解释变量添加到我们的股票配置模型中,我们把这个变量定义为"养老基金会员人均财富总额",并用它来反映养老金待遇的平均(预期)水平[1]和养老金计划的成熟程度。我们假设,荷兰的养老基金与其会员的关系存续相同的期限(雇佣合同期限和退休持续时间的总和)。这样,养老基金的会员人均财富就能反映会员养老金待遇的(预期)水平。我们用这个变量的对数来减少有可能存在的异方差。[2]

分析结果见表 7.3 中右边的大栏。养老基金会员人均养老金财富的系数具有统计显著性,从(未加权回归得到的)4 到(加权回归得到的)2.2 不等。会员人均养老金财富的边际效应由于采取对数形式而取决于它本身的水平。从会员人均财富 8.1 万欧元开始,每增加一个标准差(7.8 万欧元),养老基金的股票配置就增加 1.5 个百分点。这些结果表明,相对而言,养老基金会员人均养

---

[1] 养老金待遇的平均预期水平与会员平均工资水平和他们的收入替代率的乘积成正比。
[2] 请注意,会员个人持有的资产也有可能影响会员的最优总资产配置。不过,由于缺乏可用的数据,养老基金无法把会员个人的资产也考虑进去。

老金财富越多，就会投资越多的股票，从而承担越多的风险。有效会员平均年龄的影响效应在这样设置变量的模型中略大于没有设置会员人均养老金财富变量的模型。值得注意的是，在这个模型中退休会员的比例也对股票配置产生重要影响。至于退休会员的比例，就像在分析"休眠"会员比例的影响时所观察到的那样，比例越高，养老基金对股票的投资就越少。在把会员人均养老金财富这个变量纳入模型后，养老基金规模的系数和资产负债比的系数并没有发生变化。养老金计划类型和养老基金类别这两个虚拟变量的系数都没有统计显著性。显然，在考虑新纳入模型的变量后，不同的养老金计划或养老基金类型之间仍然没有出现系统差异。实际上，纳入会员人均养老金财富变量的替代模型的拟合优度略好于基本方程(7.2)的拟合优度。

7.4.2 养老基金全体会员的平均年龄

到现在为止，我们一直假设，养老基金有效会员的平均年龄是解释养老基金股票配置比例的关键变量；作为不再拥有任何人力资本的退休会员，他们在个人的经济财富中持有固定比例的股票。我们的模型的一种替代模型包含平等对待不同类别会员的内容，其中包括全体会员平均年龄对股票配置的影响。马尔基尔(Malkiel, 2007)以及戈伯和韦伯(Gerber and Weber, 2007)就采用了这种模型。因此，我们用"全体会员平均年龄"("$age\ total$")这个变量来替代式(7.2)中三个与年龄相关的变量，于是就有：

$$\text{养老基金的战略性股票配置}_i = \alpha + \beta_1 age total_i + \gamma \log(size)_i \\ + \delta funding ratio_i + \varepsilon DB_i + \zeta PGPF_i \\ + \eta IPF_i + u_i \qquad (7.3)$$

表7.4列示了用式(7.3)得出的估计结果。现在，全体会员平均年龄的加权和未加权回归系数都不显著(见表7.4中左边的大栏)。如果把会员人均养老金财富纳入式(7.3)，那么，未加权和加权回归的年龄系数就变得显著，分别是−0.17和−0.38(见表7.4中右边的大栏)。全体会员的平均年龄产生了作用，但与表7.3中的有效会员平均年龄相比，作用程度较小(为负)，而且显著性水平也较低。所有这些结果都表明，与有效会员的平均年龄相比，全体会员的平均年龄只对养老基金的资产配置产生有限的作用，并且证实了有效会员的平均年龄实际上已经得到了考虑，而退休会员对养老基金股票配置的作用固定不变，且与年龄无关——这两个结论都符合生命周期假说。

表 7.4　养老基金全体会员平均年龄对养老基金战略性股票配置的影响(2007 年)

| | 式(7.3) | | | | 增加了"会员人均财富"的式(7.3) | | | |
| | 未加权回归 | | 加权回归 | | 未加权回归 | | 加权回归 | |
	系数	t 值	系数	t 值	系数	t 值	系数	t 值
全体会员平均年龄	−0.04	−0.48	0.07	0.92	−0.17	−2.00	−0.38	−4.65
养老基金会员总人数（对数）	1.51	4.05	2.45	9.37	1.59	4.33	1.22	4.45
养老基金的资产负债比	0.21	7.10	0.33	9.89	0.20	6.83	0.29	9.55
会员人均养老金财富（对数）	—	—	—	—	3.67	5.02	3.79	8.93
虚拟变量"待遇确定型计划"	0.76	0.21	3.69	0.66	−0.60	−0.17	3.97	0.78
虚拟变量"职业团体养老基金"	0.59	0.14	1.62	0.26	−1.81	−0.46	−0.57	−0.10
虚拟变量"行业养老基金"	−5.22	−2.79	−7.11	−4.79	−0.12	−0.06	0.46	0.29
常数	−6.63	−0.92	−41.67	−5.00	−13.21	−1.86	−18.50	−2.31
经过调整的 R^2	0.15	—	0.33	—	0.20	—	0.45	—
观察值数量	385		385		383		383	

模型中的其他系数大致与我们在前面观察到的相同。由于三个原因，我们把表 7.3 列示的结果视为最有说服力的估计结果。首先，从经济学角度看，式(7.2)是一个根据生命周期假说构建的反映养老基金会员年龄与股票配置关系的内容更加丰富的模型。其次，如果把全体会员平均年龄和有效会员平均年龄都纳入表 7.3 和 7.4 中的模型，那么，在全部八种回归中，有效会员平均年龄的系数（绝对值）都大于全体会员平均年龄的系数（绝对值），但均显著为负（就像我们预期的那样），而全体会员平均年龄的系数无一显著为负。最后，用包括式(7.2)和式(7.3)的一般模型对表 7.3 和 7.4 进行形式检验，得出了有利于表 7.3[即式(7.2)]的结果（见附录 7.2）。① 因此，我们把式(7.2)的变量设置作为我们基本模型的变量设置，并把表 7.3 中的估计值作为最相关的估计值。

---

①　表 7.3 中模型的似然度（对数）明显大于表 7.4 中模型的似然度。似然比检验摒弃了（表 7.4 中的）式(7.3)的模型，而支持（表 7.3 中的）式(7.2)的模型。由于式(7.3)与式(7.2)相比增加了两个解释变量，因此我们考虑了自由度的差异。这个检验并不是一种纯粹的关于限制条件的检验，因为其中有一个解释变量是不同的变量，即全体会员的平均年龄与有效会员的平均年龄。为了做这个检验，我们删除了表 7.3 中（没有有效会员数据的养老基金的）五个追加观察值。因此，我们对这两个模型采用了相同的样本。

7.5 稳健性检验

上一节根据几个有关相关协变量、变量定义和函数形式的假设进行了变量设置,这一节通过加权回归分析来考察各种偏离式(7.2)基本假设的不同情况。

到目前为止,我们一直粗略地假设,养老基金(有效)会员的平均年龄对养老基金股票配置产生线性影响。但是,本佐尼等人(Benzoni et al.,2007)表示,养老基金会员年龄及其股票配置之间的关系有可能呈现单峰驼峰状,而不是线性状态。他们认为,由于资本回报率和人力资本回报率(即工资率)之间存在长期的正相关关系,因此,养老基金年龄较轻的会员会产生正的年龄效应。本佐尼考察的养老基金会员年龄与股票配置的关系在某个时点(会员退休前7年)达到最大值,然后随着工资和股息之间的长期相关关系的减弱而呈下降趋势。有一种简单但有效的方法可用来考察非线性关系,这种方法就是在进行所谓的"泰勒级数二阶展开式"(second-order Taylor-series expansion)回归时增加一个二次年龄项,并对更加复杂的未知关系进行粗略估计。单用加权回归模型估计得出的结果显示,养老基金会员平均年龄的系数并不符合本佐尼等人(Benzoni et al,2007)关于养老基金投资行为的假设(见表7.5第一栏),因为二次项的系数并不显著,且出现了从经济学的角度看是"错误"的符号。因此,我们没有发现支持本佐尼等人的理论的经验证据。

关于因变量"战略性股票配置",我们也许可以考虑做一些稳健性检验。首先,股价震荡会影响养老基金的资产负债比,但正如我们在第7.4节观察到的那样,也可能对养老基金的战略性股票配置产生一定的影响,从而有可能产生内生性问题。由于这个原因,我们在这里采用滞后资产负债比(见表7.5第二栏)。虽然样本有点小,但结果几乎没有变化,尤其是在显著性方面。表中的(滞后)资产负债比系数值略小于非滞后资产负债比。

其次,有四只养老基金的股票投资为0,这与因变量具有连续性这一最小二乘法假设相悖。在实践中,养老基金的股票投资占比在0%~100%之间。有人可能会进一步辩称,把股票配置从0增加到正配置,需要做出与增加已经为正的股票配置在本质上截然不同的决策。解决这个问题的一种方法是忽略股票配置为0的观察值,把注意力集中在股票配置为正的养老基金上。这样做并不会改变结果的本质(我们没有在这里给出这样的结果)。一种更好的替代方法

表 7.5　用于稳健性检验的加权回归模型另类变量设置及其估计结果（2007 年）

	战略性股票配置				杜宾模型（零值以下数据删剪[a]）		实际股票配置	
	含平均年龄平方项		滞后资产负债比					
	系数	t 值	系数	t 值	系数	t 值	系数	t 值
有效会员平均年龄	−0.51	−5.56	−0.39	−2.95	−0.50	−5.54	−0.44	−3.69
有效会员平均年龄平方[b]	0.01	0.59						
退休会员比例	−0.05	−1.29	−0.13	−2.71	−0.06	−1.34	−0.14	−3.13
"休眠"会员比例	−0.26	−9.39	−0.31	−10.19	−0.25	−9.71	−0.33	−12.02
养老基金会员总人数（对数）	0.95	3.59	1.30	4.44	0.95	3.62	1.05	3.97
资产负债比	0.28	9.37	—	—	0.28	9.54	—	—
滞后资产负债比（2006 年）	—	—	0.19	5.65	—	—	0.16	5.15
虚拟变量"待遇确定型计划"	6.47	1.34	4.05	0.71	6.46	1.35	7.31	1.55
虚拟变量"职业团体养老基金"	−1.40	−0.26	−15.76	0.004	−1.12	−0.21	−14.01	−2.83
虚拟变量"行业养老基金"	−0.77	−0.53	−2.13	0.183	−0.72	−0.50	−1.95	−1.36
常数	16.46	1.95	26.61	0.013	15.57	1.88	34.24	3.61
经过调整的 R^2	0.50		0.41		0.07[c]		0.46	
观察值数量	380		363		380		368	

a. 我们删除了四个观察值，即四个股票投资为 0 的观察值。

b. 用（在泰勒级数展开式中）偏离会员平均年龄的程度来表示，这样就可以比较方便地解读系数。

c. 这就是所谓的"伪 R^2"。

就是采用考虑一定程度截尾的杜宾模型（Tobit model）。表 7.5 第三栏列示了采用杜宾模型回归得出的结果。表 7.3 中的年龄和其他最小二乘法结果的影响并没有发生很大的变化。

再次，如果养老基金没有在股价变动后不断调整其投资组合，那么，它们的实际股票配置可能会不同于战略性股票配置。拜克等人（Bikker et al.，2010）报告称，养老基金的资产配置实际上是部分自由浮动的。由于战略性资产配置反映了养老基金的实际决策，因而更适合用来确定养老基金的决策和自觉行为。但这样做也有不利的一面,那就是可能会影响与其他研究(如 Alestalo and Puttonen,2006;Gerber and Weber,2007)的可比性。此外,虽然战略性资产配置可反映养老基金的意图,但并不能反映养老基金的实际行为。表 7.5 的右边大栏显示了荷兰养老基金实际股票配置的回归结果。为了避免内生性问题,我们采用了滞后 1 年的资产负债比数据。系数的符号和大小几乎没有变化,尽管(滞后)资产负债比系数的数值略小于其他回归得出的系数。附录 7.1 中的表 7.A.2 复制了表 7.5 中的结果,但增加了解释变量"会员人均养老金财富",回归结果非常相似,从而证实了我们的研究结论的稳健性。

最后,我们还把我们的模型应用于战略性债券配置估计,而不是战略性股票配置估计。我们预计战略性债券配置的会员年龄依存度符号为正,而不是负。结果(这里没有给出)略有偏差,因为还有其他资产类别,所以,债券并不是股票的精确补集。这些估计值也证实了养老基金债券配置与会员年龄之间的依存关系:养老基金有效会员的平均年龄越大,战略性债券配置就显著越多。

7.6 结束语

本章考察了养老基金会员的平均年龄对养老基金战略性股票配置的影响。我们的第一个重要发现是,会员平均年龄较大的荷兰养老基金股票配置的比例明显低于会员平均年龄较小的养老基金。荷兰养老基金的这种负会员年龄依赖型股票配置可以(隐含地)用最优生命周期储蓄与投资理论来解释。这个理论的基本版本假设工资增长和股票回报之间只有很低的相关性,并且预期,出于分散风险的考虑,由于人力资本与金融资本具有不同的风险状态,因此,养老基金年轻会员拥有的大量人力资本会对养老基金的资产配置产生很大的影响。这种对养老基金最优会员年龄与股票配置关系的认识及其在养老基金战略性股票配置中的运用,值得我们关注。

我们的第二个发现是,与养老基金全体会员的平均年龄相比,有效会员的平均年龄会对养老基金的投资产生大得多的影响。这个发现与标准版的生命周期储蓄与投资理论相符,因为这一理论认为,人力资本消耗殆尽的退休人员应该把他们固定比例的经济财富投资于股票。

我们的研究为当今与社会老龄化有关的政策问题提供了有价值的见解。随着老龄化问题的不断加剧,养老基金应该通过不断调整自己的投资策略来满足随时间不断变老的一般有效会员的需要,从而有可能导致养老基金采取更加注重安全的投资策略。根据生命周期储蓄与投资理论,这样的投资策略对于养老基金拥有低风险人力资本的年轻会员来说并不是最优策略,因为它无法让年轻会员充分得益于在人力资本和金融资本之间进行的多样化。与此同时,这种投资策略对退休会员来说可能过于激进,因为退休会员的利益并不会受到养老基金董事会的重视。因此,就像特林斯和德弗里斯(Teulings and de Vries, 2006)、庞茨(Ponds, 2008)以及莫伦纳和庞茨(Molenaar and Ponds, 2012, 2013)所做的那样,我们也认为,用针对特定会员群体的投资政策来取代基于会员平均年龄制定的投资政策,对于养老基金来说,可能才是最优的投资政策。

参考文献

Alestalo, N., V. Puttonen, 2006, Asset allocation in Finnish pension funds, *Journal of Pension Economics and Finance* 5, 27–44.

Benzoni, L., P. Collin-Dufresne, R. S. Goldstein, 2007, Portfolio choice over the life-cycle when the stock and labour markets are cointegrated, *Journal of Finance* 62, 2123–2167.

Bikker, J. A., D. W. G. A. Broeders, J. de Dreu, 2010, Stock market performance and pension fund investment policy: rebalancing, free float, or market timing? *International Journal of Central Banking* 6, 53–79.

Bikker, J. A., J. de Dreu, 2007, Operating costs of pension schemes, in: O. W. Steenbeek, S. G. van der Lecq (eds.), *Costs and Benefits of Collective Pension Systems*, Springer, Berlin, Heidelberg, New York, 51–74.

Bikker, J. A., J. de Dreu, 2009, Operating costs of pension funds: the impact of scale, governance and plan design, *Journal of Pension Economics and Finance* 8, 63–89.

Bikker, J. A., P. J. G. Vlaar, 2007, Conditional indexation in defined benefit pension plans in the Netherlands, *Geneva Papers on Risk and Insurance – Issues and Practice* 32, 494–515.

Bodie, Z, R. C. Merton, W. F. Samuelson, 1992, Labour supply flexibility and portfolio choice in a life cycle model, *Journal of Economic Dynamics and Control* 16, 427–449.

Bovenberg, L., R. Koijen, T. Nijman, C. Teulings, 2007, Savings and investing over the life cycle and the role of collective pension funds, *De Economist* 155, 347–415.

Broeders, D. W. G. A., M. Pröpper, 2010, Risk-based supervision of pension funds in the Netherlands, in: M. Micocci, G. N. Gregoriou, G. Batista Masala (eds.), *Pension Fund Risk Management: Financial and Actuarial Modelling*, Chapman and Hall, Boca Raton, 474–507.

Campbell, J. Y., L. M. Viceira, 2002, *Strategic Asset Allocation: Portfolio Choice for Long-Term Investors*, Oxford University Press, Oxford.

Cocco, J. F., F. J. Gomes, P. J. Maenhout, 2005, Consumption and portfolio choice over the life cycle, *The Review of Financial Studies* 18, 491–533.

Cui, J., F. De Jong, E. H. M. Ponds, 2011, Intergenerational risk sharing within funded pension schemes, *Journal of Pension Economics and Finance* 10, 1–29.

Gerber, D. S., R. Weber, 2007, Demography and investment behaviour of pension funds: evidence for Switzerland, *Journal of Pension Economics and Finance* 6, 313–337.

Gollier, C., 2008, Intergenerational risk sharing and risk taking of a pension fund, *Journal of Public Economics* 92, 1463–1485.

Heeringa, W., 2008, Optimal life cycle investment with pay-as-you-go pension schemes: a portfolio approach, *DNB Working Paper* No. 168, De Nederlandsche Bank, Amsterdam.

Ibbotson, R. G., M. A. Milevsky, P. Chen, K. X. Zhu, 2007, *Lifetime Financial Advice: Human Capital, Asset Allocation, and Insurance*, CFA Institute, Research Foundation Publications, April, 1–95.

Lucas, D. J., S. P. Zeldes, 2009, How should public pension plans invest? *American Economic Review: Papers and Proceedings* 99, 527–532.

Lusardi, A., O. S. Mitchell, 2007, Financial literacy and retirement preparedness: evidence and implications for financial education, *Business Economics* 42, 35–44.

Malkiel, B. G., 2007, *A Random Walk Down Wall Street: The Time-Tested Strategy for Successful Investing*, W.W. Norton and Company, New York.

Merton, R. C., 1969, Lifetime portfolio selection under uncertainty: the continuous-time case, *The Review of Economics and Statistics* 51, 247–257.

Molenaar, R. M., E.H.M. Ponds, 2012/2013, Risk sharing and individual lifecycle investing in funded collective pensions, *Journal of Risk* 15, 103–124.

Ponds, E.H.M., 2008, Naar meer jong en oud in collectieve pensioenen (In Dutch: 'Towards more young and old in collective pensions'), *Inaugural Speech*, April 11, 2008, Tilburg University.

Ponds, E.H.M., B. Van Riel, 2009, Sharing risk: the Netherlands' new approach to pensions, *Journal of Pension Economics and Finance* 8, 91–105.

Rooij, M.C.J. van, 2008, *Financial Literacy, Retirement Provisions, and Household Portfolio Behavior*, Dissertation, Utrecht University, The Netherlands, www.dnb.nl/en/binaries/PhDThesis%20Maarten%20van%20Rooij_tcm47-211413.pdf (accessed May 17, 2017).

Samuelson, P. A., 1969, Lifetime portfolio selection by dynamic stochastic programming, *Review of Economic and Statistics* 51, 247–257.

Teulings, C., C. de Vries, 2006, Generational accounting, solidarity and pension losses, *De Economist* 146, 63–83.

附录 7.1 用替代模型进行的估计

本附录旨在检验变量设置不同的式(7.2)和(7.3)。表 7.A.1 左边大栏列示了在把总资产的对数作为解释变量后养老基金有效会员平均年龄对其战略性股票配置的影响。我们用养老基金总资产来替代会员人数作为养老基金规模的衡量指标。请注意,总资产的系数值很大,这就意味着,大型养老基金持有较多的股票。事实上,我们把战略性股票配置作为因变量,可以减少可能的内生性影响。[①] 同样,表 7.A.1 右边大栏列示了采用把养老基金全体会员平均年龄作为自变量和把总资产作为养老基金规模衡量指标的模型进行估计得出的结果。

表 7.A.1　把养老基金总资产作为养老基金规模衡量指标后会员平均年龄对养老基金战略性股票配置的影响(2007 年)

	式(7.2) 未加权回归 系数	式(7.2) 未加权回归 t 值	式(7.2) 加权回归 系数	式(7.2) 加权回归 t 值	式(7.3) 未加权回归 系数	式(7.3) 未加权回归 t 值	式(7.3) 加权回归 系数	式(7.3) 加权回归 t 值
有效会员平均年龄	−0.35	−2.39	−0.52	−5.84	—	—	—	—
退休会员比例	0.06	1.17	−0.08	−1.97	—	—	—	—
"休眠"会员比例	0.05	1.22	−0.20	−6.60	—	—	—	—
全体会员平均年龄	—	—	—	—	−0.02	−0.28	−0.18	−2.72
总资产(对数)	1.62	4.68	1.07	4.75	1.62	4.89	2.14	12.74
资产负债比	0.20	6.84	0.27	9.56	0.20	6.57	0.31	9.90
虚拟变量"待遇确定型计划"	1.03	0.29	6.05	1.27	−0.11	−0.03	3.54	0.69
虚拟变量"职业团体养老基金"	0.75	0.19	−0.73	−0.14	−0.71	−0.17	0.74	0.13
虚拟变量"行业养老基金"	−3.92	−2.27	−0.73	−0.58	−3.11	−1.95	−4.18	−3.60

---

① 另一种方法是使用工具变量来进行估计。由于变量"总资产"与"会员人数"高度相关(0.87),因此,变量"会员人数"可被认为是变量"总资产"的一个相关且有效的工具变量,两者的估计结果几乎没有差别。

续表

	式(7.2)				式(7.3)			
	未加权回归		加权回归		未加权回归		加权回归	
	系数	t 值	系数	t 值	系数	t 值	系数	t 值
常数	−2.09	−0.21	9.84	1.17	−12.46	−1.70	−31.76	−4.25
经过调整的 R^2	0.19	—	0.51	—	0.16	—	0.42	—
观察值数量	381	—	381	—	389	—	389	—

表7.A.2列示了复制表7.5中稳健性检验的结果(但采用了含有"会员人均养老金财富"变量的模型)。结论是,虽然更改了变量设置,但我们的分析仍然稳健。

表7.A.2 用含有替代性变量设置的加权回归模型进行稳健性检验的结果(2007年)

	战略性股票配置				杜宾模型（零值以下数据删剪）[a]		实际股票配置	
	含平均年龄平方项		滞后资产负债比					
	系数	t 值	系数	t 值	系数	t 值	系数	t 值
有效会员平均年龄	−0.58	−6.34	−0.38	−2.91	−0.56	−6.22	−0.42	−3.61
有效会员平均年龄平方[b]	0.01	1.28	—	—	—	—	—	—
退休会员比例	−0.12	−2.61	−0.19	−3.53	−0.12	−2.62	−0.21	−4.38
"休眠"会员比例	−0.17	−4.85	−0.23	−5.17	−0.17	−4.75	−0.23	−5.79
养老基金会员总数(对数)	0.78	3.00	1.18	4.03	0.79	3.03	0.88	3.37
资产负债比	0.27	9.23	—	—	0.27	9.5	—	—
滞后资产负债比(2006年)	—	—	0.19	5.72	—	—	0.16	5.31
会员人均养老金财富(对数)	2.35	3.91	1.86	2.64	2.22	3.76	2.37	3.84
虚拟变量"待遇确定型计划"	5.88	1.24	3.41	0.60	5.95	1.26	5.10	1.09
虚拟变量"职业团体养老基金"	−1.44	−0.27	−0.95	−0.18	−0.91	−0.17	−14.23	−2.93
虚拟变量"行业养老基金"	0.91	0.62	0.89	0.60	0.9	0.62	−0.11	−0.07
常数	10.72	1.28	9.48	1.13	9.35	1.13	24.16	2.49

续表

	战略性股票配置				杜宾模型(零值以下数据删剪[a])		实际股票配置	
	含平均年龄平方项		滞后资产负债比					
	系数	t 值	系数	t 值	系数	t 值	系数	t 值
经过调整的 R^2	0.52	—	0.43	—	0.08[c]	—	0.48	—
观察值数量	378	—	362	—	378	—	367	—

a. 我们删除了四个观察值,即四个股票投资为 0 的观察值。

b. 用偏离(在泰勒级数展开式中)会员平均年龄的程度来表示,这样就可以比较方便地解读系数。

c. 这就是所谓的"伪R^2"。

附录7.2 检验会员人口统计变量影响的替代模型设置

表7.A.3列示了采用同时含有式(7.2)和式(7.3)、更加一般性的模型估计会员人口统计变量对养老基金战略性资产配置的影响得出的结果。这种变量设置允许我们对含有这两个方程的模型进行检验。如果我们把退休会员和"休眠"会员平均年龄以及三个交互作用项的系数都设为0,那么就能得到式(7.2);如果我们把三种会员的平均年龄以及退休会员和"休眠"会员比例的系数都设为0,同时假设这三个交互作用项的系数相同,那么就能得到式(7.3)。请注意,式(7.2)和(7.3)并不是嵌套方程,因此,我们无法对这两个替代方程进行互检。

当我们使用F检验对限制条件进行检验时,只有一个模型,即(未加权)含会员人均养老金财富的方程式(7.2),在5%的显著性水平上没有遭到拒绝,而第二个模型,即(未加权)不含会员人均养老金财富的方程式(7.2),在1%的显著性水平上没有遭到拒绝。我们检验的全部四个模型,即加权和未加权含会员人均养老金财富以及加权和未加权不含会员人均养老金财富的方程式(7.3),即使在1%的显著性水平上也都遭到了拒绝。对于所有四种模型,式(7.3)的F检验统计量都大于式(7.2),这说明式(7.3)在三种情况下遭到更加有力的拒绝,而在一种情况下没有遭到拒绝,从而也证明了我们支持式(7.2)的经验证据和理论论点。表7.A.3中的系数除了提供有关限制条件的信息外,还提醒我们注意有效会员平均年龄的系数一致且显著,而其他会员人口统计变量的系数并不显著,而且还增补了证明方程(7.2)优于方程(7.3)的证据。

表 7. A. 3　　用一般模型检验养老基金会员人口统计变量对战略性资产配置的影响得出的结果

	一般模型				含会员人均养老金财富的一般模型			
	未加权		加权		未加权		加权	
	系数	t 值	系数	t 值	系数	t 值	系数	t 值
有效会员平均年龄	-0.50	-1.92	-0.50	-2.70	-0.60	-2.38	-0.79	-4.02
退休会员平均年龄	0.02	0.09	-0.20	-1.00	-0.10	-0.57	-0.61	-2.71
"休眠"会员平均年龄	0.12	0.28	1.04	2.32	0.05	0.12	1.00	2.28
退休会员比例	1.96	3.21	0.72	0.87	0.78	1.21	-0.46	-0.53
"休眠"会员比例	0.00	0.01	-0.31	-0.76	0.05	0.11	0.13	0.30
有效会员年龄与比例的交互作用	0.00	0.20	-0.01	-0.87	0.00	0.40	0.00	0.19
退休会员年龄与比例的交互作用	-0.02	-2.56	-0.02	-1.29	-0.01	-0.81	0.00	0.34
"休眠"会员年龄与比例的交互作用	0.00	0.27	-0.01	-0.73	0.00	0.58	-0.01	-0.74
会员总人数(对数)	0.96	2.43	1.21	4.51	1.00	2.60	1.11	0.27
资产负债比	0.21	7.00	0.29	9.92	0.19	6.55	0.27	9.41
会员人均养老金财富（对数）	—	—	—	—	4.01	4.68	2.66	3.83
虚拟变量"待遇确定型计划"	1.82	0.49	5.51	1.12	1.77	0.49	7.08	1.47
虚拟变量"职业团体养老基金"	-1.23	-0.28	-4.53	-0.78	-2.07	-0.49	-4.20	-0.74
虚拟变量"行业养老基金"	-3.15	-1.56	-2.44	-1.66	0.68	0.32	-0.27	-0.17
常数	-1.44	-0.05	7.61	0.26	-8.63	-0.31	4.63	0.16
经过调整的 R^2	0.17	—	0.53	—	0.22	—	0.55	—
观察值数量	377	—	377	—	377	—	377	—

第八章 投资者成熟度与风险承担程度[①]

简·德德勒(Jan de Dreu)
雅各布·拜克(Jacob Bikker)

8.1 引 言

在最近发生的信贷和主权债务危机期间,养老基金遭受了巨大的投资损失。股票价格暴跌,再加上用于对负债进行折现的长期利率大幅度下降,从而导致养老基金的资产负债比(定义为总资产除以折现后的养老金负债)大幅度下降,而债券价格上涨只起到了有限的缓解作用。仅2008年一年,荷兰养老金总资产的市场价值就减少了17%以上;加上贴现率下降的影响,那场危机导致荷兰养老基金2008年的资产负债比至少下跌了49个百分点。但值得注意的是,各养老基金遭受的损失大相径庭,这说明不同的养老基金执行了大不相同的投资政策。养老基金遭受的损失产生了严重的后果,因为在许多国家,养老基金在投资养老储蓄和提供养老福利方面起着核心作用,而在养老基金资产超过国内生产总值的荷兰,这种情况尤其明显。大多数荷兰养老基金现在面临着巨大的资金缺口,并且被迫提高收费和降低养老金待遇与工资或物价挂钩的水平,有时甚至削减养老金权益。显然,养老基金遭受的投资损失具有深远的影响,从而提出了有关养老基金冒险行为及其投资政策的质量和成熟程度的问题。

[①] 本章是简·德德勒和雅各布·A.拜克(J. de Dreu and J. A. Bikker,2012)发表在《银行与金融杂志》(*Journal of Banking & Finance*,36,2145—2156)上的论文《投资者成熟度与风险承担程度》(Investor sophistication and risk taking)的升级版。

对于养老基金来说，确定资产配置策略是投资过程中最重要的决策。确定最优资产配置策略涉及两方面的决策。首先，必须根据养老基金的资产负债比以及养老金计划参与者和计划发起企业的偏好来确定。其次，养老基金在负债和风险偏好既定的情况下应该选择不同资产类别的投资配置，从而实现预期收益最大化。这两项任务都高度复杂，想必不同投资者在执行这两项任务时会表现出不同的专业技能和能力。我们研究了养老基金投资经理设置最优资产配置(第二个任务)的成熟程度以及他们的这种成熟程度如何与他们以风险投资的形式表达的风险偏好发生关系(第一个任务)。

要求投资者结合无风险资产构建最优风险资产组合的两基金分离定理，是金融研究在最优资产配置方面做出的一个重大贡献(Tobin,1958)。这样构建的最优投资组合应该具有均值—方差效率，并且意味着在给定的预期回报率下，任何追加的多样化都不能降低投资组合的总风险(Markowitz,1952)。这两个定理是资本资产定价模型(CAPM)的组成部分，资本资产定价模型认为，只有一个最优风险投资组合，即市场投资组合(Sharpe,1964)。如果资本资产定价模型是一个正确的模型，那么，不同风险偏好的投资者的资产配置应该只是无风险资产和市场投资组合不同的线性组合。这意味着，包括养老基金在内的投资者应该在所有的投资组合中保持债券与股票和其他资产类别的比例不变，并且改变无风险资产的配置，以反映不同的风险偏好。投资者持有不同比例的风险资产——包括债券与股票的比率——这一研究发现与两基金分离定理相冲突，这个冲突被称为"资产配置之谜"(见 Canner et al.,1997)。

虽然我们关注的是机构投资者，但有关资产配置决策成熟水平的研究文献大多关注私人投资者(个人或家庭)。实证研究表明，私人投资者采用几乎不符合标准理论的方式进行投资，并且被贴上了"错误投资"的标签(Campbell, 2006；Calvet et al.,2007,2009a,b)。私人投资者常常根据简单的经验法则在不同的资产类别之间配置自己的财富，从而导致次优的投资组合。行为金融学研究把这类次优投资决策归因于行为偏差或认知错误。个人会采用试探法或求助于经验法则，因为他们只有有限的注意力、记忆力和问题处理能力，并且只接受过有限的教育。许多研究者认为，个人投资者往往会求助于简单的资产配置法则。个人投资者求助于这样的资产配置法则的例子包括他们常常不是把全部财富不配置在股票上，就是把全部财富配置在股票上(Agnew,Balduzzi and Sundén,2003)以及根据经验法则把自己的资金配置在自己投资的 n 只基金上(Huberman and Jiang,2006)。贝纳茨和泰勒(Benartzi and Thaler,2001)的研究表明,有些私人投资者按照 $1/n$ 法则把自己的投资平均配置在养老金计划指定的符合条件的投资基金上,因此,私人投资者的股票配置受到养老金计划指定的股票基金占投资基金的比例的影响。结果必然是,求助于试探法有可能会导致私人投资者构建次优的资产配置。[1] 另一些受到关注的私人投资者所犯的错误包括:(1)多样化不足(Calvet et al.,2007;Goetzmann and Kumar,2008);(2)保守(Agnew et al.,2003;Cambel,2006;Calvet et al.,2009a);(3)持有亏损股票,卖出盈利股票(Dhar and Zhu,2006;Calvet et al.,2009a)。

有些人口统计和历史数据研究也证明了投资者这种粗略地舍入数字或选择诱人数字的倾向。例如,在平均教育水平较低的国家或时期,被试者自己报告的年龄也经常出现选择诱人的"约整数"频率很高的情况。这种现象被称为"年龄积算"(age heaping)。研究发现,对自己年龄了解有限的人更倾向于选择"看似可信的"年龄,他们并不会随机选择数字,而是系统倾向于选择诱人数字,特别是那些个位是 5 或 0 的数字。许多数据来源,包括人口普查报告表、证券发行通告和税收数据,都报告了这种年龄积算的现象。人口研究表明,年龄积算现象与受教育程度(如 Bachi,1951)、收入水平(如 Myers,1976)、读写能力(Budd and Guinnane,1991)以及更加一般的人力资本(A'Hearn,Baten and Crayen,2009)相关。

虽然考察私人投资者行为偏差的研究越来越多,但对职业投资者的了解却仍要少得多。机构投资者通常被认为比私人投资者更加成熟,因此被认为能进行更优的投资。许多理论研究认为,投资者越是成熟,受认知偏差或非理性行为的影响就越少(如 Banerjee,1992;DeLong et al.,1990;Hirshleifer et al.,1994;Shleifer and Summers,1990)。但是,很少有实证证据记载了:(1)机构投资者的投资行为,或者(2)他们的这种行为如何受他们的成熟程度的影响。

为了填补相关文献中的这一空白,我们研究了成熟程度不同的机构投资者。规模优势应该能使大型养老基金聘请有能力的专家和顾问,并花费更多的时间和资源来优化自己的投资政策。因此,大型养老基金在决定其资产配置时

---

[1] 虽然采用 $1/n$ 法则表明投资者的成熟度较低,但是,这种"幼稚"的投资策略是否也会导致投资收益减少仍有争议。德米基尔等人(DeMiguel et al.,2007)表示,与采用 $1/n$ 法则的投资策略相比,采用根据现代投资组合理论推导出来的 14 种不同模型的投资策略会产生较差的样本外结果。他们的研究结论是,均值—方差模型的最优投资多样化增加的收益大于被估计误差所抵消的收益。

不应该采用试探法,而应该采用更加高级的法则来指导投资政策。我们可以预期,投资者越是成熟,就越了解可供自己挑选的投资选项,从而越有能力把更大份额的投资配置在债券和股票以外的资产上。这些因素应该能使比较成熟的养老基金投资经理比那些不那么成熟的养老基金投资经理采用更优的资产类别配置策略。

投资者成熟程度对其风险承担程度或冒险的影响并非不证自明。不那么成熟的投资者可能会低估风险,从而因为投资高风险、高(预期)回报的资产而冒更大的风险;或者,不那么成熟的投资者可能会比较厌恶风险,从而会补偿自己较低的风险管理技能,如估计并控制风险以及执行风险分散化的能力。对不那么成熟的投资者的后一种推测已经得到之前的研究的证实:个体的风险承受能力与他们掌握的金融知识和所受的教育负相关(Grable,2000)。通过类推,我们假设机构投资者的成熟程度也与风险承担程度正相关。

我们考察了荷兰857只养老基金在1999~2006年间以及荷兰为数较少的养老基金在2007~2010年间执行的投资政策。2010年底,荷兰养老基金的资产总额达到了7 750亿欧元,比荷兰这一年的国内生产总值高出32%(OECD,2011)。2015年,荷兰养老基金资产总额更是达到了12 100亿欧元,比荷兰同年的国内生产总值高出了78%(OECD,2016)。荷兰养老保险系统的资产占国内生产总值的比例名列世界前茅,仅次于丹麦。

我们发现,养老基金的资产配置政策往往看起来比较简单,但差异很大,可以说是名副其实的"资产配置之谜"。于是,我们就想到了这样一个问题:在养老基金的具体状况和偏好既定的情况下,是不是所有的养老基金都实施了最优的资产配置策略。

为了回答这个问题,我们提出了三种衡量养老基金成熟程度的指标。第一种衡量指标假设,不那么成熟的养老基金较少了解自己(未公布的)最优资产配置状况,或者更多地求助于主观判断,因此更有可能选择看似合理的数字,而不是选择经过详细计算得出的结果。例如,他们可能会用5%的倍数来设置它们的战略性资产配置。这种战略性投资配置能反映养老基金(未公布但)要向审慎监管机构荷兰中央银行报告的投资目标。战略性资产配置必须满足监管要求,但实际资产配置可能会由于资产价格震荡而偏离投资目标,因为养老基金不会持续不断地调整其投资组合(Bikker et al.,2010)。我们发现,实际上,大多数养老基金确实采用这种粗糙的方法来把自己的财富配置于不同的资产类别。我们发现的这种现象类似于社会学和历史学研究发现的被认为是受教育程度有限的标志的年龄积算现象。

我们提出的第二个衡量养老基金成熟程度的指标,是养老基金进行(相对于货币市场和混合资产基金等比较简单的资产类别而言)多大比例的大宗商品和房地产等较复杂另类资产类别的投资,从而提高了资产配置多样化的水平。[①] 我们发现,采用舍入到 5% 的倍数的养老基金往往较少进行对较复杂资产类别的多样化投资。最后,我们研究了"本土偏差"问题,并且发现许多养老基金喜欢区域性投资,从而限制了它们的国际多样化水平。我们还发现:以上三个衡量指标都与养老基金的"规模"有关;小型养老基金一般不如大型养老基金成熟,这与我们的预期相符。

根据"资产配置之谜",我们观察到荷兰养老基金的资产配置策略存在很大的差别。具体来说,债券和股票的相对持有量、对更复杂资产类别的投资以及国际多样化都存在显著的差别。虽然养老基金的规模(反映资产管理和风险管理方面的规模经济)、资产负债比、会员年龄分布、养老金计划或养老基金类型等条件促成了上述差别(见本书第七章),但造成这些差别的原因在很大程度上仍然没有解释清楚,而其中的一个重要的问题就是养老基金投资经理的成熟程度是否会影响养老基金的风险承担程度。对于掌握金融专业知识较少的养老基金投资经理来说,少暴露在还没有得到充分了解的风险面前,可能是一种理性的风险管理策略。我们通过估计一个把我们提出的成熟程度衡量指标作为解释变量的战略性债券配置模型,考察了投资经理成熟程度对养老基金风险承担程度的影响。实证结果表明,投资经理不那么成熟的养老基金具有明显较小的敞口风险,而且债券投资多于股票投资。

至少有两个原因可以解释为什么荷兰的养老保险行业为研究投资者成熟程度对风险承担程度的影响提供了理想的环境。首先,我们衡量养老基金规模的指标,即也许与投资成熟程度有关的养老基金受托管理的总资产,在荷兰各养老基金之间存在很大的差异:荷兰养老基金的规模从资产少于 1 亿欧元的小型机构(几乎占荷兰养老基金总数的 2/3)到资产超过 1 000 亿欧元的大型机构不等。荷兰养老基金的会员人数也大相径庭,从不足 100 人(5% 的机构)到超过 100 万会员不等。大型机构有像 ABP(公务员养老基金)和 PFZW(医疗保健

[①] 这里的另类资产是指除了债券和股票以外的所有其他资产。

行业的养老基金)这样的行业养老基金,它们都属于世界上规模最大的养老基金。小型机构大多是为一家公司的雇员提供养老金的企业养老基金。其次,荷兰中央银行收集与所有这些机构投资政策有关的综合数据,因此,我们可以采用这些数据来研究荷兰养老基金的资产配置策略。

本章的内容安排如下:第 8.2 节介绍我们采用的数据集;第 8.3 节提出了三种衡量养老基金投资行为成熟程度的指标,并考察了它们与养老基金规模和其他特征的相互联系和关系;第 8.4 节研究了投资者成熟程度对其风险承担程度的影响;第 8.5 节对用 2007～2010 年的数据进行的稳健性检验进行了升级;最后一节对全章进行总结。

8.2 数据说明

我们使用了荷兰 857 只养老基金从 1999 年第一季度到 2006 年第四季度的详细投资数据。这些数据引自负责荷兰养老基金审慎和合规监管的荷兰中央银行。收入我们样本的每只养老基金都有或者必须有战略性资产配置、资产交易以及各种资产类别投资的市值等数据可供我们使用。养老基金通常并不会为了忠实贯彻自己的战略性资产配置政策而充分且持续不断地重新平衡(或调整)其实际资产配置(Bikker et al.,2010),因此,它们的实际资产配置既能体现它们做出的主动政策决定,又可反映它们持有的资产的(近期)回报。我们之所以研究养老基金的战略性资产配置,是因为它们可以充分反映养老基金的主动选择,而实际资产配置还要受到市场价格冲击的影响。我们的样本数据是非平衡面板数据,由于有新养老基金问世,养老基金合并或解散,还有养老基金报告破产,因此,收入样本的养老基金并非在整个样本期里都包括在样本中。[①] 我们没有把有明显报告错误的养老基金收入样本。[②] 我们的样本大约代表了 2001～2006 年荷兰养老基金 95%～99% 的会员,它包括 664 只企业养老基金、97 只行

[①] 我们还比较了一个包括 381 只养老基金的平衡样本的结果,这些养老基金报告了至少 7 年的数据。估计平衡样本得出的结果类似于本章各表给出的结果,从而表明幸存者偏差并不是一个重要的问题。

[②] 我们删除了 2 082 个(占 10.2%)的观察值:会员人数为零或负的观察值(37 个)、战略性资产配置各分量总和未达到 100% 的观察值(10 个)、总投资少于 10 万欧元因而被认为没有代表性的养老基金的观察值(332 个)、债券或股票价值波动过大的观察值(73 个)、实际资产配置与战略性资产配置相差过大的观察值(803 个)以及没有战略性债券或股票配置的观察值(827 个)。

业养老基金和11只职业团体养老基金,但有85只养老基金情况不详。①

表8.1列示了经过整理的汇总统计数据。样本中养老基金的规模从总投资少于100万欧元的小型养老基金到总投资超过2 000亿欧元、像公务员养老基金ABP[2016年底控制资产4 200亿欧元(ABP,2017)]这样的大型养老基金,但平均规模为7.85亿欧元。样本中养老基金的数目各季度不同,在510只~657只之间。鉴于我们(在经过数据筛选以后)挑选了857只养老基金,因此,每个季度都有相当数量的养老基金没有出现在我们的数据集中,部分原因就是数据整理。为了比较不同成熟程度的养老基金,我们把收入样本的养老基金分成三个规模等级:小型(投资不超过1亿欧元)、中型(投资在1亿~10亿欧元之间)和大型(投资超过10亿欧元)。虽然我们的样本收入了很多养老基金(占荷兰养老基金总数的63%),但样本中小型养老基金受托管理的总资产仅占荷兰养老基金总资产的2%。相比之下,虽然样本中大型养老基金只占荷兰养老基金总数的8%,但它们却受托管理着占荷兰养老基金总资产86%的资产。

表8.1 荷兰不同规模养老基金的汇总统计数据[a](1999年第一季度~2006年第四季度)

	平均值	标准差	最大值	最小值	观察值数量
养老基金数量	614	38	657	510	19 174
小型基金	388	49	438	252	12 165
中型基金	171	13	188	135	5 429
大型基金	50	6	61	38	1 580
会员人数	25 135	148 440	2 710 422	1	18 739
小型基金	2 030	11 668	299 195	1	11 801
中型基金	15 640	46 541	659 342	9	5 392
大型基金	234 613	458 625	2 710 422	3 425	1 546
投资总额(百万欧元)	785.2	6 740.0	204 000.0	0.1	19 174

---

① 企业养老基金为其发起公司的雇员提供养老金计划,是独立的法人实体,但由发起公司和雇员代表共同管理。行业养老基金为在某个行业工作的雇员提供养老金计划。这种养老金计划是根据相关行业的企业和代表该行业雇员的工会之间签订的集体劳动协议制定的养老金计划。最后,职业团体养老基金为全科医生和公证人等职业团体提供养老金计划。

续表

	平均值	标准差	最大值	最小值	观察值数量
小型基金(百万欧元)	28.4	26.8	99.9	0.1	12 165
中型基金(百万欧元)	319.6	206.9	998.6	100.0	5 429
大型基金(百万欧元)	8 211.4	22 200.0	204 000.0	1 006.0	1 580

a. 小型养老基金的投资规模小于1亿欧元,中型养老基金的投资规模在1亿~10亿欧元之间,大型养老基金的投资规模超过10亿欧元。

各投资金额都用投资所涉及的货币表示。我们把"本土偏好"定义为对欧元区进行了超比例的投资。有关养老基金会员人数、资产与折现负债比率和退休会员占比等其他特点的数据只有年度数据。在需要的情况下,我们采用内推和外推的方法来获得这些变量的季度值。

8.3 投资者成熟程度

为了评估养老基金投资政策的成熟程度,我们根据以上讨论的数据开发了以下三种衡量成熟程度的方法:(1)粗略舍入;(2)较复杂的另类资产类别投资减去较简单的另类资产投资;(3)本土偏好。

8.3.1 资产配置的粗略舍入

我们首先考察养老基金在进行战略性资产配置时对舍入数的使用。图8.1中的直方柱显示了荷兰养老基金战略性股票和债券配置的情况。[1] 有两种情况非常明显:首先,也是最引人注目的是,战略性资产配置都聚集在5%的倍数附近。表8.2显示,无论股票还是债券的战略性配置,使用5%的倍数的频率远高于使用其他百分数倍数的频率。很明显,养老基金非常喜欢把战略性股票和债券配置的百分比舍入到距离最近的5%。这两张图进一步表明,粗略地舍入到最近的10%比粗略地舍入到5%更加常见。显然,10%的倍数又比5%的倍数更加诱人。正如阿格纽等人(Agnew et al.,2003)在考察私人投资者时观察到

---

[1] 在这里,我们不考虑其他资产类别,因为它们占总资产的份额相对较小。对于一些(规模较小的)养老基金来说,其他资产类别占其总资产的份额甚至为0,详见表8.3。第8.3.2小节对这个问题进行了进一步的研究。

的那样,我们也注意到有些养老基金在进行股票或债券投资时会采取持有0%的债券和100%的股票或0%的股票和100%的债券的极端做法。[①] 其次,战略性股票和债券配置在养老基金之间存在很大的离差。这两张图表还显示,围绕某种战略性资产配置只有很小的收敛性,甚至根本就没有收敛性,从而表明各养老基金对资产配置最优水平的看法(或信念)大相径庭,或许(部分)是因为养老基金厌恶风险的程度和所处的会员老龄化状况不同。

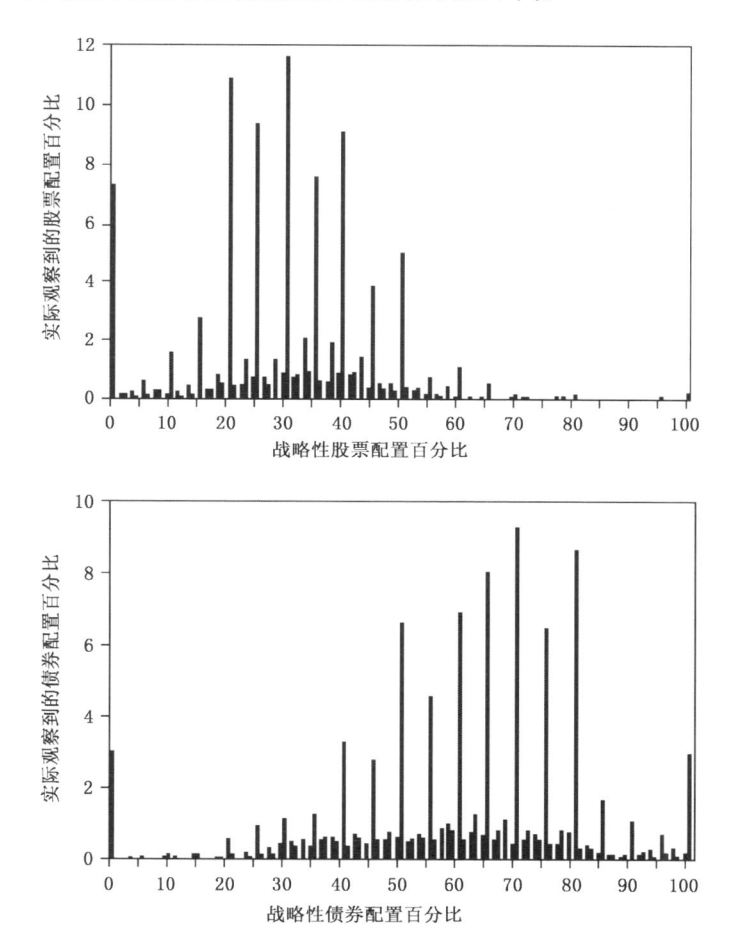

图 8.1　荷兰 857 只养老基金战略性股票和债券配置百分比的频率分布
(1999 年第一季度～2006 年第四季)

---

① 从实际股票和债券配置比例的直方图(这里没有给出)中也可以清楚地看到这一点。这些数字显示出平稳的分布(实际资产配置受到市场波动的影响,因此没有进行四舍五入),但分布同样非常离散。

表 8.2　荷兰养老基金在进行战略性股票和债券配置时所使用的诱人
百分比倍数(1999 年第一季度～2006 年第四季度)　　　单位:%

诱人数字	小型养老基金[a]	中型养老基金	大型养老基金	整个样本	均匀分布
10%的倍数	37	28	11	33	1
5%的倍数	66	57	29	61	4
2%的倍数	41	33	19	37	25

a. 养老基金的规模分类标准同表 8.1。

可用来舍入的诱人数字应该是方便记忆和计算的数字,而 10%、5% 和 2% 的倍数则都符合这两个要求。我们把采用这些百分比倍数进行战略性股票和债券配置的养老基金归类为"使用诱人数字的养老基金"。粗略的舍入可能表明人口学研究的结果并不那么复杂。另外,养老基金之所以偏好使用诱人数字来构建其战略性资产配置,可能是因为缺乏令人信服的论点能够佐证使用更加"精确的"资产配置数字。后一种解释与德米基尔等人(DeMiguel et al., 2007)的解释一致,因为他们发现,在存在估计误差的情况下,简单的试探法(如采用 $1/n$ 法则)实现的收益与采用更加复杂的投资组合选择模型实现的收益相似。如果这种替代性解释是正确的,那么,我们就能预期粗略舍入不会对风险承担水平产生任何显著的影响。然而,本章后面进行的实证却得出了不同的结果。

表 8.2 显示了使用诱人数字进行战略性股票和债券配置的养老基金的百分比。有 66% 的小型养老基金使用 5% 的倍数(见表 8.2 第一栏的第二行)说明,有 2/3 的小型养老基金使用 5% 的倍数来构建它们的战略性股票和债券配置,只剩下 34% 的小型养老基金采用其他百分比来配置债券或股票,其中可能包括 5% 的倍数。我们拿这个诱人数字的使用率与均匀分布下的股票和债券配置时的诱人数字使用率进行比较。如图 8.1 所示,5% 的倍数(包括 10% 的倍数)的使用频率最高。平均而言,有 61% 的养老基金使用 5% 的倍数来构建自己的战略性股票和债券配置,这个使用率远高于 0%～100% 之间整倍数使用率均匀分布 4% 的预期出现频率。10% 的倍数的使用率是 5% 的倍数的使用率一半多一点,这表明,平均而言,养老基金甚至略微更加偏好 5% 的偶倍数。10% 的倍数的使用率和 2% 的倍数的使用率之间只存在微不足道的差异,从而表明养老基金对分子个位数是 2、4、6 和 8 的百分数偏好较小。我们只考虑整倍数来计算均匀分布,而在数据集中,我们只考虑把 10.0%、5.0% 和/或 2.0% 的倍数作为诱人数字。但事实上,有近 1/5 的养老基金以小数点的形式来报告它们

的资产配置。所以,实际上,均匀分布下的诱人数字预期使用率比我们这里假设的要低。

我们采用皮尔逊(Pearson)卡方检验法对我们观察到的百分比和均匀分布下的预期百分比进行检验,旨在弄清分别为10%、5%和2%倍数的股票和债券投资百分比(H_1)出现频率是否高于0%和100%之间的整倍数均匀分布(H_0)出现的频率(A'Hearn,Baten and Crayen,2009)。对于所有三种规模的养老基金,除了大型养老基金使用偶倍数外,所有三种百分比倍数的均匀分布都在1%的显著性水平上遭到拒绝。[1]

表8.2还显示,小型养老基金比中型养老基金明显更频繁地使用诱人数字,而大型养老基金则使用诱人数字最少。我们分别对小型养老基金与中型养老基金以及中型养老基金与大型养老基金进行了均值相等 t 检验,旨在检验不同规模的养老基金采用某些百分比倍数的频率是相同(H_0)还是不同(H_1)。[2] 我们发现,小型、中型和大型养老基金之间使用各种百分比倍数的频率差异在1%的水平上显著。[3]

表8.3显示了战略性股票和债券配置组合舍入到5%的倍数的频率分布。每个非零单元格表示与下列因素有关的组合的出现频率:(1)以上面一行的百分比构建的债券配置;(2)以左边一栏的百分比构建的股票配置。表8.3的最下面一行给出了对应于各自债券配置的频率的总和,而最右边一栏则给出了与各自股票配置相关的频率的总和。

---

[1] 还有没有在表8.2中列示的2%和5%的组合也是如此。这项检验是根据养老基金对自己的资产配置进行"整倍数化"的假设进行的。

[2] 请注意,如果拒绝(1)小型养老基金与中型养老基金以及(2)中型养老基金与大型养老基金之间均值相等,那么就自动拒绝了小型养老基金与大型养老基金之间均值相等。另一种可用的检验是二项概率检验,但这种检验几乎给出了相同的结果。

[3] 这些检验结果可能会受到大型养老基金常常进行更多的另类资产投资这一事实的影响。虽然舍入整倍数对其他资产也产生重要的影响,但低于舍入倍数的投资配置会降低股票和债券配置的舍入概率,从而会影响最后的检验,但不影响其余的分析。

表 8.3 被用来构建战略性股票和债券配置的 5% 的倍数的频率分布
（1999 年第一季度～2006 年第四季度，表中的数字是观察值数的百分比）

股票配置 (%)	债券配置																				总计
	0	5	10	15	20	25	30	35	40	45	50	55	60	65	70	75	80	85	90	95	100	
0	1.8										0.1				0.1	0.1	0.1		0.2	0.3	2.9	5.9
5																				0.2	0.3	0.5
10						0.1	0.1			0.1	0.1				0.1	0.1		0.4	0.1	0.2		1.5
15																	0.1	1.0	0.7			2.1
20	0.1				0.1				0.2				0.1	0.4	0.6	0.8	0.9					9.3
25	0.1									0.1			0.2	1.2	1.5		7.2					8.3
30	0.1			0.1			0.1		0.1	0.1	0.1	0.4	1.0	1.7	6.3	5.1						10.0
35								0.1	0.1	0.2	0.4	0.8	1.1	3.7								6.4
40								0.1	0.5	0.4	1.8	0.8	3.3									6.9
45			0.1					0.1	0.1	0.6	0.4	1.8										3.0
50	0.1				0.1	0.1		0.1	0.9	0.4	2.8											4.4
55								0.1	0.1	0.3												0.6
60						0.1	0.1	0.2	0.1													1.0
65						0.1	0.1	0.1	0.5													0.3
70							0.1															0.1
75																						0.0
80					0.2																	0.2
85																						0.0
90																						0.0
95	0.1																					0.1
100	0.3																					0.3
总计	2.6	0.0	0.1	0.1	0.4	0.6	0.8	2.5	2.3	5.7	3.8	6.0	7.1	8.7	6.2	8.2	1.4	1.0	0.6	2.9	60.8

注：在这张表的上三角形部分，空格表示数值小于 0.05%。

与图 8.1 一样，表 8.3 也证实了荷兰的养老基金采取各种各样的投资政策，很少收敛于某个均值或中值策略。荷兰养老基金最常见的战略性资产配置是股票占 20%～50%，而债券则占 50%～80%（见表中带数字的单元格）。对角线表示养老基金的股票和债券配置总和达到 100% 的频率，因此就是没有进行其他资产投资（如见带数字的单元格）。对角线上的这些单元格中的百分比加起来是 36.8%。

养老基金的假设最优资产配置取决于养老基金会员和发起人的风险偏好（譬如说，取决于会员的年龄结构）、不同资产类别的预期风险和回报、资产负债比和一些宏观经济变量（如工资增长、通货膨胀和实际利率）。通常，资产负债管理（ALM）研究会考虑这些因素。这样的研究可用来获得假设的最优资产配置的估计值，并且进行基于偏好（如风险回报权衡）以及市场回报和波动假设的蒙特卡罗模拟。但在现实中，资产负债管理研究并没有直接用来优化资产类别的组合投资，而是被用作人类主观评估过程的输入因素。对 5% 的倍数的广泛使用表明，荷兰养老基金往往是根据粗略的估计，而不是精确的度量来决定自己的战略性资产配置。

表 8.4 显示了荷兰小型、中型和大型养老基金在考察期里使用诱人数字进行战略性资产配置的情况。统计数据表明，小型养老基金比大型养老基金更有可能选择 5% 的倍数作为它们的投资策略。平均而言，66% 的小型养老基金为其战略性股票和债券配置选择 5% 的倍数，而只有 56% 的中型养老基金以及 29% 的大型养老基金选择 5% 的倍数来进行战略性资产配置。这些数据在时间上有所变化：5% 的倍数的使用率在 2002 年以前一路上扬（大型养老基金是在 2003 年以前），之后有所减少。这可能表明，自 2002/2003 年以来，资产负债管理模型在荷兰养老基金确定战略性资产配置方面的使用有所增加。然而，使用 5% 的倍数与养老基金规模负相关的发现适用于整个考察期。根据 t 检验，我们发现，三种规模的荷兰养老基金每年使用 5% 的倍数的频率差都在 1% 的水平上显著。这些发现表明，小型养老基金比大型养老基金更加频繁地使用不太复杂的资产配置法则。

表8.4　荷兰不同规模的养老基金在考察期里使用5%的倍数来构建其战略性
资产配置的频率(1999～2006年)　　　　　　　　　　　　　　单位:%

年份	小型养老基金[a]	中型养老基金	大型养老基金	总　计
1999	60	48	22	54
2000	64	51	25	57
2001	66	57	26	61
2002	70	64	29	65
2003	70	60	32	64
2004	70	61	30	64
2005	66	57	31	59
2006	65	52	32	56
未加权平均	66	56	29	60

a. 养老基金规模等级的定义见本章表8.1。

8.3.2　荷兰养老基金的另类资产配置

我们考察了养老基金如何在不同的资产类别之间配置自己的投资,我们的数据集区分了股票、债券、房地产、抵押贷款、大宗商品、混合共同基金和货币市场工具等资产类别。[①] 荷兰超过50%的养老基金把自己的战略性资产配置只建立在债券和股票的基础上,并没有考虑房地产或大宗商品等另类资产类别。这表明,这些养老基金限制了自己获得更高预期回报和/或进一步分散风险的空间。

表8.5显示了不同规模的养老基金在不同资产类别上的财富配置情况。结果表明,与小型养老基金相比,大型养老基金把较大比例的财富配置在股票上,把较小比例的财富配置在债券上,而中型养老基金则介于两者之间。大型养老基金为了更好地分散风险和/或获得更高的回报,也比中小型养老基金更多地投资于另类投资。我们把另类投资分为两类:相对比较简单的资产(货币市场基金和混合共同基金)的投资以及较为复杂的资产(房地产、大宗商品和贷

---

① 混合共同基金是一种把债券投资和股票投资组合在一起的投资基金。货币市场工具是短期债务投资工具,如大额定期存单和商业票据。我们的数据并不包括有关这些基金投资基础设施的信息。请注意,投资资产不包括流动资金,如用于正要进行的付款的资金。

款)的投资。这方面的差异表明,与小型养老基金相比,大型养老基金明显较多地投资于复杂另类资产,而较少投资于简单另类资产。这种行为在一定程度上可能由监管规定驱动,因为监管规定要求进行复杂另类资产投资的机构进行更高水平的风险管理。除了中型和大型养老基金之间的简单另类资产投资差异外,小型、中型和大型养老基金之间各种资产类别投资差异都在1%的水平上显著(根据表8.2进行的均值相等t检验)。平均而言,在考察期里,另类资产投资的多样化一直相当稳定,只是各种规模等级的养老基金的另类资产投资都出现了轻微减少的趋势。

表8.5 不同规模养老基金的平均战略性资产配置

(1999年第一季度～2006年第四季度)

养老基金规模等级[a]	股票(%)	债券(%)	简单另类资产投资[b](%)	复杂另类资产投资[c](%)	平均投资(百万欧元)
小型养老基金(资产少于1亿欧元)	27	64	4	5	28
中型养老基金(资产介于1亿与10亿欧元之间)	36	56	1	7	320
大型养老基金(资产超过10欧元)	41	45	1	13	8 211

注:所有分配数均为百分比的简单平均数。

a. 按总投资计算。

b. 简单另类资产投资包括货币市场基金和混合共同基金。

c. 复杂另类资产投资包括房地产、大宗商品和贷款。

表8.6有助于我们进一步认识复杂另类资产投资和养老基金规模之间关系。该表的上半部分显示,83%的小型养老基金把不到10%的资产投资于复杂另类资产,而有69%的中型养老基金和34%的大型养老基金进行这个比例的复杂另类资产投资。只有18%的小型养老基金对复杂另类资产的投资超过10%,而大型养老基金则有66%对复杂另类资产的投资超过10%。表8.6的下半部分显示,那些采用舍入到5%的倍数的养老基金明显较少投资复杂的另类资产。表8.6的结果证实了大型养老基金投资更加多样化的研究发现。此外,这种行为被证明与"年龄积算"现象负相关。

表 8.6　　　　　　　　荷兰投资复杂另类资产[a]的养老基金

（占荷兰全部养老基金的百分比，1999 第一季度～2006 第四季度）

养老基金规模等级[b]	复杂另类资产投资			
	0%	0～10%	10%～20%	超过 20%
小型养老基金（资产少于 1 亿欧元）	62	21	11	7
中型养老基金（资产介于 1 亿与 10 亿欧元之间）	44	25	22	10
大型养老基金（资产超过 10 欧元）	10	24	44	22
在进行战略性资产配置时使用诱人数字的频率				
把配置比例舍入到 5% 的倍数的养老基金	67	14	14	5
不把配置比例舍入到 5% 的倍数的养老基金	31	35	20	14

注：表中的统计数据都是用百分比表示的简单平均数。

a. 复杂另类资产包括大宗商品、房地产和贷款。

b. 按总投资计算。

对于风险管理欠成熟的养老基金来说，更多地投资于简单的另类资产，而不是那些尚未得到充分了解的复杂另类资产，可能是讲得通的。但是，这种投资方法意味着较低的投资多样化水平：在给定的风险水平下，可以推定投资回报较低，因此，成熟程度仍然"有待提高"。尽管如此，对于小型养老基金来说，进行复杂另类资产投资可能意味着成本相对较高，因此很难区分成熟程度低或"次优"的投资政策和最合适（但回报较少）的投资。但不管怎样，我们可以通过控制能反映风险管理单位规模的规模效应来区分成熟程度低或"次优"的投资政策和最合适（但回报较少）的投资，因此，我们观察到了养老基金偏离其规模的投资行为。这就是我们在第 8.4 节中把成熟程度衡量指标和规模都作为式（8.3）风险厌恶或债券配置模型中的解释变量时会间接发生的情况。

8.3.3　本土偏好

我们考察了荷兰养老基金在地域上的投资多样化程度。国际多样化可以通过降低某一既定预期回报水平上的风险来创造显著的收益。然而，并非所有的投资者都能充分利用这种投资多样化创造的收益，从他们持有有限的外国股票就可以证明这一点。我们可以用宏观经济数据(如 French and Poterba,1991)、公司的具体数据(如 Kang and Stulz,1997)以及投资者的具体数据(如 Karlsson and Norden,2007)来证明这种现象。主要的解释都指向阻碍国际投资的显性和隐性障碍,而其他解释则包括使用国内资产来对冲通胀和认知偏差的意外变化。然而,这些解释并不能充分说明尽管存在显著的风险—回报收益,但国内、外投资者仍然国际多样化不足的原因。因此,我们把这种现象被称为"本土偏好之谜"。

"本土偏好"通常是指投资者投资国内资产的偏好。在这里,我们指的是荷兰养老基金在欧元区进行了超比例的投资,但我们的数据并没有提供有关这个问题的比较详细的信息。国际多样化能带来重要的风险—回报收益,因此,本土偏好表示某种程度的短视,进而表示某种程度的不成熟。表 8.7 显示,平均而言,荷兰的大型养老基金把 34% 的资产投在欧元区,而小型养老基金则把 53% 的资产投在欧元区。① 欠成熟养老基金(即按舍入到 5% 的倍数的百分比配置资产的养老基金)对欧元区资产的偏好要比成熟养老基金对欧元区资产的偏好更加强烈,因为前者把自己 47% 的资产投在欧元区,而后者则把自己 39% 的资产投在欧元区。这一研究发现与卡尔森和诺顿(Karlsson and Norden,2007)的研究结论一致,因为卡尔森和诺顿报告称,之前没有风险资产投资经验、受教育水平较低的投资者,更有可能具有本土偏好。但值得注意的是,在荷兰,成熟中小型养老基金的本土偏好比欠成熟中小型养老基金的本土偏好更加强烈(这一点出乎我们的预料),而成熟大型养老基金的本土偏好要比欠成熟大型养老基金的本土偏好弱很多,这倒是符合"理论假设"的。平均而言,荷兰养老基金的本土偏好在 1999～2001 年间从 50% 下降到了 42%(各种规模等级的养老基金都有类似的本土偏好降幅),但在 2006 年略有上升。

我们还在荷兰养老基金的总投资中观察到了本土偏好现象:荷兰中小型养老基金约 85% 的投资资产位于欧元区,而荷兰大型养老基金的这个比例是 63%。这种"总投资欧元区偏好"证实了表 8.7 中的欧元区股票偏好。顺便说一下,荷兰养老基金倾向于用衍生品来对冲它们面临的汇率风险,从而导致小型养老基金的非欧元区净投资减少到了只有 4%,并且导致大型养老基金的非欧元区净投资也减少到了 8%。请注意,汇率险保险并不能消除上述欧元区偏

---

① 目前欧洲货币联盟的资产在全球总额中所占的份额略低于 28%(IMF Global Financial Stability report,April 2009)。

好,因为投资国际多样化不足的问题依然存在。

表 8.7　　　　　　　　荷兰养老基金的股票投资本土偏好[a]

(1999 年第一季度～2006 年第四季度,%)

养老基金规模[b]	欧元区内投资		
	全部荷兰养老基金	按 5%的倍数配置资产的养老基金	不是按 5%的倍数配置资产的养老基金
小型养老基金(资产少于 1 亿欧元)	53	59	42
中型养老基金(资产介于 1 亿～10 亿欧元之间)	42	40	44
大型养老基金(资产超过 10 亿欧元)	34	39	32
总　　计	43	47	39

注:所有的百分数都是简单平均数。

a. 包括衍生品投资。

b. 按总投资计。

8.3.4　衡量养老基金成熟程度的综合指标

为了解释荷兰养老基金的哪些特征决定我们提出的三个养老基金成熟度衡量指标,我们效仿卡尔维等人(Calvet et al.,2009b)考察了这三个衡量指标与一些养老基金特征之间的关系。我们使用以下关系式来表示这种关系:

$$\gamma_{i,t}^k = \sum_j \beta_j^k x_{i,j,t} + e_{i,t}^k \tag{8.1}$$

式中,γ 表示三个成熟度衡量指标($k=1,2,3$),x 表示表 8.8 列示的 j 个养老基金的特征,β 表示各变量的系数,e 表示误差项,i 表示养老基金,而 t 则表示时间。表 8.8 的前三栏报告了我们的估计结果。

这三个衡量指标每个都与养老基金用总资产对数表示的规模显著相关,而估计系数的符号则与"规模越大,成熟度越高"的预期一致。这也是我们早些时候观察到的,并且与认为规模和风险管理密切相关的观点一致。请注意,粗略舍入和本土偏好表示欠成熟,而另类资产多样化投资则表示比较成熟(参见表 8.8 第一行)。会员人均投资较多的养老基金往往较少使用把资产配置的百分比舍入到倍数的做法,而是进行更加多样化的另类资产投资。显然,会员养老金待遇越好,养老基金就越成熟。实行固定缴费计划的养老基金较为成熟,这可能与荷兰的这类养老基金大多新近才成立,因而引用了当前的知识有关。用衡量指标来衡量,不同类型的养老基金表现各不相同:行业养老基金很少使用把资产配置的百分比舍入到倍数的做法,而是进行更加多样化的投资,因此,就如同我们预期的那样成熟度比较高。调整后的 R^2 值很小,这表明,这些养老基金的特征只能解释小部分衡量指标的变异:不同的养老基金成熟度差异很大,即使在同一规模等级内部也是如此。

表 8.8 荷兰养老基金的成熟程度衡量指标与养老基金的特征

(1999 年第一季度～2006 年第四季度)

与成熟程度的相关性	粗略舍入到倍数	另类资产多样化投资	本土偏好	综合指标
	—	+	—	—
养老基金规模(总资产对数)	−0.043***	0.013***	−0.045***	−0.044***
会员人均投资	−0.210***	0.002	−0.005	−0.196***
退休会员比例	0.014	−0.005	0.084*	0.024***
资产负债比	−0.019*	0.012***	0.109***	−0.017**
行业养老基金	−0.243***	0.073***	0.100***	−0.241***
职业团体养老基金	−0.063**	0.015*	−0.091***	−0.068***
缴费确定型计划	−0.174***	0.012	0.110***	−0.154***
舍入倍数截距	−0.043***	—	—	1.167***
资产多样化截距	—	0.013***	—	−0.113***
本土偏好截距	—	—	0.013***	0.697***
γ_2	—	—	—	−0.281***
γ_3	—	—	—	0.437***
观察值数量	16 937	16 937	2 092	35 966
F 统计量	267	253	57	—
经过调整的 R^2	8.6	9.8	14.0	62.9

注:"***""**"和"*"分别表示在 1%、5% 和 10% 的水平上显著。

我们继续按照卡尔维等人(Calvet et al.,2009b)的做法,通过根据养老基金特征(的向量)回归分析养老基金成熟程度衡量指标的向量来构建了一个衡量养老基金成熟程度的综合指标:

$$\begin{bmatrix} y_{i,t}^1 \\ y_{i,t}^2 \\ y_{i,t}^3 \end{bmatrix} = \begin{bmatrix} \sum_j \beta_j x_{i,j,t} \\ \gamma_2 \sum_j \beta_j x_{i,j,t} \\ \gamma_3 \sum_j \beta_j x_{i,j,t} \end{bmatrix} + \begin{bmatrix} e_{i,t}^1 \\ e_{i,t}^2 \\ e_{i,t}^3 \end{bmatrix} \tag{8.2}$$

式(8.2)把三个式(8.1)($k=1,2,3$)合并成一个向量,并对每个 j 增加了一组约束条件 $\beta_j^1 = \gamma_2 \beta_j^2 = \gamma_3 \beta_j^3$(根据定义等于 β_j)。这些约束条件迫使养老基金特征(除了比例因子 γ_2 和 γ_3 外)对养老基金的成熟度产生相同的影响。这个衡量养老基金成熟程度的综合指标是根据以下假设构建的:三个衡量养老基金成熟度的指标都有一个被解释为"成熟(不足)程度"的共同分量。这个共同分量 $\sum_j \beta_j x_{i,j,t}$ 就成了衡量养老基金成熟度的综合指标。

表 8.8 最后一栏列示了式(8.2)的各估计值。两个小于 1 的 γ 的值(绝对值)表示,养老基金成熟度的第一个衡量指标"粗略地舍入到倍数"与这个基本公因子的相关性比其他两个指标与这个基本公因子的相关性更强。γ_2 的负号表明,"另类资产配置多样化"与养老基金的成熟度正相关,而其他两项与养老基金的成熟度不足相关,因此是负相关。表 8.9 列示了养老基金成熟度三个衡量指标之间的互相关系数。

表 8.9　养老基金成熟度指标与养老基金规模之间的互相关性

(1999 年第一季度～2006 年第四季度)

	舍入到倍数	另类资产配置多样化	本土偏好	综合指标	总投资
舍入到倍数	1.00				
另类资产配置多样化	−0.14	1.00			
本土偏好	0.15	0.24	1.00		
综合指标	0.29	−0.17	0.22	1.00	
总投资	−0.29	0.08	−0.30	−0.86	1.00

这些互相关系数表明,舍入到倍数、本土偏好、综合指标和总投资与养老基金成熟度负相关,而另类资产配置多样化则与养老基金成熟度正相关。互相关系数相当小,表明这些衡量指标能反映养老基金成熟度的不同维度。综合指标能更加严谨地反映舍入倍数和本土偏好,而不是另类资产配置多样化。我们的综合指标与养老基金规模高度相关(但是负相关)。在某种程度上,这是由于这个指标的结构造成的:它反映了包括养老基金规模在内的模型 $\sum_j \beta_j x_{i,j,t}$,这个

模型只能很糟糕地涵盖三个衡量养老基金成熟度的指标,并忽略了它们的残差。在下一节里,我们将说明这些衡量指标即使在控制了养老基金的规模以后如何反映养老基金的风险偏好。

8.4 投资者成熟度与冒险(风险承担)程度

我们来考察投资者的投资策略与冒险程度之间可能存在的关系,并且假设掌握投资专业知识较少的养老基金通常比较厌恶风险(也就是假设它们不太了解如何进行最优的资产投资),成熟度低的养老基金可能有意选择风险较小的资产配置。凭直觉判断,它们采取这种投资策略是有道理的,因为成熟度和专业知识有限的小型养老基金面对资产配置风险可能会感到不安。相反,成熟度高的养老基金更有可能拥有重要的内部专业知识,并使用成熟的建模技术,因此有可能不那么厌恶冒险。所以,成熟度高的养老基金也可能会由于过度自信而蒙受损失,因为它们过于相信自己创立的理论和模型(Griffin and Tversky, 1992)。正如最近的信贷危机所显示的那样,冒险并不总是一种能获得回报的策略,因为在过去的10年里,大多数国家的债券投资回报高于股票投资。

图8.2显示了荷兰不同规模等级的养老基金在考察期里的平均战略性股票和债券配置状况。平均而言,大型养老基金把较大份额的资产投在了股票上,而把较小份额的资产投在了债券上,我们在表8.5中也能观察到这种状况。图8.2和表8.5都显示,这种状况贯穿本章的整个考察期。

就像小型养老基金所做的那样,债券配置的份额越大,就越有可能降低资产与负债期限之间的不匹配程度,同时也越有可能降低受股市波动的影响。[①] 因此,这两张图表显示,成熟度低的小型养老基金倾向于选择较小的敞口风险。图8.2进一步显示,战略性资产配置随着时间的推移发生了显著的变化,从而反映了养老基金投资政策的动态性。在我们的考察期里,大型养老基金的战略性资产配置波动幅度最大,这表明它们比较频繁地更新自己的投资政策,但也可能表明大型养老基金的平均数是根据为数较少的养老基金计算的(见表8.1)。

---

① 待遇确定型养老金的名义负债最像名义政府债务,而完全按价格指数化的待遇确定型养老金的负债最像按通胀率指数化的债券。荷兰许多待遇确定型养老金的养老金待遇指数化取决于养老基金的资产负债比。这种或有指数化的市场价值可以用期权定价理论来推导。因此,持有大量股票敞口头寸可能是最优选择,如可参阅 Broeders(2010)。

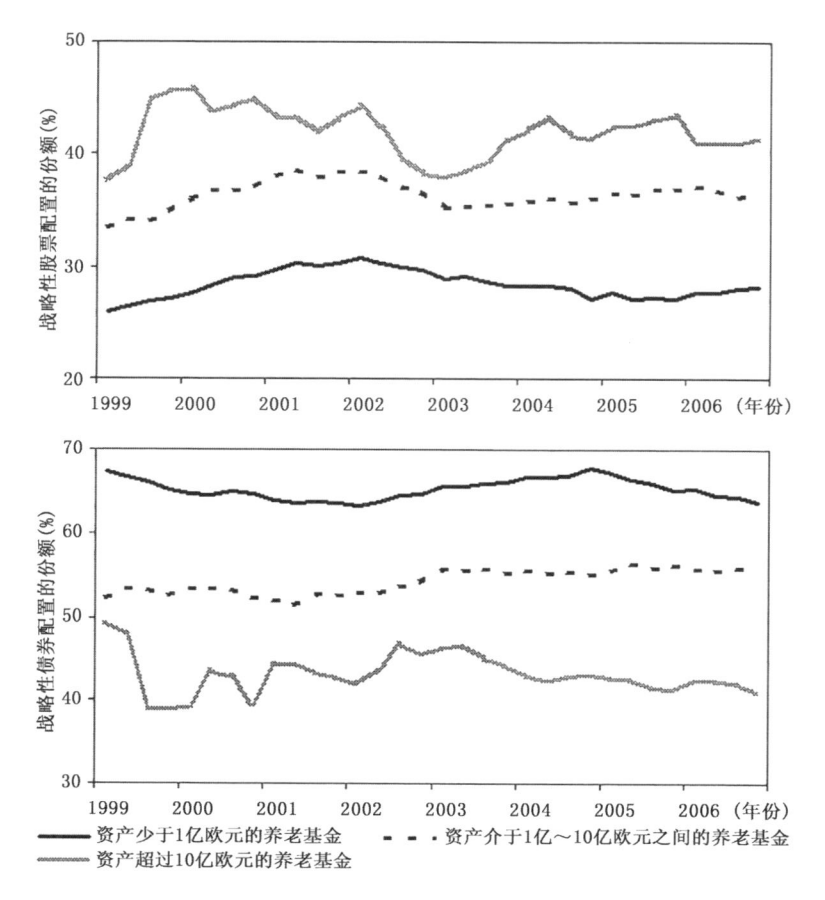

图 8.2　1999 年第一季度～2006 年第四季度荷兰不同规模等级的
养老基金的战略性股票和债券配置份额

为了考察投资者的成熟度或成熟度不足对其冒险程度的影响,我们来估计下列方程式：

$$Bond°allocation_{i,t} = \alpha + \beta Heaping_{i,t} + \gamma Diversification_{i,t}$$
$$+ \delta Home°bias_{i,t-1} + \varepsilon Size_{i,t-1}$$
$$+ \zeta Risk°preferences_{i,t-1} + \eta Governance_i$$
$$+ \theta Pension°plan_i + e_{1,t} \quad (8.3)$$

式中,因变量"$Bond°allocation_{i,t}$"表示养老基金 $i(i=1,\cdots,T)$ 在 t 季度的战略性债券配置;解释变量"$Heaping_{i,t}$"(百分比倍数堆积)和"$Diversification_{i,t}$"(资产类别投资多样化)是表示养老基金 i 在 t 季度的资产配置成熟程度。如果战略性股票和债券配置都是按 5% 的倍数的百分比来构建,那么,"$Heaping_{i,t}$"就等于 1,否则就等于 0。"$Diversification_{i,t}$"表示养老基金 i 在 t 季度进行的反映它们成熟程度的资产类别投资多样化,被定义为"战略性另类资产配置"减去"战略性简单另类资产投资"后的"战略性复杂另类资产配置",战略性复杂和简单另类资产配置都用占战略性总资产配置的百分比表示。"$Home\ bias_{i,t-1}$"表示荷兰的养老基金 i 在 t 季度在欧洲货币联盟(EMU)境内进行的投资占其总投资的比例。β 和 δ 的正估计值以及 γ 的负估计值可以表示,投资策略欠成熟的养老基金通过把较大份额的资产投资于债券来降低其投资组合的风险。

式(8.3)中的其他解释变量是养老基金债券(或股票)配置模型中的标准构成要素(Alestalo and Puttonen,2006;Gerber and Weber,2007;Lucas and Zeldes,2006,2009)。我们还把用"总投资对数"衡量的变量"养老基金的规模"纳入了式(8.3),并用它来估计养老基金规模对其风险状况的影响。尽管不太可能存在内生性问题,但为了避免可能存在这种问题,我们赋予这个变量一个滞后期。债券价格冲击可能会导致养老基金的实际债券配置和总投资在同一时期一起增加,但股票价格冲击却会对实际债券配置和总投资产生反向影响。更重要的是,我们解释的是战略性资产配置,而不是实际资产配置。但随着时间的推移,战略性资产配置可能会逐渐受到资产价格冲击的影响(Bikker et al.,2010)。[1] ε 的负估计值表示,养老基金规模越大,就会进行风险越大的投资。规模优势应该能使大型养老基金采用高度发达的资产配置策略,因此,这个变量也可用来解释前面两个被作为资产配置成熟程度衡量指标的变量("$Heaping$"和"$Diversification$")无法解释的一些变化。

"$Risk\ preferences_{i,t-1}$"(风险偏好)是控制养老基金会员和发起人风险偏好的三个变量的向量。我们把变量"会员人均资产"包括在这个向量中,是为了用它来控制会员人均养老金资产增加对养老基金会员和发起人风险偏好的影响。这个变量的负系数表示,养老基金投资越多,其会员厌恶风险的程度就越低。把年龄变量"退休会员百分比"纳入这个向量,是为了控制养老基金负债的期限(Lucas and Zeldes,2009)。[2] 这个变量的正系数表示,相对而言,养老基金持投资短期观的会员越多,就越有可能选择风险较小的投资组合(见本书第七章)。

---

[1] 不过,我们也采用两阶段最小二乘法来估计这个方程,或者用"会员人数"来替代"总资产"。
[2] 我们 1999~2006 年的数据集没有会员平均年龄的数据,就如阿莱斯塔罗和普特涅恩(Alestalo and Puttonen,2006)以及戈伯和韦伯(Gerber and Weber,2007)所采用的数据集。

我们之所以要把用总投资除以折现后的养老金负债得到的变量"资产负债比"包括在这个向量中,是因为,从风险管理的角度看,养老基金有越多的备付金,就有越大的投资风险资产的余地。① 这个变量的负系数也能表示,养老基金的风险厌恶程度较低。这个发现与,譬如说,科恩(Cohn et al.,1975)的研究发现一致。这个变量之所以被赋予 1/4 期的时滞,是因为养老基金的资产负债比变化可能需要一段时间才能影响到它们的战略性债券配置。

"$Governance_i$"(治理)是一个由三个控制养老基金治理差别的虚拟变量构成的向量。如果养老基金执行面向某个行业全体雇员的养老金计划,那么,虚拟变量"行业养老基金"就取 1,否则就为 0;如果养老基金执行面向某个特定职业团体(如医疗职业团体、公证人职业团体)的养老金计划,那么,虚拟变量"职业团体养老基金"就取 1,否则就为 0。请注意,"企业养老基金"被作为基准养老基金。最后,如果养老基金执行缴费确定型计划,那么,虚拟变量"缴费确定型养老金计划"就取 1;但如果相反,养老基金执行的是待遇确定型养老金计划,那么,虚拟变量"缴费确定型养老金计划"就为 0。

表 8.10 的第一、三和四栏虽然没有包括各种养老基金以及行业养老基金和企业养老基金的"本土偏好"变量,但分别报告了式(8.3)的估计结果。② 如果把养老基金的"本土偏好"变量包括在内,那么就会使观察值的数量从 13 517 个减少到 2 007 个。③ 除了行业养老基金的虚拟变量"缴费确定型养老金计划"只在 10% 的置信水平上显著外,所有的其他关键变量都是带着预期的符号纳入式(8.3),并且在全部三种变量设定中都在 1% 的水平上显著。研究结果有力地证明,资产配置政策次于最优政策的小型养老基金更倾向于选择低风险的资产配置策略。具体来说,"$heaping$"("百分比倍数堆积")变量的系数显著为正,说明资产配置政策欠成熟的养老基金进行较多的债券投资。这个变量的系数表明,

---

① 这一点也是根据荷兰的养老基金监管制度推导出来的,因为荷兰的养老基金监管制度要求养老基金的资产负债比在一年内低于 100% 的概率必须小于 2.5%(Broeders and Pröpper,2010),而养老基金必须始终持有 5% 的最低备付金。对于有风险的投资,养老基金必须持有更大比例的备付金。荷兰没有设立养老金保障基金。

② 我们采用混合最小二乘法进行了估计,并且使用胡贝尔—怀特(Huber-White)夹心估计量修正了异方差的标准误差。

③ 我们还对包括变量"本土偏好"的式(8.3)进行了估计。这个变量作用明显,并且与预期的作用方向相同(本土偏好越明显,债券投资就越多)。其他两个成熟度(不足)衡量指标在影响显著,即对投资多样化(各种版本)和"百分比倍数堆积"(行业养老基金)影响显著时与预期方向相同。由于"本土偏好"的观察值相对较少,因此,我们没有在这里报告研究结果,但读者如有需要,可向我们索取。

按 5% 的倍数的百分比进行资产配置的养老基金债券投资平均要多 3.2 个百分点（见表 8.10 第一栏）。变量"$diverfication$"（资产类别投资多样化）的系数甚至更大。这表明，如果养老基金在复杂另类资产上多投资 10%（占总资产的比例），或在简单另类资产上少投资 10%，那么就会在债券上少投资 2.9%。请注意，在这个以养老基金规模为解释变量的多元回归模型中，两个表示养老基金成熟度的变量的系数反映了按规模效应调整后的成熟度效应。最后，规模变量带着负号纳入方程式，表明大型养老基金通过相对较少的债券投资来提高其风险资产配置。我们采用另一个规模衡量指标，即"会员人数"，而不是"总资产"，能得出几乎相同的估计结果。[①]

表 8.10　荷兰不同类型养老基金的战略性债券配置比例和成熟度衡量指标
（1999 第一季度～2006 第四季度）

	全部养老基金		企业养老基金	行业养老基金
	第一栏	第二栏	第三栏	第四栏
"倍数堆积"（含入整倍数）	0.031***	—	0.021***	0.079***
另类资产配置多样化	−0.212***	—	−0.153***	−0.554***
综合指标	—	0.465***	—	—
养老基金规模（$t-1$ 期）	−0.025***	—	−0.027***	−0.016***
会员人均投资（$t-1$ 期）	−0.039***	—	−0.044***	−0.820***
退休会员比例（$t-1$ 期）	−0.044***	—	−0.043***	0.088***
资产负债比（$t-1$ 期）	−0.048***	—	−0.048***	−0.026***
行业养老基金	−0.040***	—	—	—
职业团体养老基金	0.054***	—	—	—
缴费确定型计划	−0.064***	—	−0.048***	−0.026
截距	0.962***	0.871***	−0.080***	−0.099***
观察值数量	16 260	16 937	13 484	2 436
F 统计量	377	2,499	226	220
经过调整的 R^2	19.9	13.8	13.9	42.7

注："*"和"***"分别表示在 10% 和 1% 的水平上显著。

---

① 读者如有需要，可向作者索要研究结果。我们还用两阶段最小二乘法对式（8.3）进行了估计，总资产的工具变量是会员人数（都用对数）。结果几乎相同。

三个包含风险偏好的变量中有两个对所有三个样本都有预期的符号：资产负债比越高，会员人均投资越多，就意味着债券配置的比例就相对越低，这与本书第七章的结论一致。退休会员的比例越高，养老基金就会选择风险较小的投资，从而配置较多的债券，但这只适用于行业养老基金。使用养老基金会员的平均年龄（我们的数据集中没有这方面的数据），而不是退休会员百分比的研究也发现年龄会有类似的负面影响（Alestalo and Puttonen, 2006; Gerber and Weber, 2007）。行业养老基金与企业养老基金相比持有较少的债券，但与职业团体养老基金相比，情况则正好相反。拜克、布罗德斯和德德勒（Bikker, Broeders and de Dreu, 2010）对后一种情况进行了解释。没有规定名义养老金待遇目标的缴费确定型计划往往进行较少的债券投资。表 8.10 中"全部养老基金"的拟合优度（调整后的 R^2）相当低，只有 19.9，这表明式（8.3）无法反映决定债券配置比例的许多其他因素，而这种情况又表明，我们没有观察的偏好、风险厌恶和主观判断对战略性资产配置产生重要的影响。请注意，这个模型更加适合———一般规模较大的———行业养老基金：行业养老基金调整后的拟合优度（R^2）是 42.7，而全部荷兰养老基金调整后的拟合优度只有 19.9。

表 8.10 的第二栏列示了我们在第 8.3.4 小节中估计的"成熟（不足）程度"综合指标的系数。这个指标被定义为 $\sum_j \beta_j x_{i,j,t}$，其中的 $x_{i,j,t}$ 是在式（8.3）中已经出现过的变量，β_j 是在约束条件下估计的相应系数。同时把这个指标和作为解释变量的指标纳入模型，根据定义，有可能会导致（完全）多重共线性，[①]因此，我们只估计这个指标的系数。正如预期的那样，这个指标系数的 t 值大于两个现在组合成综合指标的成熟度分立衡量指标的 t 值。这个结果证实：综合指标是成熟（不足）程度基本衡量指标的有用代理变量；欠成熟的养老基金进行更多的债券投资。

8.5 用 2007～2010 年的数据进行的升级版稳健性检验

2007 年，荷兰推行一种新的养老基金监管制度。同时，审慎监管机构更新了养老基金的报告制度，并且调整了资产类别的定义。其中的一个重要的变化是，从那以来，对冲基金投资必须与股票投资分开，作为一个单独的资产

[①] 如果式（8.1）和（8.3）中的滞后时间相同，那么就有完全多重共线性。因此，近似多重共线性，如式（8.1）并不含滞后期。

类别进行报告。另一个变化是混合基金要拆分为它们的组成分量,并把它们归入债券、股票等资产类别。这两项变化对我们的资产配置多样化衡量指标"另类资产"和式(8.3)这个冒险程度衡量模型中的因变量"债券配置比例"产生了重要的影响。这就是为什么我们不能把2007年及其后的数据添加到1999~2006年考察期的基本样本中并直接把我们的方法应用于整个考察期的原因。

我们把我们的数据集扩展到2007年第一季度~2010年第四季度,这样,我们就有另外16个季度的观察数据可用。我们使用第二个数据集来检验在考察1999~2006年的数据集时发现养老基金的理财成熟度特征是否在第二个考察期里继续存在。请注意,与1999~2006年的32个季度相比,第二个考察期的持续时间很短;我们根据新的报告标准使用不同的资产类别定义。我们为2007~2010年重复本章所进行的全部计算,并简要讨论我们的计算结果(结果备索)。这第二个考察期汇总统计数据(见表8.1)的典型趋势是规模较小的养老基金从平均368个减少到了126个,因此,(剩下的)养老基金规模较大。养老基金的平均总资产由于合并和总体增长而有所增加。第二个考察期的战略性股票和债券配置频率分布看起来与第一个考察期类似(如图8.1所示),同样在5%的倍数处出现显著的峰值。现在,债券的配置比例变得更小,而股票零配置不用再报告。2007~2010年间,舍入5%的倍数的频率从62%下降到了43%;按相对和绝对值计,中型和大型养老基金这个频率的下降幅度就更大(与表8.2和8.3比较)。5%的倍数堆积现象在2007年初突然变得平和,可能与新的报告制度有关,从而支持了不能把两个考察期合并在一起分析的观点。因此,我们不能把"堆积现象"的减轻解读为成熟程度的提高。各种规模等级的养老基金都增加了复杂投资,但大型养老基金仍然增加最多。现在,各种规模等级的养老基金都减少了对简单资产的投资。在第二个考察期里,规模较大的养老基金和规模较小的养老基金,在股票和债券投资比例上的差别已经缩小,造成这种情况的部分原因是规模较小的养老基金数量(与表8.4和8.5相比)有所减少。不同规模等级的养老基金之间的本土偏好差别(与表8.7相比)仍保持不变。总体情况是,大型和小型养老基金之间在一项指标(资产配置多样化)上的差别有所扩大,而在其他两项指标(舍入倍数堆积现象和本土偏好)上的差别则有所缩小。

在解释2007~2010年的战略性债券配置时,由于另类资产定义得到了完善，"另类资产多样化"指标的系数比以前（与表 8.10 相比）显著增大。虽然在1999～2006 年期间，舍入倍数堆积现象是最具统计显著性的衡量指标，但在后来的几年里就不再那么显著。事实上，与行业养老基金的零相比并没有显著的差别，可能是因为它的发生频率较低。经估计表明，由式（8.2）定义的成熟（不足）程度的综合指标，也是一个解释战略性债券配置的非常重要的变量：成熟程度越低，债券投资就越少。

我们得出的结论是，成熟度衡量指标在 2007～2010 年间继续有效，但对舍入倍数堆积现象的重要性有所下降，而另类资产配置多样化则发挥了更加重要的作用。此外，我们还发现，三个养老基金成熟度衡量指标中有两个指标表明，随着时间的推移，荷兰养老基金的成熟度在不断提高。

8.6 结束语

我们考察了投资者成熟程度对冒险程度的影响。我们之所以专门关注养老基金这类投资者，是因为它们的规模和其他特征与其他投资者大相径庭，而且我们可获得养老基金的综合数据。为了衡量养老基金这种投资者的成熟程度，我们构建了三个衡量养老基金投资政策成熟程度的指标。第一个指标衡量关于战略性股票和债券资产配置的诱人但不精确的数字。荷兰的养老基金大多采用这样的经验法则，特别是 5% 的倍数这个经验法则。荷兰养老基金的这种行为支持了在当前实践中并不直接通过优化资产负债管理模型来进行资产配置的观察结果。相反，从资产负债管理研究的结果来看，荷兰养老基金的资产配置取决于养老基金投资经理的主观判断。第二个指标是把除股票和债券以外的复杂另类资产投资作为投资组合多样化的手段。我们观察到，荷兰的很多养老基金对比较复杂的另类资产类别只进行很少的投资，从而表明荷兰养老基金的投资多样化没有达到最优水平。第三个指标是投资组合中的本土股票偏好。我们发现，荷兰养老基金在欧元区的相对投资存在巨大的差异，这表明许多荷兰养老基金的国际多样化程度并没有达到最优水平。我们还发现，这三个与养老基金规模相关的指标表明，规模较小的养老基金往往没有规模较大的养老基金成熟。尽管如此，投资成熟度单独有助于解释风险厌恶态度，这也说明，在相同规模等级的养老基金之间，掌握投资专业知识的程度也是大相径庭。这些结果表明，许多荷兰养老基金，特别是小型养老基金的资产配置政策只达到了次优水平。

一个值得注意的发现是,荷兰养老基金的资产配置实践存在巨大的差别,在更大的语境下,这种现象也被称为"资产配置之谜"。这种差别部分可以用养老基金的规模、养老金计划类型及其会员人均资产、会员年龄分布和资产负债比等偏好指标来解释,最后,还有养老基金的治理类型。此外,我们还发现,我们考察的全部投资者成熟程度指标具有高度的统计学意义。

即使考虑养老基金的规模、成熟程度和其他它们特有的变量,养老基金的投资组合选择也显著不同。我们认为,这方面的差别说明 荷兰养老基金持有截然不同的最优投资组合观。不同资产类别风险—回报不同的假设、养老基金投资经理的专业水平以及养老基金董事会成员的个人偏好等方面存在的差别似乎也很可能起到了重要的作用。对后一种现象的分析超出了本章的研究范围,但建议可把它作为一个值得未来研究关注的主题。

我们的研究结果表明,通过合并或增加合作(如采用能够管理多个企业或行业养老金计划的所谓一般养老保险机构的形式),荷兰养老保险部门的进一步整合可能有助于提高养老基金投资政策的成熟度。这种整合的好处与之前的研究发现相一致,其中我们发现养老基金规模与其会员人均管理和投资成本之间存在负相关关系(Bikker and de Dreu,2009;Bikker,Steenbeek and Torracchi,2012;Chap. 3;Alserda et al.,2017)。

参考文献

ABP, 2017. *Annual Report 2016*, http://jaarverslag.abp.nl/docs/ABP_JV_2016/index.php?nr=16&r_code=ABP_JV_2016 (accessed May 23, 2017).

Agnew, J., P. Balduzzi, A. Sundén, 2003, Portfolio choice and trading in a large 401(*k*) plan, *American Economic Review* 93, 193–215.

A'Hearn, B., J. Baten, D. Crayen, 2009, Quantifying quantitative literacy: age heaping and the history of human capital, *Journal of Economic History* 69, 783–808.

Alestalo, N., V. Puttonen, 2006, Asset allocation in Finnish pension funds, *Journal of Pension Economics and Finance* 5, 27–44.

Alserda, G., J.A. Bikker, S.G. van der Lecq, 2017, *X-efficiency and economies of scale in pension fund administration and investment*, DNB Working Paper No. 547, De Nederlandsche Bank, Amsterdam.

Bachi, R., 1951, The tendency to round off age returns: measurement and correction, *Bulletin of the International Statistical Institute* 33, 195–221.

Banerjee, A.V., 1992, A simple model of herd behavior, *Quarterly Journal of Economics* 107, 797–817.

Benartzi, S., T. Thaler, 2001, Naïve diversification strategies in defined contribution saving plans, *American Economic Review* 91, 79–98.

Bikker, J. A., D.W.G.A. Broeders, J. de Dreu, 2010, Stock market performance and pension fund investment policy: rebalancing, free float, or market timing? *International Journal of Central Banking* 6, 53–79.

Bikker, J. A., J. de Dreu, 2009, Operating costs of pension funds: the impact of scale, governance, and plan design, *Journal of Pension Economics and Finance* 8, 63–89.

Broeders, D.W.G.A., 2010, Valuation of contingent pension liabilities and guarantees under sponsor default risk, *Journal of Risk and Insurance* 77, 911–934.

Broeders, D.W.G.A., Pröpper, M. H., 2010, Risk-based supervision of pension funds in the Netherlands, in: M. Micocci, G. N. Gregoriou, G. B. Masala, (eds.), *Pension Fund Risk Management: Financial and Actuarial Modelling*, Chapman and Hall, Boca Raton.

Budd, J.W., T. Guinnane, 1991, Intentional age misreporting, age heaping and 1908 old age pensions act in Ireland, *Population Studies* 45, 497–518.

Calvet, L. E., J. Y. Campbell, P. Sodini, 2007, Down or out: assessing the welfare costs of household investment mistakes, *Journal of Political Economy* 115, 707–747.

Calvet, L. E., J. Y. Campbell, P. Sodini, 2009a, Fight or flight? Portfolio rebalancing by individual investors, *Quarterly Journal of Economics* 124, 309–348.

Calvet, L. E., J. Y. Campbell, P. Sodini, 2009b, Measuring the financial sophistication of households, *American Economic Review* 99, 393–398.

Campbell, J. Y., 2006, Household finance, *Journal of Finance* 61, 1553–1604.

Canner, N. N., G. Mankiw, D. N. Weil, 1997, An asset allocation puzzle, *American Economic Review* 87, 181–191.

Cohn, R. A., R. C. Lease, W. G. Lewellen, G. G. Schlarbaum, 1975, Individual investor risk aversion and investment portfolio composition, *Journal of Finance* 30, 605–620.

DeLong, J.B., Shleifer, A., Summers, L.H., Waldmann, R.J., 1990. Noise trader risk in financial markets. *Journal of Political Economy* 98, 703–738.

DeMiguel, V., L. Garlappi, R. Uppal, 2007, Optimal versus naive diversification: how inefficient is the 1/N portfolio strategy? *Review of Financial Studies* 22, 1915–1953.

Dhar, R., N. Zhu, 2006, Up close and personal: investor sophistication and the disposition effect, *Management Science* 52, 726–740.

French, K. R., J. M. Poterba, 1991, Investor diversification and international equity markets, *American Economic Review* 81, 222–226.

Gerber, D. S., R. Weber, 2007, Demography and investment behaviour of pension funds: evidence for Switzerland, *Journal of Pension Economics and Finance* 6, 313–337.

Goetzmann, W. N., A. Kumar, 2008, Equity portfolio diversification, *Review of Finance* 12, 433–463.

Grable, J. E., 2000, Financial risk tolerance and additional factors that affect risk taking in everyday money matters, *Journal of Business and Psychology* 14, 625–630.

Griffin, D., A. Tversky, 1992, The weighing of evidence and the determinants of confidence, *Cognitive Psychology* 24, 411–435.

Hirshleifer, D., A. Subrahmanyam, S. Titman, 1994, Security analysis and trading patterns when some investors receive information before others, *Journal of Finance* 49, 1665–1698.

Huberman, G., W. Jiang, 2006, Offering versus choice in 401(k) plans: equity exposure and number of funds, *Journal of Finance* 61, 763–801.

Kang, J. K., R. M. Stulz, 1997, Why is there a home bias? An analysis of foreign portfolio equity ownership in Japan, *Journal of Financial Economics* 46, 3–28.

Karlsson, A., L. L. Norden, 2007, Home sweet home: home bias and international diversification among individual investors, *Journal of Banking and Finance* 31, 317–333.

Lucas, D. J., S. P. Zeldes, 2006, Valuing and hedging defined benefit pensions obligations: the role of stocks revisited, Working Paper, Columbia University.

Lucas, D. J., S. P. Zeldes, 2009, How should public pension plans invest? *American Economic Review: Papers and Proceedings* 99, 527–532.

Markowitz, H., 1952, Portfolio selection, *Journal of Finance* 6, 77–91.

Myers, R. J., 1976, An instance of reverse heaping of ages, *Demography* 13, 577–580.

OECD, 2011, *Pension Markets in Focus*, Issue 8, OECD, Paris.

OECD, 2016, *Pension Markets in Focus 2016*, OECD, Paris, www.oecd.org/finance/private-pensions/globalpensionstatistics.htm (accessed May 16, 2017).

Sharpe, W. F., 1964, Capital asset prices: a theory of market equilibrium under conditions of risk, *Journal of Finance* 19, 425–442.

Shleifer, A., L. H. Summers, 1990, The noise trader approach to finance, *Journal of Economic Perspectives* 4, 19–33.

Tobin, J., 1958, Liquidity preference as behaviour towards risk, *Review of Economic Studies* 25, 65–85.

第九章 机构投资者承担的投资风险[①]

扬科·霍尔特(Janko Gorter)
雅各布·拜克(Jacob Bikker)

9.1 引 言

  养老基金和保险公司的投资行为,特别是它们的风险—回报偏好,非常重要。虽然承担较大的投资风险通常会带来较高的预期回报,但也往往会加剧资产与负债错配的程度,从而危及未来的养老金待遇和保险金给付。最近金融市场上发生的危机已经使机构投资冒险的潜在不利影响变得一清二楚。事实上,全球待遇确定型养老基金的财务状况已经受到了不利的影响。保险公司为防止破产准备的预备金也受到了影响,但没有像待遇确定型养老基金受到的影响那么严重。虽然待遇确定型养老基金在实践中往往比保险公司面临更大的资产—负债错配风险(如 Broeders et al.,2011),已经是众所周知的事情,但据我们所知,迄今仍没人开展旨在发掘这一典型事实根源的实证研究。我们的目的是通过比较荷兰待遇确定型养老基金、寿险公司和非寿险公司承担的投资风险来填补这方面实证研究的部分空白。

  相关理论对投资者的风险偏好提出了两种主要假说。根据风险管理假说,由于破产成本(Smith and Stulz,1985)和可能无力接受未来有利可图的投资项

[①] 本章是扬科·霍尔特和雅各布·拜克(J. K. Gorter and J. A. Bikker,2013)在《应用经济学》(*Applied Economics* 45,4629—4640)上发表的论文《机构投资者承担投资风险的程度》(Investment risk-taking of institutional investors)的升级版。

目(Mayers and Smith,1987),财务上受到约束的投资者有谨慎投资的动机。萨默(Sommer,1996)以及康明斯和丹松(Cummins and Danzon,1997)实证发现了能证明保险公司要承担限制其冒险的财务困境成本的证据。具体来说,这几位作者证明,保险产品要按有风险的债务来定价,保险产品价格与保险公司违约的概率负相关。因此,投资风险越大,保单利润率就越低。保险监管提供了额外的风险管理激励。事实上,在荷兰,当保险公司的资本金少于最低监管标准时,审慎监管机构荷兰中央银行就会接管相关保险公司。这样,保单持有人就可以避免严重的损失,但保险公司的所有人和管理层仍有动机不遵守最低限度的监管。

风险管理动机也被认为与养老基金有关。职业养老基金主要由或许具有风险管理动机的雇主提供资金。事实上,劳(Rauh,2009)研究美国待遇确定型养老金计划得出了这样的结论:风险管理动机主导投资行为。即便如此,我们仍预期,养老基金的风险管理动机不如保险公司那么强烈,因为养老基金不用承担财务困境成本。养老基金是信托基金,即使在资不抵债的情况下,养老基金也不会破产,会员也不能退出基金,而不可流通的资产也不会流失。

关于投资者冒险(或承担风险)的另一个主要假说是风险转移说。风险转移说认为,投资者有投资风险证券的动机,特别是在陷入财务困境的情况下(Jensen and Meckling,1976)。转移风险的动机源于报酬不对称,机构投资者的利益相关者能从机构投资者冒更大的投资风险带来的好处中获益,但只需承担有限的机构投资者冒更大投资风险造成的不利影响,因此可能会有增加投资组合风险的动机。股份持有人由于只承担有限的责任而能获得这种不对称的回报。因此,根据所有权结构假说的预期,股份制保险公司比它们的互助制同行有更强的冒险动机(Lee et al.,1997)。其基本逻辑就是,股份制保险公司的股票持有人能够通过增加投资组合的风险来增加自己的所有权,而互助制保险公司的共同所有人通常无法这么做,因为这类保险公司的共同所有人,根据定义,也只是保单持有人。因此,在互助制保险公司的情况下,转移风险只能获得很少且比较离散的好处(Esty,1997)。

由于养老基金的组织形式似乎更类似于互助制保险公司,而不是股份制保险公司,因此,我们可以预期养老基金转嫁风险的动机,相对而言,没有股份制保险公司那么强烈。然而,职业养老基金的公司发起人可能会对它们发起的养老金计划的参与者采取风险转移行为。在公司发起人对养老基金的资金短缺不承担全部责任(荷兰的情况就是如此)的情况下,它们的风险转移动机就有可能变得非常强烈。但即使是在发起公司要承担全部责任的情况下,有限责任制也限定了公司股东要承担的损失风险。因此,在财务状况恶化的情况下,养老基金发起人有动机青睐风险投资策略(Sharpe,1976;Treynor,1977)。

本章对荷兰机构投资者在从 1995 年到 2009 年的 15 年里的风险管理和风险转移动机相关性进行了评估。我们的数据集涵盖待遇确定型养老基金、寿险公司和非寿险公司,它们管理的总资产超过 1 万亿欧元,几乎是荷兰国内生产总值的两倍。本章对有关养老基金(如 Lucas and Zeldes,2009;Rauh,2009;Bikker et al.,2010:chap.7)和保险公司(如 Cummins and Sommer,1996;Baranoff and Sager,2002,2003)投资政策的实证文献进行了综述。请注意,荷兰的情况特别适合考察机构投资者的投资行为,因为荷兰的机构投资者原则上可以根据自己的意愿自由决定风险—回报选择,并相应配置自己的资产。而在其他许多国家,投资者要受到旨在阻止冒险的定量约束。[1]

一个自然且常用的衡量投资冒险程度的指标是股票配置份额,即股票占投资组合的百分比(如可见 Lee et al.,1997;Rauh,2009)。的确,投资者因为投资股票而要承担相当大的收入和资产负债波动的风险。把股票配置份额作为风险的代理变量有一个潜在的重要缺点,那就是忽略利率风险。由于持有利率风险很大的敞口头寸的荷兰投资者往往会持有风险很大的股票敞口头寸,反之亦然,因此,把股票配置份额作为风险的代理变量的这个缺点在本研究的背景下似乎并不特别重要。我们考察了不同投资者随时间而变的股票配置。在同行比较分析中,我们专门关注机构投资者之间的冒险程度差别。在时间序列分析中,我们考察了机构投资者如何采取交易行为对既往回报做出反应,也就是说,我们研究了反馈交易问题。虽然现在已经有相当多的反馈交易研究文献,[2]但这种行为对微观审慎风险的影响通常遭到了忽略。但是,我们可以很容易地证明,如果股价随机行走,那么,在股价下跌时买进股票(即做负反馈交易或进行再平衡)是有风险的——在这里,风险被定义为损失全部备付金的可能性。根据同样的定义,做正反馈交易也可能有风险,也就是说,在股价上涨时卖出股票,也可能有风险。

---

[1] 戴维斯(Davis,2002)在一项关于主要经合组织成员国机构投资者监管的研究中指出,只有英国和荷兰没有对寿险公司的股票持有量实施定量限制。

[2] 有关这个主题的文献综述,请参阅 Badrinath 和 Wahal(2002)。

本章安排如下：第 9.2 节进一步回顾有关机构投资者冒险行为的背景资料，并介绍可验证的相关假设。第 9.3 节说明我们使用的方法，介绍我们使用的数据集，并提供一些简要的统计数据以及关于在时间上动态发展的信息。第 9.4 节给出我们的实证结果，包括对不同类型机构投资者冒险程度的比较，以及对因时而变的投资冒险程度的比较。第 9.5 节对全章进行总结。

9.2 相关假设

9.2.1 风险承受能力

如本章的引言所述，关于风险承受能力和冒险程度之间的关系，相关理论提出了两个相互竞争的假设，即风险管理假设和风险转移假设。鉴于荷兰保险公司通常持有远远超过监管要求的资本（De Haan and Kakes, 2010），又考虑到劳（Rauh, 2009）研究发现美国待遇确定型养老金计划的风险管理动机大于风险转移动机，因此，我们预期，平均而言，机构投资者的风险承受能力与投资冒险程度正相关。

假设 H_1：投资者的风险承受能力越大，投资冒险程度就越高；反之亦然。

本章采用几个不同的实证指标来衡量投资者的风险承受能力。第一个是资本比率，我们可用它来直接衡量投资者的风险承受能力。[①] 机构投资者拥有资本越多，就越能承担风险较大的资产组合，并/或为其利益相关者提供安全的回报（Gatzert and Schmeiser, 2008）。但是，持有资本是有成本的（Merton and Perold, 1998），这就意味着，在实践中，相对较多的备付金有可能要么被用来填补亏损，要么被用来承担额外的风险。因此，我们预期，机构投资者拥有资本越多，就会冒越大的投资风险；反之亦然。

假设 H_1a：机构投资者拥有资本越多，就会冒越大的投资风险；反之亦然。

[①] 在这一章里，资本比率是衡量投资者风险承受能力的重要代理变量。资本比率在这里被定义为资产净值（即资产减去负债）与总资产的比率。资本比率虽然在银行业是一个很常用的指标，但在保险和养老保险行业却并不是常用的偿付能力指标。在保险业，偿付能力状况通常是用偿付能力比率来表示的。偿付能力比率等于实际偿付准备金除以所要求的偿付准备金。在养老基金行业，偿付能力通常用资产负债比来来表示，即总资产与总负债的比率。但为了便于比较，我们对保险公司和养老基金都采用资本比率。

规模是另一个风险因子。规模较大的企业通常能获得较多的多样化收益，无论是在资产端在还是负债端。由于多样化有助于改善投资者的总体风险状况，因此，投资者规模越大，就被认为有越大的风险承受能力。所以，我们预期，投资冒险程度与投资者规模之间存在正向关系。大企业还能得益于规模经济，因为它们有能力建立更加成熟的风险管理机构。但矛盾的是，风险管理集约化程度越高，就会导致冒越大的风险，因为它允许金融机构更加准确地衡量它们的风险，并能够以据说最有效的方式来利用它们的稀缺资本。大公司倘若过度相信（自己提出的）理论和模型，那么还可能由于过度自信而遭受损害。因此，我们预期企业规模越大就会冒越大的投资风险，但我们并不完全清楚，这是由风险承受能力增大还是风险厌恶态度减弱造成的。

假设 H_1b：机构投资者越大，承担投资风险就越多；反之亦然。

保险行业由经营各种风险状况不同的业务的保险公司组成。我们预计，在波动较大的业务领域，保险公司不太愿意承担投资风险。偿付能力 II 的第五项定量影响力研究（QIS5）得出了一个值得关注的结论：非寿险公司承保的风险通常大于寿险公司（EIOPA，2011）。因此，寿险公司可以配置相对较多的资金来承担市场风险。在这种背景下，区分由保险人承担投资风险的传统人寿保险与由投保人承担投资风险的投连人寿保险，具有十分重要的意义。在荷兰，保险监管机构已经承认这两种人寿保险之间的这一差别，因此对投连人寿保险规定了较低的业务准备金（De Haan and Kakes，2010）。

非人寿保险有五种业务类别：(1)意外事故和健康险；(2)车辆险；(3)海运、陆运和空运险；(4)火险和其他财产险；(5)杂险。其中，有些业务类别比其他业务类别更不稳定。衡量非寿险承保风险的常用指标是赔付率的标准差（如 Lamm-Tenant and Starks，1993；Guo and Winter，1997）。赔付率是指赔款支出与保费收入的比率，并且是衡量承保利润率的一个常用指标。表 9.1 列示了荷兰非寿险公司在行业业务类别和公司层面（根据本章第 9.3.2 小节介绍的数据集估计的）这个风险衡量指标分布的百分位数。这些数字表明，车辆险往往是非寿险行业一个相对稳定的业务类别。

表 9.1　　　　　　荷兰非寿险业的赔付率标准差（1995～2009 年）

	观察值数量	百分位数		
		第 75	第 50	第 25
保险业业务类别层面				
意外事故和健康险	107	0.21	0.12	0.07
车辆险	62	0.16	0.08	0.05
海运、陆运和空运险	54	0.49	0.18	0.13
火险和其他财产险	126	0.26	0.15	0.09
杂险	89	0.19	0.11	0.06
公司层面	199	0.19	0.12	0.07

注：赔付率标准差根据有连续 8 年或以上数据的非寿险公司的数据计算。

对保险公司来说，再保险和集团归属关系也是投资行为的潜在决定因素。保险公司转让给再保险公司的承保业务越多，承担的承保风险就越小，因此，就越能把资金用来承担投资风险。如果集团控制并不彻底，即附属公司享有相当大的自主权，就如拜克和霍尔特（Bikker and Gorter, 2011）所指出的那样，那么，附属公司有冒更多风险的动机。

假设 H_1c：保险公司承担越多的承保风险，就会承担（冒）越少的投资风险；反之亦然。

对于养老基金，我们假设有效会员的比例会正向影响它们承担风险（冒险）的程度。这主要有三个原因。首先，桑德瑞森和萨帕特罗（Sundaresan and Zapatero, 1997）以及卢卡斯和泽尔德斯（Lucas and Zeldes, 2009）认为，股票投资［我们衡量风险承担（冒险）程度的指标］可以对冲养老金待遇的增加。养老基金有效会员的养老金待遇取决于实际工资的增长，而实际工资的增长与股票收益正相关。其次，有效会员比例在很大程度上决定着养老基金为防止资金来源不足而增加收费的效果。最后，有效会员可以通过增加工作时间和/或延长工作年限来弥补养老基金的投资损失（见本书第七章）。

假设 H_1d：养老基金拥有越多的有效会员，就会冒越多的投资风险；反之亦然。

我们还考虑了另一个养老金基金特有的变量,那就是养老基金会员人均养老金财富。养老基金归根结底是在为会员个人投资。一般来说,个人储蓄越多,就越有可能投资股票(Cohn et al.,1975)。

假设 H_1e:会员越是富有,养老基金就越有可能冒较大的投资风险;反之亦然。

9.2.2 养老基金与保险公司

养老基金是既不会破产,又不用承担财务困境成本的信托基金。即使在养老基金资不抵债的情况下,其会员也不能退出基金,因为他们必须参加相关的养老金计划。而保险公司一旦出现偿债资本不足的情况,就有可能失去投保人。事实上,有经验证据表明,保险公司确实要承担财务困境成本(Sommer,1996;Cummins and Danzon,1997)。监管是另一个与养老基金被认为会冒更多投资风险有关的原因。在荷兰,如果保险公司的资本比率低于最低监管要求,那么,审慎监管机构荷兰中央银行就会接管这样的保险公司。荷兰中央银行对养老基金实施不同的监管方式。如果有养老基金资本比率低于5%的最低要求,那么,荷兰中央银行通常会给它们三年的时间来恢复资本比率,在特殊情况下还可能延长恢复期。因此,我们预期,养老基金会比保险公司冒更多的投资风险。

假设 H_2:养老基金会比保险公司冒更多的投资风险。

假设 H_3:与养老基金相比,保险公司有更加显著的资本与投资风险的关系。

虽然现行的保险偿付能力要求缺乏相对风险的敏感性,但我们仍然认为假设 H_2 和 H_3 能够成立。虽然对保险公司的偿付能力要求在一定程度上反映了它们承担的承保风险,但并不能反映它们承担的投资风险(De Haan and Kakes,2010)。① 相比之下,自2007年财务评估框架(荷兰语叫"Financieel Toetsingskader",FTK)生效以来,荷兰一直根据风险来监管养老基金(Bikker and Vlaar,2007)。按照这种基于风险的监管框架,养老基金被要求为股票等高风

---

① 这种情况在2016年发生了变化,当时欧盟对保险公司实施了一种基于风险的新监管方法,即所谓的"偿付能力II"开始生效。

险资产投资持有更多的风险保证金。原则上,风险保证金应该足够在一年内把破产概率保持在低于 2.5% 的水平上。平均而言,这就意味着养老基金要把目标资本比率维持在 30% 左右。由于养老基金无须在备付金不足时采取去风险措施,因此,我们并不认为它们的投资行为对于风险比保险公司更加敏感。

9.2.3 股份制保险公司与互助制保险公司

全球各地保险市场上都有股份制和互助制形式的保险公司(Swiss Re,1999)。本章重点关注这两种组织形式对它们承担风险的影响。拉姆—特南和斯塔克斯(Lamm-Tenant and Starks,1993)讨论了美国保险市场的这个问题,但他们关注的是保险公司的承保风险,而不是投资风险。他俩发现,股份制保险公司能够承受的承保风险明显大于互助制保险公司能够承受的承保风险。李等人(Lee et al.,1997)考察了股份制和互助制保险公司承受投资风险的情况。他们提出了所有权结构假说,并且认为,股份制保险公司比互助制保险公司有更强的冒险动机。有限责任使得股份制保险公司的股东能够通过增加投资组合风险来增加自己所持股权的价值。互助制保险公司的业主只有很小或者根本就没有风险转移动机(Esty,1997)。互助制保险公司的共同所有权归保单持有人,而且基本不可转让;而股份制保险公司的盈余索取权由专门的剩余盈余索取者持有,而且可以转让。这种可转让性有助于股权持有人对公司管理层执行一揽子绩效薪酬方案,包括派送股票和股票期权,从而鼓励他们同时还要承担资产风险(Mayers and Smith,1992)。

假设 H_4:股份制保险公司通常会比互助制保险公司冒更多的投资风险。

9.2.4 养老基金类型

荷兰有三种类型的养老基金,它们分别是企业养老基金、行业养老基金和职业团体养老基金。虽然企业养老基金是荷兰最常见的养老基金类型,但行业养老基金管理着更多的资产。职业团体养老基金管理着像医生、公证人这样的专业人士的养老金资产。这三种类型的养老基金之间有一个关键区别,那就是职业团体养老基金的会员通常是个体经营者,而其他两种类型养老基金的会员则都是雇主的雇员。因此,虽然企业和行业养老基金有潜在的风险转移动机,但职业团体养老基金却没有这种动机。据此,我们预期,荷兰职业团体养老基金与其他两种类型的养老基金相比会冒较少的风险。

假设H_5：职业团体养老基金会比其他两种类型的养老基金冒较少的投资风险。

9.3 方法和数据

9.3.1 方法

本章从两个角度来考察投资风险承担程度的问题。我们首先考察不同投资者的股票配置情况，并通过引入虚拟变量时间（年份）忽略市场在时间上的动态变化；然后把重点转向市场动态变化，并分析不同类型的投资者如何对市场的动态变化做出反应。由于谨慎的投资者比激进的投资者更可能生存下来，特别是在我们的样本考察期内的动荡年份，因此，有人可能会说，幸存者偏差很可能会影响我们的估计结果。由于我们的数据集包括已经停止运营的机构投资者，因此，我们可以比较平衡和非平衡估计结果来估计幸存者偏差。

9.3.1.1 不同投资者的股权配置

股票投资通常会导致投资者面临收入和资产负债大幅波动的风险，因此经常被用来衡量投资者承担风险的程度。李等人（Lee et al.，1997）、康明斯和妮妮（Cummins and Nini，2002）以及德哈恩和卡克斯（De Haan and Kakes，2010）在研究保险公司时采用了这个衡量指标，而卢卡斯和泽尔德斯（Lucas and Zeldes，2009）以及拜克等人（在本书第七章中）则分别在关于美国和荷兰养老基金的研究中采用了这个指标。遗憾的是，股票配置这个衡量指标没有考虑利率风险，而利率风险是（人寿）保险公司和养老基金要面对的一种重要风险。因此，我们最好还是在模型中设置一个利率风险的代理变量，如用久期缺口（duration gap）或资本监管要求来替代利率风险。但遗憾的是，在我们的研究时间范围内并没有这样的现成替代变量可用。不过，我们预期我们的结果是稳健的，因为2009年的数据显示，利率风险和股票风险之间存在正相关关系，而且保险公司和养老基金的情况都是如此。①

我们的实证模型对变量做如下设定：

$$\begin{aligned}W_{i,t}=&\alpha_0+\alpha_1 CR_{1,t-1}+\alpha_2 \ln SIZE_{i,t-1}\\&+D_i^I[\alpha_3+\alpha_4 CR_{i,t-1}+\alpha_5\ln SIZE_{i,t-1}+\alpha_6 STOCK_i\\&+\sum\alpha_{7+q}LOB_{i,q,t}+\alpha_{13}G_{i,t}+\alpha_{14}RR_{i,t-1}]\\&+D_i^{PF}[\alpha_{15}SA_{i,t}+\alpha_{16}\ln WP_{i,t-1}+\alpha_{17}IF_i+\alpha_{18}PG_i]\\&+\sum\alpha_{19+t}YD_t+\varepsilon_{i,t}\end{aligned}\quad(9.1)$$

式中，$W_{i,t}$是投资者i在t年的股票配置，用系数向量α和一组解释变量的线性函数f来表示。虚拟变量D_i^I（如是保险公司，就取1）和D_i^{PF}（如是养老基金，就取1）表示保险公司与养老基金之间的系数差。$CR_{i,t-1}$和$\ln SIZE_{i,t-1}$分别表示滞后资本比率和用对数表示的滞后投资者规模（用总投资组合规模来衡量），同时适用于保险公司和养老基金。我们引入滞后期是为了避免同时性偏差，但是，即使滞后的资本比率也可能是内生的。在其他条件相同的情况下，在投资组合中配置股票越多，就要求投资者持有越多的资本，这样，他们才能达到相同的风险水平。这里的风险是指保险公司破产的可能性和养老基金资金来源不足的可能性。我们在评估过程中解决了这个潜在的内生性问题。

"$STOCK_i$"是一个虚拟变量（如是股份制保险公司，就取1；否则就取0），用来表示股份制保险公司与互助制保险公司之间的股票配置差别。$LOB_{i,q,t}$（$q=0,\cdots,q=5$）是表示保险公司七条业务线中六条业务线的虚拟变量，如果保险公司在每条业务线上表现积极，那么，这个变量就取1，②而相对稳定的非寿险业务线车辆险被作为基准业务线。虚拟变量$G_{i,t}$（隶属于某个集团的公司取1）被用来控制集团隶属关系。$RR_{i,t-1}$表示滞后的再保险比例，即上一年支付的

---

① 对于人寿保险公司，我们引用偿付能力 II QIS5 研究的数据来确定利率风险和股票风险之间 0.5 的样本相关性。在这项研究中，这两种风险都近似于违反各自按总资产计算的偿付能力资本要求的风险。对于养老基金，我们使用可比数据，但后来采用荷兰财务评估框架的数据来确定利率风险和股票风险之间 0.4 的样本相关性。

② 请注意，非人寿保险公司不允许承保人寿险；同样，人寿保险公司也不允许承保非人寿险。但是，保险控股公司可以拥有人寿和非人寿子公司。非人寿保险公司在某个非人寿保险业务线的保费收入超过其总保费收入的 50% 时，就说明它在这条业务线上非常活跃。如果某家非寿险保险公司经营多条业务线，并且在任何一条业务线上都不非常活跃，那么，这家保险公司的业务线虚拟变量取 0。我们根据我们的数据集把人寿保险公司的业务线分为传统寿险和投连寿险两种。考虑到人寿保险的长期性，我们根据准备金而不是保费收入来区分两种类型的人寿保险公司。一家人寿保险公司如果 50% 以上的准备金是传统寿险准备金，那么就是主要经营传统寿险业务。

再保险费占上一年保费总收入的百分比,主要是康明斯和妮妮(Cummins and Nini,2002)以及德哈恩和卡克斯(De Haan and Kakes,2010)使用了这个再保险代理变量。$SA_{i,t}$ 和 $\ln WP_{i,t-1}$ 是两个养老基金特有的变量,分别用来表示养老基金的有效会员比例和滞后的会员人均总资产(用对数表示)。IF_i 和 PG_i 都是虚拟变量,如果是行业养老基金和职业团体养老基金,那么就各取 1,否则就取 0;参照组是没有纳入模型的企业养老基金。年份虚拟变量 YD_t 用来表示样本期内股市的动态变化。最后,误差项用 $\varepsilon_{i,t}$ 来表示。

9.3.1.2 因时而变的股票配置

我们第二部分关于因时而变的股票配置的分析涉及反馈交易的问题。目前已有相当多的研究机构投资者反馈交易问题的实证文献,这些文献对正反馈交易和负反馈交易进行了区分。正反馈交易者在股价上涨时买进股票,而在股价下跌时卖出股票;负反馈交易者的做法正好相反,他们在股价上涨时卖出股票,而在股价下跌时买进股票。虽然现有的研究已经发现,过去的股票回报显著影响今天的交易行为,但有关正、负反馈交易的实证研究给出了既有肯定又有否定的证据。格林布莱特等人(Grinblatt et al.,1995)研究发现了美国机构投资者做正反馈交易的证据,但拉科尼肖克等人(Lakonishok et al.,1992)以及冈珀斯和梅特里克(Gompers and Metrick,2001)没有观察到显著的正反馈交易。现在的问题是,为什么有些机构投资者会做正反馈交易,而另一些则不做这种交易。我们认为,风险承受能力可能起着重要的作用。

关于荷兰养老基金和保险公司的已有研究(Kakes,2008;Bikker et al.,2010;De Haan and Kakes,2011)报告了荷兰养老基金和保险公司做负反馈交易的证据。做负反馈交易(即再平衡交易)的动机往往是利用股价均值回归的走势。在均值回归的条件下,机构可以通过在市场下跌时买进股票、在市场上涨后卖出股票来获得更高的回报。但是,由于股票周期可能很长,并且波动不定(Balvers et al.,2000;Spierdijk et al.,2012),而且,均值回归的程度可能很小且不确定(Pástor and Stambaugh,2012),因此,再平衡策略可能是一种非常危险的交易策略。在股票价格下跌的情况下,股票投资者的风险承受能力也会下降,而在风险承受能力下降时买进股票是一种有风险的行为;而且,只有不受约束或受宽松约束的投资者才有可能做这种交易。此外,在大多数投资者试图摆脱风险的时候,受约束的投资者可能被迫抛售他们持有的股票进行变现,这种现象被称为"减价出售"(Shleifer and Vishny,1992)。在股市上涨时,情况正好相反:股市上涨会增强投资者承受风险的意愿和能力(Black,1988)。

为了研究股票交易与股价变动之间的关系,我们把投资者 i 在 t 期的股票配置 $W_{i,t}$ 分解成三个因子:

$$W_{i,t} = \frac{E_{i,t}^{REV}}{TI_{i,t}} + \frac{E_{i,t}^{NCF}}{TI_{i,t}} + W_{i,t-1} \frac{TI_{i,t-1}}{TI_{i,t}} \tag{9.2}$$

式中,$E_{i,t}^{REV}$ 表示股票投资的盈利或亏损的欧元数额,$E_{i,t}^{NCF}$ 表示净买入或净卖出的欧元数额,而 $\frac{TI_{i,t-1}}{TI_{i,t}}$ 则表示投资组合增长的倒数。在非股票资产配置增加,而已配置股票价值保持不变的情况下,股票配置的比例会由于投资组合正增长而下降。

式(9.2)是一个等号右边的三个因子对股票配置产生一一对应影响的等式。但我们感兴趣的是,股价变动和股票交易通常是相互促进(正反馈交易的证据)还是相互抵消(负反馈交易的证据)。为此,我们引入以下经验模型:

$$W_{i,t} - W_{i,t-1} \frac{TI_{i,t-1}}{TI_{i,t}} = \frac{\Delta E_{i,t}}{TI_{i,t}} = \beta_0 + \beta_1 \frac{E_{i,t}^{REV}}{TI_{i,t}} + v_{i,t} \tag{9.3}$$

式中,$\Delta E_{i,t}$ 表示投资者 i 在 t 期的股票投资组合增长(用欧元表示)。对式(9.2)和式(9.3)进行比较,就能发现我们在式(9.3)中去除了交易因子 $\frac{E_{i,t}^{NCF}}{TI_{i,t}}$,但增加了参数 β_0 和 β_1 以及干扰项 $v_{i,t}$。用最小二乘法对式(9.3)进行估计,就能得到参数 β_1 的估计量:

$$b_1 = \frac{\hat{Cov}\left(\frac{E_{i,t}^{REV}}{TI_{i,t}}, \frac{\Delta E_{i,t}}{TI_{i,t}}\right)}{\hat{Var}\left(\frac{E_{i,t}^{REV}}{TI_{i,t}}\right)} = 1 + \frac{\hat{Cov}\left(\frac{E_{i,t}^{REV}}{TI_{i,t}}, \frac{E_{i,t}^{NCF}}{TI_{i,t}}\right)}{VarTI_{\left(\frac{E_{i,t}^{REV}}{TI_{i,t}}\right)}}$$

上式中,我们使用了恒等式 $\Delta E_{i,t} = E_{i,t}^{REV} + E_{i,t}^{NCF}$。因此,当 $b_1 > 1(b_1 < 1)$ 时,股票收益与股票净买进额之间的样本相关性为正(负),表明投资者做正(负)反馈交易。请注意,反馈交易意味着有外生的股票收益,这似乎是可能的,因为股票收益主要由市场,而不是投资者个人决定。

为了考虑不对称的反馈交易,即在熊市和牛市中的不同交易行为,我们把式(9.3)推广为:

$$\frac{\Delta E_{i,t}}{TI_{i,t}} = \beta_0 + D_{i,t}^{POS} \beta_1^{POS} \frac{E_{i,t}^{REV}}{TI_{i,t}} + D_{i,t}^{NEG} \beta_1^{NEG} + v_{i,t} \tag{9.4}$$

式中，$D_{i,t}^{POS}$ 和 $D_{i,t}^{NEG}$ 是投资者特有的虚拟变量，如果投资者在 t 年的股票收益为正和负，那么分别取 1，否则就取 0。

9.3.2 数据

我们引用荷兰中央银行公布的覆盖荷兰全部受监管养老基金以及（人寿和非人寿）保险公司的 1995～2009 年年度综合监管数据集。[①] 请注意，对于人寿保险公司，我们只收入了它们通过自己的账户进行的投资的数据，因此，投连产品投资没有包括在式(9.1)估计所用的股票配置数据内。我们的数据集在经过处理以后共包含 12 799 个机构—年度观察值。[②] 我们只找到 2000 年及其后的养老基金交易和重估数据。我们的分析重点是荷兰监管当局监管的实体个体，因为荷兰的保险业监管不同于银行业监管，采用个体化方式。

表 9.2 对我们的数据集进行了汇总。平均而言，寿险公司的资产负债规模要大于养老基金，但养老基金的股票投资比例相对较高。平均而言，养老基金的股票投资甚至超过了它们的盈余或备付金。寿险公司的情况通常不同，非寿险公司当然也没有出现这种情况。非寿险公司拥有相对较多的备付金，它们显然并不会被用来冒额外的投资风险。如上一节所述，承保风险是保险公司要承担的主要风险类别。荷兰实行待遇确定型计划的养老基金会员人均财富约为 12 万欧元，是中值的两倍多。养老基金的董事会往往会制定自己的养老金计划，而这类计划大大提高了养老基金的人均财富。请注意，与寿险公司和养老基金相比，非寿险公司是相对较小的投资者，这是非寿险保单期限短的直接结果。我们设非寿险公司这个虚拟变量是为了表明，互助制保险公司是荷兰非寿险业最常见的组织形式。在荷兰，非寿险公司的数量几乎是寿险公司的三倍，而约 45% 的非寿险公司是互助保险公司。

---

① 我们的数据集没有包括不受监管的丧葬保险公司和互助制小型非人寿保险公司。
② 原始数据集有 18 416 个机构—年度观察数据。我们没有把缴费确定型养老基金（573 个观察结果）的数据包括在原始数据中，因为它们可能会混淆我们的分析。在待遇确定型养老基金中，投资风险通常由养老基金会员，而不是养老基金自身承担。我们还剔除了总资产为零或为负、负股权配置、股权配置超过 100%、资本比率大于 1 或小于 −0.3 的观察数据。请注意，我们引用数据的数据源并没有区分零值和缺失值。

表 9.2　1995～2009 年全样本汇总统计数据(按 2009 年价格计算的货币价值)

	养老基金		寿险公司		非寿险公司	
	均值	中值	均值	中值	均值	中值
股票持有量(百万欧元)	372	15	365	12	28	1
投资总额(百万欧元)	956	60	2 204	286	145	15
股票配置比例(%)	28	28	14	8	16	9
资本比率(%)	10	12	15	9	47	47
会员人均投资(千欧元)	119	54				
会员人数(千)	26	1				
有效会员比例(%)	42	42				
养老基金类型：						
企业	0.85	1				
行业	0.14	0				
职业团体	0.01	0				
再保险比例(%)			6	1	24	15
虚拟变量"保险公司的组织形式"(互助制保险公司取1)			0.11	0	0.45	0
虚拟变量"集团隶属关系"(有集团隶属关系的保险公司取1)			0.73	1	0.65	1
虚拟变量"业务线"						
传统寿险产品			0.76	1		
投连产品			0.24	0		
意外事故和健康险					0.29	0
车辆险					0.08	0
火险和其他财产险					0.34	0
海运、陆运和空运险					0.05	0
杂险					0.08	0
机构—年度观察值数量	8 234		1 218		3 347	

9.4 实证结果

9.4.1 不同投资者的股票配置

由于资本具有潜在的内生性,因此,我们使用两阶段最小二乘估计量来估计式(9.1)。两阶段最小二乘估计量的想法是使用(潜在的)内生变量的代理变量——这里是资本——因为这个代理变量与回归方程中的扰动项不相关。这个代理变量在最小二乘估计过程的第一阶段是通过使用工具变量来生成的。工具变量必须既相关(即与内生变量充分相关)又有效(即与原始方程中的扰动项不相关),才能得出可靠的结果。我们使用投资组合规模的两个滞后变量、保险公司利润率衡量指标(即税后利润除以总资产)的两个滞后变量以及养老基金的负债衡量指标(即会员缴费收入和养老金给付额的差除以总资产)的三个滞后变量。表9.3给出了采用二阶段最小二乘法估计得出的结果,表中的最后三行是我们使用的既相关又有效的工具变量。

表 9.3　用二阶段最小二乘法估计股权配置模型得到的结果

	系数	1995~2009年非平衡数据 Ⅰ	1995~2005年非平衡数据 Ⅱ	1995~2005年平衡数据 Ⅲ
常数	α_0	** 28.72	** 31.28	** 32.78
资本比率(滞后)	α_1	4.41	−0.77	−13.46
投资组合规模(滞后,对数)	α_2	** 2.47	** 2.93	** 2.60
D^I	α_3	** −13.69	** −13.55	** −11.43
D^I · 资本比率(滞后)	α_4	** 46.06	** 48.73	** 54.96
D^I · 投资组合规模(滞后,对数)	α_5	** −1.44	** −1.60	** −1.87
D^I · STOCK	α_6	** 5.20	** 5.37	** 5.43
D^I · $LOB_{健康险}$	α_7	** −4.22	* −3.78	−3.10
D^I · $LOB_{运输险}$	α_8	** −9.70	** −7.05	−0.23
D^I · $LOB_{火险}$	α_9	** −9.57	** −8.72	** −7.53

续表

	系数	1995～2009年 非平衡数据 I	1995～2005年 非平衡数据 II	1995～2005年 平衡数据 III
$D^I \cdot LOB_{杂险}$	α_{10}	** −7.02	** −7.20	** −7.23
$D^I \cdot LOB_{传统寿险}$	α_{11}	1.12	0.32	−0.28
$D^I \cdot LOB_{投连寿险}$	α_{12}	** 11.62	* 10.03	* 7.10
$D^I \cdot$ 集团隶属关系	α_{13}	0.11	0.09	−1.44
$D^I \cdot$ 再保险比例(滞后)	α_{14}	0.33	* 0.51	0.72
$D^{PF} \cdot$ 有效会员比例	α_{15}	** 3.63	2.53	0.59
$D^{PF} \cdot$ 会员人均资产(滞后,对数)	α_{16}	** 1.48	** 1.55	** 2.03
$D^{PF} \cdot$ 行业养老基金	α_{17}	0.82	1.09	2.33
$D^{PF} \cdot$ 职业团体养老基金	α_{18}	** −6.31	** −9.12	** −10.63
观察值数量		7 811	5 550	3 400
经过调整的 R^2		22	25	31
资本比率(滞后)的第一阶段 F 检验		38.43	19.80	15.89
$D^I \cdot$ 资本比率(滞后)的第一阶段检验		56.68	49.40	25.03
汉森检验(假定值)		0.06	0.60	0.68

注:"*"和"**"分别表示用胡贝尔—怀特稳健标准差计算的在 5% 和 1% 水平上的显著性。这些回归中的因变量是用百分比表示的股票配置。资本比率变量把投资组合规模的两个滞后变量、保险公司利润率的两个滞后变量以及养老基金负债衡量指标的三个滞后变量作为工具变量。第一阶段的 F 检验验证了两个资本比率变量的工具变量的联合显著性,而汉森检验则验证了所选择的工具变量有效的联合空值。D^I 是虚拟变量,如是保险公司则取 1;如是养老基金则取 0。LOB 是表示保险行业不同业务线的虚拟变量;如是在有关业务线上表现活跃的保险公司,这个虚拟变量就取 1,否则就取 0。STOCK 是保险公司组织形式的虚拟变量,如是股份制保险公司就取 1,否则就取 0。D^{PF} 是表示养老基金的虚拟变量,如是养老基金则取 1,如是保险公司就取 0。表中没有列示年份虚拟变量的估计值,因为年份虚拟变量都很显著(检验结果备索)。出于说明的需要,所有非虚拟变量都偏离其样本均值。

表 9.3 的第一栏显示了整个样本期的估计结果,而第二栏显示了 1995～2005 年这个较短样本期的估计结果。样本期越短,监管和会计制度越稳定。2006 年,前国民健康保险基金被私有化(Bikker,2017);2007 年,荷兰推行基于风险的养老基金监管。第三栏列示了 1995～2005 年用平衡面板数据估计得出的结果。用平衡和非平衡面板数据估计得出的结果之间的差别可用来反映幸存者偏差的大小。当然,不同的观察值集合也可能对参数估计值产生影响。

令人惊讶的是,养老基金的资本比率并不显著(α_1),这表明,养老基金作为一个整体,风险转移和风险管理动机似乎都并不占据主导地位。这一发现与有关美国养老金计划的研究形成了对比:有关美国养老金计划的研究发现,风险管理动机主宰着养老基金的投资行为(Rauh,2009)。那么,怎样来解释美国和荷兰养老基金在这方面的差别呢?美国和荷兰养老基金之间的一个重要区别在于,发起人在与养老金计划的关系中所处的地位。在美国,养老金计划发起企业完全承担其待遇确定型养老金计划的投资风险(当然直至养老基金破产);而在荷兰,投资风险通常由计划发起人和计划参与者共同承担(Pond and Van Riel,2009)。由于风险承担方面存在的差异,荷兰的养老金计划发起人,相对而言,可能并不那么担心养老金短缺的风险,这也许(部分)可以解释荷兰养老基金资本比率低的原因。

相比之下,对于保险公司来说,资本比率非常显著($\alpha_1+\alpha_4>0$),正号表示风险管理动机占主导地位。康明斯和萨默(Cummins and Sommer,1996)以及巴拉诺夫和塞奇(Baranoff and Sager,2002)还分别报告了美国财产保险公司和人寿保险公司资本和资产风险之间的正向关系。因此,虽然我们并不认为拥有更多备付金的投资者一般会承担更大的股票投资风险(假设 H_1a),但我们发现了支持 H_3 的证据,因为我们的实证结果表明,保险公司选择其资产配置的风险敏感度大于养老基金。

投资组合规模对养老基金风险承担程度产生显著的正向影响:总投资每增加 1%,股票配置就增加 2～3 个基点(α_2)。这一结果与之前对养老基金的估计一致(Bikker et al.,2010;Chap.7)。对于保险公司来说,投资组合规模和风险承担程度之间存在较弱的关系(α_5 显著为负)。尽管如此,但结果总体上支持假设 H_1b。对保险公司投资组合规模与风险承担程度之间只存在较弱关系的一种解释是,保险公司由于受到财务约束的制约,因此只有较小的过度自信空间。根据假设 H_2，我们发现，即使在对资本和规模进行调整以后，养老基金承担的投资风险也明显大于保险公司。保险公司虚拟变量的系数（α_3）和相互作用系数 $\alpha_6 \sim \alpha_{13}$ 的加权和显著为负，①这就意味着保险公司的股票配置显著少于养老基金。

我们现在来看看关于由保险公司承担的承保风险和投资风险的假设（H_1c）。$\alpha_1 \sim \alpha_{10}$ 的估计值表明，承保健康险、运输险、火灾险和杂险的保险公司往往比承保车辆险的保险公司（参照组）冒较少的投资风险。由于车辆保险公司通常有比较稳定的承保结果（见表 9.1），因此，这个发现支持假设（H_1c）。投连人寿公司的股票投资（当然是用它们自己的账户）明显多于车辆保险公司（α_{12}）。显然，投连产品投资并不意味着保险公司要承担风险，因为它们可以通过利用自己的账户进行更多的股票投资来进行"抵补"（因而支持假设 H_1c）。请注意，再保险比例系数（α_{14}）的符号也支持假设 H_1c，但这个结果仅对样本期较短的非平衡面板数据样本（表 9.3 的第二栏）显著。

假设 H_1d 和 H_1e 与养老基金有关。α_{15} 的估计值表明，荷兰养老基金有效会员的比例在 1995～2009 年的样本中产生显著的正向影响，但在 1995～2005 年的样本中没有显示显著的正向影响。有一种观点认为，有效会员比例在很大程度上决定养老基金增加收费以避免资金来源不足的效率。另一种观点表示，生命周期理论认为，有效（且年龄较轻的）会员能够承受更多的风险，因此，应该比退休会员进行更多的股票投资（见本书第七章）。还有一种观点认为，风险承受能力是更有力的解释：有效会员可以通过延长工作时间或推迟退休来补偿投资负回报。会员人均财富越多，就意味着股票配置比例越高（α_{16}），这个结果与假设 H_1e 一致。

我们的最后两个假设是关于不同类型保险公司和养老基金之间冒险程度差别的。表 9.3 的结果显示，股份制保险公司明显比互助制保险公司冒更多的投资风险（α_5）。在对相关风险因子进行调整以后，股份制保险公司的平均股票配置比互助制保险公司高出 5 个百分点以上，从而证明假设 H_4 能够成立。假设 H_5 表示，职业团体养老基金比企业养老基金和行业养老基金冒较少的投资

---

① 养老基金和保险公司之间的平均股票配置差额用保险公司的虚拟变量来表示。由于保险公司的虚拟变量与其他相关的虚拟变量（如"STOCK"、"LOB"和"G"）相互作用，保险公司和养老基金之间的股权配置差是 α_3 的估计系数和 $\alpha_6 \sim \alpha_{13}$ 的估计系数的加权和。值得注意的是，α_4、α_5 和 α_{14} 的估计系数在这方面没有发挥作用，因为相应的变量都偏离各自的样本均值。

风险,这得到了 α_{18} 显著的估计值的支持。

9.4.2 股票配置动态变化

表 9.4 列示了用普通最小二乘法和加权最小二乘法估计式(9.3)和式(9.4)得到的结果。用加权最小二乘法进行的估计对股票配置比例的变化与实际股票持有量进行了加权,因此有助于观察股票大投资者和小投资者之间可能存在的行为差别。表 9.4 的前四栏列示了养老基金的估计结果,而后四栏则报告了保险公司的估计结果。

表 9.4　　　　　　　股票交易模型估计结果(2000～2009 年)

	养老基金				保险公司			
	普通最小二乘法		加权最小二乘法		普通最小二乘法		加权最小二乘法	
	Ⅰ	Ⅱ	Ⅲ	Ⅳ	Ⅴ	Ⅵ	Ⅶ	Ⅷ
股票收益	** 0.58	—	* 0.75	—	** 0.81	—	0.97	—
	(0.04)	—	(0.11)	—	(0.07)	—	(0.06)	—
正收益	—	** 0.55	—	0.71	—	** 0.54	—	0.96
	—	(0.11)	—	(0.15)	—	(0.16)	—	(0.09)
负收益	—	** 0.60	—	0.76	—	0.95	—	0.98
	—	(0.05)	—	(0.21)	—	(0.07)	—	(0.12)
调整后的 R^2(%)	33	33	57	57	20	20	36	36
观察值数量	4 451	4 451	4 451	4 451	2 151	2 151	2 151	2 151

注:"*"和"**"分别表示在用胡贝尔—怀特稳健标准差计算的 5% 和 1% 的水平上显著不同于 1。在这些回归中,因变量是股票总持有量除以年末总投资的商的变动幅度。只要是投资者在其投资组合中持有的股票,无论在年初还是年末持有,都被纳入回归分析。在用加权最小二乘法进行估计时使用(用 2009 年价格表示的)实际股票持有额作为加权因子。

我们的研究取得了一些引人注目的发现。第一,表 9.4 的第一栏和第二栏显示,平均而言,养老基金对 40% 的市场价格波动进行再平衡或调整[与拜克等人(Bikker et al.,2010)的发现一致];养老基金根据正回报和负回报进行差不多对称的再平衡。第二栏中的系数 0.55 和 0.60 表示约有 60% 的自由浮动幅度,这是对再平衡的补充。第二,保险公司往往在牛市对大约 50% 的市场价格波动进行再平衡交易,而在熊市则减少股票配置(见第六栏)。由于负反馈(或再平衡)交易与自由浮动策略相比,会增加投资者的风险,因此,这些交易结果进一步支持了假设 H_2(保险公司冒较少的投资风险)和假设 H_3(保险公司的投资行为更具风险敏感性)。显然,当回报为负且风险承受能力下降时,保险公司就会降低它们的风险承担程度,这是一种符合被称为"应急免疫"(contingent immunization)的交易策略的交易行为(Leibowitz and Weinberger,1982)。应急免疫是一种投资组合保全策略,旨在从风险投资头寸上涨行情中获益,同时又限制相应的下跌风险。第三,第三和第四栏中采用加权最小二乘法估计得到的结果表明,与规模较小的同行相比,大型养老基金通常较少进行再平衡交易。估计 2000~2009 年面板数据的结果与拜克等人(Bikker et al.,2010)之前对 1999~2006 年荷兰养老基金投资行为的研究得出的结论存在明显的差异。我们可以通过选取大致相同的样本期(即 2000~2006 年)来复制这项早期研究的结果。关于我们样本期内荷兰养老基金出现的不同行为,一种可能的解释是,大型养老基金没能像以前那样重新平衡它们在 2008 年遭受的巨大股票投资亏损。从宏观的角度看,我们的新发现很值得注意,因为养老基金通常被认为在最需要的时候能充当"冒险"资本的提供者,但在全球金融危机最严重的时候并没有发挥这一作用。请注意,用加权最小二乘法进行回归得到的调整后的 R^2 比用普通最小二乘法进行回归得到的调整后的 R^2 要大得多,从而表明,用市场回报率来预测大型养老基金股票组合的变化,要好于用它来预测小型养老基金的股票组合变化。由表 9.4 获得的第四个也是最后一个发现是,无论市场上涨还是下跌,大型保险公司都奉行完全自由浮动的投资策略,而规模较小的保险公司则会在有利的市场条件下采取再平衡策略。表 9.4 的第七和第八栏表明,估计得到的斜率系数并没有显著不同于 1,这说明,平均而言,股价变动大致以一一对应的方式影响股票配置。

9.5 结束语

根据相关理论,机构投资者既有风险管理动机,又有风险转移的动机。在风险管理动机起主导作用时,与较低的风险承受能力相伴的是冒较小的投资风险。相反,如果风险转移动机更加强烈,那么,财务状况越糟糕,可能会冒越大的投资风险。本章对 1995~2009 年荷兰养老基金和保险公司这两种相互冲突的动机的相关性进行了评估。我们采用了两种衡量投资风险承担程度的指标。第一个指标是股票在总投资组合中的配置比例，这是一个直观的指标，应用广泛。我们的第二个衡量指标是股票反馈交易。尽管关于反馈交易的文献相当多，但此类行为对微观审慎风险的影响通常被忽略。然而，当股票下跌时购买股票（即负反馈交易）是一种有风险的策略，因为当风险承受能力下降时，对股票的敞口风险就会增加。在市场上扬时，做正反馈交易要承担相对较大的风险，即相对于做负反馈交易或不做反馈交易而言要承担较大的风险。

我们利用年度投资数据研究发现，在荷兰保险业，风险管理动机似乎压倒了风险转移动机。保险公司风险承受能力越强，股票占其投资组合的比例就越大；反之亦然。这个结果与之前对美国人寿和财产保险公司的研究得出的结果一致。而关于荷兰养老基金，我们没有发现养老基金的资产负债比与其资产配置之间的显著关系。因此，风险转移动机和风险管理动机似乎都没有占据主导地位。此外，在我们的样本期里，养老基金的风险容忍度较高。无论在牛市还是熊市，平均而言，养老基金都会对40％的市场价格波动进行再平衡交易。保险公司也会在牛市进行再平衡交易，但通常不会在熊市购买股票来恢复其原来的股票配置。这一发现证实，保险公司在熊市风险承受能力遭到削弱时会变得比较厌恶风险。保险公司要承担直接和间接的财务困境成本，而养老基金在不利的市场条件下不会面临破产风险。即便如此，不利的投资结果确实会累及养老基金会员，而有利的投资结果能使他们从中受益。养老基金有责任向其会员充分告知冒投资风险对养老金待遇安全的影响。

虽然在荷兰保险公司中，风险管理动机占据主导地位，但我们也发现了荷兰保险公司采取风险转移行为的证据。根据李等人（Lee et al.，1997）提出的所有权结构假说，股份制保险公司要比它们的互助制同行进行更多的投资。值得注意的是，我们发现荷兰职业团体养老基金承担的投资风险明显少于荷兰其他类型的养老基金。这个结论与我们的预期相同，因为职业团体养老基金的会员通常是个体经营者，从而排除了把风险转嫁给雇主的可能性。

参考文献

Badrinath, S. G., S. Wahal, 2002, Momentum trading by institutions, *Journal of Finance* 57, 2449–2478.

Balvers, R., Y. Wu, E. Gilliland, 2000, Mean reversion across national stock markets and parametric contrarian investment strategies, *Journal of Finance* 55, 745–772.

Baranoff, E. G., T. W. Sager, 2002, The relations among asset risk, product risk, and capital in the life insurance industry, *Journal of Banking and Finance* 26, 1181–1197.

Baranoff, E. G., T. W. Sager, 2003, The relations among organizational and distributional forms and capital and asset risk structures in the life insurance industry, *Journal of Risk and Insurance* 70, 375–400.

Bikker, J. A., 2017, Competition and scale economy effects of the Dutch 2006 health care insurance reform, *Geneva Papers on Risk and Insurance – Issues and Practice* 42, 53–78.

Bikker, J. A., D.W.G.A. Broeders, J. de Dreu, 2010, Stock market performance and pension fund investment policy: rebalancing, free float, or market timing? *International Journal of Central Banking* 6, 53–79.

Bikker, J.A., J. Gorter, 2011, Restructuring of the Dutch non-life insurance industry: consolidation, organizational form and focus, *Journal of Risk and Insurance* 78, 163–184.

Bikker, J.A., P.J.G. Vlaar, 2007, Conditional indexation of defined benefit pension plans, *Geneva Papers on Risk and Insurance – Issues and Practice* 32, 494–515.

Black, F., 1988, An equilibrium model of the crash, NBER Chapters, *NBER Macroeconomics Annual* 3, 269–276.

Broeders, D.W.G.A., A. Chen, B. Koos, 2011, An institutional evaluation of pension funds and life insurance companies, *Insurance: Mathematics and Economics* 49, 1–10.

Cohn, R. A., W. G. Lewellen, R. C. Lease, G. G. Schlarbaum, 1975, Individual investor risk aversion and investment portfolio composition, *Journal of Finance* 30, 605–620.

Cummins, J. D., P. M. Danzon, 1997, Price, financial quality and capital flows in insurance markets, *Journal of Financial Intermediation* 6, 3–38.

Cummins, J. D., G. P. Nini, 2002, Optimal capital utilization by financial firms: evidence from the property-liability insurance industry, *Journal of Financial Services Research* 21, 15–53.

Cummins, J. D., D. W. Sommer, 1996, Capital and risk in property-liability insurance markets, *Journal of Banking and Finance* 20, 1069–1092.

Davis, E. P., 2002, Prudent person rules or quantitative restrictions? The regulation of long term institutional investors' portfolios, *Journal of Pensions Economics and Finance* 1, 157–191.

De Haan, L., J. Kakes, 2010, Are non-risk based capital requirements for insurance companies binding? *Journal of Banking and Finance* 34, 1618–1627.

De Haan, L., J. Kakes, 2011, Momentum or contrarian investment strategies: evidence from Dutch institutional investors, *Journal of Banking and Finance* 35, 2245–2251.

Esty, B. C., 1997, Organizational form and risk taking in the savings and loan industry, *Journal of Financial Economics* 44, 25–55.

European Insurance and Occupational Pensions Authority (EIOPA), 2011, *EIOPA Report on the Fifth Quantitative Impact Study (QIS5) for Solvency II*, https://eiopa.europa.eu/fileadmin/tx_dam/files/publications/reports/QIS5_Report_Final.pdf (accessed May 18, 2017).

Gatzert, N., H. Schmeiser, 2008, Combining fair pricing and capital requirements for non-life insurance companies, *Journal of Banking and Finance* 32, 2589–2596.

Gompers, P. A., A. Metrick, 2001, Institutional investors and equity prices, *Quarterly Journal of Economics* 116, 229–259.

Grinblatt, M., S. Titman, R. Wermers, 1995, Momentum investment strategies, portfolio performance, and herding: a study of mutual fund behavior, *American Economic Review* 85, 1088–1105.

Guo, D., R. A. Winter, 1997, The capital structure of insurers: theory and evidence, *Working Paper*, Sauder School of Business.

Jensen, M. C., W. H. Meckling, 1976, Theory of the firm: managerial behavior, agency costs and ownership structure, *Journal of Financial Economics* 3, 305–360.

Kakes, J., 2008, Pensions in a perfect storm: financial behaviour of Dutch pension funds (2002–2005), *Applied Financial Economics Letters* 4, 29–33.

Lakonishok, J., A. Schleifer, R. W. Vishny, 1992, The impact of institutional trading on stock-prices, *Journal of Financial Economics* 32, 23–43.

Lamm-Tenant, J., L. T. Starks, 1993, Stock versus mutual ownership structures: the risk implications, *Journal of Business* 66, 29–46.

Lee, S. J., D. Mayers, C. W. Smith Jr., 1997, Guarantee funds and risk taking: evidence from the insurance industry, *Journal of Financial Economics* 44, 3–24.

Leibowitz, M., A. Weinberger, 1982, Contingent immunization: part 1: risk control procedures, *Financial Analysts Journal* 38, 17–31.

Lucas, D. J., S. P. Zeldes, 2009, How should public pension plans invest? *American Economic Review: Papers and Proceedings* 99, 527–532.

Mayers, D., C. W. Smith Jr., 1987, Corporate insurance and the underinvestment problem, *Journal of Risk and Insurance* 54, 45–54.

Mayers, D., C. W. Smith Jr., 1992, Executive compensation in the life insurance industry, *Journal of Business* 65, 51–74.

Merton, R. C., A. F. Perold, 1998, Theory of risk capital in financial firms, in: J. M. Stern, D. H. Chew, Jr. (eds.), *The Revolution in Corporate Finance*, Blackwell Business, Malden, MA, 266–282.

Pástor, L., R. F. Stambaugh, 2012, Are stocks really less volatile in the long run? *Journal of Finance* 67, 431–478.

Ponds, E. H. M., B. Van Riel, 2009, Sharing risk: the Netherlands' new approach to pensions, *Journal of Pension Economics and Finance* 8, 91–105.

Rauh, J., 2009, Risk shifting versus risk management: investment policy in corporate pension plans, *Review of Financial Studies* 22, 2687–2733.

Sharpe, W. F., 1976, Corporate pension funding policy, *Journal of Financial Economics* 3, 183–193.

Shleifer, A., R. Vishny, 1992, Liquidation values and debt capacity: a market equilibrium approach, *Journal of Finance* 47, 1343–1366.

Smith, C., R. Stulz, 1985, The determinants of firms' hedging policies, *Journal of Financial and Quantitative Analysis* 20, 391–405.

Sommer, D. W., 1996, The impact of firm risk on property-liability insurance prices, *Journal of Risk and Insurance* 63, 501–514.

Spierdijk, L., J. A. Bikker, P. Van der Hoek, 2012, Mean reversion in international stock markets: an empirical analysis of the 20th century, *Journal of International Money and Finance* 31, 228–249.

Sundaresan, S., F. Zapatero, 1997, Valuation, optimal asset allocation and retirement incentives of pension plans, *Review of Financial Studies* 10, 631–660.

Swiss Re, 1999, Are mutual insurers an endangered species? *Sigma*, 4.

Treynor, J., 1977, The principles of corporate pension finance, *Journal of Finance* 32, 627–638.

第三编
风险承担与监管

第十章　衡量和解释待遇确定型养老基金的隐性风险分担[①]

雅各布・A. 拜克(Jacob A. Bikker)
泰斯・克纳普(Thijs Knaap)
沃德・E. 朗普(Ward E. Romp)

10.1　引　言

　　人口老龄化以及由此而造成的老年人赡养比率的上升,导致现收现付的养老保险制度变得不可持续。越来越多的国家正转向由会员通过养老基金为自己的退休进行储蓄的基金化养老保险制度(EU,2011)。根据不同类型的养老金安排,养老基金在其资产和负债方面面临一些由资产回报率、会员死亡率、通货膨胀率、工资增长和贴现率等造成的不确定因素。资产超过负债的盈余被用来构建养老基金的备付金。如果备付金变得太少,那么,养老基金的董事会可以采取不同的手段来恢复备付金。除了收取养老保险费外,养老基金的董事会还可以增收附加费,暂停养老金给付与工资或物价挂钩,调整资产组合以限制资产进一步减少的风险;或者,如果有关联公司的话,要求它们追加资助,而削减应付养老金则是一种更加激进的措施。但是,法律仅允许采用这种措施来应对紧急状况。在备付金变得充裕时,养老基金可以支付指数化的养老金、提高养老金待遇或降低养老保险费,或者让发起人分享部分作为反向资助的超额

[①] 本文是雅各布・A. 拜克、泰斯・克纳普和沃德・E. 朗普(J. A. Bikker, T. Knaap, and W. Romp)2014 年在《应用经济学》(Applied Economics,46,1996—2009)上发表的论文《如何衡量和解释待遇确定型养老基金的隐性风险分担》(Measuring and explaining implicit risk sharing in defined-benefit pension funds)的升级版。

回报。

虽然基金化养老保险制度越来越受到欢迎,但我们对养老基金如何使用这些风险分担工具的情况却知之甚少。本章要讨论的主要问题是,养老基金是用自己的准备金来消解偿付能力受到的冲击,还是让它们的会员来消化偿付能力受到的冲击。本章要研究的第二个问题是养老基金的已知属性(如会员的年龄结构、基金规模、是否有外部资助者)与养老基金解决偿付能力问题的方式之间是否存在系统相关性。

为了评估荷兰养老基金如何在实践中进行偿付能力治理,我们引用了由负责监管荷兰养老基金的荷兰中央银行提供的独一无二的数据集。每只荷兰养老基金都必须向荷兰中央银行提交自己的年度报告和概述自己财务状况的季度报告,我们引用的数据集由荷兰所有注册养老基金1993～2007年(共计15年)提交的内容比较详细的年度报告和资产负债表的数据构成。但是,它们并没有具体说明上述风险分担工具的实际使用情况。由于2006年实行偿付能力监管改革,即用市场利率取代固定贴现率,因此,我们只能部分再现荷兰养老基金1993～2005年的风险分担行为,但却无法再现2006和2007这两年的风险分担行为。在2006年以前,由于采用固定贴现率,因此,我们可以在不知道负债期限的情况下计算养老基金的未来负债。这就是为什么我们在回归分析中只使用1993～2005年子样本的原因。由于没有找到更早年份的数据,我们只能采用2007年的数据来确定荷兰养老基金会员的人口统计特征。

我们的方法适用于所有养老保险制度具有(很明显的)待遇确定型特征,并且用固定利率或在一定时期里是固定且因养老基金而异的利率来计算负债的国家。陈和贝茨马(Chen and Beetsma,2015:table 9.4)解释说,智利、荷兰、瑞士、英国和美国的养老保险制度具有较强或实质性的待遇确定型特点,而澳大利亚、丹麦和冰岛的养老保险制度则具有一定的待遇确定型元素。更多的国家,尤其是加拿大,实行待遇确定型养老保险制度。经合组织(OECD,2011)总结称,德国、爱尔兰、挪威、葡萄牙、西班牙和瑞士的养老基金通常都采用固定利率来计算负债,而美国的州养老基金也是如此。在英国,养老基金被允许使用在一定时期内固定的预期回报率。

拜克、布罗德斯、霍兰德和庞茨在本书讨论养老基金资产配置问题的第七章里也使用了我们现在引用的数据集。这些作者的研究表明,养老基金持有的资产类别与养老基金有效会员的年龄显著相关。拜克等人(Bikker et al.,

2010)以及德德勒和拜克在本书的第八章中使用我们这个数据集的季度数据研究发现,大型养老基金的资产管理明显不同于小型养老基金的资产管理,因为小型养老基金可能适用并不怎么复杂的风险管理。

我们使用荷兰养老基金报告的财务和其他数据来分析荷兰养老基金的资产和负债。固定贴现率是荷兰养老基金监管框架中一个值得关注的特点,我们可用它来估计荷兰的养老基金是通过它们的备付金还是通过会员的养老金权益来应对资产负债比的变动。我们根据时间和养老基金的特点来界定这些养老保险行为。就如我们预期的那样,我们发现了养老基金的资产负债比与养老金待遇慷慨程度之间的正向关系。然而,我们的主要发现与养老基金是否对自己的资产负债比变化做出两种类型的非线性强响应有关。当资产负债比跌破105%时,养老基金会员(有效会员、非有效会员和退休会员)的养老金权益立刻就会损失 4 个百分点。当资产负债比达到 130%时,养老基金会员的养老金权益立即就会增加 2 个百分点。其次,我们还观察到养老基金退休会员的平均年龄和人数与养老基金的养老金待遇慷慨程度正相关。由于缺少相关数据,因此,我们无法确定这种相关性是由于老年会员为了增加养老金待遇或避免指数化水平下降而通过工会施加压力促成的,还是由于其他原因造成的。我们还发现,在相似的情况下,规模较大的养老基金会进行较多的转移性支付——这可能是规模报酬收益(见本书第二章和第三章)。最后,我们还观察到,与行业养老基金相比,企业养老基金——平均而言——对现有会员比较慷慨,有学者把这归因于企业养老基金与发起人保持着关系(Broeders and Chen,2013)。

本章的其余部分安排如下:第 10.2 节介绍我们引用的数据集;第 10.3 节介绍我们通过可用的数据再现养老保险政策的方法;第 10.4 节具体规定用于描述养老基金问题的可解性及其采取的养老保险应对措施影响的模型,并报告估计结果。第 10.5 节对全章的内容进行总结。

10.2 数据与趋势

荷兰的养老基金行业规模庞大,514 只登记在册的养老基金(截至 2011 年底;但到了 2015 年底只剩下 278 只)控制着超过 8 300 亿欧元的投资财富,相当于荷兰当年国内生产总值的 138%。2015 年,荷兰养老基金控制着 12 100 亿欧元的投资财富,相当于荷兰当年国内生产总值的 178%(OECD,2016)。荷兰养老基金系统的资产占荷兰国内生产总值的比例名列世界前茅，仅次于丹麦。荷兰大约 94% 的雇员参加一个或多个养老基金。荷兰的养老基金规模大相径庭，最大的养老基金 ABP，2010 年约有 280 万会员，并控制着 2 080 亿欧元的资产（ABP，2010）；① 而很多小养老基金会员不足 10 人，这些养老基金大多实行待遇确定型养老金计划。养老金待遇取决于会员的工作年限以及可以是会员职业生涯的最终工资（就像我们的样本考察期里的大多数年份）或职业生涯平均工资的参考工资。现在，最经常是把会员职业生涯的平均工资作为决定养老金待遇的参考工资。

荷兰 85% 以上的养老基金是企业养老基金，而在剩下的 15% 的养老基金中，大多是行业养老基金。某个特定行业的全体雇主——根据某些规定——必须参加行业养老基金。从有效会员（占 85% 以上的市场份额）和受托管理的资产（占荷兰养老基金受托管理的总资产的 70% 以上）来看，荷兰 95 只行业养老基金是荷兰养老基金业的主力军。2007 年，荷兰近 600 只企业养老基金托管着养老基金业 1/4 以上的资产，为荷兰 12% 的养老金计划参与者服务。为数不多、通常规模很小的职业团体养老基金构成了荷兰第三种类型的养老基金，并且是为医生或公证人等特定职业团体成立的。

每年，荷兰的养老基金都必须向负责监管这个行业的荷兰中央银行报告有关很多规定变量的信息。在我们的观察期里，荷兰养老基金的数量有所减少。图 10.1 中的实线显示，荷兰养老基金的数量从 1993 年的 1 100 多只减少到了 2007 年的 700 多只，到了 2016 年又减少到了 290 只。造成荷兰养老基金数量减少的主要原因是合并和清算，而合并和清算可能是由监管当局针对养老基金和规模经济未得到利用的问题提出的更加严厉的要求驱动的（见 Bikker and de Dreu 2009：Chap. 3）。

本章使用了现有数据中一个至少有 150 个会员的养老基金的子集。我们剔除了规模较小的养老基金，因为许多这样的养老基金都是（譬如说）企业主—管理层的避税工具，它们的规模严重限制了它们执行偿付能力政策的能力。剔除规模较小的养老基金，几乎就剔除了 1993 年养老基金样本中一半的养老基金。如图 10.1 所示，随着时间的推移，合并和清算减少了被我们排除在样本外的养老基金的数量。我们分析的养老基金数量最初有所增加，但在我们的样本

---

① 2016 年年底，荷兰养老基金 ABP 控制着 4 200 亿欧元的资产（ABP，2017）。

考察期的最后一年,荷兰接近80%登记在册的养老基金符合我们的选择标准。

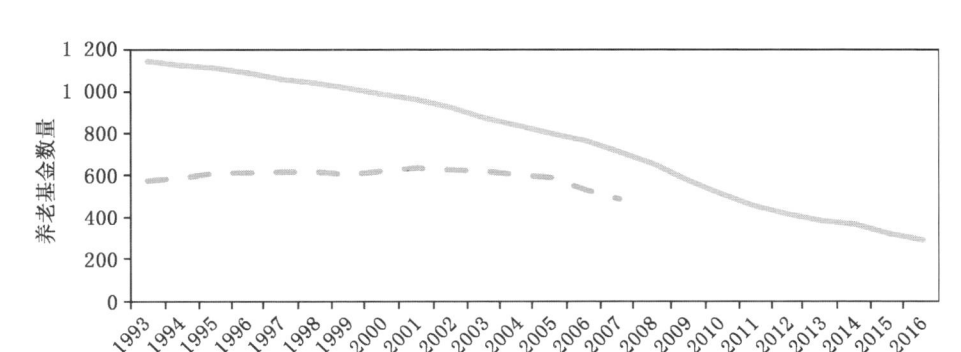

图 10.1　我们使用的数据集中考察期内每年的养老基金数量和我们实际分析的养老基金数量

如表 10.1 所示,在经过挑选以后,样本中仍然包含不同规模的养老基金。小养老基金(会员人数在 150～500 人之间)的数量在我们的样本期里随着时间的推移而减少,而大养老基金(会员人数在 1 万～10 万之间以及 10 万以上)的数量至少在 2007 年以前有所增加。规模较小的养老基金不是被合并成规模较大的养老基金,就是把负债转移到了保险公司的名下,因此,从我们的数据集中消失了。每发生一起养老基金兼并案,我们就把被兼并基金从兼并发生后那年的数据中剔除。大多数发生其他变化的养老基金由于规模太小而没有被包括在内,因此并不会影响我们的估计值。

荷兰的养老基金每年必须报告以下全部用当年欧元或会员人数表示的信息:

1. 业务准备金(TR_t)。养老基金按照(根据标准寿命表计算的)已发生负债的精算值来安排业务准备金。2005 年前,荷兰养老基金按 4% 的固定利率对负债进行折现,从 2006 年开始改为按照市场利率对负债进行折现。

2. 按市值计算的资产(A_t),分为固定收益资产、房地产、股票、债券和其他资产五个类别。用养老基金的总资产除以其业务准备金,就能得到资产负债比这个衡量养老基金财务是否健康的主要指标。

3. 当年支付的养老保险金(B_t),分为会员养老金、遗属养老金和伤残者抚恤金三种。

4. 当年度收到的保险费(P_t),分为雇主缴纳的保险费和雇员缴纳的保险费。

5. 养老基金会员,分为有效会员、退休会员和"延迟"会员("休眠"会员)。

"延迟"会员或"休眠会员"是指现在不再缴纳保险费但还没达到退休年龄的前有效会员。他们可能已经退出劳动力市场,转入某只不同的养老基金,或者由于工资收入减少而没有资格留在原养老基金。

表 10.1　　　　　　　　按样本期各年会员人数分类的养老基金

会员人数	150～500	500～1 000	1 000～10 000	10 000～100 000	100 000 以上	总计
			挑选后的养老基金数量			
1993	163	103	220	74	16	576
1994	173	105	219	76	15	588
1995	186	114	222	74	17	613
1996	172	117	234	74	17	614
1997	171	115	240	74	18	618
1998	178	109	242	72	17	618
1999	167	102	248	71	17	605
2000	165	98	271	70	18	622
2001	158	102	285	71	21	637
2002	151	93	285	77	21	627
2003	145	96	275	83	22	621
2004	129	94	272	88	21	604
2005	119	86	274	89	22	590
2006	93	79	253	86	20	531
2007	76	75	232	86	18	487
		(挑选前)会员人数在 150 人以上的养老基金				
2007	84	84	260	91	22	541
2008	64	78	233	91	22	488
2009	48	65	219	91	22	445
2010	37	55	212	83	21	408
2011	26	47	197	79	21	370
2012	16	46	182	76	21	341
2013	14	43	165	74	21	317
2014	11	31	142	75	20	279
2015	9	22	128	73	21	253

关于荷兰养老基金会员的情况,除了他们可被分为有效(在职)、退休或"休眠"三类外,我们知之甚少。只有数据集的最后一年2007年还有分年龄组的有效会员、退休会员和"休眠"会员数据。这些数据让我们了解到每只养老基金不同年龄段会员的构成。图10.2显示了荷兰养老基金各类会员的平均年龄分布。例如,荷兰230只养老基金的有效会员平均年龄在40~45岁之间(见图10.2中的上图)。表10.2显示了荷兰各类养老基金以及各类会员的平均年龄和年龄中位数。如表10.2显示,荷兰各类养老基金和各类会员的平均年龄和年龄中位数非常相似。退休人员的年龄当然比其他类别的会员大很多,但就平均年龄而言,"休眠"会员的年龄仅略大于有效会员。如果说荷兰养老基金不同类别会员的年龄有什么不同的话,那就是80只行业养老基金有效会员平均要比399只企业养老基金和8只其他养老基金的有效会员年轻一些。

表 10.2　　荷兰各类养老基金不同类别会员的平均年龄和年龄中位数

	全部养老基金	行业养老基金	企业养老基金	其他养老基金
养老基金数	487	80	399	8
有效会员平均年龄(年龄中位数)	44.3(43.8)	44.2(42.8)	44.3(44.1)	45.3(42.6)
"休眠"会员平均年龄(年龄中位数)	46.3(46.1)	46.8(47.0)	46.1(46.0)	49.1(47.3)
退休会员平均年龄(年龄中位数)	68.7(70.1)	69.4(70.7)	68.5(69.9)	71.3(71.1)

图10.3显示了荷兰全部养老基金和三种不同类型养老基金退休会员占有效会员的比例。这个比例从1993年的35%上升到了2007年的47%,因此,荷兰人口老龄化的问题显而易见。直到20世纪90年代中期,提前退休在荷兰一直非常有吸引力,从而减少了养老基金有效会员的人数,如果养老基金推出提前退休计划,那么就会增加退休会员人数。20世纪90年代末,政府采取措施使得提前退休变得不那么有吸引力,从而导致退休会员占有效会员的比例下降。"其他"(主要是职业团体)养老基金的这个比例经历了很大的波动,主要是因为这个类别的养老基金规模较小,还因为与行业养老基金的合并和一些养老基金终止运营产生了很大的影响。

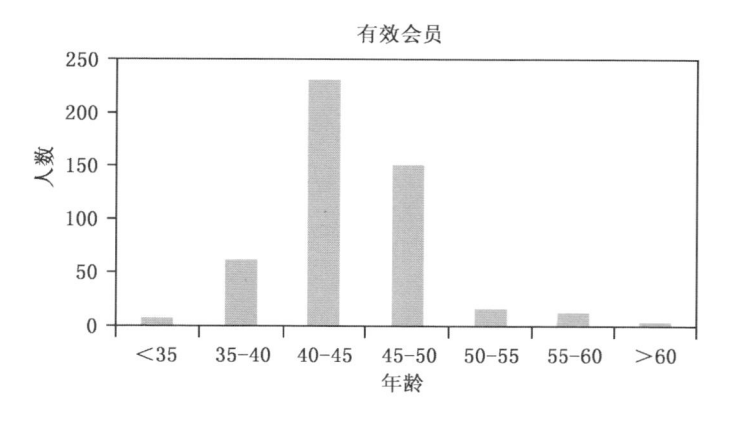

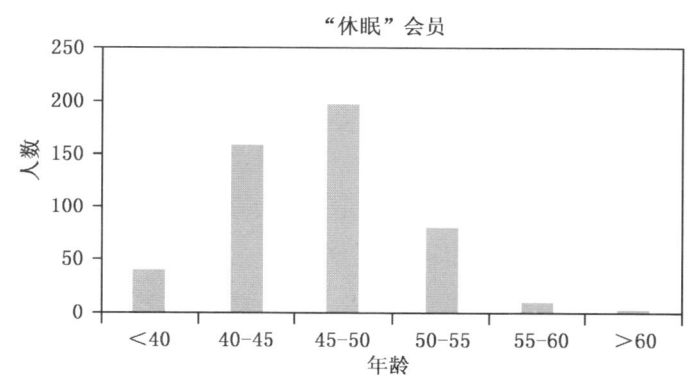

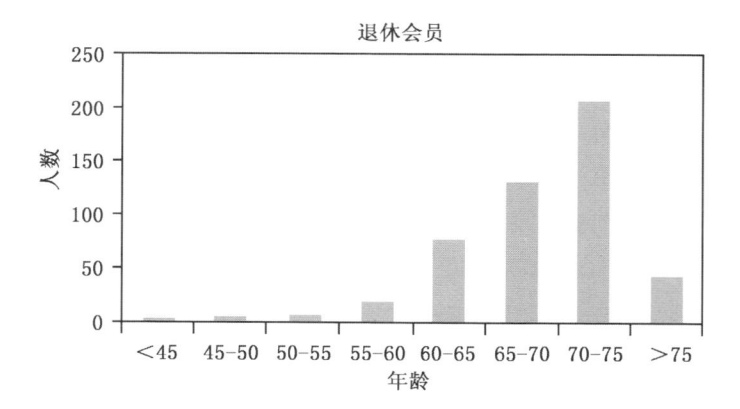

图 10.2　荷兰养老基金不同类别会员(按绝对人数计算)的平均年龄分布

退休会员占有效会员的百分比

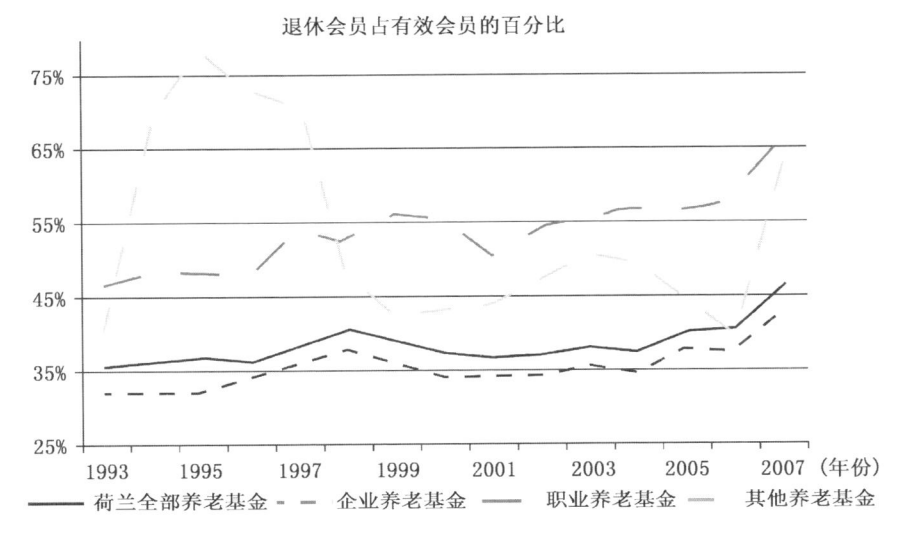

图 10.3　荷兰不同类别养老基金退休会员占有效会员的百分比

10.3　再现养老基金的行为表现

我们的数据集主要是由每只样本养老基金每年的资产负债表内项目组成，但并没有保费或养老金指数化程度等养老基金的政策参数。指数化是一种可用来立即影响养老金待遇水平的工具。在荷兰的待遇确定型养老金计划中，具体规定并保证支付的是名义养老金，而不是实际养老金，而这些名义养老金权益被用来确定养老基金的业务准备金。每年，养老基金董事会都要决定是否根据养老金计划规定的指数化目标来增加养老金待遇和权益，即根据一般物价水平或行业合同工资来调整养老金待遇和权益。这种可自由裁量的回旋余地赋予养老基金董事会某些义务方面的有限回旋余地。完全任由已有名义养老金权益贬值可以说是养老基金的重大违约行为，只有在任何其他措施都无济于事的情况下，养老基金才会考虑采取这种措施。由于缺乏现行养老保险变革的统一信息，因此，我们利用现有财务信息来开发一个反映养老基金养老保险立场的指标。

我们的目的是要通过观察单只养老基金负债的非预期变化来揭示养老基金保险政策的真相。2005 年前，荷兰养老基金使用固定的 4% 的贴现率来对其未来的负债进行折现。我们要把这个特点反映在我们再现荷兰养老基金的养老保险行为的方法中。请注意,养老基金的业务准备金等于:

$$TR_t = \sum_{\tau=t+1}^{\infty} \frac{B_{t,\tau}}{(1+r)^{\tau-t}} \tag{10.1}$$

式中,$B_{t,\tau}$ 表示养老基金在 t 年信息和累计养老金权益给定的情况下预期要在 τ 年支付给退休会员的养老金。

式(10.2)表示,$t+1$ 期期末的业务准备金 TR_{t+1} 可以分解为上一期的业务准备金减去 $t+1$ 期预期养老金给付额加上预期未来养老金给付变动额的现值。

$$\begin{aligned} TR_t &= \sum_{\tau=t+1}^{\infty} \frac{B_{t,\tau}}{(1+r)^{\tau-t}} \\ &= (1+r)\left\{\sum_{\tau=t+2}^{\infty} \frac{B_{t+1,\tau} - B_{t,\tau}}{(1+r)^{\tau-t}} + \sum_{\tau=t+1}^{\infty} \frac{B_{t,\tau}}{(1+r)^{\tau-t}} - \frac{B_{t,t+1}}{1+r}\right\} \\ &= (1+r)TR_t + (1+r)\sum_{\tau=t+2}^{\infty} \frac{B_{t+1,\tau} - B_{t,\tau}}{(1+r)^{\tau-t}} - B_{t,t+1} \end{aligned} \tag{10.2}$$

预期养老金给付变动额包括:(1)一个反映旧有负债现在按低于 $(1+r)$ 的折现率折现的项;(2)预期未来养老金待遇变化 $(B_{t+1,\tau} - B_{t,\tau})$;(3)减去当年给付的养老金 $(B_{t,t+1})$。预期养老金待遇变化不但来自新养老金权益的累加,而且还源于养老金指数化,采用新的死亡率表进行的重估,由养老基金转让、合并和收购造成的变化。请注意,由于相同的原因,$t+1$ 期实际给付的养老金 B_{t+1} 可能不同于预期养老金支出。

通过观察与养老金相关的现金流量,即当期的保费收入和实际养老金支出以及业务准备金变化情况,我们就可以把养老基金的政策行动指标 Γ 定义为:

$$\Gamma_t \equiv TR_{t+1} - [(1+r)TR_t + P_{t+1} - B_{t+1}] \tag{10.3}$$

把式(10.2)代入式(10.3),我们就有:

$$\Gamma_t \equiv \left\{(1+r)\sum_{\tau=t+2}^{\infty} \frac{B_{t+1,\tau} - B_{t,\tau}}{(1+r)^{\tau-t}} - P_{t+1}\right\} + \{B_{t+1} - B_{t,t+1}\} \tag{10.4}$$

式(10.4)把养老基金的政策行动指标 Γ 与当期由于政策选择而造成的未来养老金支出非预期变化联系在了一起。第一个大括号中的项表示未来养老金支出预期变化的现值与当年保费收入两者的差。相关规定要求,养老基金收到的保费总收入,一般来说,应该等于新的养老金权益的预期现值,这就是所谓的"自筹保费"(self-funding premium)。第二个大括号中的项表示年初预期养老金支出与养老金实际给付额之间的差额。

式(10.4)中的 Γ 是表示养老基金及其会员间净转移的指标。如果养老基金收到的养老保险费超过预期养老金支出变动额的现值和/或实际养老金支付低于预期,那么,从会员向养老基金的净转移用 $-\Gamma$ 来表示。如果 Γ 指标为正,那么就说明发生了养老基金向其会员的净转移。正净转移会恶化养老基金的财务状况,并且要通过养老基金实现超额资产回报或实际减少备付金来买单;而负净转移则能改善养老基金的财务状况。养老基金及其会员之间的转移支付可以采取许多不同的形式:

- 养老基金(通过指数化或提供后补服务来)增加累计名义养老金权益。①
- 养老保险缴费与新的养老金权益的精算价值不相匹配,例如,由于加收旨在提高养老基金资产负债比的恢复性保费,或发放养老金节日补助。
- 累计养老金权益的现值由于预期死亡率变化而发生变化。如果死亡率下降,而养老金领取者可终身享受养老金待遇,那么,他们对养老基金的索取权就会增加。
- 养老基金合并或会员个人转会。
- 养老基金会员的实际死亡率偏离平均死亡率。

值得注意的是,(由死亡率变化造成的)负债额变化一旦被养老基金认定,那么,不管当年资金是否易手,就应视为发生了转移性支付。由外部因素造成的负债变化表明,养老基金是相关风险的承担者,并有义务保证自己会员的养老金权益不受影响。因此,这样的负债变化意味着养老基金会采取政策行动。从这个意义上讲,只有最后两种形式的转移并不是直接指向养老基金及其会员之间的转移。我们随后的分析依据的假设是,这些冲击会直接影响养老基金的财务状况。

养老基金的政策行动指标 Γ 取决于养老基金的规模。为了使养老基金之间具有可比性,我们根据业务准备金水平来衡量 Γ:

$$\gamma_t \equiv \frac{\Gamma_t}{TR_t} = \frac{TR_{t+1} - P_{t+1} + B_{t+1}}{TR_t} - (1+r) \qquad (10.5)$$

这种衡量保险政策行动的方法并不能让我们看到谁是养老金权益转移的受益者或受害者。更具体地说,我们无法区分养老金权益转移影响了养老基金

---

① 后补服务(Backservice)是指在采用职业生涯最终工资计算养老金待遇的计划中由于会员实际工资发生变化而导致的养老金权益变化。详见 4.2.1。

的有效会员还是退休会员。

自2006年以来,荷兰养老基金被要求使用市场掉期利率(market swap rate),而不是固定的4%的利率来计算它们的业务准备金。养老基金使用其会员人口统计特征构成和个人养老金权益来考虑自己的养老金负债期限。在我们上面提出的方法中,由于使用固定利率,我们可以在不知道养老基金会员的人口统计特征构成和个人养老金权益的情况下复制业务准备金。由于我们没有关于养老基金负债期限的资料,而养老基金负债的期限结构又显示出非平行变动的特点,因此,我们无法构建2006年及其后年份的指标。于是,我们只能使用1993~2005年的样本。

10.4 估计养老基金的养老金保障政策反应

为了确定养老基金问题的可解性对其养老金保障政策的影响,我们对养老基金向其会员的净转移(γ)与养老基金资产负债比 $FR_{i,t}=A_{i,t}/TR_{i,t}$ 的关系进行了估计。养老基金资产负债比是荷兰养老基金监管框架中的关键财务稳健指标。[①] 养老基金及其会员之间的转移取决于养老基金的财务状况。事实上,养老基金在偿付能力下降时加收养老保险费或降低养老金权益指数化程度,或者在偿付能力增强时减收养老保险费或者提高养老金权益指数化程度,都是养老基金广泛采用的政策措施。如果我们能再现养老基金对其会员的净转移与养老基金资产负债比之间的关系,那么就能证明 γ_t 是一个反映养老基金对其会员净转移的有用指标。养老基金对其会员的净转移与养老基金资产负债比之间的关系的特征,可以让我们更多地了解养老基金如何利用养老金保障政策来调整自己的资产负债比。养老基金资产负债比变化产生的边际效应是否无论在线性关系还是非线性关系中保持不变,例如,荷兰的养老保险制度是否存在断裂点?

10.4.1 对养老基金资产负债比的影响

我们用以下最简单的方程式来估计养老基金向其会员的净转移与养老基金资产负债比之间的关系:

---

① 含有相对比较安全的AAA级债券的投资组合要比股票投资组合安全,但对于我们的财务稳健指标,我们只考虑养老基金的资产负债比。我们没有在分析中考虑投资风险。

$$\gamma_{i,t} = \alpha_i + \beta FR_{i,t-1} + \varepsilon_{i,t} \tag{10.6}$$

我们使用我们可获得的面板数据集来估计某只养老基金特有的效应 α_i，因为这种效应能够解释不同的养老基金可以采取不同的养老金计划发起方式，从而导致不同的养老基金平均转移率。

图 10.4 显示了养老基金资产负债比的中值 γ 与滞后 1 年的中值的动态关系，这些观察值无须适用于同一只养老基金。如图所示，从 1994 年的第一次观察到 2005 年的最后一次观察，这两个变量之间始终存在正向关系。如果我们用平均数代替中位数，图 10.4 中的各条曲线也会呈现出类似的正向关系。如上所述，2006 年的偿付能力监管变革导致这些曲线出现了明显的拐点。从 2006 年起，荷兰的养老基金必须使用市场掉期利率，而不是固定的 4% 的贴现率来对自己未来的负债进行折现。2006 年和 2007 年任何期限的债务的贴现率都远高于 4%，从而导致荷兰养老基金的业务准备金有所减少，这也解释了这两年荷兰养老基金 γ 值较小的原因。由于荷兰养老基金从 2006 年开始改变了计算业务准备金的方法，因此，我们没有估计荷兰养老基金 2006 年和 2007 年的业务准备金。

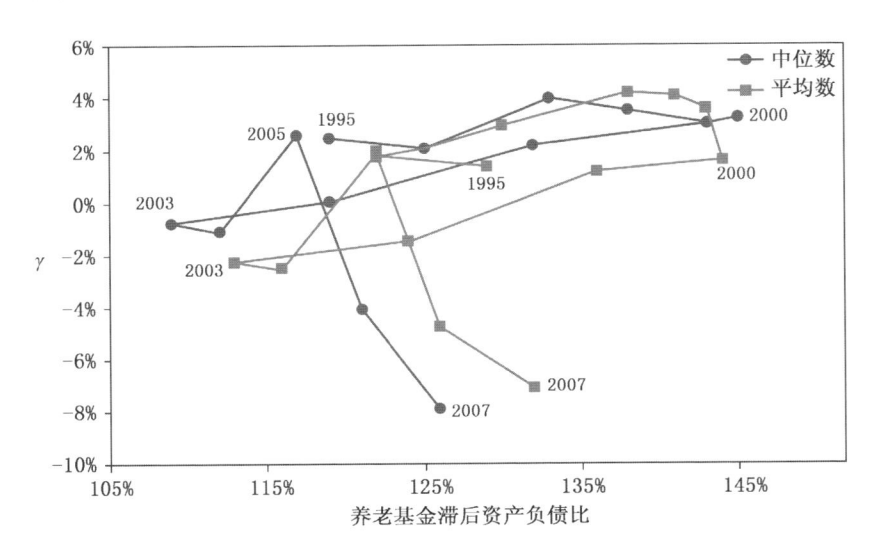

图 10.4 荷兰养老基金滞后资产负债比与 γ 值（未必是同一只养老基金）

在初步估计中，我们试用例如式（10.6）的滞后结构。用当期资产负债比来解释 γ 并不现实，因为养老基金只有在发布自己的偿付能力新信息以后才会采取养老金保障政策行动,也就是要等到来年才会采取养老金保障政策行动。①采用滞后资产负债比(FR)的值就考虑到了养老基金必然滞后采取政策行动的因素,但我们没有理由把滞后资产负债比的值作为模型中的唯一解释变量。原则上,我们可以在模型中纳入滞后两年(或两年以上)的 FR 值,并提供有关养老基金资产负债比的信息。但是,在我们的全部变量设置中,我们发现增加滞后期的 FR 值并没有提高模型的解释力。

除了资产负债比外,我们还有养老基金的会员人口统计特征构成、规模和类型的指标。然而,这些变量除了简单的时间趋势外几乎没有变化或根本没有任何变化,这就意味着我们只能进行把资产负债比作为单一解释变量的面板回归。我们从这个策略开始,然后继续探索具有更多解释变量但没有面板结构的模型。

荷兰从 2006 年起生效的有关监管法规赋予 105%(最低要求)和(差不多)127%(长期要求,如为进行完全指数化所必需)的资产负债比规定以特殊的意义。② 这两个阈值反映了现已达成的共识:养老基金需要远远高于 100% 的资产负债比才能够确保自己的偿付能力,而从长期看,养老基金需要更多的备付金。最低和长期资产负债比要求也是监管机构、政府、雇主和雇员代表之间通过漫长的谈判达成的结果。需要注意的是,荷兰是在 20 世纪 90 年代末设计新的监管方案,并在 2000 年前后交养老基金行业讨论的。早在 2006 年前,养老基金可能已经调整了它们对偿付能力冲击的反应,因为,即使它们自己并没有以如此负责任的方式行事,至少已经知道即将出台的监管标准。

汉森(Hansen,1999,2000)的具有个体特定固定效应的非动态面板阈值回归方法考虑了政策体制这种方面的变化。我们用传统的固定效应最小二乘估计法对阈值和斜率进行估计。阈值的最小二乘估计值的计算包括寻找一个使平方误差和最小的阈值,并采用自助法来确定这个阈值的大小。

为了设定具有不同截距和系数的单阈值,我们把我们的估计方程改为:

$$\gamma_{i,t} = \begin{cases} \alpha_i^0 + \beta^0 FR_{i,t-1} + \epsilon_{i,t}, & FR_{i,t-1} \leqslant T \\ \alpha_i^1 + \beta^1 FR_{i,t-1} + \epsilon_{i,t}, & FR_{i,t-1} > T \end{cases} \tag{10.7}$$

---

① 从计量经济学的角度看,当期资产负债比也有问题,因为这种选择有可能导致虚假回归。事实上,养老基金债务水平的非预期变化(如通过改变会员结构或做出养老金权益指数化决定)会同时反映在养老基金的资产负债比和转移支付率中。

② 由于已经确定所要求的 127% 左右的资产负债比,因此,一年内资产负债比低于要求的可能性被限制在 2.5%。

式(10.7)同时对阈值 T 与其他参数进行了估计。

我们估计了不同面板固定效应版的单断点和双断点阈值模型，第三个断点没有统计学意义。图 10.5 和图 10.6 分别给出了用单断点模型和双断点模型估计的 γ 与滞后资产负债比的关系。

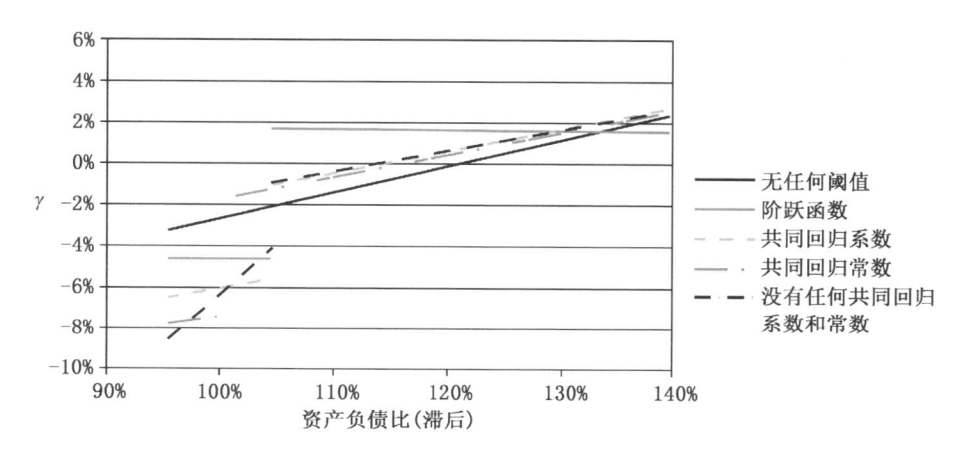

图 10.5　用单断点模型估计的 γ 与滞后资产负债比间的关系

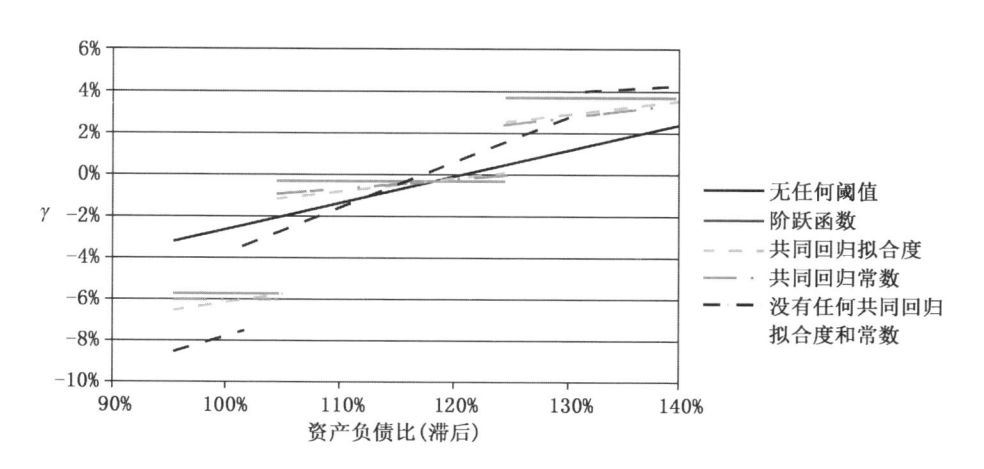

图 10.6　用双断点模型估计的 γ 与滞后资产负债比间的关系

图 10.5 给出了用五种版本的式(10.6)和式(10.7)估计得出的估计值：(1)无跃迁的式(10.6)；(2)只有单断点前后平均水平的阶跃函数；(3)断点前后资产负债比系数相同、截距不同的式(10.7)；(4)有制度特有梯度但截距相同的式(10.7)；(5)有制度特有截距和梯度的式(10.7)。图 10.6 给出了用其他变量设

置相同但含双断点的模型估计得到的估计值。附录10.1给出了各种估计方程式的确切变量设置。请注意，这些都是赋予每只养老基金自身截距的固定效应估计结果。表10.3和表10.4分别比较详细地报告了用单断点和双断点模型估计得到的系数。

表10.3　用单断点模型估计得到的养老基金 γ 值与滞后资产负债比之间的关系（括号内的数字为 t 值）

	无断点	阶跃函数	共同回归系数	共同回归常数	无共同回归系数和常数
常数	−0.153	−0.046	−0.163	−0.127	−0.543
	[−8.5]	[−6.4]	[−9.1]	[−6.9]	[−2.7]
资产负债比	0.126	—	0.103	0.053	0.480
	[9.0]	—	[7.1]	[2.7]	[2.4]
阈值(T)	—	105%	105%	102%	105%
F 值	—	59.3	29.6	28.8	33.2
P(阈值上无断点)	—	<0.01	<0.01	<0.01	<0.01
常数($\geq T$)	—	0.062	0.045	—	0.428
	—	[7.7]	[5.4]	—	[2.1]
资产负债比($\geq T$)	—	—	—	0.056	−0.379
	—	—	—	[5.4]	[−1.9]
阈值 T 上跃迁	—	6.2%pt	4.5%pt	5.7%pt	3.2%pt
观察值数量	1 637	1 637	1 637	1 637	1 637
小于 T 的观察值数量	—	210	210	114	210
大于等于 T 的观察值数量	—	1 427	1 427	1 523	1 427
R^2	0.056	0.042	0.076	0.075	0.078

注：表中"%pt"表示百分点。

表10.4　用双断点模型估计得到的养老基金 γ 值与滞后资产负债比之间的关系（括号内的数字为 t 值）

	无断点	阶跃函数	共同回归系数	共同回归常数	无共同回归系数和常数
常数	−0.153	−0.057	−0.125	−0.062	−0.239
	[−8.5]	[−7.8]	[−6.0]	[−2.4]	[−0.9]

续表

	无断点	阶跃函数	共同回归系数	共同回归常数	无共同回归系数和常数
资产负债比	0.126	—	0.063	0.002	0.162
	[9.0]	—	[3.4]	[0.1]	[0.6]
阈值(T_1)	—	105%	105%	105%	102%
F 值	—	46.0	32.0	33.2	12.3
P(阈值 T_1 上无断点)	—	<0.01	<0.01	<0.01	<0.05
常数(≥T_1)	—	0.055	0.047	—	−0.010
	—	[6.8]	[5.7]	—	[−0.0]
资产负债比(≥T_1)	—	—	—	0.048	0.050
	—	—	—	[5.8]	[0.2]
阈值 T_1 上跃迁	—	5.5%pt	4.7%pt	5.0%pt	4.1%pt
阈值(T_2)	—	125%	125%	125%	132%
F 值	—	51.0	12.2	10.4	22.6
P(阈值 T_2 上无断点)	—	<0.01	<0.01	<0.01	<0.01
常数(≥T_2)	—	0.040	0.025	—	0.247
	—	[7.1]	[3.5]	—	[4.3]
资产负债比(≥T_2)	—	—	—	0.019	−0.180
	—	—	—	[3.2]	[−4.0]
阈值 T_2 上跃迁	—	4.0%pt	2.5%pt	2.4%pt	1.0%pt
观察值数量	1637	1637	1637	1637	1637
小于 T_1 的观察值数量	—	210	210	210	114
大于等于 T_1 但小于 T_2 的观察值数量	—	703	703	703	969
大于等于 T_2 的观察值数量	—	724	724	724	554
R^2	0.056	0.076	0.084	0.082	0.091

注:表中"%pt"表示百分点。

这些结果对于我们剔除会员不足150人的养老基金后的养老基金非常稳健。采用会员超过100人的全部养老基金的数据,只能增加40个观察值,而采用会员超过250人的全部养老基金的数据,则能把样本减少到1 537个观察值。我们用以下备选样本重新对样本收入的全部养老基金进行了回归分析:只用"无共同回归系数、常数和拟合度"设置的模型对会员超过250人的养老基金进行了估计。结果,阈值变为110%。所有其他阈值相同,系数和 t 值也几乎相同。

第一个也是最重要的结果是,附加养老金权益会随着养老基金的资产负债比的上升而显著增加,从而证实了我们的明确预期,并验证了我们采用的间接方法的效度。第二个结果是,养老基金的资产负债比对养老金待遇的慷慨程度的正向影响并非线性,而是有断点或跃迁的。这个结果对于我们采用的变量设置不同的模型都很稳健。用单断点和双断点模型估计得到的第一个断点上的养老基金资产负债比是102%和104%,而第一个断点上出现的跃迁在3～6个百分点之间,其中用单断点模型估计得到的结果是荷兰养老基金的资产负债比平均"跃迁"4.8个百分点,而用双断点模型估计得到的结果是荷兰养老基金的资产负债比平均跳跃4.9个百分点。第二次跃迁估计在资产负债比的124%～132%之间,具体取决于断点的设置。第二次跃迁幅度虽然小于第一次,但仍在1～4个百分点之间,平均为2.5个百分点。

这些估计结果表明,荷兰养老基金对其会员的转移性支付与其自身的资产负债比之间存在非线性关系。当养老基金的资产负债比跌破105%时,转移支付率 γ 大约会下降4个百分点。在养老基金的资产负债比位于130%附近时,养老基金对会员的转移支付率会出现另一个幅度差不多是一半的跃迁,这种非线性关系虽然不那么稳健,但仍很显著。在两次跃迁之间,衡量养老基金对其会员转移支付的指标 γ 与养老基金自身的资产负债比之间会出现弱正向关系。

养老基金的资产负债比与养老基金对会员转移支付的衡量指标 γ 间关系的表现形式表明,在上下两个阈值的两侧存在不同的养老金保障政策机制。当资产负债比跌破105%的阈值时,养老基金对其会员的转移支付明显减少。在这种情况下,很可能出现会员向养老基金的净转移。当养老基金跨过这个"槛",财务状况被视为相当安全时,情况就会发生巨大的变化。在这个点上,养老基金的资产负债比只对任何方向的转移性支付产生很小的影响。养老基金的第二次行为变化发生在高资产负债比的水平上,即对会员的转移性支付有所增加,但跃迁幅度较小(不过仍具有显著的统计学意义)。

出现第一个断点可以用养老基金希望保持自己的偿付能力来解释。虽然养老金计划的参与者现在是(过去也是)必须参加养老金计划,而且不能立即索取自己的养老金权益,但养老基金仍以拥有足够的资产来偿付自己的负债为目的。第二个断点的出现在时间上与荷兰有关当局提出新的偿付能力要求吻合。

根据新偿付能力规定,荷兰的养老基金还被允许实行充分的价格或工资指数化。

第一次跃迁的幅度,部分可解释为:当时,在互联网泡沫破灭以后,荷兰养老基金的资产负债比跌破了下限的阈值,荷兰计算养老金待遇的工资由会员职业生涯的最终工资改为会员职业生涯的平均工资。按照最终工资计算方案,有效会员的养老金权益会随着他们工资的增加而增加(所谓的"后补服务")。而按照平均工资计算方案,就不存在后补服务的问题,因此,养老基金就不必由于会员工资增加而增加业务准备金,从而限制养老金权益的增加,因而有助于降低 γ 值。在养老金待遇计算方法由最终工资法改为平均工资法的过渡过程中,养老基金的业务准备金没有出现"跃迁",因此,资产负债比也没有出现"跃迁",因为养老基金没有改变业已存在的养老金权益。低水平但非跃迁式的资产负债比以及由最终工资法改为平均工资法而导致 γ 下降两者有可能在数据中表现为断点。①

养老基金会员的人口统计特征以及养老基金类型和规模的作用

在上文中,我们根据滞后资产负债比对 γ 进行了回归,从而取得了单只养老基金特有的截距。这个可变截距表明,不同的养老基金都会发生规模或大或小的转移性支付。现在,我们根据养老基金会员的平均年龄和不同类型会员的比例以及养老基金的类型和规模等可观察量来解释养老基金之间的这种截距。这些养老基金及其会员的特征要么在样本期里大致保持不变[养老基金的类型没有发生变化,不同会员的比例只增加了(非常平坦的)时间趋势],要么在我们的样本中只有最后一年的观察值。这就意味着我们不能进行固定效应面板回归,因为我们无法确定观察值的系数。所以,我们通过混合回归来估计单只养老基金"平均转移支付率"。由于附加变量不存在因时而变的问题,因此,这些变量能够反映养老基金之间的系统差别,即每只养老基金特有的截距。

表 10.5 显示了会员平均年龄和人数以及养老基金类型对滞后转移支付指

---

① 这种跃迁可能幅度很大。我们假设,某只养老基金 40% 的业务准备金是为有效会员的养老金权益准备的,而其剩下部分的业务准备金则是为当前的退休和"休眠"会员准备的;我们还假设会员个人工资增长 5%,那么,这就意味着,在采用最终工资计算方案的情况下,仅仅由于后补服务,这只养老基金就要增加 2% 的业务准备金。改用平均工资计算方案以后,就消除了后补服务,也不用增加业务准备金,并将导致 $\gamma=1$,也就是降低 2 个百分点。一旦这只养老基金采用平均工资计算方案,就能掌握更大的业务准备金控制权,因为所有指数化决定都是养老基金董事会根据情况做出的。

标 γ 的影响。首先,请注意,把这些附加解释变量纳入模型没有对滞后资产负债比与 γ 之间的关系产生显著的影响:这里的系数大小、断点的出现位置和跃迁的幅度都与上文得出的结果相似。

表 10.5　会员年龄以及养老基金规模和类型对养老基金转移性支付(γ)的影响

	无断点	共同回归系数	无共同回归系数和常数
有效会员年龄	−0.001 9	−0.001 9	−0.001 9
	[−3.0]	[−3.0]	[−3.0]
"休眠"会员年龄	0.001 6	0.001 5	0.001 3
	[2.1]	[1.9]	[1.7]
退休会员年龄	0.001 7	0.001 7	0.001 7
	[3.2]	[3.1]	[3.2]
会员年龄对数	0.007 2	0.007 6	0.007 6
	[4.2]	[4.4]	[4.5]
行业养老基金	−0.079	−0.073	−0.076
	[−5.3]	[−5.0]	[−5.2]
企业养老基金	0.005	0.005	0.002
	[0.5]	[0.5]	[0.2]
常数	−0.233	−0.208	−0.245
	[−6.6]	[−5.5]	[−1.1]
资产负债比	0.067	0.015	0.060
	[6.7]	[1.0]	[0.3]
阈值(T_1)	—	102%	102%
常数($\geqslant T_1$)	—	0.039	−0.040
	—	[4.1]	[−0.2]
资产负债比($\geqslant T_1$)	—	—	0.064
	—	—	[0.3]
阈值(T_2)	—	125%	125%
常数($\geqslant T_2$)	—	0.024	0.164
	—	[3.3]	[2.6]

续表

	无断点	共同回归系数	无共同回归系数和常数
资产负债比($\geq T_2$)	—	—	−0.120
	—	—	[−2.2]
观察值数量	1 168	1 168	1 168
小于阈值 T_1 的观察值数量	—	81	81
大于等于 T_1、小于 T_2 的观察值数量	—	571	571
大于等于 T_2 的观察值数量	—	516	516
R^2	13.4%	15.4%	15.7%

对于2007年,我们按5岁一个年龄段对养老基金"有效"、"休眠"和"退休"三类会员进行分组,并且可以拿各年龄组的规模作为每个年龄组平均年龄的代理变量。图10.2已经大致显示了荷兰养老基金的这种会员年龄分布状况。

表10.5显示了在 γ 与滞后资产负债比关系不同变量设置条件下的会员平均年龄和 γ 之间的关系。请注意,通过使用荷兰养老基金2007年的会员年龄结构数据对此前年份进行回归,我们假设会员年龄等统计数据有一种稳定趋势。也就是说,我们利用会员的统计指标往往随时间缓慢变化这一事实,并且假设2007年的会员平均年龄数据包含一些此前年份会员(相对)平均年龄的信息。由表10.5可知,如果退休会员的平均年龄增加10岁,那么,整个样本单只养老基金的转移支付指标 γ 平均每年要上涨1.7个百分点。这些结果在所有的变量设置条件下都在99%的水平上显著。

表10.5还显示了养老基金会员总人数作为规模衡量指标与滞后资产负债比一起产生的影响。回归结果表明,养老基金规模越大,它的 γ 值就越高;我们的样本的估计系数从0.72%到0.76%不等。这就意味着,与一只有1万会员的养老基金相比,一只有100万会员的养老基金转移支付率要高出1.1个百分点。在我们的各种变量设置条件下,养老基金规模的影响在99%的水平上显著。对于这种对 γ 的正向影响,一种可能的解释是这些规模较大的养老基金能够利用规模经济(见Bikker and de Dreu,2009:chap.2)。成本越低,就意味着,

可以把越多的已经收到的保费用于创造新的养老金权益,从而可以降低保费,或者增加下一年度的业务准备金,譬如说,来进行指数化。

最后,表 10.5 还显示了不同养老基金类型之间的差别。我们把荷兰的养老基金分为行业、企业和其他三种类型。第三种类型的养老基金包括职业团体(包括非学术职业团体)养老基金和三种依法设立的特别养老基金。由于每只养老基金都属于某个养老基金类型,而且通常不会改变这种归属关系,因此,我们不能同时把三种养老基金类型的虚拟变量纳入回归模型。我们把"其他"类型作为养老基金的基准类型。

行业养老基金的 γ 值平均比"其他"养老基金小 1~7.9 个百分点,而企业养老基金的 γ 值略高。对企业养老基金相对慷慨的一个可能解释是,它们有发起人的资助,这可能有助于消解负面冲击。

养老基金会员特点的另一个指标是有效会员、非有效会员和退休会员的相对比例。

表 10.6 显示了同样的回归结果,但以有效和退休会员的比例作为养老基金会员的年龄指标。该表还显示,其他——退休会员占比较大——的养老基金对 γ 产生正效应。有效会员、"休眠"会员和退休会员的占比加总等于 1,因此,我们不得不少用一个变量,并且把"休眠"会员比例作为基准变量。在任何变量设置的条件下,有效会员的比例对 γ 都没有产生显著的影响,而退休会员的比例则对 γ 产生显著的影响,因为在各种变量设置中,它的系数都在 99% 的水平上显著。退休会员的比例每增加 10 个百分点,γ 就会平均增加 1.0 个百分点,而所有其他变量的系数和断点与之前基本相同。

表 10.6   不同类别会员的比例以及养老基金的规模和类型对养老基金转移支付(γ)的影响

	无断点	共同回归系数	无共同回归系数和常数
有效会员比例	0.012	0.018	0.016
	[0.7]	[1.1]	[1.0]
退休会员比例	0.099	0.103	0.099
	[4.4]	[4.6]	[4.4]
会员比例(对数)	0.008 9	0.009 1	0.009 0
	[5.0]	[5.2]	[5.1]

续表

	无断点	共同回归系数	无共同回归系数和常数
行业养老基金	−0.081	−0.074	−0.076
	[−5.4]	[−5.0]	[−5.1]
企业养老基金	−0.001	0.002	−0.001
	[−0.1]	[0.1]	[−0.0]
常数	−0.137	−0.140	0.037
	[−5.1]	[−4.6]	[0.1]
资产负债比	0.045	−0.003	−0.178
	[4.3]	[−0.2]	[−0.6]
阈值(T_1)	—	102%	102%
常数($\geq T_1$)	—	0.052	−0.244
	—	[5.2]	[−0.9]
资产负债比($\geq T_1$)	—	—	0.285
	—	—	[1.0]
阈值(T_2)	—	125%	137%
常数($\geq T_2$)	—	0.019	0.151
	—	[2.4]	[2.9]
资产负债比($\geq T_2$)	—	—	−0.116
	—	—	[−2.9]
观察值数量	1 610	1 610	1 610
小于阈值 T_1 的观察值数量	—	111	111
大于等于 T_1、小于 T_2 的观察值数量		783	1 038
大于等于 T_2 的观察值数量		716	461
R^2	8.3%	10.1%	10.3%

养老基金会员"年龄"的两个指标都指向同一个方向:退休会员占比较大的

养老基金对会员的转移支付较多。我们无法从期末的数据推断出哪个类别的会员能从这种转移支付中受益。这可能是由缴费较低或指数化程度较高造成的。请注意,并不是养老金给付水平,而是养老金待遇占业务准备金的比例,造就了这个较大的 γ(退休会员占比较大的养老基金总有很多资金流出,仅仅因为它们正处在养老金给付阶段)。还必须注意,退休会员在养老基金董事会里通常都没有正式的投票权。一种可能的解释是,雇员代表(如工会)为了争取更高水平的指数化而考虑退休会员的利益。

10.5 结束语

本章讨论了荷兰养老基金如何通过调整养老金权益来应对其资产负债比变化的问题,虽然我们没有找到系统记录荷兰养老基金会员养老金权益动态变化的数据,但我们选取 1993~2007 年期间荷兰 1 000 多只养老基金作为样本,采用代理变量考察了荷兰养老基金及其会员每年的养老金权益变化状况。我们从样本中剔除了会员少于 150 人的养老基金,因为它们通常有不同的目标。我们还剔除了 2006~2007 年的观察值,因为荷兰在 2006 年推行的新的养老保险制度导致我们改变了研究方法。我们采用面板数据法进行的研究首先发现,就如同我们预期的那样,养老基金会员的养老金权益会随着养老基金资产负债比的提高而增加。平均而言,养老基金的资产负债比每提高 10 个百分点,会员的养老金权益就增会加 1.0 个百分点。我们的第二个研究发现是,荷兰养老基金新分配给会员的养老金权益与它自身的资产负债比之间的这种关系出现了两个非常明显的断点。当养老基金的资产负债比跌破 105% 时,以赋予会员养老金权益方式进行的转移性支付就会减少 4 个百分点;当养老基金的资产负债比达到 130% 时,转移支付率就会上涨 2 个百分点。这两个断点的出现时间与推行新的养老基金基本资产负债水平监管制度的时间惊人地一致。这项新的监管制度是在我们的样本期之后推行的,它要求荷兰养老基金必须满足 105% 这个最低资产负债比要求,而 125%~130% 左右的资产负债比是荷兰养老基金实行养老金权益充分指数化所必须达到的水平。在这一章里,我们只描述了荷兰养老基金的行为表现,但没有拿荷兰养老基金的行为表现与运用控制机制的最佳或理想实践进行比较。不过,响应函数中出现的跃迁似乎不太可能是最优行为表现。

如果我们通过追加会员的年龄分布和类别以及养老基金类型等解释变量来扩展我们的模型，那么就会失去数据的面板结构，因为这几个附加解释变量只有有限的随时间而变的属性。通过混合回归，我们发现养老基金会员的平均年龄指标对养老基金的慷慨程度产生正向影响。至于养老基金不同类别会员对养老基金慷慨程度的影响，退休会员比例是一个特别重要的决定因素。一种可能的解释是，年龄较大的会员群体具有更大的影响力，因为他们在工会中有超大的代表力量。我们还发现，养老基金规模越大，对现有会员就越慷慨，这可能表明，养老基金规模越大，规模效率就越高。最后，我们还发现，企业养老金比行业养老基金更加慷慨，可能是因为前一种养老基金得益于实际消解风险的发起公司。我们对我们的模型进行的所有这些扩展都证实了我们之前取得的结果，即当养老基金的资产负债比上升，在貌似合理的资产负债比水平上存在两个非常明显的断点，并出现大幅度跃迁时，荷兰养老基金就会增加其会员的养老金权益。

我们的研究发现似乎也与荷兰在2006年推行新的监管框架有关。2008年危机及其后的时期导致一些养老基金的资产负债比跌破105%，这些养老基金被迫在5年内把资产负债比恢复到105%的水平。部分荷兰养老基金破天荒地第一次甚至被迫降低累积养老金权益。那些资产负债比已经恢复的荷兰养老基金对外宣布了指数化方案。进行更新的形式检验，需要包括负债期限在内的新的数据集。

参考文献

ABP, 2010, *Annual Report 2010*, Heerlen. Available at http://abp.turnpages.nl/DS2/public/slot072/pdf/compleet.pdf (accessed 17 February 2014)..

ABP, 2017, *Annual Report 2016*, http://jaarverslag.abp.nl/docs/ABP_JV_2016/index.php?nr=16&r_code=ABP_JV_2016 (accessed May 23, 2017).

Bikker, J.A., D.W.G.A. Broeders, J. de Dreu, 2010, Stock market performance and pension fund investment policy: rebalancing, free float, or market timing, *International Journal of Central Banking* 6, 53–79.

Bikker, J.A., J. de Dreu, 2009, Operating costs of pension funds: the impact of scale, governance, and plan design, *Journal of Pension Economics and Finance* 8, 63–89.

Bovenberg, A.L., R. Koijen, T. Nijman, C.N. Teulings, 2007, Saving and investing over the life cycle and the role of collective pension funds, *De Economist*, 347–415.

Broeders, D.W., A. Chen, 2013, Pension benefit security: a comparison of solvency requirements, a pension guarantee scheme and sponsor support, *Journal of Risk and Insurance* 80, 239–272.

Chen, D.H.J., R.M.W.J. Beetsma, 2015, Mandatory participation in occupational pension schemes in the Netherlands and other countries: an update, *Netspar Discussion Paper* No. 10/2015–032.

EU, 2011, *Pension Systems in the EU – Contingent Liabilities and Assets in the Public and Private Sector*, European Union, European Parliament's Committee on Economic and Monetary Affairs, IP/A/ECON/ST/2010–2026, Brussels, www.europarl.europa.eu/activities/committees/studies.do?language=EN.

Hansen, B.E., 1999, Threshold effects in non-dynamic panels: estimation, testing and inference, *Econometrica* 93, 345–368.

Hansen, B.E., 2000, Sample splitting and threshold estimation, *Econometrica* 68, 575–603.

OECD, 2011, *Competition and Financial Stability*, OECD, Paris.

OECD, 2016, *Pension Markets in Focus 2016*, OECD, Paris, www.oecd.org/finance/private-pensions/globalpensionstatistics.htm (accessed May 16, 2017).

附录 10.1 估计方程

我们对设置单个断点的以下方程式进行了估计：

$$\gamma_{i,t} = \begin{cases} \alpha_i^0 + \epsilon_{i,t}, FR_{i,t-1} \leq T \\ \alpha_i^1 + \epsilon_{i,t}, FR_{i,t-1} > T \end{cases} \quad \text{（阶跃函数）}$$

$$\gamma_{i,t} = \begin{cases} \alpha_i + \beta^0 FR_{i,t-1} + \epsilon_{i,t}, FR_{i,t-1} \leq T \\ \alpha_i + \beta^1 FR_{i,t-1} + \epsilon_{i,t}, FR_{i,t-1} > T \end{cases} \quad \text{（共同常数函数）}$$

$$\gamma_{i,t} = \begin{cases} \alpha_i^0 + \beta FR_{i,t-1} + \epsilon_{i,t}, FR_{i,t-1} \leq T \\ \alpha_i^1 + \beta FR_{i,t-1} + \epsilon_{i,t}, FR_{i,t-1} > T \end{cases} \quad \text{（共同系数函数）}$$

$$\gamma_{i,t} = \begin{cases} \alpha_i^0 + \beta^0 FR_{i,t-1} + \epsilon_{i,t}, FR_{i,t-1} \leq T \\ \alpha_i^1 + \beta^1 FR_{i,t-1} + \epsilon_{i,t}, FR_{i,t-1} > T \end{cases} \quad \text{（非共同常数和系数函数）}$$

我们对设定两个断点的下列方程式进行了估计：

$$\gamma_{i,t} = \begin{cases} \alpha_i^0 + \epsilon_{i,t}, FR_{i,t-1} \leq T_1 \\ \alpha_i^1 + \epsilon_{i,t}, T_1 < FR_{i,t-1} \leq T_2 \\ \alpha_i^2 + \epsilon_{i,t}, FR_{i,t-1} > T_2 \end{cases} \quad \text{（阶跃函数）}$$

$$\gamma_{i,t} = \begin{cases} \alpha_i + \beta^0 FR_{i,t-1} + \epsilon_{i,t}, FR_{i,t-1} \leq T_1 \\ \alpha_i + \beta^1 FR_{i,t-1} + \epsilon_{i,t}, T_1 < FR_{i,t-1} \leq T_2 \\ \alpha_i + \beta^2 FR_{i,t-1} + \epsilon_{i,t}, FR_{i,t-1} > T_2 \end{cases} \quad \text{（共同常数函数）}$$

$$\gamma_{i,t} = \begin{cases} \alpha_i^0 + \beta FR_{i,t-1} + \epsilon_{i,t}, FR_{i,t-1} \leq T_1 \\ \alpha_i^1 + \beta FR_{i,t-1} + \epsilon_{i,t}, T_1 < FR_{i,t-1} \leq T_2 \\ \alpha_i^2 + \beta FR_{i,t-1} + \epsilon_{i,t}, FR_{i,t-1} > T_2 \end{cases} \quad \text{（共同系数函数）}$$

$$\gamma_{i,t} = \begin{cases} \alpha_i^0 + \beta^0 FR_{i,t-1} + \epsilon_{i,t}, FR_{i,t-1} \leq T_1 \\ \alpha_i^1 + \beta^1 FR_{i,t-1} + \epsilon_{i,t}, T_1 < FR_{i,t-1} \leq T_2 \\ \alpha_i^2 + \beta^2 FR_{i,t-1} + \epsilon_{i,t}, FR_{i,t-1} > T_2 \end{cases} \quad \text{（非共同常数和系数函数）}$$

第十一章　养老金保障机制的效用等价性

德克·W. G. A. 布罗德斯(Dirk W. G. A. Broeders)

陈安(An Chen)

比吉特·施诺伦伯格(Birgit Schnorrenberg)

11.1　引　言

全球许多待遇确定型养老基金都饱受资金来源不足的困扰,造成这种状况的叠加原因就是股市收益波动、市场利率下降以及预期寿命意外延长。本章旨在研究如何保障养老金待遇的问题。我们认为,偿付能力要求、养老金保障基金和发起人资助等,都是可以采用的养老金保障机制。本章的主要贡献是考虑这些保障机制在哪种养老金合同规范下能为受益人提供等价的效用。

养老基金研究颇具挑战性,原因有二。首先是养老基金的制度框架非同寻常。与商业保险公司不同,养老基金没有外部股东来承担剩余风险。因此,所有资金风险最终都由养老基金的受益人、发起人[①]或养老保障基金承担。所以,有必要对养老基金进行不同于对其他金融机构所做的分析的研究。其次,待遇确定型养老金计划通常面对一种两难投资困境:一方面,养老基金为了赚取风险溢价,不得不投资于有风险的资产;另一方面,养老基金的首要关切是保证会员的养老金待遇。从这个角度看,养老基金可以通过选择来使自己的资产与负债紧密匹配,例如,养老基金可以通过投资高等级债券和复制养老基金负债偿还流的固定收益衍生品来对冲利率风险,还可以通过保险来保障养老金待遇,

---

[①]　我们把养老金计划发起人定义为通过出资或偶尔一次性资助的方式,为员工的养老金权益提供资金的企业。

例如,通过投保来对冲长寿风险。但是,养老基金可能会发现很难完全执行这种对冲策略。由于受到流动性约束的限制,养老基金通常不可能投资于完全复制其负债规模和性质的资产。对于待遇确定型养老金计划来说,情况尤其如此;[①]而对于缴费确定型养老金计划来说,根据定义,应该是根据负债来复制资产。

职业养老金计划资金来源充足是保障受益人养老金待遇的关键所在。此外,职业养老金计划有不同的保证资金来源的方法。根据默顿和博迪(Merton and Bodie,1992)、欧洲保险与职业养老金监督官委员会(CEIOPS,2008)以及科特列夫等人(Kortleve et al.,2011)的研究成果,我们为待遇确定型养老金计划确定了以下安全保障机制:

- 规定偿付能力要求;
- 设立养老金保障基金;
- 由发起人提供资助。

偿付能力要求是指养老基金至少应该拥有超过负债现值的额外资产来构建备付金的要求。例如,欧盟养老金指令(European Pension Directive)规定,如果是养老基金而不是发起人承担风险,或者是养老基金担保特定水平的养老金待遇,那么,养老基金就应该持有超过负债价值的额外资产。

养老金保障基金通常在养老基金发起人违约的情况下,为养老基金会员提供养老金待遇保障。养老金保障基金收取一定的费用作为提供这种保障的回报。许多工业化国家(如美国、英国、德国和日本)都实行这样的养老金保障制度。有关养老金保障基金的介绍,请参阅博迪和默顿(Bodie and Merton,1993)、陈(Chen,2011)以及布罗德斯和陈(Broeders and Chen,2013)。这里的"发起人资助"是指发起人为资助自己发起的养老基金而做出的承诺和具体资助的能力,也就是继续缴纳充足的会费,以确保养老基金有能力支付养老金。欧洲保险与职业养老金监督官委员会(CEIOPS,2008)表示,发起人资助也可能采取向发起人索要的方式。

本章的主要目的是研究上述三种不同的养老金保障机制对受益人的福利影响。为此,我们对假设的一种幂效用函数进行了确定性等价比较。具体来

---

① 我们很难对冲长寿风险。据联合论坛(Joint Forum)最近发布的一份报告估计,全球与年金和养老金相关的敞口长寿风险总计在15万亿~25万亿美元之间。其中,每年只有不到千分之一的敞口风险转由保险(再保险)公司承担,或者通过"长寿互换"转由更大的资本市场承担。请参阅BIS(2013)。

说,我们关心在什么条件下养老金保障机制提供等价的效用。这项研究有益于比较不同的监管制度。例如,欧盟委员会(EC,2011)发布意见征询函呼吁寻求协调不同监管制度的可能性。这份意见征询函的一个基本假设是"不论采用何种保障机制,保障计划的参与者和受益人应该得到相似的保护水平"(第6页)。欧洲保险与职业养老金管理局(EIOPA)根据这份意见征询函提出了"资产负债整体法"(holistic balance sheet approach),并且把这种方法作为进行尽可能多的协调的手段(EIOPA,2012)。这种方法也被称为"资产负债共同框架"(common framework's balance sheet)(EIOPA,2016)。

资产负债整体法认为,可用一张资产负债表来反映不同的养老金保障机制,具体的做法是对所有可用的养老金保障机制赋予与市场一致的价值。按照这种资产负债整体法,不但养老基金的全部可用资产可被用来保证养老基金有足够的资金来源,而且其他保障机制也可被列入养老基金的资产负债表。除此之外,资产负债整体法还可用来评估养老基金是否符合总体要求。这种方法虽然从理论上讲有它的合理之处,但在可供随时使用之前仍受到了一些质疑。从技术上看,这种方法很难付诸实施。例如,布罗德斯和科特列夫等人(Broeders,Kortleve et al.,2012)、德哈恩等人(De Haan et al.,2012)以及弗兰森等人(Fransen et al.,2013)都讨论过这个问题。

本章提出的效用等价法可被用来增强资产负债整体法或资产负债共同框架的作用。效用等价法还可用来评估不同的监管制度是否为养老金计划受益人提供相似的效用。从建模的角度看,效用等价法可能并不那么复杂,而且与养老基金使用的标准资产负债管理工具更加密切相关。

本章其余各节安排如下:第11.2节介绍模型设置;第11.3节比较详细地介绍上述三种养老金保障机制;第11.4节定义为进行基于效用的比较要做的公平契约分析必须具备的各种假设条件;第11.5节用数字推导出所谓的"公平分享率";第11.6节着重对三种不同的养老金保障机制进行效用比较;第11.7节对本章的内容进行总结。

11.2 模型设置

本章旨在分析三种不同的养老金保障机制对养老金受益人的福利影响。在本节中,我们扼要说明模型设置的情况,并介绍偿付能力要求、养老金保障基金和发起人资助这三种保障机制。本章对布罗德斯和陈(Broeders and Chen, 2013)的研究进行了扩展。为了方便基于效用的比较,我们对模型假设进行了一些调整。

偿付能力要求通常适用于没有外部担保人的养老基金。追加资产能确保养老基金高度确定地偿还其债务。追加资产的数量通常是这样确定的:养老基金的资产负债比在时间框架 T 里低于阈值 K%的概率小于低于阈值 ε%的概率。[1] 通过养老金保障基金提供充分的保障,就意味着养老金总资产的价值始终至少等于得到担保的负债。[2] 发起人也可以充当外部担保人。但是,发起人担保与养老金保障基金担保不同的地方是,在发起人资不抵债的情况下,受益人可能无法获得充分的保障。与养老金保障基金担保相比,发起人担保通常被认为信用度较低。外部担保可以更好地向受益人提供防止养老金待遇变差的保障。但是,这种确定性是有代价的,因为购买外部保险必须付费。

11.2.1 合同条款设置

我们来考虑一种适用于必须还要工作 T 年的另一同质雇员组采用有条件指数化待遇确定型养老金形式的混合养老金计划。[3] 如果养老基金的资产投资业绩良好,这种养老金计划把最低养老金收入与超额回报组合在一起。[4] 它是待遇确定型计划和缴费确定型计划的混合形式,请参阅布罗德斯等人(Broeders et al., 2013)的研究。同质雇员组也可被视为有代表性的受益人。通过实际观察养老基金往往把平均受益人作为收费和资产配置决策的基准,就能证明考察代表性受益人的假设是合理的。

假设在 $t_0=0$ 期,某养老基金为预付保险费等于 L 的代表性受益人推出了一种混合养老金计划,而且在 $t_0=0$ 期还收到发起人的初始缴款 S_0。发起人将持有养老基金盈余的索取权,作为对承担养老基金亏损风险的补偿。因此,养老基金的初始资产 X_0 是受益人的缴费和发起人的缴款之和:

---

[1] 这实际上等于 T 年的期限内众所周知的风险值(VaR)风险衡量指标和 ε%的置信水平。

[2] 事实上,养老金保障基金通常规定养老金额上限。例如,美国养老金担保公司(PBGC)的担保计划向 65 岁退休的参保人最多支付法律规定的最高担保养老金。目前,65 岁的老年人每月的最高养老金保额是 4 500 美元(www.pbgc.gov)。我们假设,我们的分析中的养老金额没有超过这个限额。

[3] 这样,我们就可以忽略了不同年龄组之间的代际转移。

[4] 这种追加回报的方式通常被称为"指数化"。"指数化"就是为了反映成本和生活水平的变化而对养老金待遇进行调整。

$$X_0 = L + S_0 \tag{11.1}$$

从现在开始,我们假定 $L = \alpha X_0$,并且 $\alpha \in [0, 1]$。我们把 α 作为为财富分配参数,并用它来确定养老基金多大份额的初始财富是由受益人贡献的。我们现在来描述两种可能的情况:合同到期把养老金付给受益人以及提前终止养老保险合同时把退款支付给受益人。

11.2.1.1 到期付款

我们假设养老基金到期一次性支付养老金。待遇确定型养老金可以表示为受益人的初始缴费以(名义)担保回报率 δ 累积:

$$L_T = L e^{\delta T} \tag{11.2}$$

我们的混合计划的受益人将以下列方式承担风险:如果养老基金取得了良好的投资业绩,那么,受益人有权分享养老基金的盈余。巴罗塔等人(Ballotta et al., 2006)和克林等人(Kling et al., 2007a, 2007b)曾描述过这种"红利"。但是,如果养老基金在合同到期时资金来源不足,那么就会相应减少养老金待遇。在没有外部资助的情况下,养老基金的给付金额不可能超过它的可支配资产。到期时结合这三个元素,可由下式给出支付给受益人的金额:

$$\psi_L(X_T) := L_T + \beta \alpha \left[X_T - \frac{L_T}{\alpha} \right]^+ - [L_T - X_T]^+ \tag{11.3}$$

式中,β 表示受益人分享养老基金盈余的比例。在第 11.4 节里,我们将规定如何选择盈余分享率。式(11.3)给出的支付额是养老基金在没有被提前清算的情况下支付的金额,它是固定支付额 L_T、反映红利支付额的养老基金资产看涨期权和反映养老金待遇可能减少的资产卖空看跌期权的组合。

11.2.1.2 合同提前终止情况下的支付款

我们来考虑养老基金在到期前被清算的可能性,如养老基金资金来源严重不足。触发提前清算养老基金的原因也可能是发起人违约。在提前清算的 τ 时,养老基金要向受益人支付退款,我们把这笔退款记作 $\Theta_L(\tau)$。出于对时间一致性的考虑,我们假设这笔退款按照距离到期日剩余时间里的无风险利率 r 来计算,这样就好像这笔退款是在到期日支付的。综上所述,受益人的合同回报包括合同到期时的付款和合同提前终止时的退款两部分:

$$\tilde{V}_L := \psi_L(X_T) 1_{\{\tau > T\}} + \Theta_L(\tau) e^{r(T-\tau)} 1_{\{\tau \leqslant T\}} \tag{11.4}$$

式(11.4)完成了对养老金合同中负债的定义。

11.2.2 资产处理

现在,我们再来看看养老基金资产的定义。我们需要区分养老基金的资产和养老基金发起人的资产。我们假设某只养老基金有多样化风险资产(市场组合)和无风险资产两种投资机会。它交易的有风险资产 A 满足以下条件:

$$\mathrm{d}A_t = \mu A_t \mathrm{d}t + \sigma A_t \mathrm{d}W_t^1$$

上式中,W^1 是一个用实际概率衡量指标 P 表示的标准布朗运动。风险资产服从即时回报率 $\mu > 0$、恒定波动率 $\sigma > 0$ 的布莱克—斯科尔斯动态过程。我们还假设,存在一种对于确定性无风险利率 r 满足以下条件的无风险资产 B:

$$\mathrm{d}B_t = rB_t \mathrm{d}t$$

养老基金只能从自己被假设大于会员初始缴费 L 的初始财富 x_0 开始,以自筹资金的方式买卖有风险和无风险两种资产。养老基金的财富处理过程由以下随机微分方程给出:

$$\mathrm{d}X_t = X_t(r + \theta(\mu - r))\mathrm{d}t + \theta\sigma X_t \mathrm{d}W_t^1, X_0 = x_0 \qquad (11.5)$$

式中,θ 表示养老基金投资于风险资产 A 的那部分财富,而其余部分$(1-\theta)$的财富则被养老基金投资于无风险资产 B。我们假设,养老基金持续对投资组合进行再平衡,通常采用一种实际资产配置紧密围绕既定战略资产配置波动的再平衡策略(见 Bikker,Broeders and de Dreu,2010)。

我们假设发起人的资产 C_t 也服从对应于下式的布莱克—斯科尔斯动态分布:

$$\mathrm{d}C_t = \mu_c C_t \mathrm{d}t + \sigma_c C_t (\rho \mathrm{d}W_t^1 + \sqrt{1-\rho^2} \, \mathrm{d}W_t^2) \qquad (11.6)$$

式中,即时回报率 $\mu_c > 0$,而波动率 $\sigma_c > 0$。W_t^2 是独立于用概率衡量指标 P 表示的 W_t^1 的布朗运动。发起人的资产回报率与风险资产投资回报率相关,相关系数是 ρ。

这样,我们就完成了对养老基金资产的定义。

11.2.3 提前终止合同的触发因素

我们现在考虑两个触发提前终止合同的因素:一是养老基金资金来源不足,二是养老基金发起人违约。为了继续我们的分析,我们需要对这两种情况的所谓"首中时"(first-hitting time,是近代马尔可夫过程论中一个极其重要的概念,是指首中某个集合的时间。——译者注)进行定义。当养老基金资金来源不足触发违约事件时,违约时间就是养老基金的资产 X_t 少于以下监管阈值 $\eta L\, e^{\delta t}$ 的首中时。我们用式(11.7)来表示这个首中时:

$$\tau_p := \inf\{t \mid X_t \leqslant \eta L\, e^{\delta t}\} \qquad (11.7)$$

式中,$\eta<1$ 是一个监管参数。监管机构可以通过选择这个参数的值来控制监管的严厉程度。此外,我们假设养老基金最初服从监管($X_0>\eta L$);否则,养老基金从一开始就会终止合同。

另一方面,在提前终止合同由发起人违约触发的情况下,我们用

$$\tau_c := \inf\{t \mid C_t \leqslant \emptyset C_0\, e^{g t}\} \qquad (11.8)$$

来表示这个首中时。发起人违约的阈值水平就是他的债务水平 $\emptyset C_0$,$\emptyset \in (0,1)$。请注意,$\emptyset$ 必须小于 1;否则,发起人从一开始就违约。$\emptyset C_0$ 可被视为发起人的初始债务水平;出于简便的考虑,我们假设 $\emptyset$ 是一个常量。不过,我们也要考虑债务水平以恒定的增长率 g 随时间增长的可能性。

这样,我们就完成了对提前终止合同的触发因素的定义。

11.3 养老金保障机制描述

我们来考虑偿付能力要求、养老金保障基金和发起人资助这三种养老金保障机制,先简要介绍这些保障机制的技术特点。

11.3.1 偿付能力要求

在偿付能力要求这种养老金保障机制下,未到期违约的触发因素就是养老基金资金来源严重不足。养老基金清算的干预时间是 τ_p。我们假设,监管机构进行不间断的持续监管,并且会及时采取纠正措施。[①] 在发生违约时,养老基金会把自己剩下的资金支付给受益人。在违约时 τ_p 付给受益人的退款,根据定义,等于担保金额的 η 倍:

$$\Theta_L(\tau_p) = X_{\tau_p} = \eta L\, e^{\delta \tau_p} \qquad (11.9)$$

11.3.2 养老金保障基金

我们现在假设,养老基金与养老金保障基金签订养老金担保合同。养老金

---

① 允许观望一段时间再采取行动,会成倍地导致分析复杂化。

保障基金从养老基金那里收取一笔预付保险费,如果养老基金的发起人违约,那么,养老金保障基金就会接管养老基金的资产和负债。① 如果养老基金这时出现赤字,那么,养老金保障基金就要对此承担责任。按照大多数国家的做法,我们假设干预的触发因素是发起人违约。如果发起人在 τ_c 时违约,那么,养老金保障基金就会出面干预,并向养老基金支付任何必要的款项。

为了正确模拟养老金保障基金提供的担保,我们需要区分发起人在到期前没有违约($\tau_c > T$)和在到期前违约($\tau_c \leqslant T$)两种情况。在前一种情况下,如果养老基金出现赤字,养老金保障基金就必须弥补养老基金的赤字。因此,养老金保险合同到期时的回报就是:

$$G_T = \max(L e^{\delta T} - X_T, 0)$$

如果养老基金在合同到期日出现赤字,那么,G_T 是养老金保障基金为了弥补养老基金的赤字而必须赔付给养老基金的金额。在后一种情况(即发起人在合同到期前违约)下,养老金保障基金会在发起人违约时(τ_c)立即进行干预,接管养老基金的资产和负债,并终止养老基金的运营。我们假定养老金保障基金必须在 τ_c 立即弥补养老基金的赤字。在发起人违约的情况下,合同未到期时支付的养老保险回报是:

$$G_{\tau_c} = \max(L e^{\delta \tau_c} - X_{\tau_c}, 0)$$

如果养老基金在合同到期前的任何时候出现赤字,那么,G_{τ_c} 就是养老金保障基金为弥补养老基金的赤字而必须支付的金额。如果养老基金的资产不足以支付目标担保养老金 $L e^{\delta \tau_c}$,那么就会出现赤字。基于这种给付结构,我们可以用下式来确定养老基金支付给养老金保障基金的养老金担保保险费 G:

$$\begin{aligned} G &= G_T 1_{\{\tau_c > T\}} + G_{\tau_c} 1_{\{\tau_c \leqslant T\}} \\ &= \max(L e^{\delta T} - X_T, 0) 1_{\{\tau_c > T\}} \\ &\quad + \max(L e^{\delta \tau_c} - X_{\tau_c}, 0) 1_{\{\tau_c \leqslant T\}} \end{aligned}$$

养老基金向养老金保障基金投保养老金保障险的成本可以分解成两部分:彩虹下跌敲出看跌期权(rainbow down-and-out put option)和彩虹下跌敲入看跌期权(rainbow down-and-in put option)。彩虹障碍期权(rainbow barrier options)是一种衍生于一项标的资产,但敲入或敲出条件却由另一项标的资产触

---

① 现实中,养老金保障基金定期收取保费。为简便起见,并与代表性受益人承担的单一责任相一致,我们在这里假设养老金保障基金一次性收取单一保费。

发的著名障碍期权形式。① 在养老金保障基金的例子中，期权据以衍生的标的资产是养老基金的资产，而敲入或敲出条件则由养老金计划发起人的资产触发。一旦发起人违约，养老基金就由养老金保障基金接管。如果养老基金没有提前终止运营，那么，我们有彩虹下跌敲出看跌期权；如果养老基金在 τ_c 提前终止运营，那么，我们就有彩虹下跌敲入看跌期权。养老基金向养老金保障基金投保养老金保障险支付的保费可被视为这两种彩虹期权的市场价值：

$$G_0 = E^* \left[e^{-rT} G_T 1_{\{\tau_c > T\}} \right] + E^* \left[e^{-r\tau_c} G_{\tau_c} 1_{\{\tau_c \leq T\}} \right]$$
$$= E^* \left[e^{-rT} [L e^{\delta T} - X_T]_+ 1_{\{\tau_c > T\}} \right]$$
$$+ E^* \left[e^{-r\tau_c} [L e^{\delta \tau_c} - X_{\tau_c}]_+ 1_{\{\tau_c \leq T\}} \right] \tag{11.10}$$

式中，E^* 是用风险中性衡量指标 P^* 表示的预期值。我们可以求得这笔保费的封闭解。读者如果想了解更加详细的推导过程，可参阅布罗德斯和陈（Broeders and Chen, 2013）的论文。

11.3.3 发起人资助

我们现在回过头来看看发起人为养老基金未到期违约提供担保的情况。就如同把偿付能力要求作为养老金保障机制的例子中，养老基金违约的触发因素是养老基金资金来源不足。此外，干预时间 τ_p 仍是养老基金的资产少于偿付能力阈值的首中时。我们假设，监管机构不间断地持续进行监管。如果养老基金在 τ_p 时违约，那么就持有价值 $X_{\tau_p} = \eta L_{\tau_p} \leq L_{\tau_p}$ 的资产；或者，养老基金在 τ_p 时的赤字等于 $L e^{\delta \tau_p} - X_{\tau_p}$。我们对发起人弥补养老基金赤字的行动做以下两个假设：

- 弥补养老基金赤字没有导致发起人自身违约；
- 如果发起人并非资不抵债，而是无力弥补养老基金的全部赤字，那么，在偿还自己的全部债务以后用剩下的资金来帮助养老基金弥补赤字。②

我们再来看看养老基金在合同到期前违约（$\tau_p > T$）和在合同到期时违约

---

① 海嫩和凯特（Heynen and Kat, 1994）、张（音译，Zhang, 1995）以及凯尔（Carr, 1996）最早对这些期权进行了研究。

② 在我们的模型中，我们假设养老基金持有的养老金资产和负债由某个独立的法律实体持有。因此，我们可以合理地假设，养老基金赤字的信用等级低于常规的公司债务。在最近一项有关北电公司（Nortel Companies）和雷曼兄弟公司（Lehman Brothers Companies）的裁决中，英国最高法院判定，养老金负债的信用等级与公司无担保债务相同（Trinity Term [2013] UKSC 52）。

($\tau_p \leqslant T$)这两个不同的违约时间。根据以上描述,发起人需要在 $\tau_p \leqslant T$ 时向养老基金提供的资助可描述如下:

$$\Phi_c(\tau_p) = (L e^{\delta \tau_p} - X_{\tau_p}) 1_{\{C_{\tau_p} > \phi C_0 e^{g \tau_p} + (L e^{\delta \tau_p} - X_{\tau_p})\}}$$
$$+ (C_{\tau_p} - \phi C_0 e^{g \tau_p}) 1_{\{\phi C_0 e^{g \tau_p} < C_{\tau_p} \leqslant \phi C_0 e^{g \tau_p} + (L e^{\delta \tau_p} - X_{\tau_p})\}} \tag{11.11}$$

上式等号右边的第一项对应于发起人有能力偿还自己的债务并弥补养老基金的全部赤字,而第二项则表示发起人在还清了自己的债务以后用剩余资金来帮助养老基金弥补赤字的情况。

如果违约发生在到期时,则意味着养老基金到期时的资产 X_t 没有达到偿付能力阈值 ηL_t,并且在整个存续期 $[0,T]$ 超过监管阈值,尤其是养老基金持有的资产 $X_T > \eta e^{\delta T} = \eta L_T$。如果 $X_T \geqslant L_T$,那么,养老基金的资产足以支付它承诺的养老金。因此,在这种情况下,发起人不必提供它担保的金额。而如果 $\eta L_T < X_T \leqslant L_T$,即养老基金在其整个存续期 T 持有的资产大于监管阈值,但仍低于它承诺支付的养老金,那么,发起人必须弥补养老基金由下式给出的赤字:

$$\Phi_c(T) = (L_T - X_T) 1_{C_T > \phi C_0 e^{gT} + (L_T - X_T)} 1_{\{\eta L_T < X_T \leqslant L_T\}}$$
$$+ (C_T - \phi C_0 e^{gT}) 1_{\{\phi C_0 e^{gT} < C_T \leqslant \phi C_0 e^{gT} + (L_T - X_T)\}} 1_{\eta L_T < X_T \leqslant L_T} \tag{11.12}$$

与到期前违约的情况不同,在到期日违约的情况下,我们并不知道养老金资产的最终价值 X_T。同样,发起人向养老基金提供全部还是部分担保,具体取决于前者偿还自身债务的能力。

与在分析养老金保障基金时一样,我们假设发起人因承担养老基金的资金短缺风险而能获得公平的回报。但发起人只能获得隐性回报。发起人提供资助能获得的公平"假保费" S_{c_0} 是式(11.11)中提前终止合同情况下提供的资助和式(11.12)中到期时提供的资助之和的市场价值。更具体地说,按照风险中性概率的衡量指标 P^*,我们可以把这笔保费表示为:

$$S_{c_0} = E^* [e^{-r \tau_p} \Phi_c(\tau_p) 1_{\{\tau_p \leqslant T\}}] + E^* [e^{-rT} \Phi_c(T) 1_{\{\tau_p > T\}}] \tag{11.13}$$

布罗德斯和陈(Broeders and Chen,2013)明确计算了这个市场价值。

11.4 公平契约分析

在介绍了模型变量设置和三种养老金保障机制后,我们现在需要为效用分析做好准备。为了便于对三种不同的养老金保障机制进行基于效用的比较,我们对初始投资和养老保险合同的公平性提出两个假设。假设一:受益人的初始投资在各种情况下都是相同的。假设二:为了遵守公平契约的原则,我们对盈余分享率(β)进行调整。首先,我们将在下文详细说明这两个假设,然后说明如何计算我们所区分的三种养老金保障机制下的公平盈余分享率。

根据我们所做的模型介绍,受益人的实际初始投资在三种不同的养老金保障机制下并不自动相同,原因在于受益人需要向养老金保障基金或发起人支付保费 G_0 或 S_{c_0}。受益人在偿付能力要求、养老金保障基金和发起人资助三种养老金保障机制下的实际初始投资分别是 L、$L+G_0$ 和 $L+S_{c_0}$。为了进行公平的基于效用的比较,我们需要对这一点进行纠正。我们要对潜在的影响因素进行调整,以使受益人的初始投资在所有三种情况下相同。为此,我们引入假设4.1。

假设 4.1:受益人在三种养老金保障机制下的实际初始投资相同(用 L 表示)。

假设 4.1 意味着:(1)在偿付能力要求这种养老金保障机制下,L 可全部用于投资,并由发起人的初始缴款作为补充,即 $X_0=L+S_0$。(2)在向养老金保障基金投保养老金保障险的情况下,G_0 可用来为获得养老金保障基金的担保而向它支付保费,而 $L-G_0$ 则可用来投资。加上发起人的初始缴款,养老基金的初始资产价值为 $L-G_0+S_0$。在下文中,我们将详细分析如何确定养老基金这个调整后的初始资产价值。(3)在发起人资助的情况下,养老基金的初始资产价值等于受益人的缴费减去支付给发起人的假保费加上发起人的缴款($L-S_{c_0}+S_0$)。

在进行效用比较之前,还有一个问题需要解决。与偿付能力要求这个养老金保障机制相比,养老金保障基金和发起人资助会涉及较多的参数。具体来说,发起人资助的力度会起作用。为了对此进行纠正并能对不同的养老金保障机制进行比较,我们将确定除了盈余分享率 β 之外的所有其他参数。现在,我们做以下假设:

假设 4.2:在全部三种养老金保障机制下,盈余分享率全部根据公平契约原则内生决定。

假设 4.2 表明,确定盈余分享率,就是为了使受益人分到的盈余的市场价值与他们预付的缴费相等。我们把这个盈余分享率称为"公平分享率"(β^*)。

遵循公平契约原则意味着,受益人分到的盈余的市场价值等于用风险中性衡量指标 P^* 表示的折现后预期回报(见 Grosen and Jørgensen,2002)。

11.4.1 公平盈余分享率

在这一小节里,我们要说明如何根据假设 4.1 和 4.2 来确定三种养老金保障机制下的公平盈余分享率。

在偿付能力要求这种养老金保障机制下,我们不需要对初始投资 L 进行调整。假设 4.2 要求:

$$E^*\left[\mathrm{e}^{-rT}\left(L\mathrm{e}^{\delta T}+\beta^*\alpha\left[X_T-\frac{L\mathrm{e}^{\delta T}}{\alpha}\right]-[L\mathrm{e}^{\delta T}-X_T]^+\right)1_{\{\tau_p>T\}}\right] \quad (11.14)$$
$$+E^*\left[\mathrm{e}^{-r\tau_p}\eta L\mathrm{e}^{\delta \tau_p}1_{\{\tau_p\leqslant T\}}\right]=L$$

上式等号的左边是受益人得到的回报的市场价值。令受益人得到的回报等于他们的初始投资 L,我们就能隐含地确定公平盈余分享率 β^*。

假设 4.1 要求对在养老金保障基金提供担保的情况下的受益人初始投资 L 进行调整,从而导致养老基金的初始资产价值 X_0 发生变化。我们用 $\widetilde{X}_0$ 来表示养老基金调整后的初始资产值:

$$\widetilde{X}_0=\underbrace{L-G(\widetilde{X}_0)}_{\text{调整后的受益人初始缴费}}+S_0 \quad (11.15)$$

解式(11.15)并不容易。养老基金调整后的初始资产值并没有明确给出,而是通过满足式(11.15)隐含地定义的,因为支付给养老金保障基金的保费本身取决于 $\widetilde{X}_0$。L 和 X_0 的变化要求财富分配因子 α 有不同的值,因为 α 被定义为 L/X_0。我们用 $\widetilde{\alpha}$ 表示调整后的财富分配因子,$\widetilde{\alpha}$ 定义如下:

$$\widetilde{\alpha}=\frac{L-G(\widetilde{X}_0)}{X_0-G(\widetilde{X}_0)}=\frac{L-G(\widetilde{X}_0)}{\widetilde{X}_0}$$

由于保险费 $G(\widetilde{X}_0)$ 为正,因此,新的 $\widetilde{\alpha}$ 小于原先的财富分配因子 α。根据各调整后的参数,我们现在可以把养老金保障基金这种养老金保障机制下的公平契约原则表示如下:

$$E^*\left[\mathrm{e}^{-rT}\left(L\mathrm{e}^{\delta T}+\widetilde{\beta}^*\widetilde{\alpha}\left[\widetilde{X}_T-\frac{L\mathrm{e}^{\delta T}}{\widetilde{\alpha}}\right]^+\right)1_{\{\tau_c>T\}}\right]+E^*\left[\mathrm{e}^{-r\tau_c}L\mathrm{e}^{\delta\tau_c}1_{\{\tau_c\leqslant T\}}\right]=L$$

(11.16)

在式(11.16)中,我们用 $\widetilde{X}_T$ 表示养老基金由初始财富 $\widetilde{X}_0$ 而来的最终资产的价值。因此,β^*是在养老金保障基金支持下获得的公平盈余分享率。请注意,$\widetilde{X}$独立于$\hat{\beta}$,因为养老金保障基金提供担保的保费$G(\widetilde{X}_0)$并不取决于β^*。于是,我们可用式(11.10)隐含地求得$\widetilde{X}$,并且也求得$\widetilde{\alpha}$,然后利用这些参数来确定公平盈余分享率$\hat{\beta}^*$。

在发起人资助的情况下,我们能够对这些参数进行类似的调整。养老基金调整后的初始资产值$\widetilde{X}_0$现在可通过解下式来隐含地确定:

$$\widetilde{X}_0 = \underbrace{L - S_{c_0}(\hat{X}_0)}_{\text{调整后的受益人初始缴费}} + S_0$$

因此,调整后的财富分配因子$\hat{\alpha}$可由下式给出:

$$\hat{\alpha} = \frac{L - S_{c_0}(\hat{X}_0)}{X_0 - S_{c_0}(\hat{X}_0)} = \frac{L - S_{c_0}(\hat{X}_0)}{\hat{X}_0}$$

最后,在发起人资助的情况下,公平盈余分享率$\hat{\beta}^*$可通过以下公平契约原则导出:

$$E^* \left[e^{-rT} \left(L e^{\delta T} + \hat{\beta}^* \hat{\alpha} \left[\hat{X}_T - \frac{L e^{\delta T}}{\hat{\alpha}} \right]^+ - [L e^{\delta T} - \hat{X}_T]^+ + \Phi_c(T, \hat{X}_T) \right) 1_{\{\tau_p > T\}} \right]$$

$$+ E^* \left[e^{-r\tau_p} (\eta L e^{\delta \tau} + \Phi_c(\tau_p, \hat{X}_{\tau_p})) 1_{\{\tau_p \leq T\}} \right] = L \qquad (11.17)$$

式中,$\hat{X}_T$是养老基金始于初始财富$\hat{X}_0$的最终财富值。采用与养老金保障基金情况下类似的方法进行计算,我们就可先后得到$\hat{X}_0$、$\hat{\alpha}$和$\hat{\beta}$。我们用式(11.13)来确定$\hat{X}$和$\hat{\alpha}$。我们再次用公平契约原则来隐含地推导出β^*。

11.5 公平盈余分享率的数值推导

在追加了假设以后,我们现在可以进行一些数值分析。作为下一节效用分析的第一步,我们先来计算公平盈余分享率。我们对各有关参数规定如下:无风险利率$r=5\%$;养老金合同的保证回报率δ是4.6%;股票回报率的波动幅度σ是20%;发起人资产回报率的波动幅度σ_c是33.3%;养老保险合同的期限T是15年;受益人的初始缴费L等于90;发起人的初始缴款S_0等于10;监管阈值η为90%;而发起人自己的负债比率φ是50%。表11.1列示了把公平盈

余分享率 β^* 作为养老基金股票配置 θ 的函数以及养老基金和发起人资产回报之间的相关系数为 ρ 的回归数据。我们考虑了 50% 到 90% 不等的股票配置来检验本章讨论的三种养老金保障机制的效率。假设（非常）低的股权配置并非是很明智的做法，因为养老金保障机制只能起到很小的作用。我们通过观察这个特定参数集合获得了一些观察值，但我们并不能用这些结果来进行一般化。

表 11.1　公平盈余分享率[$\delta=4.6\%$；$\sigma=0.20$；$\sigma_c=0.333$；$T=15$；$L=90$；$S_0=10$；$\eta=0.9$；$\Phi=0.5$；ρ 表示养老基金与发起人资产的相关性；β^*、$\widetilde{\beta}^*$ 和 $\widehat{\beta}^*$ 分别是偿付能力要求（SR）、养老金保障基金（PGF）和发起人资助（SS）三种养老金保障机制下的公平盈余分享率]

	$\rho=0.25$			$\rho=0$		$\rho=-0.25$	
	SR	PGF	SS	PGF	SS	PGF	SS
θ	β^*	$\widetilde{\beta}^*$	$\widehat{\beta}^*$	$\widetilde{\beta}^*$	$\widehat{\beta}^*$	$\widetilde{\beta}^*$	$\widehat{\beta}^*$
0.5	62.9%	58.4%	39.6%	71.0%	37.1%	94.2%	34.7%
0.6	61.2%	56.4%	32.8%	66.3%	31.1%	86.8%	29.1%
0.7	59.9%	55.7%	27.6%	62.9%	26.4%	80.9%	24.9%
0.8	58.9%	56.1%	23.6%	60.5%	22.8%	76.2%	21.6%
0.9	58.1%	57.3%	20.5%	58.6%	20.0%	72.3%	19.1%

首先，在偿付能力要求这种养老金保障机制下，公平盈余分享率 β^* 并不取决于养老基金资产与发起人资产之间的相关性。这一点十分明显，因为在这种养老金保障机制下，濒临破产的发起人无用武之地。

其次，在偿付能力要求这种养老金保障机制下，股票配置增加，公平盈余分享率 β^* 就下降。这是由以下复杂的基本过程造成的：受益人在偿付能力要求这种保障机制下的养老金待遇的市场价值包括合同自然到期情况下的养老金待遇市场价值和合同提前终止情况下的养老金待遇市场价值两个分量，详见式（11.14）。前一个分量又可分为固定养老金待遇的下跌敲出期权价值、下跌敲出剩余看涨期权和下跌敲出看跌期权三个子分量。第一个子分量因股票配置增加而减小，第二个子分量因股票配置增加而增大，而第三个子分量则不会因为股票配置增加而发生单调变化，因为对下跌敲出看跌期权空头头寸价值产生非单调影响。后一个分量会因股票配置的增加而增大，因为股票投资敞口风险越大，提前终止合同的可能性就越大。因此，在偿付能力要求这种养老金保障机制下，受益人养老金待遇的总市场价值是随股票配置的增加而增大还是减小，要取决于前一个分量的哪个子分量占据主导地位。对于我们给定的参数,提前终止合同情况下的养老金待遇市场价值这个分量似乎占主导地位,即受益人养老金待遇的市场价值会随着股票配置的增加而增大。因此,为了保证合同公平,必须降低盈余分享率。

再者,在养老金保障基金这种保障机制下,股票配置增加,公平盈余分享率 $\widehat{\beta}^*$ 就下降。根据式(11.16)表示的公平契约原则,养老基金资产与发起人资产的相关性只影响剩余看涨期权。相关性越高,就意味着,在发起人不履行资助契约时,养老基金就越有可能资金来源不足。因此,养老金保障基金需要弥补较多的养老基金赤字。因此,受益人付给养老金保障基金的保费 G_0 就越多,结果就是受益人的初始投资就越少。此外,这种相关性的相关系数越大,就意味着,如果发起人的资产投资业绩良好,那么,养老基金的资产投资也越有可能业绩良好。因此,两者的相关系数大能够提高剩余期权是实值期权的可能性,并且同时没有被敲出。前一种效应的影响会导致剩余期权价值减小,而后一种效应的影响则可能导致剩余期权价值增加。两种效应合在一起,对剩余期权价值的影响并不明确。对于我们所选的参数,相关性越大,剩余期权就增值越多。因此,相关系数越大,就会导致公平盈余分享率越低。在养老金保障基金这种养老金保障机制下,只有在养老基金的资产和发起人的资产正相关($\rho=0.25$),股票配置非常多的情况下,我们才观察到股票配置对公平盈余分享率产生了轻微的非单调影响。

最后,在发起人资助的保障机制下,我们再次观察到了同样的影响效应。公平盈余分享率 β^* 会因为股票配置的增加而下降。受益人养老金待遇市场价值的各个分量都会受到相关系数变化的影响[参见式(11.17)]。养老基金资产与发起人资产的相关性越大,就越有可能导致双重违约,即养老基金和发起人同时违约。在养老基金违约时,更有可能是发起人也资金来源不足,并且无力提供资助。因此,养老基金资产与发起人资产的相关性越大,那么,发起人收取的假保费就越少。所以,初始投资 X_0 就越多,根据定义,就会导致养老基金的违约概率越小。在发起人资助这种保障机制下,受益人的养老金待遇可以分为两个部分:(1)与偿付能力要求这种保障机制下相同但根据财富分配参数 $\widehat{\alpha}$ 和初始投资 $\widehat{X}$ 的调整值确定的固定养老金待遇。对于受益人的这部分养老金待遇,我们采用与分析偿付能力要求这种保障机制下股票配置的影响相同的分解方法。在发生到期违约时,固定养老金待遇的下跌敲出期权的价值(第一部分)随养老基金资产与发起人资产的相关性而增加。由于违约概率下降,初始投资$\hat{X}_0$增加,因此,财富分配参数($\hat{a}$,第二部分)也会随养老基金资产与发起人资产的相关性增大。下跌敲出看跌期权不会出现单调走势。在未到期违约的情况下,由于违约概率较低,固定养老金待遇剩余部分的市场价值会随养老基金资产与发起人资产的相关性而下降。(2)在养老基金违约的情况下,通过发起人追加缴款。第二部分养老金待遇的市场价值就是转移给发起人的追加保费,会随着养老金资产与发起人资产的相关性而减小(见上文)。总的来说,相关系数的影响并不确定。在发起人资助的保障机制下,受益人养老金待遇的市场价值下降,与公平盈余分享率提高有关。

11.6 基于效用的比较

我们现在已经完成了为比较三种养老金保障机制对受益人产生的福利影响所需的全部准备工作。现在,我们先集中精力来计算确定性等值(certainty equivalent)。然后,我们专注于发现在怎样的契约条款设置下,我们考察的三种养老金保障机制从保护受益人的角度看等价。我们假设具有代表性的受益人厌恶风险,并有以下幂效用函数:

$$U(x) = \frac{x^{1-\gamma}}{1-\gamma}, \gamma \neq 1$$

式中,γ 是相对风险厌恶程度的系数,而 x 则是受益人的最终财富。γ 值越大,对应于受益人越厌恶风险,而 $\gamma=0$ 表示受益人风险中性的特殊情况。为了便于比较,我们从下式推导出确定性等值:

$$E[U(x)] = U(CEQ)。$$

以下是模拟路径。所有的结果都通过模拟来取得。我们采用了 10 000 个模拟路径。

11.6.1 确定性等值

表 11.2 比较了对三种养老金保障机制进行上述数值分析所采用的参数的确定性等值。此外,我们假设,风险资产的投资回报率 μ 是 8%,而发起人资产的预期回报率 μ_c 是 10%。我们把我们的分析限制在相关系数为 0.25 的情况

下,因为我们有理由假设发起人的股票与市场投资组合正相关。股票配置再次被假设为介于50%～90%之间,我们考虑了三种相对风险厌恶程度。我们观察到了以下结果。

首先,在任何情况下,受益人厌恶风险的程度越高,其对相同参数组合感觉到的效用就越小。这是从以下一般事实得出的:对于风险中性的人,风险回报 x 的确定性等值等于 $E[x]$,而对于厌恶风险的人则小于 $E[x]$。支撑这个论点的基本原理是詹森(Jensen)不等式。其次,偿付能力要求总能为风险中性的受益人带来最高效用。这可以解释如下:在偿付能力要求这种养老金保障机制下,无论是发起人还是养老金保障基金都不用弥补养老基金的赤字。相比之下,受益人的养老金待遇要面临较大的风险,因而会给受益人带来较好的预期养老金待遇。由于风险中性的受益人得益于较高的均值,但又不在乎风险,因此,在偿付能力要求这种养老金保障机制下,确定性等值最大。再者,在股票配置适中($\theta=0.5$)的情况下,通过养老金保障基金或发起人来提供担保,会导致相对较高的保险成本。低/中程度厌恶风险的受益人会在意保险成本,并不可能从为适中股票配置投保的保险中获得很多好处,因为不太可能出现经济衰退的极端情况。因此,受益人并不可能从保险中获益良多。比较的结果是,偿付能力要求这种养老金保障机制能为受益人带来最大的效用。最后,在养老基金进行更多的股票配置时,养老金保障基金提供的担保能为受益人带来最大的效用。例如,在养老基金配置更多的股票($\theta=0.7$,且 $\gamma=3$)的情况下,通过养老金保障基金来提供担保能为受益人带来比偿付能力要求和发起人资助这两种养老金保障机制更多的效用。但要注意,在股票配置极高的情况下,发起人资助能为受益人带来比另外两种保障机制更多的效用。

表11.2 偿付能力要求、养老金保障基金和发起人资助三种不同养老金保障机制的确定性等值(参数:$\mu=0.08$,$\sigma=0.20$,$\sigma_c=0.333$,$\mu_c=0.1$,$T=15$,$L=90$,$S_0=10$;$r=0.05$,$\delta=0.046$,$\eta=0.9$,$\Phi=0.5$,$\rho=0.25$;θ 表示股票配置,而 γ 则表示相对风险厌恶程度的系数)

	偿付能力要求			养老金保障基金			发起人资助		
θ/r	0	3	5	0	3	5	0	3	5
0.5	215.4	199.8	193.5	203.7	197.6	195.2	203.0	198.3	196.2
0.6	217.0	197.4	190.7	204.3	197.2	194.7	201.8	197.3	195.4
0.7	219.9	195.3	188.3	204.7	196.7	194.1	200.5	196.2	194.4

续表

	偿付能力要求			养老金保障基金			发起人资助		
0.8	223.4	193.9	186.7	206.7	196.7	193.8	199.3	195.3	193.7
0.9	226.5	192.3	185.2	206.7	195.6	192.8	199.7	195.3	193.8

11.6.2 效用等价法

表 11.2 的分析只能用来说明目的,而不能用来证明其中的一种养老金保障机制优于另外两种养老金保障机制。显然,对于不同的参数,三种养老金保障机制的排名可能会大相径庭。不过,我们的模型可以用来证明这三种不同的养老金保障机制在怎样的假设条件能够提供等价的效用。为此,我们允许调整养老金合同条款的设置。实际上,现在可以通过,譬如说,改变养老金合同中的保证回报率(δ)来使受益人不在乎采用这三种养老金保障机制中的任何一种。改变 δ 会导致新的盈余分享率 β 的产生,因此,修改后的养老金合同仍然公平。

表 11.3 显示了修改养老保险合同产生的对于风险中性受益人($\gamma=0$)来说公平的盈余分享率和保证回报率组合。[①]

我们像对表 11.2 所做的那样,对表 11.3 的参数设定数值。例如,股票配置占 60%。那么,4.6% 的保证回报率和偿付能力要求保障机制下 61.2% 的盈余分享率就能给受益人带来与 4% 的保证回报率和养老金保障基金下 94.6% 的盈余分享率以及 3.2% 的保证回报率和发起人资助机制下 71.7% 的盈余分享率相同的效用。

表 11.3 能对风险中性受益人($\gamma=0$)产生相同确定性等值的公平盈余分享率 β 和保证回报率 δ 组合(参数:$\mu=0.08, \sigma=0.20, \sigma_c=0.333, \mu_c=0.1, T=15, L=90, S_0=10; r=0.05, \eta=0.9, \Phi=0.5, \rho=0.25; \theta$ 表示股票配置率,δ 表示保证回报率,而 β^*、$\widetilde{\beta^*}$ 和 $\widehat{\beta^*}$ 则分别表示偿付能力要求、养老金保障基金和发起人资助三种养老金保障机制下的公平盈余分享率)

	偿付能力要求		养老金保障基金		发起人资助	
θ	δ	β^*	δ	$\widetilde{\beta^*}$	δ	$\widehat{\beta^*}$
0.5	4.6%	62.9%	4.0%	98.3%	3.5%	74.0%

---

① 在 γ 等于 3 或者 5 时,结果高度可比。因此,我们没有在这里给出这些结果。

	偿付能力要求		养老金保障基金		发起人资助	
0.6	4.6%	61.2%	4.0%	94.6%	3.2%	71.7%
0.7	4.6%	59.9%	4.0%	92.5%	2.7%	70.9%
0.8	4.6%	58.9%	4.0%	91.4%	2.2%	70.4%
0.9	4.6%	58.1%	4.0%	91.3%	1.7%	69.6%

对于我们具体的例子，我们观察到了以下情况：要想使偿付能力要求与另外两种养老金保障机制等效，养老基金必须提高保证回报率，同时可以降低盈余分享率。在采用养老金保障基金的情况下，保证回报率可以适中，但盈余分享率必须相对较高。最后，在依靠发起人资助的情况下，保证回报率必须相对较低，而盈余分享率可以适中，这样才能使这种养老金保障机制等效于另外两种养老金保障机制。

此外，我们还观察到：养老金保障基金的保证回报率 4% 不受投资政策的影响；同时，养老金保障基金还能带来非常高的盈余分享率。相比之下，发起人资助需要较低的保证回报率和盈余分享率。保证回报率和盈余分享率是养老保险合同直接要向受益人披露的两个参数。根据我们的例子，"幼稚"的受益人可能更加喜欢养老金保障基金，而不是发起人资助，因为养老金保障基金能够提供较高的保证回报率和高盈余分享率组合。然而，这两个让受益人充满憧憬的参数背后隐藏着某些东西。因为养老金保障基金为养老基金资金来源不足提供完全的担保，所以，保险费可能相对较高。因此，养老基金的实际初始投资 X_0 就变得相对较少。不过，高保证回报率和高盈余分享率可以抵消这种影响。

11.7 结束语

职业养老金计划充分的资金来源是保证养老金待遇安全的关键。本章对职业养老金计划保证资金来源充足的三种保障机制——偿付能力要求、养老金保障基金和发起人资助——进行了基于效用的比较。我们为一般类型的混合养老金计划，对这三种养老金保障机制构建了模型，并对它们进行了比较，并且采用常用的效用函数分析了这些不同养老金保障机制对养老金受益人的福利影响。

为了能够进行公平的效用比较,我们提出了两个重要的假设。首先,在所有三种养老金保障机制下,受益人的初始缴费相同。其次,在这三种保障机制下,盈余分享率根据公平契约原则内生确定。此外,总体效用水平的关键决定因素是相对风险厌恶程度的系数、养老金基金的投资政策、养老保险合同的保证回报率以及养老基金资产与发起人资产的相关性。

我们的模型可以通过选择养老保险合同的条款设定来使这三种养老金保障机制等效。为了使偿付能力要求与另外两种养老金保障机制等效,养老基金必须提高保证回报率,同时可以降低盈余分享率。在发起人资助的机制下,相对降低保证回报率,同时保持适中的盈余分享率,就能使这种养老金保障机制与另外两种养老金保障机制等效。最值得关注的是,养老金保障基金计划同时需要相对较高的保证回报率和高盈余分享率。但在这种保障机制下,保费会很高,从而会减少养老基金的实际初始投资。

本章提出的效用等价法可以补强资产负债整体法,并且可以用来评估不同的监管制度是否能为养老金计划的受益人提供相似的效用。从建模的角度看,效用等价法可能没有资产负债整体法那么复杂,而且与养老基金目前使用的标准资产负债管理工具更加密切相关。

参考文献

Ballotta, L., S. Haberman, N. Wang, 2006, Guarantees in with-profit and unitized with-profit life insurance contracts: fair valuation problem in presence of the default option, *The Journal of Risk and Insurance* 73(1), 97–121.

Bikker, J.A., D.W.G.A. Broeders, J. de Dreu, 2010, Stock market performance and pension fund investment policy: rebalancing, free oat, or market timing? *International Journal of Central Banking* 6(2), 53–79.

BIS, 2013, Longevity risk transfer markets: market structure, growth drivers and impediments, and potential risks, *Basel Committee on Banking Supervision*, Joint Forum, www.bis.org.

Bodie, Z., R.C. Merton, 1993, Pension benefit guarantees in the United States: a functional analysis, in: R. Schmitt (ed.), *The Future of Pensions in the United States*, University of Pennsylvania Press for the Pension Research Council, Philadelphia.

Broeders, D.W.G.A., A. Chen, 2013, Pension benefit security: a comparison of solvency requirements, a pension guarantee fund and sponsor support, *Journal of Risk and Insurance* 80(2), 239–272.

Broeders, D.W.G.A., A. Chen, D.R. Rijsbergen, 2013, Valuation of liabilities in hybrid pension liabilities, *Applied Financial Economics* 23(15), 1215–1229.

Broeders, D.W.G.A., N. Kortleve, A. Pelsser, J.W. Wijckmans, 2012, The design of European supervision of pension funds, *Netspar Design Paper* No. 6, www.netspar.nl.

Carr, P., 1996, Two extensions to barrier option valuation, *Applied Mathematical Finance* 2(3), 173–209.

CEIOPS, 2008, *Survey on Fully Funded, Technical Provisions and Security Mechanisms in the European Occupational Pension Sector*, www.ceiops.org.

Chen, A., 2011, A risk-based model for the valuation of pension insurance, *Insurance: Mathematics and Economics* 49(3), 401–409.

De Haan, J., K. Janssen, E. Ponds, 2012, The holistic balance sheet as the new framework for European pension supervision, *Evaluation From a Dutch perspective*, www.ssrn.com.

EC, 2011, *Call for Advice From the European Insurance and Occupational Pensions Authority (EIOPA) for the Review of Directive 2003/41/EC (IORP II)*, March 30, European Commission.

EIOPA, 2012, *Response to Call for Advice on the Review of Directive 2003/41/EC: Second Consultation*, https://eiopa.europa.eu/.

EIOPA, 2016, *Opinion to EU Institutions on a Common Framework for Risk Assessment and Transparency for IORPs*, https://eiopa.europa.eu/.

Fransen, E., N. Kortleve, H. Schumacher, H. Staring, J.W. Wijckmans, 2013, The holistic balance sheet as a building block in pension fund supervision, *Netspar Design Paper* No. 18.

Grosen, A., P.L. Jorgensen, 2002, Life insurance liabilities at market value: an analysis of insolvency risk, bonus policy, and regulatory intervention rules in a barrier option framework, *The Journal of Risk and Insurance*, 69(1), 63–91.

Heynen, R.C., H.M. Kat, 1994, Crossing barriers, *Risk*, 7(6), 46–49.

Kling, A., A. Richter, J. Ru, 2007a, The impact of surplus distribution on the risk exposure of with profit life insurance policies including interest rate guarantees, *The Journal of Risk and Insurance* 74(3), 571–589.

Kling, A., A. Richter, J. Ru, 2007b, The interaction of guarantees, surplus distribution, and asset allocation in with-profit life insurance policies, *Insurance: Mathematics and Economics* 40(1), 164–178.

Kortleve, N., W. Mulder, A. Pelsser, 2011, European supervision of pension funds: purpose, scope and design, *Netspar Design Paper* No. 4.

Merton, R.C., Z. Bodie, 1992, On the management of nancial guarantees, *Financial Management*, 21(4), 87–109.

Zhang, P.G., 1995, A unified formula for outside barrier options, *Journal of Financial Engineering*, 4(4), 335–349.